Cidade, gênero e infância

PATROCÍNIO CULTURAL

Bernard van Leer FOUNDATION

URBAN 95

Instituto Cidades Sustentáveis

Cidade, gênero e infância

Rodrigo Mindlin Loeb
Ana Gabriela Godinho Lima
ORGANIZADORES

Romano Guerra Editora

Pistache Editorial

Instituto Brasiliana

São Paulo, 2021

Sumário

PREFÁCIOS

APRESENTAÇÃO

1

O TERRITÓRIO E A CRIANÇA

2

O BRINCAR E O ESPAÇO PÚBLICO

3

A TRANSFORMAÇÃO DA COMUNIDADE

INTERMEZZO: ENSAIO FOTOGRÁFICO

Epílogo

SONHAR O NÃO CONHECIDO

PREFÁCIOS

Cidades e promoção do desenvolvimento humano

CLAUDIA VIDIGAL

FUNDAÇÃO BERNARD VAN LEER

TEMOS TESTEMUNHADO ao redor do mundo o crescimento e o aprofundamento da discussão sobre o papel das cidades na redução das desigualdades. Tais desigualdades, identificadas por marcadores como gênero, raça e condição socioeconômica, têm também a idade como um marcador de lugar social. Como planejar cidades para que sejam espaços de encontros diversos entre gêneros, idades, cores de pele e visões de mundo?

Buscamos idealizar e então construir cidades capazes de promover interações saudáveis, gostosas, positivas entre as pessoas e entre elas e o ambiente que as envolve.

Nós, da Fundação Bernard van Leer, provocamos o enriquecimento dessa conversa convidando a todos para olhar para os ambientes urbanos pelas lentes de uma criança pequena. Como as crianças vivenciam sua cidade? Como é uma cidade vista dos 95 centímetros, que é a altura média de uma criança de três anos? Quais são seus desejos, seus sonhos, seus planos? E antes mesmo disso tudo, quais são suas necessidades básicas para usufruir da cidade a favor de seu desenvolvimento integral?

Estas são as perguntas que guiam o movimento Urban 95, que se propõe a construir, em conjunto com prefeituras e gestores públicos, academia e sociedade civil, estratégias pensadas para incluir a primeira infância no planejamento urbano.

A forma como a cidade trata a primeira infância é um termômetro para a saúde e a vitalidade da cidade como um todo. Um ambiente urbano que funciona para os pequenos e seus cuidadores funcionará melhor para toda a comunidade. Isso porque a vulnerabilidade dos primeiros anos de vida, a dependência dos cuidadores e a forte vontade de explorar e de brincar significam que, se um espaço é seguro, limpo, confortável e interessante o suficiente para eles, é muito provável que seja bom para todos nós.

No Urban 95, pensamos nas infâncias urbanas não restritas apenas às suas casas ou aos delimitados parquinhos, mas presentes em todo o território, sendo possível a cidade ser um espaço convidativo para estar e interagir. Construímos coletivamente um planejamento e design urbano que priorize e incorpore a experiência dos bebês, das crianças e dos cuidadores, pensando em trajetos percorridos, qualidade do ar, distância entre serviços, acessibilidade, segurança, espaços verdes, mobilidade, espaços brincantes, locais de repouso, pontos de ônibus interativos, calçadas e tantos outros elementos para que a sociedade toda tenha uma relação mais saudável com a cidade.

Atualmente, mais de 84 porcento da população brasileira encontra-se em áreas urbanas. O dado evidencia a importância da sociedade repensar seu modelo de urbanização, considerando cada um e todos – inclusive e especialmente as crianças – buscando o equilíbrio com a natureza e a construção de ambientes que favoreçam o movimento, a descoberta do novo e os encontros. Que este livro possa nos conduzir, através das riquíssimas experiências aqui relatadas, por novas trilhas e caminhos capazes de fazer das cidades espaços mais democráticos, de encontros com o outro, diferente de mim, com quem aprendo, respeito e evoluo.

Os bebês, crianças mais novas e seus cuidadores têm o direito de vivenciar a cidade, com a natureza a lhes envolver, como uma oportunidade vibrante de crescimento e aprendizagem. E nós todos, adultos, temos o direito de nos encontrar com esses pequenos cidadãos nos espaços públicos, diariamente, nutrindo nossa esperança em um mundo menos desigual.

As crianças nos lembram, com doçura singular, de que somos iguais em nossa humanidade.

A perspectiva antropológica da escuta de crianças: territórios, cultura e ética

ADRIANA FRIEDMANN

PROMOVER UMA INTERLOCUÇÃO TEMÁTICA sobre cidade, gênero e infância neste momento significa convocar para a humanização das vidas e das relações entre os atores sociais: crianças, jovens, adultos, famílias, comunidades, equipamentos sociais, políticos e educacionais. Significa realizar escutas e ações com olhares éticos e respeitosos, cujo ponto de partida e inspiração sejam as realidades singulares e diversas dos diferentes contextos, culturas, territórios e infâncias. É necessário falar em infâncias, crianças, territórios e cidades e compreender que este plural não é somente semântico, mas diz respeito à diversidade e singularidade destas realidades.

A presente obra contribui com uma polifonia de caminhos e tradução de experiências e de vozes infantis, na perspectiva de olhar para as crianças nos seus vários territórios, apontando para a possibilidade de uma não fragmentação e viável integração de saberes e práticas. O incentivo, a partir destes conhecimentos, diálogos interdisciplinares e intersetoriais, mostra-se um caminho promissor para construir comunidades de aprendizagem, compreendendo que a diversidade implica em não isolar as culturas, em compreender a existência das diferenças e inseri-las no fluxo da universalidade, a partir da possibilidade de transformações coletivas e dialógicas.

É importante não perder de vista as dimensões históricas destes movimentos e estudos sobre infâncias, gênero e cidades. Somados a estudos de áreas como a psicologia do desenvolvimento, a medicina e as pedagogias da infância – que tiveram seus primeiros expoentes no final do século 19 e as principais referências afirmando-se na primeira metade do século 20 –, surgem, no final dos anos 1980, estudos antropológicos, sociológicos, urbanos, neurocientíficos envolvendo a promoção dos direitos humanos, abordagens assim como políticas e econômicas. Muitos têm se debruçado e avançado nas pesquisas e produção de conhecimento sobre as crianças, seu desenvolvimento e suas infâncias, a partir da sua perspectiva temática.

De forma paralela, movimentos de direitos humanos, fundações, organizações não governamentais e coletivos que nascem sobretudo a partir dos anos 1970 e, com mais força e reconhecimento, a partir do final da década de 1990 nos provocam a olhar para as crianças e suas infâncias nos diversos territórios e a dialogar com outras áreas de conhecimento. A produção de conhecimentos e de experiências integradas, integrais e em diálogo encontra-se em todos estes segmentos. Impulsionar e disseminar essas iniciativas em prol da promoção de diálogos e trocas, de espaços para dar vez e voz às crianças e que suscitem reflexões e compreensão da diversidade de propostas e de caminhos, aponta para um movimento de mudanças para definir políticas, programas, iniciativas e estudos pautados pelo respeito e pelo reconhecimento da diversidade e da integração de realidades infantis.

As crianças que vivem e convivem nas famílias, nas escolas, nas cidades, nas comunidades, nos centros de saúde, nos equipamentos socioculturais, nas ruas ou na natureza, são as mesmas, únicas, inteiras, e não fragmentadas ou rotuladas conforme o território onde se encontram: assim precisamos vê-las, respeitá-las e reconhecê-las.

O foco dos estudos antropológicos que têm pesquisado e trazido à luz os territórios onde crianças vivem, circulam e se expressam, convida e desafia todos nós a nos debruçar sobre suas vidas tais como se apresentam, mais do que sobre vidas idealizadas ou utópicas. Porém, sem utopias não poderíamos ter sido impulsionados a conhecer as trajetórias, vidas, olhares e sonhos infantis, que começamos a reconhecer a partir de algumas iniciativas, dentre muitas, algumas compartilhadas na presente publicação. Como diz o cineasta argentino Fernando Birri, passagem lembrada por Eduardo Galeano, a utopia "está no horizonte. Me aproximo dois passos, ela se afasta dois passos. Caminho dez passos e o horizonte corre dez passos. Por mais que eu caminhe, jamais alcançarei. Para que serve a utopia? Serve para isso: para caminhar".[1]

Pensar territórios, pensar cidades, pensar espaços é também considerar que as culturas das sociedades humanas se organizam e são organizadas pela diversidade de linguagens, a partir do conjunto coletivo de conhecimentos adquiridos e construídos, experiências vividas, da memória histórica e das crenças e mitos. A promoção de comunidades de aprendizagem que impulsionam a representação e consciência, coletivamente construídas, a respeito das infâncias e das crianças brasileiras, a partir das trocas e interações, constitui um avanço nos diálogos intersetoriais entre redes de cidadãos comprometidos com a responsabilidade de promover e construir cidades e territórios amigáveis, sustentáveis e solidários, onde todos os seus atores possam ter vez e voz. Como avançar neste sentido a partir das realidades, crises e oportunidades?

INCURSÃO NOS TERRITÓRIOS INFANTIS: CRISES E OPORTUNIDADES

> A crise em uma sociedade suscita dois processos contraditórios. O primeiro estimula a imaginação e a criatividade em busca de soluções novas. O segundo se concentra no retorno a uma estabilidade passada. Manifesta-se, efetivamente, um fervilhar de ideias em busca de uma nova Via ou de uma sociedade melhor.[2]

Referindo-se à crise sanitária da Covid-19 e da necessidade de isolamento que atravessamos, Edgar Morin afirma tratar-se de uma profunda crise antropológica que "nos revela a face ínfima e vulnerável da formidável força humana, ela nos revela que a unificação técnico-econômica do globo criou, ao mesmo tempo, uma interdependência generalizada e uma comunidade de destino sem solidariedade".[3]

Trata-se não somente de olhar para as faltas ou para as perdas, mas também de identificar oportunidades e processos nem sempre evidentes, acontecendo de forma permanente. Tais oportunidades podem revolucionar os cotidianos, a natureza, o uso do tempo, a educação, a cultura, as cidades. Oportunidades de dar voz a todos. De escutar nas várias camadas em que essa escuta se faz necessária.

Mais do que nunca, torna-se urgente escutar as crianças, criar tempos e espaços de dar vez e voz, como uma possibilidade de conhecer seus desejos, suas realidades, suas faltas, suas emoções, suas dores, suas descobertas, seus traumas, suas aprendizagens. Todas vivendo experiências imponderáveis, mas absolutamente fundamentais e que irão marcar suas vidas e as de toda a sociedade. Escutar, acolher pela percepção dos corpos, das vozes, das produções, das escolhas, das diversas expressões verbais e não verbais, precisa se tornar prioridade neste momento para podermos ter os primeiros diagnósticos e sinais do que as crianças, seja onde for, estão vivenciando e sentindo.

Nesta crise sanitária e, em tantas outras que vivemos e iremos vivenciar, a oportunidade é, a partir do conhecimento das realidades dos mais diversos grupos e contextos infantis, compreender seus cotidianos, nas suas casas, nas comunidades, nas escolas, nos territórios. Desejos, problemáticas, interesses, conteúdos e vivências aos quais as crianças estão expostas; cuidados, ritmos, valores, saberes, dificuldades, doenças psíquicas e/ou físicas, se os seus direitos estão sendo ou não respeitados. Ciclos de violência – doméstica, sexual, de gênero, discriminação, bullying etc. –, que podem aparecer já na infância e que podem se perpetuar durante toda a vida, mas que, se identificados e olhados, podem ser cuidados e prevenidos.

É urgente e necessário vislumbrar a necessidade de as crianças se expressarem, e os adultos terem acesso a estas falas através das produções infantis como música, dança, movimentos, brincadeiras, poesia, literatura, todo tipo de narrativa escrita, fotografia, artes plásticas etc. Não se trata de romantizar as infâncias e/ou idealizá-las, mas de respeitar o direito das crianças a brincar, a se expressar, a experimentar a liberdade, a ter oportunidades de descobrir o mundo à sua volta, a ir e vir nas cidades, a participar, a opinar, a sonhar, a ressignificar os espaços, os afetos e a vida.

Um universo imenso de informações que, efetivamente, hoje desconhecemos. Campo novo de pesquisas que se abre para todos os que se interessam e se debruçam sobre as vidas infantis. Para tal, é premente construir bases éticas coletivas para caminhar nesses territórios das infâncias.

ÉTICA E RESPEITO PELAS CRIANÇAS E SUAS INFÂNCIAS

> *Sawabona* é um cumprimento usado na África do Sul e quer dizer: "Eu te respeito, eu te valorizo. Você é importante para mim". Em resposta, as pessoas dizem *Shikoba*, que significa: "Então, eu existo para você".[4]

Assumir uma postura ética é fundamental para empreender quaisquer estudos, iniciativas ou programas com, para e pelas crianças. Ética é aqui compreendida como o conjunto de normas construídas de forma coletiva, de respeito, humanização, fraternidade e esperança dos grupos humanos, no que se refere a direitos, obrigações, benefícios para a sociedade, equidade e determinadas virtudes; e no que tange às vidas das crianças, suas vozes, expressões, produções e comportamentos.

As fontes da ética, como bem aponta Edgar Morin, são a solidariedade e a responsabilidade. São elas que precisam ser nosso *leit motif* para a regeneração da humanidade e da nossa capacidade de viver juntos.

No intuito de incentivar reflexões coletivas, cito alguns princípios elencados pela Carta Internacional para a pesquisa Ética da Infância:[5]

→ A ética nas iniciativas e processos de escuta, programas e pesquisas com crianças é de responsabilidade de todos, aqui incluídos todos aqueles que participam, criam, financiam ou apoiam, a cuidar do cumprimento das normas éticas nas quais crianças estejam implicadas, seja qual for o enfoque ou contexto.

→ O respeito à dignidade das crianças como fundamental nas pesquisas, veiculação de conteúdos ou iniciativas que envolvam crianças. Respeitar as crianças, suas opiniões e suas culturas. O reconhecimento, por parte dos adultos, das diversas realidades de grupos infantis e a valorização das diversidades.

→ A justiça e equidade nas pesquisas, veiculação de conteúdos ou iniciativas que envolvam crianças. A participação com equidade de todas as crianças implicadas, a não exclusão e a não discriminação nos processos de participação das crianças.

→ As pesquisas ou veiculação de conteúdos ou iniciativas éticas que envolvam crianças devem constituir um benefício para todas elas. Tanto de forma individual quanto do grupo envolvido, ao elaborar a proposta, durante o processo e ao final do mesmo.

→ A participação das crianças nas pesquisas ou iniciativas nunca deve causar quaisquer danos às crianças. Os adultos devem prevenir quaisquer riscos e avaliar se é válida a participação de determinadas crianças.

→ As pesquisas, iniciativas ou conteúdos que envolvam crianças devem obter a autorização das próprias crianças, seus pais e/ou responsáveis. E respeitar quaisquer sinais de que as crianças desejam desistir ou renunciar a participar ou a autorizar a divulgação das suas imagens, falas ou produções.

→ As pesquisas e iniciativas éticas que envolvam crianças exigem reflexões permanentes dos adultos responsáveis. É necessária atenção contínua a pressupostos, valores, crenças e práticas que possam influenciar os processos de desenvolvimento das propostas ou afetar as crianças que delas participam.

A ética passa por construir juntos, adultos, crianças, jovens e todos aqueles implicados em quaisquer processos de escuta, pesquisa ou programas, um código ético daquele grupo ou comunidade.

Os relatos de experiências e programas da presente publicação mostram-se como exemplos inspiradores e éticos apontando de que forma crianças, nos mais diversos territórios, vêm aprendendo e se desenvolvendo: nos trajetos, caminhos que as crianças fazem de casa para a escola, da escola para casa; nos espaços pelos quais elas transitam, ocupam ou conquistam; na forma como elas os redesenham, ressignificam, interpretam, enxergam a partir dos seu olhares; nas formas como fazem uso dos diversos espaços – o uso simbólico que fazem dos territórios por onde circulam –; nas formas como a cidade vai à escola e a escola vai à cidade. Há todo um universo de linguagens, nomenclaturas, códigos, culturas infantis sendo construídos; há uma outra arquitetura sendo inventada, a partir da qual crianças estão se expressando, dizendo, vivendo, o tempo todo, mesmo que nós adultos não possamos, não saibamos ou não tenhamos ainda aprendido a escutá-las.

São grandes os desafios e só serão superados com um trabalho em rede, em diálogo, solidário e coletivo, do qual todos os atores sociais façam parte, incluindo as crianças, para que tamanha tarefa de integração e humanização possa se consolidar nos diferentes territórios. Elenco, a seguir, alguns desses desafios:

→ Ao adentrar em um território, em uma comunidade, em um espaço urbano, fundamental colocarmos lentes antropológicas, deixar de lado momentaneamente nossos referenciais, para acolher o(s) outro(s) que desconhecemos. Assumirmos, enquanto adultos, o lugar de aprendizes, visitantes, abertos a beber dos saberes daqueles que ali moram e constroem cotidianos e culturas locais.
→ Antes de intervir e/ou propor, é fundamental escutar, tentar compreender, dialogar para começar a compreender quais as realidades, costumes, rituais, culturas, linguagens, cotidianos, espaços, interesses e potenciais dos membros daquela comunidade.
→ A mesma atitude é necessária com relação aos saberes das crianças, diversos em cada território, em cada grupo, em cada família, em cada cultura.

→ Escutar as crianças e a partir das suas narrativas criar espaços – físicos e temporais – nos quais elas possam expressar o que desejam, participar, colocar suas ideias, suas realidades, suas faltas.[6]
→ Adequar os espaços urbanos para acessibilidade das crianças.
→ Trazer a natureza para a vida cotidiana das crianças.
→ Abrir – de forma simbólica – os muros e as portas das escolas para que efetivamente as trocas com os territórios, os bairros, as ruas, as praças, os centros culturais, os museus aconteçam.
→ Desenvolver pesquisas e processos de escuta para atender aos grupos e culturas locais.
→ Orientar famílias e educadores de forma permanente. Escutar os diversos atores e segmentos da sociedade – pais, avós, professores, gestores, crianças, jovens – para ampliar e adequar as ações e promover interações e vínculos de qualidade, confiança e cooperação.
→ Mapear iniciativas, brincadeiras, grupos infantis e ações que sirvam para inspirar e encorajar outros grupos e comunidades.
→ Trabalhar em conjunto para, a partir do diálogo, construir programas, planos, desejos, possibilidades, sonhos.

Convocar, assim, este e outros coletivos, a construir comunidades de aprendizagem constituídas por grupos de indivíduos capazes de dialogar, formar redes de trocas e respeito pela diversidade de ideias e experiências. O principal desafio de uma comunidade de aprendizagem é criar um ambiente rico, onde cada um tem papel fundamental na criação de oportunidades de aprender, na construção coletiva de conhecimentos, no estímulo à criatividade, a partir da inspiração e do fortalecimento de ações diversas. Aceitar e acolher a diversidade de pensamentos, culturas e experiências constitui pilar básico para trocas transdisciplinares, interculturais e intersetoriais.[7]

Porque continuaremos a perseguir a possibilidade de colaborarmos com infâncias dignas e cuidadas. Para isso estamos aqui, a caminho, em processo, construindo novas possibilidades com a força do coletivo. Precisamos de humildade e sensibilidade, da capacidade de nos colocarmos no lugar do(s) outro(s), do diálogo permanente, da ética e do respeito. As mudanças não ocorrerão somente fora se não acontecerem também dentro de cada um. A necessidade de mudanças não é somente individual, mas sobretudo coletiva. Mudanças que precisam ser construídas de forma solidária, seguindo a bússola de inspirações e ações possíveis. Em prol de oferecer oportunidades de todas as crianças viverem infâncias significativas.

NOTAS

1. GALEANO, Eduardo. *Las palabras andantes?*, p. 230.
2. MORIN, Edgar. Um festival de incerteza.
3. Idem, ibidem.
4. FRIEDMANN, Adriana. *Vozes da infância brasileira*.
5. POWELL, Mary Ann; TAYLOR, Nicola; FITZGERALD, Robyn; GRAHAM, Ann; ANDERSON, Donnah. *Ethical research involving children*.
6. FRIEDMANN, Adriana. *A vez e a voz das crianças: escutas antropológicas e poéticas das infâncias*.
7. ASSIS DE CARVALHO, Edgard. Desafios da complexidade à comunidade aprendente.

Da criança cidadã à cidade com crianças

VITAL DIDONET

A CRIANÇA É UM PERSONAGEM DA CIDADE. Personagem, persona, pessoa: alguém que está presente, que, sendo um em-si-mesmo, é constitutivamente ser-de-relações. Somos ontologicamente seres sociais (socius: companheiro, cujo significado etimológico é, segundo o dicionário *Michaelis*, "aquele que participa das atividades ou do destino de outra pessoa"). A cidade é essencialmente um nós. Os seres humanos a inventaram como lugar e modo de ser e de estar em relação, pois é de nossa essência existir na interação com o outro.[1]

Isso é bastante óbvio se considerarmos a sociedade no seu conjunto, sobretudo pelo prisma adultocêntrico. Não é tão óbvio se trouxermos ao conceito de *nós* as infâncias, sobretudo os bebês e as crianças de até 95 centímetros, altura média de uma criança de três anos, a primeiríssima infância.[2] A representação social delas e a representação que se apresenta na quase totalidade das políticas sociais direcionadas às crianças é de que são seres frágeis, que precisam de cuidado para sobreviver e de estímulos para se desenvolver – são, portanto, receptáculos das atenções dos adultos. Em algumas culturas, essa representação também inclui a necessidade de comando e de controle sobre seus comportamentos, para ajustarem-se às expectativas sociais dos adultos. Ser criança é não ser adulto, é um ser não-adulto, um vir a ser. Daí o ditado que vale para a representação que o adultocentrismo tem da criança: cresça e apareça.

Por isso foi preciso forjar o conceito de criança cidadã. E trabalhar para que ele fosse assimilado pela mente das pessoas e entrasse em nosso estatuto jurídico. Foi lá pelos anos de 1986-1988, durante o processo de elaboração da nova Constituição Federal, que essa ideia foi posta em letra e voz na sociedade brasileira: a criança é cidadã desde que nasce. O Movimento Nacional Criança e Constituinte abriu o debate em círculos de estudo, no ambiente acadêmico, nas organizações não governamentais, nos gabinetes técnicos de saúde, educação, cultura, assistência social, trabalho, justiça e planejamento dos governos federal, estaduais e municipais e nas salas das comissões da Assembleia Nacional Constituinte.

Diversamente daqueles que diziam que a cidadania começava aos dezoito anos, quando o jovem adquire idade para decidir várias coisas importantes na vida, inclusive votar e dirigir automóvel, os defensores dos direitos da criança afirmavam que a criança é cidadã desde que nasce. A certidão de nascimento é o documento que atesta sua cidadania. Mais tarde, em 2010, a Rede Nacional Primeira Infância intitula o capítulo do Plano Nacional pela Primeira Infância[3] sobre o direito ao registro civil de nascimento, assegurando o documento de cidadania a todas as crianças.

Uma coisa, porém, é a cidadania formal, conferida pelo registro e atestada na certidão de nascimento. Outra, é a vivência cidadã, com os desdobramentos que o termo comporta. A palavra-chave é interação, etimologicamente, ação entre pessoas. Ela subentende a reciprocidade de sentimentos, de ideias, sonhos e ações. Envolve olhar, tocar, falar e escutar, sentir e expressar sentimentos, compreender e dialogar com o sentimento do outro. O contato social é o círculo dentro do qual a interação se realiza. A criança é concebida na interação e o nascimento é um ato social. Ela vem ao mundo, mundo que é outro, e, inicialmente para ela, mundo do outro, onde ela será alguém no mundo e do mundo à medida que for recebida, acolhida, cuidada, protegida; à proporção que participa, afirmando-se perante o outro. No início, o outro é restrito aos seus cuidadores primários (mãe, pai, irmãos, avós, tios, família extensa); depois, vai se ampliando para a rua, os vizinhos, a comunidade, as instituições às quais a criança é levada (de saúde, educação, aos parques infantis, aos recantos de brincadeiras etc.), e chega ao amplo universo da cidade.

A Lei de Diretrizes e Bases da Educação Nacional[4] diz que a finalidade da educação básica é a formação comum indispensável para o exercício da cidadania. Consequentemente, a interação na cidade é parte da formação básica do cidadão e condição de vivência da cidadania.

Se os direitos da criança se compõem de três conjuntos – proteção, promoção e participação –, também na relação com a cidade, ou seja, na vivência da cidadania, ela precisa ser protegida, contar com os meios de desenvolvimento do seu potencial e precisa ser considerada como ser participante. Dado que a cidadania começa no nascimento, a participação no espaço de interação social – que vai do domicílio à cidade, da família à sociedade – também principia no nascimento. A cidade e a sociedade que lhe asseguram essa participação estão assegurando seu direito de cidadã no sentido pleno da palavra.

A CIDADE PARA AS CRIANÇAS CIDADÃS NA PANDEMIA

A pandemia de Covid-19 em 2020 retirou as crianças do meio urbano, distanciou-as da vida da cidade: o isolamento social e o lockdown prenderam-nas ao restrito espaço doméstico. Elas perderam a interação e a convivência nos espaços escolares, da rua, das praças, dos parques, do movimento das pessoas em todas as direções e nas diversas ocupações. Esse isolamento está sendo mais restritivo àquelas crianças e suas famílias que vivem em casas minúsculas, apertadas umas às outras, em favelas, bairros ou aglomerados periurbanos de baixa renda. Não é racional, nem psicologicamente aceitável, que se exija dessas famílias o esforço de manter a saúde mental e física nesses ambientes tão descuidados da administração pública.

Com base nas múltiplas experiências produzidas pela criatividade e pelo esforço sem limite de profissionais da saúde, da educação, da assistência social, das artes, da proteção de direitos, estamos sendo desafiados a refletir socialmente sobre a configuração de nossas cidades como espaços de interação, convivência, aprendizagem, trabalho, lazer e brincadeiras. Penso especialmente nas favelas, nos bairros de periferia, nos aglomerado onde o planejamento urbano não chegou – e, se chegou, veio tarde – para marcar a divisão dos terrenos, abrir as ruas, drenar e encanar as águas da chuva, estender rede de esgoto, de água encanada, localizar adequadamente os equipamentos sociais: centro de saúde, creche, pré-escola, escola de ensino fundamental, Centro de Referência de Assistência Social – CRAS, Centro de Referência Especializada de Assistência Social – CREAS, Centro de Atenção Psicossocial – CAPS, pontos de cultura, centros sociais de convivência de idosos, espaços de convivência intergeracional etc. O planejamento urbano foi omisso, ou impotente ou, ainda, indiferente ao caos que se foi instalando.

Aprofundou-se a percepção de que esses problemas não podem continuar dividindo a cidade. A pandemia nos forçou a inventar outras maneiras de nos comunicar, de orientar as famílias sobre medidas de saúde, de termos cuidados coletivos e cuidados individuais vinculados aos coletivos, de acolher as crianças nos centros de saúde e no hospital, de garantir educação básica desde a creche, de manter vivo o contato com as artes etc. Ela evidenciou ainda mais a necessidade de rever as condições de moradia, o modelo de bairro, de cidade, a forma de localizar e de prestar os serviços de saúde, de educação de assistência, de cultura, de acesso aos espaços de convivência comunitária.

Penso não apenas nas crianças, mas em suas famílias e nas condições que elas têm para cuidar de seus filhos pequenos. O mundo, que para essas crianças já era bem restrito comparando-o com o das crianças de classe média e alta, ficou ainda menor com o isolamento social, pois foi empurrado para dentro de suas habitações precárias. Essas passaram a ser o único lugar que dispõem como campo de experiência, de interações, de aprendizagem. É ilusório que estejam podendo obedecer às normas do isolamento social, embora seja certo que não estão desfrutando os espaços de convivência que antes tinham, ainda que precariamente.

Muito mais problemático do que ficar sem aula, perder o ano letivo, atrasar-se na construção dos conhecimentos e habilidades curriculares é a redução do mundo aos poucos metros quadrados de um barraco, de uma casinha ou apartamento e aos apertos de vizinhança. A escola terá uma ingente tarefa de alargar esse mundo, mas só terá êxito se o conectar com a saúde, a assistência social, a cultura, o meio ambiente, a segurança.

É uma tarefa para urbanistas, engenheiros, arquitetos, sociólogos, psicólogos, profissionais de saúde, professores, artistas, operadores do direito construir um projeto de cidade, de um bairro ou de um conjunto habitacional que respeitem e garantam os direitos básicos das famílias e suas crianças, entre eles, o acesso aos serviços sociais e à convivência comunitária e urbana. Um projeto que inclua o urbanismo verde como componente importante da sustentabilidade. Enfim, uma cidade, um bairro, um condomínio que enxergue as crianças, as respeitem como cidadãs e sujeitos dos direitos de estar presente, de movimentar-se, de brincar, de interagir e de contar com a proteção dos adultos. E de outros tantos será a tarefa de conseguir a decisão política e a alocação de recursos no orçamento público que levem o desenho da prancheta ao território.

O desafio para esses profissionais será expandir o mundo das famílias e crianças para a pluralidade da vida urbana, para a plenitude da cidadania – em sentido inverso ao da pandemia, que foi o de encolher o mundo ao minúsculo espaço de suas casas, sem poder encolher o mundo dos seus sonhos e suas necessidades.

Outra dimensão de grande relevância na cidade como espaço de convivência intergeracional, de entrosamento dos ciclos da vida e transmissão da cultura, são as celebrações, os rituais, as festas religiosas, folclóricas, pelas suas raízes histórico-culturais e que são, também elas, constitutivas da pessoa e da sociedade. Para as crianças, elas têm um simbolismo e um papel ainda maiores. A sociedade do consumo se sobrepôs pela força ao significado antropológico da maioria das celebrações comunitárias. O calendário cívico deveria reservar espaço para os rituais e celebrações, como forma de incentivar sua preservação ou de restituir à cidade uma dimensão que vai se perdendo e esboroando consigo um pedaço do chão humano.

A densidade populacional deve ser controlada e enquadrada em parâmetros saudáveis, de segurança, de saneamento, de fornecimento de água potável, de ar puro (controle da poluição do ar), assegurando a presença da natureza no verde das plantas, no colorido dos jardins, no canto dos pássaros, no movimento das águas numa praça com chafariz. O Marco Legal da Primeira Infância não esqueceu esse item tão relevante. Em seu Artigo 17°, preceitua: "A União, os Estados, o Distrito Federal e os Municípios deverão organizar e estimular a criação de espaços lúdicos que propiciem o bem-estar, o brincar e o exercício da criatividade em locais públicos e privados onde haja circulação de crianças, bem como a fruição de ambientes livres e seguros em suas comunidades".[5]

Seria uma das maiores revoluções no urbanismo se o crescimento das cidades fosse guiado não pela economia (que gera adensamento), mas pelo projeto social de convivência. Já temos exemplos para nos inspirar: Japão e Cingapura estão criando áreas terapêuticas em parques públicos e bairros verdes. Essas áreas são um oásis de saúde mental e física para as crianças e seus cuidadores. No Brasil, iniciativas dos governos municipais e também de organizações da sociedade civil no Recife, em Boa Vista e em São Paulo (na Baixada do Glicério), estão realizando, com a participação criativa das crianças, dos adolescentes e dos jovens, a transformação de bairros: muros sujos e carcomidos são pintados com gosto artístico, calçadas quebradas são refeitas e ganham acessibilidade, terrenos baldios são limpos e se tornam seguros, árvores e jardins trazem o verde e flores à paisagem, praças ganham equipamento para jogos e brincadeiras, inclusive para crianças com deficiência, surgem bancos para bate papo e espaços para apresentações de artes. Outras cidades estão se engajando nesse processo transformador: Aracaju SE, Brasileia AC, Campinas SP, Caruaru PE, Crato CE, Fortaleza CE, Ilhéus BA, Jundiaí SP, Niterói RJ, Pelotas RS e Ubiratã PR.

A PARTICIPAÇÃO DAS CRIANÇAS É CONDIÇÃO PARA A CRIAÇÃO DE UMA CIDADE COM CRIANÇAS

Um dos princípios centrais da Convenção dos Direitos da Criança,[6] e também do Marco Legal da Primeira Infância, é o direito da criança de participar de tudo o que lhe diz respeito. Se elas são cidadãs e a cidade é também delas, tem-se como consequência que as crianças opinem e deem sugestões sobre o formato, a disposição, os serviços, enfim, o modo de ser cidade. Francesco Tonucci abriu, para o mundo, a possibilidade de as crianças fazerem parte da administração da cidade. Para ele, a criança é o paradigma da cidade boa para todos. O projeto A Cidade da Criança, que ele concebeu, deveria inspirar os gestores públicos, especialmente os responsáveis pelo urbanismo. É preciso acreditar nas crianças e na sua capacidade de percepção, de análise e de contribuição a um desenho de cidade mais humana, mais inclusiva de todos os seus cidadãos, de todas as idades e características de desenvolvimento. Sua forma de participar é poliédrica. Cabe aos adultos captar os sentidos de suas manifestações, entender as suas múltiplas linguagens.

A escuta das crianças na elaboração dos Planos Municipais pela Primeira Infância, recomendados pela Rede Nacional Primeira Infância, e que vem fazendo essa escuta desde a elaboração do Plano Nacional, em 2010, tem avançado em centenas de municípios, no Distrito Federal e em estados que constroem seus respectivos planos para a primeira infância. Tomemos como exemplo o município de Campo Alegre, em Alagoas. Em 2018, as crianças participaram da feitura do Plano Municipal pela Primeira Infância. Iniciaram com atividades na pré-escola sobre os temas que o plano queria abordar, entre eles: saúde, família, brincar, educação, não-violência, saneamento básico, internet etc. Normalmente, as atividades envolviam conversas, visitas aos locais, desenhos, construção de maquetes etc. Os diálogos a seguir nos atestam que crianças de três, quatro, cinco e seis anos sabem das coisas e que escutá-las é reunir ideias para melhorar a cidade, o ambiente e as relações interpessoais.

MEDIADORA: Como é sua escola?
CRIANÇA: Minha escola é pequena.
MEDIADORA: Você brinca na escola?
CRIANÇA: Na minha sala não tem brinquedos.
MEDIADORA: E o que deve fazer?
CRIANÇA: Tem que construir escola nova e com muitos brinquedos.

MEDIADORA: Você conhece um hospital?
CRIANÇA: Onde eu moro só tem posto, não tem hospital.
MEDIADORA: O que pode ser feito?
CRIANÇA: Construir um hospital onde eu moro,
porque é muito longe e a mãe precisa ir para outra cidade.

MEDIADORA: O lixo provoca o quê?
CRIANÇA: Entope esgoto.
MEDIADORA: Para não poluir o meio ambiente é necessário
colocar o lixo onde?
CRIANÇA: Na lixeira.
(Mas no bairro não há lixeiras)

MEDIADORA: O que é ruim na cidade?
CRIANÇA: Não ter parque.
MEDIADORA: E qual seria a solução?
CRIANÇA: Fazer parque.

MEDIADORA: O que pode fazer com o dinheiro?
CRIANÇA: Comprar feijão, casa para morar e mochila de ir para escola.
MEDIADORA: Sua família tem dinheiro?
CRIANÇA: Minha mãe tem o cartão do Bolsa Família.

NOTAS

1. O individualismo – um fenômeno crescente na pós-modernidade, segundo Zygmunt Bauman –, funciona como uma multidão de *eus* que vivem as sensações de incerteza e insegurança nas situações do cotidiano, no desencontro, da falta de garantia. BAUMAN, Zygmunt. *Modernidade líquida*. Se "a vida é a arte do encontro", como diz o verso de Vinícius de Moraes, no *Samba da Bênção*, o individualismo é fechamento à vida e o caminho do adoecimento mental. A análise desse fenômeno aponta para a necessidade de repor o sentido do viver coletivo, das relações de compromisso, pertencimento, cooperação, solidariedade.
2. Alusão ao projeto Urban 95 da Fundação Bernard van Leer, que tem foco no desenvolvimento urbano levando em conta crianças da primeira e primeiríssima infâncias.
3. *Plano Nacional pela Primeira Infância 2010-2022 / 2020-2030*. Ver capítulo "Assegurando o documento de cidadania a todas as crianças", p. 139-144.
4. BRASIL (Presidência da República). Lei n. 9.394, de 20 de dezembro de 1996.
5. BRASIL (Presidência da República). Lei n. 13.257, de 8 de março de 2016.
6. BRASIL (Presidência da República). Decreto n. 99.710, de 21 de novembro de 1990.

A cidade é de quem quiser!

A escola como incubadora dos direitos territoriais das infâncias

ANA BEATRIZ GOULART DE FARIA

PERTENCER

> Um amigo meu, médico, assegurou-me que desde o berço a criança sente o ambiente, a criança quer: nela o ser humano, no berço mesmo, já começou.
>
> CLARICE LISPECTOR, *A descoberta do mundo*, p. 110

DESDE O BERÇO vamos desenvolvendo nossa percepção ambiental, nossa consciência territorial. E é na escola de educação infantil o primeiro lugar onde aprofundamos esse processo através das oportunidades educativas que nos são oferecidas, das experiências que nos permitem ou não vivenciarmos.

Nosso corpo, o berço, a casa, a escola, o bairro, a cidade. São múltiplas escalas através das quais vamos, desde que nascemos, construindo nossa leitura de mundo, nossa alfabetização territorial, condicionada à nossa localização espacial e social, e que definem o que temos ou não acesso, como sujeitos de direito, ainda que estes nos faltem em grande parte à maioria da população brasileira, incluídas as crianças. E então sentimos o quanto pertencemos ou não aos lugares de vida.

A escola de educação infantil é o caminho entre a casa e a cidade, o território/rito de passagem, onde vamos experimentando a vida no coletivo, na diversidade, onde aprofundamos nossa leitura de mundo e as possibilidades de atuar sobre ele. A garantia deste direito está diretamente relacionada com as políticas públicas em vigor, nos âmbitos municipal, estadual e federal, assim como com o projeto político pedagógico e o currículo da instituição escolar e das instituições parceiras do entorno da escola, incluindo as respectivas infraestruturas. Pois como diz o provérbio africano, "é preciso toda uma aldeia para educar uma criança". As calçadas, os vizinhos, a padaria, a farmácia, as praças, o vento, os aromas e cores da paisagem, tudo educa, tudo nos dá uma lição, seja pela abundância ou pela falta. Todos estes elementos compõem o que chamo de território educativo,[1] uma ideia-força latente tanto no contexto do espaço escolar quanto nos demais lugares da cidade. Segundo esta concepção, a qualidade do ambiente escolar e urbano está diretamente relacionada com a qualidade dos processos educativos (no âmbito escolar e extraescolar) e com as políticas públicas setoriais e intersetoriais vigentes.

Sobre os processos de alfabetização e consciência territorial que consideram a relação entre o território urbano e o escolar, no contexto que relaciona infância, gênero e cidade, trago aqui um exemplo bastante potente e inspirador. Trata-se de um dos projetos vencedores da terceira edição do prêmio Territórios (2018), criado em 2016 pelo Instituto Tomie Ohtake. Em parceria com a Secretaria Municipal de Educação de São Paulo, e com patrocínio da Estácio e da Uber, este prêmio busca mapear, reconhecer e dar visibilidade a projetos que fortaleçam o vínculo entre as escolas e os territórios a partir dos diversos saberes culturais, compreendendo a cidade como espaço de aprendizagem. Dirigido a escolas e professores da rede pública municipal de São Paulo, o prêmio pretende iluminar projetos colaborativos em andamento que sejam realizados em parceria entre professores, gestores escolares, diferentes segmentos da escola (outros professores, estudantes, funcionários e famílias) e com as diversas potencialidades da cidade, promovendo ações que aconteçam intramuros e/ou extramuros, que sejam exemplares na perspectiva de uma educação integral e que tenham a cultura, em sua ampla diversidade, como eixo central.[2]

A Escola Municipal de Educação Infantil – EMEI Afonso Sardinha, localizada em Pirituba, na cidade de São Paulo, foi uma das premiadas em 2018 com o projeto "A quadra é de quem quiser!", apresentado pela professora Aparecida Sueli Gramacho Costa e que ela desenvolveu com a sua turma de trinta crianças do Infantil II.[3]

Tudo começou com um questionamento das meninas que perguntavam indignadas: "*Prô*... por que só os meninos usam a quadra?" A professora

Sueli a princípio incentivou o diálogo entre meninos e meninas, mas, segundo relata, esta estratégia não resolveu. Decidiu envolver as famílias no debate, pedindo que as crianças convidassem seus pais para responderem junto com elas a duas questões através de desenhos: "A quadra é só dos meninos?" e "a quadra é de quem?" A partir do material coletado, a professora percebeu a complexidade e riqueza do tema e propôs às crianças a produção de um vídeo para, segundo ela, explorar um olhar diferenciado. Através de rodas de conversas, foram compondo a pauta, dividindo as crianças em equipes de filmagem e de repórter-entrevistador, de modo a fortalecer o protagonismo delas durante todo processo, dizendo "eu não quero resolver por elas".

É surpreendente o potencial das crianças em formular perguntas e refletir sobre a questão de gênero. Ao serem questionados por que a quadra era só deles, os meninos respondiam quase que automaticamente que meninos ganham bola e menina ganham bonecas e, por isso, a quadra então seria deles. Mas, ao ouvirem tal argumentação, as meninas replicaram rapidamente que elas também poderiam ganhar bolas e mesmo que não ganhassem, queriam usar a quadra para jogar bola e outras coisas. Durante a reunião de pauta, tudo isso era retomado e o debate, aprofundado.

Nesta experiência educativa, o coletivo do Infantil II pôde desnaturalizar concepções há muito consolidadas historicamente, além de aprender tecnologias educativas inovadoras no campo da educomunicação, apesar de terem apenas cinco anos de idade. É preciso destacar que não basta um bom currículo associado a um bom projeto pedagógico para que isso ocorra. No projeto da EMEI Afonso Sardinha, toda uma rede de ações se articulou sobre o tripé currículo-gestão-território para isso ser possível: a generosidade da professora em abrir espaço para a voz das meninas e seu questionamento, a gestão democrática da unidade escolar que pratica rodas de conversa e envolve as famílias nas questões pedagógicas, a disponibilidade das famílias, os recursos tecnológicos disponíveis, o repertório da professora que provavelmente tem contribuição da política educacional municipal vigente na época e também aquelas que ocorreram anteriormente e constroem o cotidiano da escola pública paulistana.

Paulo Freire, que ocupou a pasta da educação na cidade de São Paulo (1989-1991), dizia que a "cidade somos nós e nós somos a cidade".[4] Penso que o tipo de cidade que desejamos depende do tipo de pessoas que queremos e podemos ser. E o que somos e podemos ser depende muito dos processos educativos, desde a infância, especialmente aquele que atinge a maioria da população brasileira, que é a educação pública. Educação pública que depende da dedicação e preparo de professoras como a Sueli, que reconheceu e potencializou a fala das meninas, o que resultou neste belíssimo processo que terá reflexo ao longo de toda a vida dessas crianças. Como disse Maria Farias, outra professora da EMEI, este projeto reflete o que a sociedade pensa a respeito da situação das mulheres na sociedade.

O direito à cidade não é apenas um direito condicional de acesso àquilo que já existe, mas sim um direito ativo de fazer a cidade diferente, de formá-la mais de acordo com nossas necessidades coletivas, definir uma maneira alternativa de simplesmente ser humano. Se nosso mundo urbano foi imaginado e feito, então ele pode ser reimaginado e refeito.[5]

Tomo a liberdade, aqui, de parafrasear a fala do geógrafo David Harvey, substituindo *cidade* por *escola*: o direito à escola não é apenas condicionado àquilo que já existe, mas sim um direito ativo de fazer a escola diferente, de formá-la de acordo com nossas necessidades coletivas. Se o mundo escolar foi imaginado e criado, pode também ser reimaginado e recriado.

Como pudemos ver, o papel das meninas e dos meninos nesta reinvenção é importantíssimo. Pois ao lidar com o mundo da fantasia, as crianças enfrentam com muita propriedade os dilemas da realidade. Começaram perguntando por que a quadra era só dos meninos. E com certeza, logo, logo, estarão a perguntar por que a cidade é só dos adultos, dos brancos, dos ricos e dos homens. Juntemo-nos a elas e às suas escolas para enfrentarmos tal desafio de podermos clamar um dia: a cidade é de quem quiser!

NOTAS

1. Conceito cunhado no âmbito do programa Mais Educação, do Ministério da Educação, 2010. Consultar um dos cadernos pedagógicos do programa: FARIA, Ana Beatriz Goulart de. *Territórios educativos para a educação integral.*
2. Na página do prêmio é possível conhecer o regulamento assim como os 40 projetos premiados nas quatro edições realizadas: INSTITUTO TOMIE OHTAKE. Prêmio Territórios.
3. Como parte do prêmio recebido, foi feito um vídeo sobre o projeto da escola que pode ser visto em: INSTITUTO TOMIE OHTAKE. A quadra da escola é de quem quiser! EMEI Afonso Sardinha.
4. FREIRE, Paulo. *Política e educação*, p. 25.
5. HARVEY, David. A liberdade da cidade, p. 16.

Crianças, cidade e educação

NATACHA COSTA

JOHN DEWEY, filósofo norte-americano que teve grande influência sobre a obra de Anísio Teixeira no Brasil, defendia que a educação deveria ser compreendida como processo social intrinsecamente atrelado à vida. Nesse sentido, segundo Dewey, "o fim da educação identifica-se com seus meios, do mesmo modo, aliás, que os fins da vida se identificam com o processo de viver. Enquanto vivo, eu não estou me preparando para viver e daqui a pouco vivendo".[1]

Esta afirmação é relevante porque a dissociação entre vida e educação está na base do modelo clássico de escola que tende a restringir o processo educativo à preparação dos educandos para o futuro. No processo tradicional de escolarização, a apresentação dos conteúdos está comumente desarticulada dos interesses, desafios e experiências das crianças. A vivência dos tempos e espaços desconsidera a multidimensionalidade do desenvolvimento infantil, priorizando o desenvolvimento intelectual em detrimento do emocional, social, cultural e físico dos educandos. Desta forma, corpo e mente são pensados de maneira apartada, assim como as emoções; a cultura das crianças e sua sociabilidade são aspectos invariavelmente compreendidos como dimensões que se situam fora do escopo da escola.

Assim, ao invés de educar, a escola procura instruir. E o faz a partir de um modelo baseado na transmissão de informações, na reprodução de modelos prontos e na verificação do aprendizado esperado através de provas e testes. É no questionamento ao modelo tradicional de escola e, sobretudo, na ampliação do conceito de educação para um processo que vai além da escolarização – e que acontece em diferentes espaços, a partir de múltiplas interações e ao longo de toda a vida –, que se insere esta reflexão sobre a relação entre infância e cidade.

Como ponto de partida, duas perguntas são chave: qual o papel da cidade no desenvolvimento das crianças? E qual o papel das crianças no desenvolvimento da cidade? Tais questões sugerem impactos positivos desta relação, tanto na vida e no desenvolvimento das crianças como na vida e no desenvolvimento das cidades. É o que mostra a experiência de bairro-escola desenvolvida pela Associação Cidade Escola Aprendiz em São Paulo e tantas outras mundo afora.

O bairro-escola, experiência desenvolvida na Vila Madalena, consistia em articular todo o potencial educativo do bairro ao cotidiano das crianças e jovens que viviam ou frequentavam a região. O que a associação fez de inovador foi, no lugar de criar uma organização educativa ou assistencial com profissionais e serviços próprios, identificar, mobilizar e integrar os diferentes espaços, agentes e linguagens, convocando todo o potencial educativo da cidade. Essa mobilização favoreceu que os aprendizes (como eram chamados as crianças e os jovens que participavam das atividades da organização) pudessem, ao longo dos anos, ampliar e diversificar sobremaneira seu repertório sociocultural, compreender as inúmeras possibilidades de aprendizagem existentes e vivenciar, de forma propositiva, a cidade, exercendo sua cidadania desde pequenos ao participarem e intervirem no espaço urbano cotidianamente a partir de suas ideias e do conhecimento que produziam.

Esta proposta se alinha ao que Tim Gill defende em entrevista concedida ao Portal Aprendiz em 2016: "Eu entendo que a educação é um processo de crianças aprendendo a viver. E claro que elas precisam aprender a ler e escrever, ciências e literatura, mas elas também precisam aprender a ser cidadãs, a aprender como seu bairro se formou e qual a história da sua cidade".[2]

A circulação dos aprendizes pelo território tornava visíveis suas existências no bairro. Essa visibilidade foi, em parte, responsável pelo engajamento de diferentes pessoas e instituições, que passaram a compreender seu papel no desenvolvimento daquele território. Nesse contexto, a cidade e o território foram sendo compreendidos não apenas como espaços físicos, mas como espaços simbólicos e relacionais, alinhado ao que afirma Milton Santos:

> O território não é apenas o conjunto dos sistemas naturais e de sistemas de coisas superpostas. O território tem que ser entendido como o território usado, não o território em si. O território usado é o chão mais a identidade. A identidade é o sentimento de pertencer àquilo que nos pertence. O território é o fundamento do trabalho, o lugar da residência, das trocas materiais e espirituais e do exercício da vida.[3]

Esses aprendizados construídos ao longo de mais de vinte anos de trabalho não apenas na Vila Madalena, mas em territórios nos quais a Associação Cidade Escola Aprendiz vem atuando por todo país, nos mostram que a tarefa de educar uma criança exige a coordenação de esforços de múltiplos setores.

Nesse sentido, se faz necessário constituir uma escola que reconheça com clareza seus estudantes, que articule os conhecimentos formais aos seus códigos, experiências e desafios, constituindo sentido ao que se aprende e se comprometendo com a formação integral de todos e de cada um. Para isso é preciso enfrentar o paradigma tradicionalista da escola. "Educação não é igual a escola. E escola não é igual a um conjunto de salas onde aulas acontecem. Educação é processo social, já defendia John Dewey".[4] A escola é um espaço com potencial articulador das aprendizagens e do desenvolvimento integral de cada estudante – tais aprendizagens não dependem de aulas, mas de processos educativos que reconheçam os estudantes como sujeitos competentes, sociais, históricos e multidimensionais. Esses processos devem levar em conta as famílias e comunidades como aliadas; os professores como profissionais que pesquisam, desenvolvem suas práticas e conhecem seu contexto de atuação; e a escola como parte de um ecossistema educativo articulado e plural.[5]

Além da escola, portanto, é preciso que toda a cidade se comprometa com a formação de seus habitantes, a começar pelas crianças. Se criadas as condições para que elas circulem de forma segura e democrática, que participem das reflexões e decisões de seus territórios, que acessem os diferentes espaços e linguagens produzidas, certamente faremos não apenas uma melhor educação, mas uma cidade melhor.

Nesse processo, é preciso atenção. Experiências de cidades educadoras em todo mundo mostram que as crianças podem e devem ser reconhecidas como sujeitos na formulação e implementação de políticas públicas e iniciativas voltadas ao bem-estar coletivo. Ouvi-las, favorecer que ocupem os espaços, acessem os bens culturais da cidade e produzam intervenções tem o poder de transformar o papel que a cidade e a educação podem ocupar na vida das pessoas.

Em uma cidade educadora, as crianças não são compreendidas meramente como público de nossa intervenção, elas são agentes por excelência da consciência transformadora que todos podemos tecer na direção de um projeto justo e inclusivo de sociedade. É exatamente nesse ponto que mora a beleza e a força do encontro entre crianças, cidade e educação.

NOTAS

1. DEWEY, John. *Vida e educação*, p. 17.
2. NOGUEIRA, Pedro. Tim Gill: crianças no espaço público são grandes ativadoras de comunidade.
3. SANTOS, Milton. Território e dinheiro.
4. COSTA, Natacha. É hora de territorializar a escola pública brasileira.
5. Idem, ibidem.

APRESENTAÇÃO

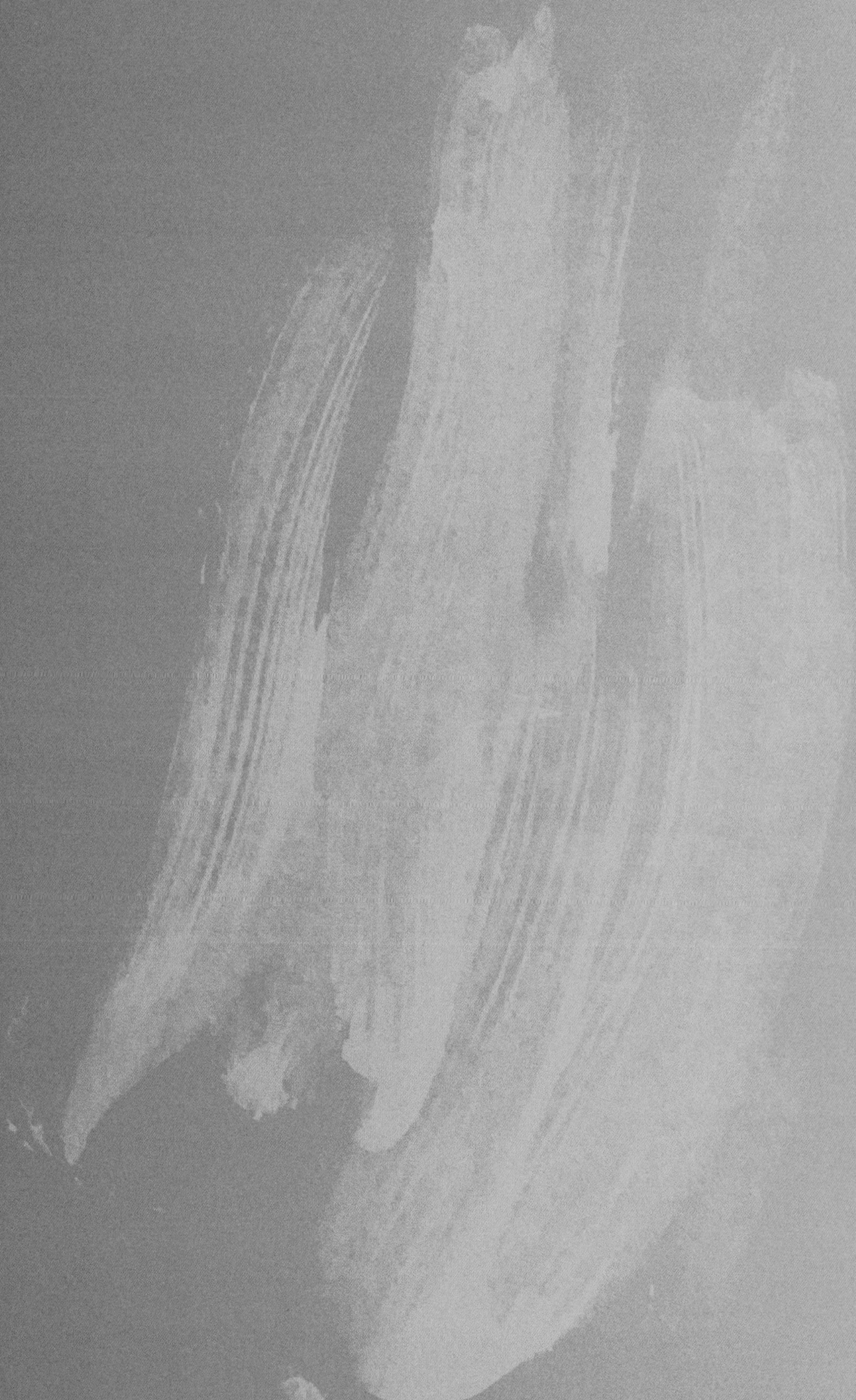

Cidade, gênero e infância

Projeto como ferramenta de transformação em territórios vulneráveis

RODRIGO MINDLIN LOEB
ANA GABRIELA GODINHO LIMA

> Dentro de menos de duas gerações, o crescimento urbano na Ásia, África e América Latina será tão explosivo que, até 2050, duas em cada três pessoas no planeta estarão vivendo nas áreas urbanas. Isto significa que 2,4 bilhões a mais de pessoas precisarão de edifícios para morar, trabalhar, receber educação, assim como infraestrutura de mobilidade e paisagem para encontrar refúgio. Tudo isto é muito mais do que estarrecedor.
>
> SARAH WILLIAMS GOLDHAGEN, *Welcome to our world: how the built environment shapes our lives*, p. xviii

ESTE LIVRO ALMEJA se tornar referência para a formação de arquitetas, arquitetos, urbanistas e profissionais de diferentes áreas do conhecimento que buscam trabalhar em territórios urbanos vulneráveis com o objetivo de criar melhores condições no espaço construído e promover melhores possibilidades de desenvolvimento e empoderamento para as mulheres e as crianças. Nosso propósito é delinear um posicionamento, construído a partir da perspectiva brasileira, acerca desta problemática. Para tanto, foram reunidos textos de autoras e autores que vêm produzindo reflexões e ações voltadas para a infância e gênero no território urbano.

Em uma perspectiva ampla, este livro volta a atenção para um dos compromissos fundamentais da sociedade: zelar pelo desenvolvimento saudável das crianças mais novas. Nesse sentido, convocamos os saberes da arquitetura, do urbanismo e de áreas correlatas tanto na forma da produção de saberes acadêmicos articulados a intervenções arquitetônicas e urbanísticas, quanto na forma de saberes e práticas locais. Pretendemos, assim, somar esforços àqueles que vêm sendo empreendidos pelas esferas governamentais, instituições de financiamento e apoio a atividades científicas, nacionais e internacionais, que colocam a primeira infância como prioridade absoluta.

URBAN 95: PRIMEIRA INFÂNCIA NO CURRÍCULO DA FACULDADE DE ARQUITETURA E URBANISMO

Esta publicação faz parte das atividades do Núcleo de Pesquisa em Cidade, Gênero e Infância, da Faculdade de Arquitetura e Urbanismo da Universidade Presbiteriana Mackenzie, em cooperação com o Instituto Brasiliana. O núcleo iniciou suas atividades em 2017, após vencer o concurso Urban 95 Challenge com a proposta de inserir a temática da primeira infância na graduação e na pós-graduação de arquitetura e urbanismo. O concurso, lançado pela Fundação Bernard van Leer em 2016, propunha a seguinte questão: "Se você pudesse vivenciar uma cidade a uma altura de 95 cm – a altura média de uma criança saudável de três anos – o que você faria de diferente?"[1] O Núcleo de Pesquisa foi um dos 26 projetos selecionados ao redor do mundo e um dos três contemplados no Brasil.[2]

Entre os principais critérios de seleção, estavam a inovação e o potencial de replicabilidade. "Não estávamos buscando, necessariamente, por implementações high-tech, mas por soluções tangíveis para problemas e necessidades cotidianos", relatou Ardan Kockelkoren, analista de pesquisa na área de Conhecimento para Política (Knowledge for Policy) na Fundação Bernard van Leer, e membro do painel de seleção.[3]

Na qualidade de projeto que emerge de uma proposta financiada pela Fundação Bernard van Leer, a atenção inicial repousava predominantemente sobre o desenho da cidade para a primeira infância, foco de trabalho da instituição holandesa. Para a equipe brasileira, no entanto, vencer o edital significou também delinear um posicionamento próprio sobre a problemática da infância em territórios vulneráveis. Neste processo, a dimensão de gênero surgiu como essencial a toda discussão envolvendo a transformação dos territórios vulneráveis. Partiu-se também do entendimento de que o currículo tradicional de ensino de arquitetura e urbanismo ainda não inclui, de modo suficiente, a problemática de assentamentos precários e áreas vulneráveis. Também não contempla suficientemente questões ligadas ao gênero e à infância. Isso significa que arquitetas, arquitetos e urbanistas enfrentam dificuldades adicionais para adquirir qualificação para lidar adequadamente com os desafios impostos pelas crescentes áreas urbanas vulneráveis.

Um dos propósitos deste projeto foi identificar experiências de intervenção em territórios urbanos socialmente vulneráveis que levassem em conta as mulheres e/ou as crianças de modo que os conhecimentos produzidos por suas autoras e autores pudessem ser reunidos, reconhecidos e, em certa medida, passíveis de serem replicados, em termos de emprego de premissas, métodos ou mesmo como inspiração para a elaboração de projetos em territórios urbanos vulneráveis que contemplem as mulheres e as crianças.

Atualmente, o Núcleo de Pesquisa, com projetos de extensão e atividades específicas, propõe para a graduação e a pós-graduação o desenvolvimento de pesquisa e de projeto em territórios vulneráveis, além de diagnósticos, estudos de requalificação urbana, compreensão de processos participativos e de meios de capacitação de agentes comunitários, investigação de instrumentos e ferramentas projetuais, políticas públicas de planejamento territorial participativo, estudos de laboratórios de projeto participativo e *livinglabs*, buscando reunir elementos para obter um programa de residência em arquitetura e urbanismo de impacto social, com ênfase nas temáticas de gênero e infância.

Os resultados, até agora, incluem pesquisas de iniciação científica, trabalhos de graduação, mestrados e doutorados, artigos e capítulos de livros no eixo temático. Foram realizadas, ainda, atividades e interações com comunidades, workshops, seminários, debates, articulação com organizações da sociedade civil e órgãos da gestão pública municipal com ações de *advocacy* e multiplicação.

GÊNERO, A DIMENSÃO ESSENCIAL NA TRANSFORMAÇÃO DOS TERRITÓRIOS VULNERÁVEIS

Historicamente, as mulheres vêm contribuindo, de modo consistente, para a melhoria da qualidade de vida em seus lares, comunidades e cidades.[4] Entretanto, elas não são adequadamente reconhecidas no planejamento e promoção de políticas públicas. Como resultado, a análise e as ações projetadas para as cidades, serviços, equipamentos e infraestrutura falham ao não incluir as demandas e necessidades específicas das mulheres. "A omissão às mulheres é persistente".[5]

Sob a perspectiva do encaminhamento do projeto, verificamos que, no Brasil, 85% das pessoas que cuidam de crianças mais novas são do sexo feminino. Se suas condições de vida são prejudicadas, a das crianças de quem cuidam também será afetada. Esta realidade é ainda mais grave nos territórios vulneráveis.

Tendo em vista as questões acima, constituiu-se a posição de onde se aborda a dimensão da infância nos territórios urbanos vulneráveis, como pondera-se a seguir.

A PERSPECTIVA DO DESENVOLVIMENTO SAUDÁVEL DA PRIMEIRA INFÂNCIA EM TERRITÓRIOS URBANOS VULNERÁVEIS

> É dever da família, da sociedade e do Estado assegurar à criança e ao adolescente, com absoluta prioridade, o direito à vida, à saúde, à alimentação, à educação, à profissionalização, à cultura, à dignidade, ao respeito, à liberdade e à convivência familiar e comunitária, além de colocá-la a salvo de toda forma de negligência, discriminação, exploração, violência, crueldade e opressão.[6]

Do ponto de vista das ações governamentais, destacam-se, em âmbito federal, o Plano Nacional pela Primeira Infância de 2010, e sua nova versão de 2020, bem como a aprovação do Marco Legal da Primeira Infância em 2016. Do texto do Estatuto da Criança e do Adolescente – ECA, cabe destacar o artigo quinto, que diz respeito especificamente ao espaço e meio ambiente em que se vive e atua, objetos por excelência da ação arquitetônica e urbanística:

> Constituem áreas prioritárias para as políticas públicas para a primeira infância a saúde, a alimentação e a nutrição, a educação infantil, a convivência familiar e comunitária, a assistência social à família da criança, a cultura, o brincar e o lazer, o espaço e o meio ambiente, bem como a proteção contra toda forma de violência e de pressão consumista, a prevenção de acidentes e a adoção de medidas que evitem a exposição precoce à comunicação mercadológica.[7]

A ideia subjacente é a de que, para que seja possível romper o ciclo da desigualdade e das condições de vulnerabilidade, o investimento na primeira infância é ferramenta essencial e prioritária, pois é nos primeiros anos de vida que nos constituímos física, psíquica e neurologicamente, estruturando, ou não, uma capacidade de desenvolvimento afetivo, cognitivo, de linguagem e de habilidades e estima, que terá influência significativa para o resto de nossas vidas.

Avanços científicos recentes na área da neurociência vêm confirmar o que os campos da educação e da psicanálise defendem há mais de cem anos. Mesmo que a neurociência ainda esteja no início de uma fase de grandes descobertas, algumas evidências importantes sobre a arquitetura cerebral foram encontradas. Durante o período da primeira infância, por exemplo, formam-se mais de setecentas novas conexões neurais por segundo (aos dois anos de idade, o cérebro atinge 80% do tamanho adulto).[8] O cérebro é constituído da base para o topo, cada estágio se constrói sobre o anterior.[9]

O desenvolvimento acontece em interações recíprocas de estímulos com adultos, sejam estímulos afetivos ou sensoriais. As relações de afeto e de cuidado com adultos atentos à interação e às devolutivas, além das experiências positivas nos primeiros anos da vida, constroem uma arquitetura cerebral sólida. Neste período, a plasticidade cerebral é muito alta, com consequente facilidade para responder a estímulos positivos de afeto e aprendizado, bem como desafios e riscos.[10]

Ao mesmo tempo, é importante compreender o impacto do estresse tóxico, ou seja, um estímulo negativo maior do que a capacidade de suporte e resposta. Saúde física e emocional, habilidade social, capacidades cognitivas e linguísticas que emergem nos primeiros anos de vida são importantes para um pleno aproveitamento da escola, do futuro trabalho e das relações comunitárias. A ativação prolongada e excessiva dos sistemas de resposta ao estresse no corpo e no cérebro (estresse tóxico) cria circuitos negativos permanentes e causa danos aos processos de aprendizado, de desenvolvimento de habilidades sociais e de saúde.[11]

As experiências e vivências nos primeiros anos de vida têm um efeito duradouro para a vida toda, nas capacidades de aprendizado, na saúde e nas habilidades sociais.[12] Acertar as coisas logo no início é mais fácil e mais efetivo do que recuperá-las mais tarde. Assim, a sociedade como um todo se beneficia dos investimentos na primeira infância.

Com esta perspectiva em vista, entendemos que a transformação dos territórios urbanos vulneráveis em ambientes saudáveis para o desenvolvimento da infância se beneficiaria da mobilização de instrumentos que articulem saberes teóricos, acadêmicos e ações práticas, convocando diferentes formas, lógicas e saberes para cada contexto e contingência.

Ao longo do desenvolvimento do projeto, buscamos identificar iniciativas que, de algum modo, demonstraram zelo pelo desenvolvimento saudável da primeira infância. Identificamos trabalhos que convocaram saberes teóricos articulados a intervenções e atividades práticas com crianças, como veremos ao longo dos capítulos deste livro.

REFLEXÕES SOBRE OS CAMINHOS DA ARQUITETURA E URBANISMO VISANDO À TRANSFORMAÇÃO POSITIVA DOS TERRITÓRIOS URBANOS VULNERÁVEIS

A urgência de transformar, através do desenho urbano, áreas de grande vulnerabilidade multidimensional, abrange a necessidade de incluir, na formação de arquitetos e profissionais urbanos, recursos e habilidades inter, multi e transdisciplinares, aprofundando o conhecimento cultural e as questões de gênero e de infância.

No necessário avanço da construção do conhecimento acadêmico, merecem ser mais explorados os modos como os instrumentos de projeto de arquitetura e urbanismo podem ser mobilizados para contribuir com o desenho da cidade e do território, favorecendo o desenvolvimento integral da infância.

Temos uma grande quantidade de conhecimento acumulado sobre ações em territórios precários, áreas de risco, regiões expostas aos mais variados modos de vulnerabilidade. Estes corpos de conhecimento precisam ser reconhecidos e devidamente integrados em agendas transdisciplinares da educação formal em arquitetura e urbanismo. É preciso reconhecer que as pautas de gênero e de infância são essenciais para construir qualquer raciocínio concreto, que vise a, de fato, contribuir para melhorar as condições das populações precariamente acomodadas em territórios vulneráveis.

A partir do conteúdo reunido neste livro, ocorrem-nos algumas perguntas fundamentais para as quais os textos aqui agrupados oferecem um vislumbre, e que apontam para um horizonte de pesquisa e ensino: como aumentar a capacitação local, transformando o design em uma ferramenta de empoderamento e autonomia, ao invés de ser apenas uma ação que vem de fora para criar objetos ou edifícios isolados? Como mudar a forma como estamos fazendo o projeto de impacto social para que ele crie capacitação, crie projetistas ao invés de projeto?[13] Como criar oportunidades de trabalho dentro dos territórios vulneráveis para pessoas que procuram resolver problemas complexos? Como envolver crianças mais novas, jovens e comunidades para promover programas que fazem uma ponte entre educação e carreira?

A humanidade está desafiada a redefinir ou a repensar a ideia e o propósito contidos na palavra desenvolvimento – incluindo, neste conceito, o desenvolvimento urbano. Sem avanços civilizatórios e caminhos em direção à equidade, não há desenvolvimento. E a ideia de desenvolvimento, constituída como resultante do crescimento contínuo, é insustentável. Existem alternativas sistêmicas capazes de promover avanços civilizatórios com o reconhecimento dos direitos da natureza. Estas alternativas, ao estabelecerem limites e barreiras ao extrativismo e objetificação da vida, estão sendo atacadas sem direito e chance de defesa. Só em um contexto em que a educação integral – e, portanto, também ambiental – não se implementou de modo universal é que uma comunidade, em escala global, convive com e vive em tanta vulnerabilidade e risco.

Esta publicação procura dar espaço a manifestações de um conjunto desses saberes dissidentes que se integram no que chamamos de alternativas sistêmicas, ou seja, novas formas de articular cultura, território e natureza, como contribuição à formulação de estratégias viáveis para construir uma proposta urgente de futuro.

NOTAS

1. FUNDAÇÃO BERNARD VAN LEER. Desafio Urban 95: ideias vencedoras que melhoram as cidades para as crianças pequenas e para todas as outras pessoas.
2. FUNDAÇÃO BERNARD VAN LEER. Urban 95 challenge.
3. Idem, ibidem.
4. HABITAT-UNI. Gender-Hub.
5. Idem, ibidem.
6. BRASIL (Presidência da República). Lei n. 8.069, de 13 de julho de 1990.
7. Idem, ibidem.
8. CENTER ON THE DEVELOPING CHILD. *From best practices to breakthrough impacts: a science-based approach to building a more promising future for young children and families.*
9. Idem, ibidem.
10. Idem, ibidem.
11. Idem, ibidem.
12. Idem, ibidem.
13. LASKY, Julie. *Design and social impact: a cross-sectoral agenda for design education, research, and practice*, p. 23.

O TERRITÓRIO E A CRIANÇA

1

O direito de sonhar

Centro de Excelência em Primeira Infância no Maranhão e em São Paulo

TIÃO ROCHA
VERA LION

VENTANA SOBRE LA UTOPÍA

Ella está en el horizonte – dice Fernado Birri –.
Me acerco dos pasos, ella se aleja dos pasos.
Camino diez pasos y el horizonte se corre diez
pasos más allá. Por mucho que yo camine,
nunca la alcanzaré. ¿Para qué sirve la utopía?
Para eso sirve: para caminar.

EDUARDO GALEANO,
Las palabras andantes?, p. 230

SE OBSERVARMOS BEM, quase todos os projetos sociais formulados a partir da década de 1970 no país tinham os mesmos objetivos ou partiam de premissas similares, entre elas, a de melhorar a qualidade de vida das populações pobres e carentes, em geral localizadas longe da gente, lá para as bandas do Norte ou Nordeste brasileiro.

Algo parecido acontecia com quase todos os projetos destinados ao Vale do Jequitinhonha, em Minas Gerais, na década de 1980, formulados por governos, universidades, instituições públicas, privadas e religiosas, que seguiam o mesmo objetivo.

Muitas vezes, partia-se de uma visão de mundo equivocada, de olhar o outro de forma arrogante, prepotente, preconceituosa, inferiorizada. A ideia era levar ao outro aquilo que se achava melhor (mas não se vivia), como se as soluções estivessem nos grandes centros do Sudeste.

Décadas se passaram e essa visão do outro, não como diferente, mas transformado em desigual, por sua cor, sexo, renda, religião, ideologia, escolaridade ou geografia, se mantém e, infelizmente, aumenta a cada dia, deteriorando-se em formas variadas de fobia, ódio, chacina e exclusão.

O outro não é o diferente porque transformamos a diferença, que é um valor, em desigualdade. Estabeleceu-se uma relação entre desiguais para criar mais instrumentos de poder e tratar o outro como inferior, pior, carente, vulnerável, frágil, em situação de risco. São desiguais as mulheres, os negros, os indígenas, membros da comunidade de LGBTQIA+, os pobres, os periféricos, os imigrantes. A maioria está nas periferias das grandes cidades, em guetos, favelas, ocupações, comunidades rurais, ribeirinhas, indígenas e quilombolas.

O paradoxal é que, em um mundo tão conectado, a humanidade se encontra ao mesmo tempo tão separada, fechada em suas fronteiras geopolíticas e domínios econômicos, com pessoas, grupos e instituições competitivos, concorrentes e ensimesmados.

PARA ONDE VAMOS

Criado em 1984, o Centro Popular de Cultura e Desenvolvimento – CPCD atua em áreas e territórios rotulados como sendo de alta vulnerabilidade, extrema pobreza e elevado autodesprezo, como o Lixão em Vitória ES; o Baianão em Porto Seguro BA; o Beiradão em Laranjal do Jari AP; comunidades ribeirinhas e amazônicas em Iquitos no Peru; campos de refugiados de guerra em Moçambique; comunidades camponesas e quilombolas no Maranhão e comunidades de cortadores de cana no Vale do Jequitinhonha MG. Em todos esses territórios, nossas perguntas eram: “O que fazer para não repetir os erros do passado e os fracassos da maioria dos projetos e intervenções sociais? Como não cair na vala comum e fazer mais do mesmo, que não transforma nada?”

Ao longo desses anos e desafios, o que mais aprendemos foi a olhar sempre o lado cheio do copo, os pontos luminosos das pessoas e das comunidades e a nos perguntar, quase como um mantra, de quantas maneiras diferentes e inovadoras nós podemos atuar em cada um desses territórios. A esta prática chamamos Maneiras Diferentes e

Inovadoras – MDI, uma tecnologia social que estimula a criatividade e a inovação no planejamento de estratégias frente a desafios cotidianos.

Nesse caminho, fomos nos alimentando da luz e da energia de algumas pessoas que se tornaram nossos faróis e verbos, conjugados quase diariamente por nossa equipe de educadores. O primeiro foi e será sempre Paulo Freire (1921-1997), e o verbo *paulofreirar*, que só se conjuga no presente, nos levou a fazer da educação algo que só acontece no plural, na relação de troca entre o eu e o outro – o diferente, mas meu igual. Nessa relação plural, há aprendizagem de ambos os lados. Somos diferentes, mas vivendo relações como iguais. Aprendemos que essa educação pode se dar em qualquer lugar, inclusive debaixo de um pé de manga. Não precisamos de escola, mas sim, de pessoas, gente formada nessa causa e comprometida com ela.

Outro encontro vital para nosso trabalho foi com Eduardo Galeano (1940-2015). E o verbo *galeanar*, que também só se conjuga no presente, nos colocou diante do desafio diário da relação com o outro e o eu. Para cada "me ajude a olhar!",[1] deve corresponder um "me ensina o que você já viu!"[2] Daí se estabelece a pluralidade necessária para a aprendizagem.

Dessa caixa de diálogo, fundamental para o presente do presente, Galeano nos oferece o presente do futuro: a busca permanente pela utopia. Não como o sonho quixotesco ou como algo a se alcançar com os pés e tomar com as mãos, mas algo a se buscar permanentemente com os olhos, a alma e o coração atentos, como um farol sempre à nossa frente a nos iluminar os caminhos.

Foi por aí, vivendo e aprendendo, bebendo de todas as águas e de todos os rios, como nos propôs Guimarães Rosa (1908-1967), e conjugando verbos essenciais, que nos deparamos com o desafio e a utopia: construir centros de excelência em educação do campo (em Minas Gerais e no Maranhão) e em cuidados com a primeira infância[3] (em São Paulo).

Um centro de excelência não é um prédio de tijolos, mas uma causa assumida por uma comunidade em um território, que se torna uma razão de ser e de viver. Por que propusemos essa causa? Para dar um choque de presente do futuro, possível e realizável, em comunidades vivendo com muitas dificuldades, com pessoas na linha do autodesprezo ou sob esta ameaça. Para tirá-las deste lugar, onde foram colocadas historicamente, nas senzalas distantes das casas-grandes, no reino da menos-valia. Sair desse lugar onde impera a melancolia, para a busca do não-feito ainda, estendendo os limites do possível para um outro mundo também possível, melhor e para todos. A busca pela excelência torna-se, então, causa e razão de ser de projetos sociais transformadores.

EXCELÊNCIA NO MARANHÃO

Assim aconteceu no Maranhão, mais precisamente em Buriticupu, onde está a Casa Familiar Rural Padre Josino Tavares, escola rural de segundo grau. Em 2014, às beiras do fechamento, decadente, agonizante, além de feia e suja, desprovida de água, alimentação e recursos financeiros, mas com um bando de jovens em busca de algum futuro digno.

Preservada a vida e a ética, vale tudo para tirar os jovens do autodesprezo. E foi isso que ousamos. Primeiro, desafiando que plantassem dez mil árvores em dez minutos, em Bom Jesus da Selva, cidade vizinha. O que parecia um devaneio, aconteceu depois de quase oito meses: no dia 10 de dezembro de 2014, às dez horas da manhã, com mais de nove mil pessoas plantando as dez mil mudas cultivadas pelos jovens.[4]

No dia seguinte, todos os jovens, emocionados e com os olhos saltando de orgulho, perguntaram: "E agora? O que podemos fazer?" Pronto, era o que queríamos. "Tudo", respondemos. "Quem planta dez mil árvores em menos de dez minutos pode fazer tudo o que quiser. Vocês topam transformar esta escola?" "Topamos", responderam em coro. Perguntamos: "Vocês topam transformar esta escola num centro de excelência em educação do campo?" e eles nos disseram: "Sim. Mas o que é um centro de excelência?" "Não sei. Se soubéssemos já teríamos feito! Quanto tempo vocês ficam nessa escola? Três anos, certo?! A proposta é construirmos juntos um plano de metas".

Ano um: nunca mais vai entrar um caminhão pipa para abastecer, porque a escola vai ter autossuficiência hídrica. Ano dois: nunca mais vai entrar aqui a merenda (horrorosa) da prefeitura, porque a escola vai produzir sua própria comida e alcançar a autossuficiência alimentícia. Ano três: nunca mais vamos ficar mendigando recursos, pois a escola vai alcançar a autossuficiência financeira. Acreditamos que se alcançarmos essas metas, estaremos na direção da excelência.

O presidente da associação e professor Valceir Souza Lima Junior resumiu brilhantemente: "Ser uma escola com nível de excelência não é ser a melhor escola rural, mas fazer desta escola, todo dia, melhor do que no dia anterior e melhor do que no ano anterior. É ser melhor sempre".

Então passamos a mirar e não perder o foco da nossa utopia galeana: a busca da excelência. Em tempo, a Casa Familiar Rural Padre Josino Tavares já atingiu as metas dos anos um e dois. Estamos a caminho da meta três.

EXCELÊNCIA EM SÃO PAULO

Em Namalima, região de Nampula, em Moçambique, na década de 1990, aprendemos com os povos makuas que, para educar uma criança, é necessária toda a aldeia. Não só nunca mais esquecemos disso, como passamos a fazer dessa lição a nossa principal estratégia de transformação. Nos tornamos convocadores de aldeia, seja para tirar as crianças do analfabetismo, como em Araçuaí, seja para diminuir a mortalidade infantil no Maranhão.

As experiências vividas e refletidas nos anos anteriores e em vários territórios fortaleceram nossa musculatura conceitual e aumentaram nossa crença no lado luminoso das pessoas, quando fomos trabalhar na região de Parelheiros,[5] na cidade de São Paulo.

No final de 2016, em parceria com o Instituto Brasileiro de Estudos e Apoio Comunitário – IBEAC, apresentamos um projeto para cuidar das crianças pequenas naquela região. Juntamos as metodologias desenvolvidas pelo IBEAC e tudo que o CPCD aprendeu no Cuidando do Futuro (projeto de redução de mortalidade infantil neonatal em

Time das Mães Mobilizadoras, grupo de mulheres que mobilizam a comunidade e têm especial cuidado e compromisso com gestantes, puérperas, recém-nascidos, mães e crianças pequenas na região de Parelheiros. Seu trabalho inclui visitas domiciliares para explicar sobre a preparação para o parto e pré-natal, mediação de leitura, conversas sobre autoestima, afeto, vínculos, desenvolvimento infantil e amamentação, além de alimentação saudável às mulheres e crianças

dezessete cidades maranhenses, de 2009 a 2012), para enfrentar o desafio na periferia Sul de São Paulo, distante geograficamente, mas muito semelhante aos problemas sociais maranhenses no que diz respeito aos cuidados com a primeira infância.

Ao propor a construção de um Centro de Excelência da Primeira Infância em seis bairros da região de Parelheiros (Barragem, Colônia, Jardim Silveira, Nova América, São Norberto e Vargem Grande), não tínhamos dúvida de que isso significaria, mais uma vez, convocar essas aldeias para uma causa e para a superação de um desafio.

Aceitos os desafios e assumida a causa, um grupo de mulheres se intitulou Mães Mobilizadoras de solidariedades, afetos, cuidados e compromissos com as gestantes, puérperas, recém-nascidos, mães e crianças pequenas na região de Parelheiros. Para não perder nenhuma gestante e nenhum bebê, todos os esforços e energias reunidos e disponibilizados pelas Mães Mobilizadoras são válidos e bem-vindos. De um lado, convocar a aldeia para não perder nenhum bebê e, de outro, garantir que toda futura mãe tenha os cuidados necessários para uma gestação com tranquilidade, prazer e parto humanizado.

Nas visitas às gestantes, as Mães Mobilizadoras querem ver e ouvir como estão, conversar sobre o plano de parto, o pré-natal. Nas visitas às mães e a seus pequenos, acontecem mediação de leitura, papos sobre autoestima, afeto, vínculos, desenvolvimento infantil, amamentação exclusiva, massagens no bebê. Gestantes e mães são convidadas a plantar em suas casas, preparar comidas saudáveis, conhecer ingredientes, receitas, aproveitar alimentos, degustar refeições coletivamente.

Na busca pela excelência, dar sentido aos territórios implica buscar e construir soluções de forma compartilhada, que se multiplicam, estimulam novos hábitos, nesse habitat onde vivem e convivem habitantes, hábitos, habitações. Eixos e tecnologias sociais focam bebês, crianças pequenas, gestantes, mães, pais, avós, envolvem moradores, suas casas, ruas, bairros – o território de Parelheiros.

A mobilização pede participação, rodas de conversa, olho no olho, envolvimento e compromisso. O time das Mães Mobilizadoras convoca outros times do CPCD e do IBEAC: agentes de comunidades saudáveis; mulheres da cozinha Amara – grupo de mulheres de Parelheiros que produz alimentação saudável, ensina sobre reaproveitamento de alimentos, preparo de plantas alimentícias não convencionais e mudança de hábitos alimentares –; articuladores da Biblioteca Caminhos da Leitura, que se movem por aprendizagens, vidas e ambientes saudáveis, acesso à leitura em espaços diversos, cuidados, afetos, empatia e compaixão.

O chamado, individual e coletivo, se materializa na adoção de ruas que, por sua vez, adotam crianças e famílias, construindo oportunidades, espalhando alegrias. Ruas são embelezadas com pinturas de tinta de terra, uma tecnologia usada nas casas e comunidades saudáveis. A tinta utiliza a terra de várias tonalidades, matéria-prima local, água e cola. Além da beleza estética das pinturas, os muros e casas recebem proteção e acabamento, criando uma identidade que encanta os moradores e eleva sua autoestima. Jogos são pintados no chão.

Também há uma agenda de brincadeiras, mediações de leitura, confecção de brinquedos, encontros de crianças. Creches e escolas têm utilizado as ruas como mais um espaço de aprendizagem e de construção de novas relações de vizinhança. As parcerias envolvem as Unidades Básicas de Saúde – UBS e organizações locais. Por fim, os territórios são abraçados, com quintais orgânicos, alimentação saudável, casas pintadas, livros esparramados em algibeiras, bibliotecas, ruas e equipamentos públicos.

O CPCD e o Ibeac, na busca pela excelência e nas convivências diárias, vêm investindo em falas, escutas, desconstruções de preconceitos, construções de histórias conjuntas, acolhimento, humanização das relações.

EXCELÊNCIA NA HORA DO NASCIMENTO

Nas rodas de conversa com gestantes e mães recentes, um assunto recorrente é a dificuldade de chegar ao Hospital Maternidade Interlagos – HMI, referência para o nascimento dos bebês da região, quando sentem os primeiros sintomas anunciando que o bebê está vindo. De onde moram, gastam em média duas horas de ônibus. Chegando lá, são examinadas e, em muitos casos, orientadas a voltar mais tarde ou no dia seguinte, porque ainda não chegou a hora do nascimento. Nas histórias contadas sobre as idas e vindas, há relatos das dificuldades financeiras, das inseguranças e incômodos físicos, de bebês que nasceram no trajeto ou em casa e, até mesmo, de algumas que retornaram tarde demais.

O período final da gestação, os dias e horas que antecedem o nascimento e o parto em si, precisa estar cercado de cuidados especiais, não só de profissionais da saúde, mas também de atenção e afeto. Se nosso foco é cuidar dos bebês desde a barriga, o nascimento merece zelo, proteção, carinho. Se a cidade pensa seu futuro e quer transformá-lo de forma positiva, é importante cuidar do nascimento de seus futuros cidadãos.

Inspirados pelos relatos dessas mulheres, na busca pela excelência, e pela Casa do Meio do Caminho de Itapecuru Mirim MA, nossa Casa do

O trabalho do Centro de Excelência em Primeira Infância em Parelheiros, Zona Sul de São Paulo, inclui a adoção de ruas do bairro, que recebem atividades como o teatro, criação de brinquedos, brincadeiras, mediação de leitura, contação de histórias etc, com as crianças. A estratégia é coordenada por um time de mulheres, intituladas Mães Mobilizadoras

Pintura dos muros com tinta de terra em uma das ruas adotadas – a tinta utiliza a terra de várias tonalidades (matéria-prima local), água e cola. As crianças moradoras de cada bairro e seus familiares se envolvem na ação, que também faz parceria com os Centros para Criança e Adolescente, escolas e creches. Revitalizar os bairros com a tinta de terra, embelezando e levando arte sem prejudicar o meio ambiente, é uma forma de afeto e cuidado com o bairro e com as pessoas. Essas ações mobilizam a melhoria do bairro: o muro bonito move o desejo de deixar a casa mais bonita, a rua mais bela, o bairro mais acolhedor e motiva outras ações de mobilização comunitária

Contação de histórias com Kiara Terra em uma das ruas adotadas pela comunidade em Parelheiros, dentro do projeto do Centro de Excelência em Primeira Infância

Horta comunitária de orgânicos em uma das atividades elaboradas para o projeto das ruas adotadas. As hortas ficam em quintais, praças e espaços onde o solo é tratado para o plantio com envolvimento da comunidade, incluindo as crianças. Também são produzidas hortas suspensas nos muros da escola e das casas e jardins nos diversos espaços escolhidos junto com a comunidade

Meio do Caminho em São Paulo foi sonhada desde o início do Centro de Excelência – um local que pudesse abrigar as gestantes entre essas idas e vindas do período final da gestação. Sua localização é estratégica – encostada no HMI, está na mesma rua do ambulatório onde são acompanhados os bebês e as crianças mais frágeis e realizados os pré-natais de risco, entre os quais os das gestantes adolescentes, sendo que a região tem o maior índice de gravidez precoce da cidade de São Paulo.

Antes de encontrar a Casa, o Centro de Excelência iniciou parceria com o HMI, colaborando no fortalecimento do atendimento humanizado. Uma estratégia foi ampliar os repertórios das Mães Mobilizadoras que atuam em Parelheiros junto com as enfermeiras da maternidade, principalmente sobre a amamentação, uma vez que elas já incentivavam o aleitamento materno exclusivo com gestantes e mães acompanhadas nos seis bairros onde moram.

Outra ação foi as visitas às gestantes e às mães internadas no HMI, quando são realizadas mediações de leitura e entregue a Flor de Mãe, tecnologia social para controle e incentivo diário da amamentação: na flor com oito pétalas, devem ser marcadas as mamadas diariamente. Ao final do dia, o número é passado para um calendário, para controle da mãe.

Pensando também numa maternidade literária, cada andar recebeu uma algibeira de livros para estimular a leitura desde o nascimento, com foco nos bebês, suas mães e os trabalhadores de saúde. O IBEAC trabalha desde 2008 com literatura, formação de mediadores de leitura e de leitores. Acredita no poder da leitura e da transformação de quem lê ou ouve histórias. Para bebês e crianças pequenas, a mediação de leitura provoca atenção, escuta, troca de olhares, palavras, contatos e carinho. Estimula o desenvolvimento cognitivo, a imaginação, a expressão. Fortalece vínculos entre as crianças e seus familiares.

Inaugurada em janeiro de 2019, a Casa do Meio do Caminho ganhou hortas, espiral de ervas, composteira, viveiro, pinturas com tinta de terra, organização de espaços temáticos para acolhimento das mulheres, num mutirão envolvendo os times do CPCD e do IBEAC. O objetivo foi mobilizar e introduzir temáticas a serem fortalecidas nas relações das mães, pais e seus bebês.

A Casa do Meio do Caminho abriga as gestantes entre idas e vindas à maternidade durante o período final da gestação – o tempo médio entre Parelheiros e a maternidade mais próxima é de duas horas de ônibus, o que causava problemas durante o pré-parto, em que era quase impossível voltar para a casa e esperar as contrações. Sua localização é estratégica: encostada na maternidade e na mesma rua onde são acompanhados os bebês e as crianças mais frágeis e realizados os pré-natais de risco. A casa é um espaço solidário, com biblioteca, quartos, cozinha onde são servidos caldinhos e conversas

Um dos quartos se tornou espaço do *mimo*, outro quarto, do *colo*, ambos para inspirar e provocar cuidados e carinho. No hall o *empodimento*[6] anuncia o desejo de estimular o poder do ser e do fazer de mulheres/mães e homens/pais frequentadores da casa. Os jardins são referências de *boniteza*, de estética, reconhecimento do que que é belo – pinturas, hortas, árvores frutíferas, flores, resultado de saberes e fazeres do cuidado.

A sala da frente é da *pensação*, um convite à ação-reflexão-ação. Essa sala guarda uma pequena biblioteca com livros para crianças e adultos. A cozinha é o ponto das *gostosuras*, local para saborear alimentos, convívio, conversas, para experimentar, trocar receitas, cheiros e histórias. A sala grande é do *cafuné*, espaço de autocuidado e cuidados pelas práticas integrativas – escalda-pés, massagens, respirações, meditações, relaxamento.

Na cozinha, pode-se tomar caldos saudáveis acompanhados de pães especiais preparados pelas mulheres da Cozinha Amara. A Casa do Meio do Caminho funciona 24 horas por dia. Aparecem gestantes que aguardam resultado de exames, consulta médica, reavaliação no pré-parto e procuram a Casa para descansar e comer algo. "Geralmente chegam cansadas, ansiosas e com dúvidas sobre o parto e o estado de saúde de seus bebês. Aqui conseguem descansar, desabafar suas angústias, fazer um escalda-pés e sair mais relaxadas", nos conta Yanelis Rosales Peña, educadora social da Casa. Devido a essa demanda, uma psicóloga se voluntariou e todas as semanas realiza rodas de conversa com as mulheres.

A equipe da Casa observou que as puérperas, que têm alta hospitalar e precisam deixar seus bebês internados na Unidade de Tratamento Intensivo – UTI neonatal ou no berçário, procuravam a Casa para descansar e sair por algum tempo do ambiente hospitalar. Hoje são a maioria das hóspedes para pernoite. A maioria chega à Casa do Meio do Caminho chorando, preocupada com o estado de saúde de seus bebês, com dores após o parto, culpadas por achar que não fizeram o acompanhamento e tratamento necessário no período do pré-natal. Na Casa conversam, expõem suas angústias e dúvidas e, na medida do possível, são tranquilizadas. Após alguns dias, estão mais tranquilas e, quando estão com outras mães, conseguem conversar e compartilhar vivências e sentimentos.

Algumas gestantes, mães recentes e seus acompanhantes ficam surpresos ao descobrir que existe esse espaço, pensado para acolhê-las antes e depois do parto, e que funciona como política pública não governamental, com forte vínculo com o território. Algumas chegam a perguntar: "Gente, mas tem que pagar? Eu não tenho dinheiro".

A Casa tem recebido doação de fraldas, peças de enxoval de bebê, insumos alimentícios e de limpeza, móveis, louças, livros, colchonetes, bolas de pilates. Gestantes têm sido encaminhadas pelas Mães Mobilizadoras, pela UBS, pela Assistência Médica Ambulatorial – AMA, pelo HMI e pelo infalível boca a boca. Apesar do trabalho ser recente, a coordenação tem sido convidada para falar na Supervisão Técnica de Saúde de Capela do Socorro, nas UBS de Parelheiros, em reuniões dos Conselhos Gestores de Saúde e em outros espaços.

A Casa é reconhecida como um espaço importante e necessário pela direção do HMI por seu serviço de ouvidoria sempre aberto às informações das educadoras sociais e Mães Mobilizadoras, pelas equipes de serviço social e psicologia que fazem os encaminhamentos das gestantes e puérperas.

CONCLUSÕES E DESAFIOS

Muitas foram as conquistas e transformações, mas ainda há muito por fazer: consolidar, propagar, ampliar a participação de mais crianças, gestantes, mães e pais, novos atores, cenários e comunidades, maior proximidade e incidência em políticas públicas. Disseminar nossas práticas de planejamentos e gestões compartilhadas, diversidade nos times, busca e valorização de mais aprenderes e fazeres.

Cada dia nós fazemos mais perguntas e aos poucos vamos encontrando respostas. Por que buscar a excelência? Para exercitar toda a nossa capacidade e estender o limite de nossa potencialidade em ser mais humanos e melhores.

Nessas quase quatro décadas de CPCD e IBEAC, as caminhadas nos mostraram que ações fragmentadas, projetos isolados, apenas reformam. Faz pouco sentido olhar e pensar intervenções para a cidade e seus habitantes, principalmente as crianças, de forma segmentada. Escolher apenas uma área como saúde, educação, assistência social, habitação, cultura ou meio ambiente, seria como dividir as crianças em vários pedaços.

Para transformar realidades, construímos causas comuns, que se tornam plataformas de mobilização, provocam engajamento de pessoas, instituições, serviços públicos locais, com potência para acolher e respeitar diversidades e complexidades e inspirar políticas públicas integradoras e multissetoriais.

Projetos, ações, times envolvidos nos planejamentos, monitoramentos e avaliações se complementam, se fortalecem, se potencializam, ampliando as aprendizagens e os impactos. Em Parelheiros, temos investido em políticas públicas não-governamentais. Várias inovações foram incorporadas no desenho dessa plataforma, com o objetivo de criar uma referência territorial nessa grande metrópole, uma sementeira de iniciativas construída com a participação efetiva de moradores em torno da causa de tornar Parelheiros o melhor lugar do mundo para nascer e viver.

O direito de sonhar

EDUARDO GALEANO

Vamos, então, delirar um pouco. O mundo, virado de cabeça para baixo, ficará de pé:

→ Nas ruas, os carros serão pisoteados pelos cães.

→ O ar estará livre dos venenos das máquinas e não terá mais a contaminação que emana dos medos e das paixões humanas.

→ As pessoas não serão conduzidas pelos carros, nem programadas pelo computador, nem compradas pelo supermercado, nem vistas pelo televisor.

→ O televisor deixará de ser o membro mais importante da família e será tratado como o ferro de passar ou a máquina de lavar roupa.

→ As pessoas trabalharão para viver, ao invés de viver para trabalhar.

→ Em nenhum país serão presos os jovens que se negarem a cumprir o serviço militar, mas sim os que querem.

→ Os economistas não chamarão de *nível de vida* o nível de consumo, nem chamarão de *qualidade de vida* a quantidade de coisas.

→ Os cozinheiros não acreditarão que as lagostas gostam de ser cozidas vivas.

→ Os historiadores não acreditarão que os países gostam de ser invadidos.

→ Os políticos não acreditarão que os pobres gostam de comer promessas.

→ O mundo já não estará em guerra contra os pobres, mas sim contra a pobreza, e a indústria militar não terá escolha senão declarar falência para sempre.

→ Ninguém morrerá de fome, porque ninguém morrerá de indigestão.

→ As crianças de rua não serão tratadas como lixo, porque não haverá crianças de rua.

→ As crianças ricas não serão tratadas como se fossem dinheiro, porque não haverá crianças ricas.
→ A educação não será privilégio daqueles que podem pagá-la.
→ A polícia não será a maldição de quem não pode comprá-la.
→ A justiça e a liberdade, irmãs siamesas condenadas a viver separadas, voltarão a se unir, bem juntinhas, costas com costas.
→ Uma mulher, negra, será presidente do Brasil e outra mulher, negra, será presidente dos Estados Unidos da América.
Uma mulher índia governará a Guatemala e outra, o Peru.
→ Na Argentina, as *loucas* da Plaza de Mayo serão um exemplo de saúde mental, porque se negaram a esquecer nos tempos da amnésia obrigatória.
→ A Santa Igreja corrigirá os erros das tábuas de Moisés.
O sexto mandamento ordenará: "Festejarás o corpo". O nono, que desconfia do desejo, o declarará sagrado.
→ A Igreja também ditará um 11° mandamento, do qual Deus havia se esquecido: "Amarás a natureza, da qual fazes parte".
→ Todos os penitentes serão celebradores e não haverá noite que não será vivida como se fosse a última, nem dia que não será vivido como se fosse o primeiro.[7]

NOTAS

1. GALEANO, Eduardo. A função da arte.
2. Complemento feito por Tião Rocha ao texto "A função da arte", de Eduardo Galeano, que termina com a frase "Me ajude a olhar!" Ao ler este texto, Rocha pensou como um pai responderia a essa convocatória do filho e, por isso, decidiu continuar a história. Com o título "A função do educador", acrescentou a seguinte resposta: "Me ensina o que você viu!" O autor, então, enviou seu texto para Galeano – com quem se correspondia com frequência –, que o autorizou a publicar este novo formato do texto.
3. O Centro de Excelência em Primeira Infância é resultado de aprenderes e fazeres de duas organizações sociais comunitárias: o Centro Popular de Cultura e Desenvolvimento – CPCD e o Instituto Brasileiro de Estudos e Apoio Comunitário

– Ibeac. Há quase quarenta anos vem construindo e sistematizando em suas trajetórias, políticas públicas não governamentais em territórios diversos.
4. Bom Jesus 10 mil árvores.
5. Periferia Sul da cidade de São Paulo, Parelheiros fornece mais de 30% dos recursos hídricos que abastecem a região metropolitana e contribui para o equilíbrio das correntes térmicas, com temperaturas baixas e alta precipitação pluviométrica. Região reconhecida como área rural e pólo de ecoturismo de São Paulo. Possui áreas de mata atlântica e duas Áreas de Proteção Ambiental – Capivari-Monos e Bororé-Colônia, além de bacias hidrográficas das represas Guarapiranga e Billings e do Rio Capivari. Tem atrativos histórico-culturais como imigração alemã e japonesa, migrantes nordestinos, e a maior população afrodescendente e indígena da cidade.
6. *Empodimento* é um neologismo criado pelo autor que significa *empoderamento.*
7. GALEANO, Eduardo. El derecho de soñar. Tradução livre.

Ruas das meninas?

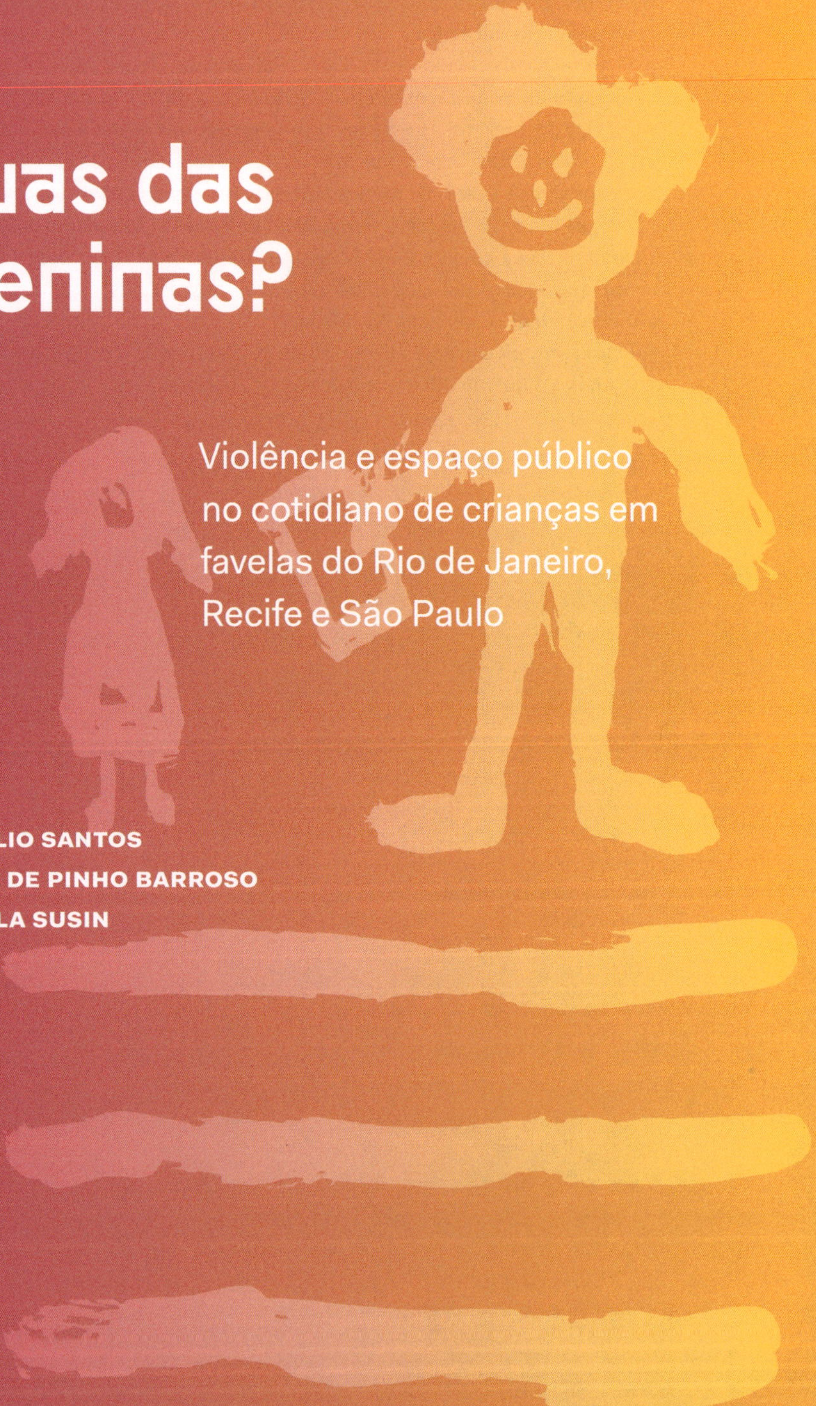

Violência e espaço público no cotidiano de crianças em favelas do Rio de Janeiro, Recife e São Paulo

HERMÍLIO SANTOS
CELINA DE PINHO BARROSO
PRISCILA SUSIN

ENTENDER AS CIDADES sob o ponto de vista das crianças, incluindo-as nos debates pertinentes ao seu cotidiano e tornando-as relevantes nos processos de decisão sobre o uso e a organização dos lugares em que circulam, tem sido salientado como algo essencial em estudos sobre infância e cidade.[1] Ao mesmo tempo, estudos que abordam o cotidiano em favelas observam, com frequência, diferentes situações de vulnerabilidade vivenciadas por crianças, seja no âmbito das famílias, seja em relação à nutrição, ao acesso e à qualidade da educação e, de forma marcante, sua exposição à violência urbana vinda tanto do tráfico de drogas quanto de ações policiais arbitrárias.[2] Associado a isso, dados apontam para a crescente cooptação de jovens pelo tráfico de drogas.[3]

Considerando este contexto, buscamos apreender as percepções de crianças que vivem em favelas sobre suas experiências nos espaços urbanos em que circulam, especialmente em relação ao testemunho da violência e suas brincadeiras preferidas, com o objetivo de discutir a relação com o seu uso do espaço urbano. Partindo dessa discussão, buscamos compreender as diferenças e similaridades das formas com que meninos e meninas vivenciam e interpretam seu cotidiano, o espaço, as instituições e, particularmente, as experiências de encontro com a violência em suas mais diversas formas.

Essa discussão se dá a partir de dados produzidos na pesquisa *Infância e violência: cotidiano de crianças pequenas em favelas do Rio de Janeiro, Recife e São Paulo*. A pesquisa, coordenada por Hermílio Santos, contou com a participação de uma equipe multidisciplinar das áreas de sociologia, economia, psicologia, ciência política, arquitetura e urbanismo do Centro de Análises Econômicas e Sociais – Caes da Pontifícia Universidade Católica do Rio Grande do Sul – PUC-RS. Os dados foram produzidos em quinze comunidades/favelas das três cidades.[4] Para a coleta dos dados, o Caes PUC-RS contou com a colaboração, no Rio de Janeiro, de alunos do departamento de ciências sociais da PUC-RIO, em São Paulo, com alunos do departamento de ciências sociais da PUC-SP e, em Recife, com a colaboração de estudantes de ciências sociais da UFPE. Toda a pesquisa foi financiada pela Fundação Bernard van Leer e, em São Paulo, foi cofinanciada pelo Instituto Alana.

O objetivo da pesquisa foi realizar um diagnóstico detalhado sobre a experiência de violência cotidiana de crianças vivendo em favelas e em áreas de cortiços. Não é desprezível a chance de que a prática da violência seja reproduzida pelas crianças na vida adulta, sem contar os prejuízos, em graus variados, para a capacidade de aprendizado e de sociabilidade durante a infância e nos anos subsequentes.[5] A expectativa, no início da pesquisa, era de que o estudo pudesse ser útil para formular ações concretas por organizações do setor público, da sociedade civil e do setor privado, com foco na redução ou eliminação de práticas de violência contra crianças no cotidiano. O intuito não era verificar hipóteses claramente definidas. Por essa razão, optou-se por utilizar instrumentos variados de coleta e de análise de dados. Em alguns instrumentos adotados, havia hipóteses mais pronunciadas, como nos questionários aplicados a pais e a crianças. Outros instrumentos não permitem o teste de hipóteses previamente elaboradas, como as entrevistas com narrativas biográficas ou as discussões em grupo com crianças. Essa riqueza de instrumentos, ao mesmo tempo em que significou um grande esforço para a condução da pesquisa, trouxe mais riqueza para o estudo, pois as diferentes abordagens acabaram por se complementar.

Entre os instrumentos para a produção dos dados, destacam-se questionários, entrevistas com roteiro semiestruturado, discussões em grupo e entrevistas narrativas biográficas. Para garantir a diversidade de perspectivas sobre o problema analisado, ou seja, a experiência de violência no cotidiano das crianças em favelas, foram incluídos diversos tipos de atores. Para cada tipo de ator, foi elaborado um instrumento adequado para o que se pretendia obter. Um dos primeiros tipos de moradores ouvidos foram aqueles reconhecidos como lideranças na comunidade, composto tanto por lideranças formais – como dirigentes de associações de moradores ou outros tipos de organizações – quanto por lideranças informais, reconhecidos seja pelo longo tempo de residência na comunidade, seja pelo tipo de atividade que desenvolve e que mantém um intenso contato com os moradores. Para essas lideranças, foi utilizado um roteiro de quinze perguntas que foi respondido por 95 lideranças comunitárias nas três cidades pesquisadas.

Instrumento semelhante, com pouca variação nas perguntas, foi empregado para entrevistar os prestadores de serviços públicos e privados na comunidade, mas que não são residentes no local. Foram entrevistados 93 prestadores de serviço nas quinze comunidades do Rio de Janeiro, Recife e São Paulo. Foram ouvidos também pais e responsáveis por crianças residentes nas comunidades, que responderam a um questionário de sessenta perguntas. Foram entrevistados 1.974 pais e responsáveis a partir de uma amostra representativa do universo de famílias com crianças de zero a oito anos de idade, alvos da pesquisa. Foram ouvidos ainda adolescentes residentes em todas as comunidades. Em grupos separados de meninos e meninas, foram realizados dois grupos de discussão em cada favela, dos quais participaram 134 adolescentes nas três cidades.

A pesquisa buscou obter igualmente a visão das crianças sobre seu cotidiano, destacando sua interpretação sobre a família e o local em que moram, além de buscar conhecer a experiência de violência dessas crianças em casa, na escola e nas ruas da comunidade onde residem. Com esse objetivo, foram utilizados dois instrumentos: um questionário de vinte perguntas a pelo menos trinta crianças de seis a oito anos de idade em cada comunidade, ou seja, já em idade escolar. Ao todo, 482 crianças respondera ao questionário. Embora seja pouco usual aplicar questionários a crianças dessa idade em pesquisas sociológicas, o instrumento se mostrou bastante adequado e as crianças foram colaborativas, afinal, estava-se tematizando um problema para o qual muito provavelmente não são convidadas a expor, ou seja, suas experiências como vítimas e testemunhas de violência, e sua opinião objetiva sobre os problemas da comunidade em que vivem. O segundo instrumento adotado com as crianças foi uma dinâmica que envolvia a realização de um ou dois desenhos sobre os temas *família* e *o local onde moro*, com uma discussão sobre esses temas após a conclusão dos desenhos. Foram realizados grupos de discussão com três a cinco crianças em cada grupo.

Para aprofundar ainda mais o conhecimento sobre os moradores, foram realizadas entrevistas narrativas biográficas com duas gerações de uma mesma família, seguindo a abordagem de condução e análise proposta pela socióloga alemã Gabriele Rosenthal.[6] Foram realizadas 53 entrevistas narrativas biográficas em seis comunidades. No Rio de Janeiro, os dados foram coletados entre os meses de setembro de 2012 a janeiro de 2013; em Recife, a pesquisa foi conduzida de outubro a dezembro de 2012. Já em São Paulo, os dados foram coletados de setembro de 2013 a fevereiro de 2014.

Neste artigo, nos atemos aos dados produzidos com a participação das crianças, sendo eles o questionário e a discussão em grupo. O questionário foi aplicado com 482 crianças de seis a oito anos, das quais 238 meninas. Nesse texto, serão destacadas apenas as respostas dadas pelas meninas. Os grupos de discussão foram conduzidos em todas as comunidades, com a participação total de noventa crianças de seis a oito anos.

A seguir, faremos alguns apontamentos metodológicos que devem auxiliar o leitor a compreender a perspectiva epistemológica a partir da qual o trabalho de campo e a análise de dados foram conduzidos. Considera-se relevante a discussão atual sobre pesquisas com a participação de crianças ou, ainda, pesquisar crianças ou pesquisar com crianças. Absorver esta temática é reconhecer seu status de sujeito capaz de informar sobre a realidade.

Em um segundo momento, apresentamos os principais resultados obtidos a partir da análise do material empírico coletado, considerando as temáticas trazidas pelas crianças, mas também os processos de teorização subsequentes, fundamentadas no campo empírico. Ao final, discutimos possíveis desdobramentos para uma ocupação do espaço urbano que seja adequada às crianças, especialmente as meninas, a partir da perspectiva das crianças.

PESQUISANDO COM CRIANÇAS

O trabalho de pesquisa com crianças possui particularidades e segue princípios que o diferem significativamente de processos de pesquisa com adultos.[7] A dinâmica em grupo, a formulação e a aplicação de questionários com crianças buscam dar conta dessas especificidades, ao passo que também se voltam aos princípios de reconstrução das experiências e do senso comum, e ao sistema de relevância dos participantes – o que significou não impor previamente interesses de pesquisa[8] ou, no caso dos questionários, haver a menor imposição possível, privilegiando informações sobre a frequência com que experienciam determinados eventos no cotidiano para possibilitar análises de correlação e cruzamentos de respostas dadas pelas crianças.

O primeiro desafio na condução dos grupos foi manter a abordagem qualitativa de inspiração fenomenológica e, ao mesmo tempo, cumprir a agenda de pesquisa. Neste sentido, tínhamos o recurso de apenas um encontro com um grupo de crianças por comunidade pesquisada, por um tempo relativamente limitado que variava entre uma e duas horas, em espaços cedidos por instituições não governamentais ou escolas locais. Assim, intervenções lúdicas foram organizadas de forma a integrar as formas específicas de acesso ao conhecimento de crianças, abarcando o conhecimento verbal, mas também a representação gráfica e não verbal de suas experiências e interpretações.

A condução da dinâmica em grupo foi concebida a partir de uma forma adaptada do método de entrevista episódica, tal como formulada por Uwe Flick,[9] além da integração das contribuições dos métodos para condução de entrevistas narrativas biográficas de Fritz Schütze[10] e Gabriele Rosenthal.[11]

A entrevista episódica com crianças foi precedida de uma atividade de desenhos temáticos, tal como adaptado por Peter Kuhn,[12] em que as imagens foram tomadas como ponto de partida para produzir narrativas e discussão em grupo. Para a análise do material coletado nos encontros, utilizamos uma adaptação do método de análise reconstrutiva do discurso, conforme proposto por Rosenthal e Völter,[13] cujos princípios residem na abertura, na sequencialidade e na reconstrução do conteúdo manifesto e latente. Buscou-se, portanto, reconstruir as narrativas de experiências relevantes para as crianças, trazendo à tona formas de conhecimento, vivências e interpretações individuais e socialmente compartilhadas sobre a família, a moradia, a comunidade e as situações de violência.

A construção e a aplicação de questionários para as crianças, por sua vez, buscaram dar conta das experiências concretas vivenciadas por elas em seu cotidiano, especialmente a frequência com que tais experiências ocorrem. É um instrumento pouco utilizado com crianças em pesquisas sociológicas no Brasil, mas que se mostrou elucidativo e que contou com a participação entusiasmada de todas as 482 crianças (sendo 238 meninas) que responderam ao questionário, sempre com autorização escrita dos responsáveis, mas sem a presença de adultos ou outras crianças no momento da aplicação.

Em geral, as respostas vinham acompanhadas de breves relatos comprobatórios ou que exemplificavam as respostas. Assim como ocorreu com a elaboração do questionário para pais e responsáveis de crianças de zero a oito anos, a elaboração do questionário para crianças exigiu um processo de testes, realizado com crianças da mesma faixa etária em Porto Alegre, que deram suas sugestões, principalmente em relação à clareza dos termos utilizados e à formulação das perguntas. Em seguida, foi realizado o piloto do questionário com crianças nas cidades pesquisadas, momento em que os pesquisadores deram sugestões de ajustes a partir das respostas e observações das crianças que responderam ao piloto. Vale mencionar que, durante a aplicação dos questionários, as perguntas não foram explicadas às crianças, demonstrando que a linguagem utilizada foi acessível aos participantes em quinze favelas de três cidades com características bastante distintas, inclusive do ponto de vista linguístico.

A seguir, apresentamos alguns resultados dos questionários aplicados às crianças, destacando apenas as respostas dadas pelas meninas. Em seguida, apresentamos as principais hipóteses resultantes do processo analítico, com foco nos temas que receberam mais atenção nas discussões.

A CASA E A RUA: VIOLÊNCIA, SEGURANÇA E BRINCADEIRA NOS ESPAÇOS URBANOS DAS FAVELAS

A brincadeira preferida das meninas (56%) é a de boneca, seguida de pique-esconde/pega-pega (25%) e casinha (17%). Essa preferência pode sugerir que o espaço físico mais utilizado pelas meninas é o doméstico, uma vez que brincar de boneca e de casinha geralmente acontece dentro de casa. Contudo, esse dado não sugere necessariamente que as meninas preferem o espaço doméstico para brincar.

O que mais gosta de brincar (meninas)

RECIFE, RIO DE JANEIRO (2012) E SÃO PAULO (2013) – 238 MENINAS

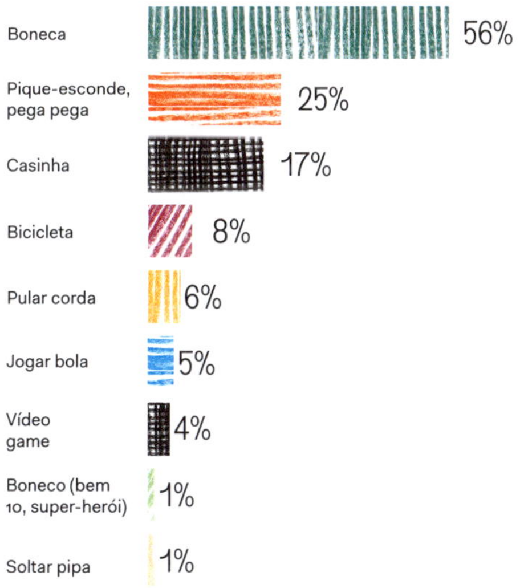

As respostas revelam também que as meninas sentem falta de espaço para brincar na rua. Quando questionadas sobre o que sentem falta na comunidade, com uma pergunta aberta, sem que tenha sido sugerido a elas qualquer alternativa, 47% disseram que faltam pracinhas e parquinhos. Além de sentirem falta de brinquedos (24%), entre eles os de uso individual, como bicicleta e skate. Algumas ainda mencionaram menos violência e venda de drogas (6%) e falta de piscina (4%).

O que sente falta na comunidade

RECIFE, RIO DE JANEIRO (2012) E SÃO PAULO (2013) – 238 MENINAS

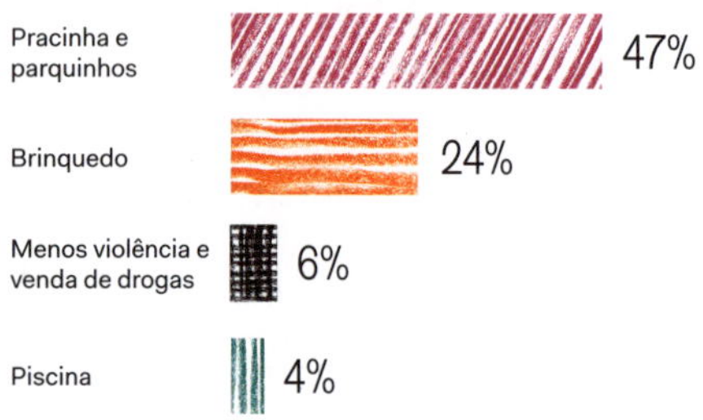

Os dados revelados nessas duas perguntas permitem discutir a necessidade de orientar o desenho e o uso do espaço urbano de modo a permitir a apropriação mais efetiva por parte das meninas. Atualmente, os espaços urbanos nas comunidades pesquisadas são ambientes pouco frequentados pelas meninas, em parte pela frequência com que elas já testemunharam diversas formas de violência.

As ruas das comunidades são percebidas pelas meninas como espaços de violência e onde faltam brinquedos e locais adequados para brincar. A violência nas ruas é revelada ainda de outra forma, e por uma parcela maior de meninas, quando perguntadas sobre a frequência com que viram algumas ocorrências, como: alguém sendo levado pela polícia (54% já viram), adulto batendo em adulto (44% já viram), adulto batendo em criança (43%), gente vendendo drogas (36%) e adultos dando tiro com arma de fogo (22%).

Tipos de violência testemunhadas por meninas de 6 a 8 anos nas ruas da comunidade

RECIFE, RIO DE JANEIRO (2012) E SÃO PAULO (2013) – 238 MENINAS

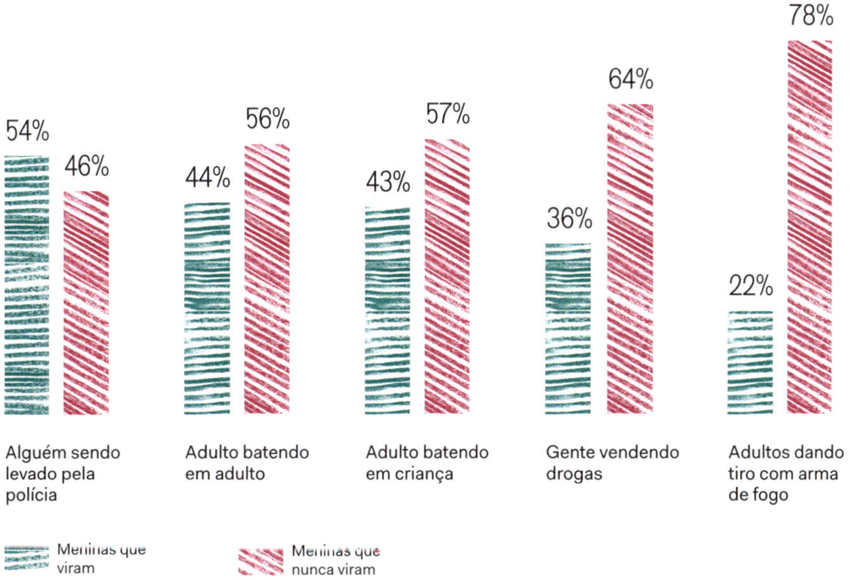

Problemas de criminalidade e de uso de drogas no espaço urbano não são exclusivos das comunidades pesquisadas, e são comuns em parques e praças em geral.[14] Contudo, essa pesquisa revela que crianças testemunham crimes no entorno de suas casas, nas ruas onde moram. Estudos na área de comportamento ambiental, que focam nas relações entre o ambiente e o comportamento humano,[15] identificaram problemas de criminalidade e uso de drogas em parques urbanos ligados às características do espaço físico dos parques e à segurança. Descobriu-se, por exemplo, que cercas e muros favorecem o tráfico de drogas e são barreiras para que os usuários se sintam seguros.[16] Portanto, modificar algumas características destes espaços públicos pode desestimular seu uso para fins de tráfico e uso de drogas, e torná-los mais adequados para o uso das crianças.

Cada vez mais estudos se ocupam em pesquisar tipos de atividades de lazer para crianças, sendo uma área em expansão para pesquisa de design ambiental.[17] Cidades como Boston e Baltimore, nos Estados Unidos, começaram a oferecer, por exemplo, parques menores e mais próximos de áreas residenciais, diante da falta de acesso das crianças a muitos parques da cidade e da importância da recreação doméstica.[18]

Algumas brincadeiras reveladas pelas meninas nesta pesquisa sugerem tipos de locais que podem atraí-las para o espaço urbano, como: locais para jogar bola (quadras ou pequenos espaços abertos); para andar de bicicletas (praças, ciclovias, becos e ruas); para correr e brincar de pega-pega (praças, parquinhos e pequenos espaços abertos); para pular corda e soltar pipa (praças e locais amplos e abertos); para brincar de boneca e casinha (equipamentos que permitam sentar e se aconchegar, como balanços, bancos, casinhas, escorregadores etc.).

Cuidar do entorno das casas, reduzindo o lixo e melhorando a aparência das casas com pinturas, reforma e vegetação, poderia deixar mais atraente o entorno. Um banco, uma árvore e um balanço, por exemplo, criam um espaço para brincar e demandam um pequeno nicho urbano atraente para mulheres e crianças próximo de suas casas. Um espaço urbano adequado e atraente para meninas pode promover a interação entre crianças, atrair o uso do espaço pelas mulheres e reduzir a violência na comunidade. De acordo com as pesquisas de Whyte,[19] uma praça com alta proporção de mulheres tende a ser um local com bom uso, com menos crimes e menos violência.

Os equipamentos públicos de esporte e lazer encontrados em algumas comunidades pesquisadas são, em geral, de grande porte e pouco acessíveis ao conjunto dos moradores por causa das grandes distâncias, um problema acentuado nas comunidades mais populosas. É o caso da Vila Cruzeiro, do Parque Maré e do Morro dos Macacos, todos no Rio de Janeiro. Essas três comunidades possuem grandes equipamentos de lazer e esporte, mas que servem mais facilmente aos moradores que residem no entorno. Nesse sentido, esse tipo de intervenção não parece atender às demandas das crianças, dos pais ou cuidadores, e das meninas de uma maneira mais específica.

A mesma situação parece se reproduzir na cidade de Recife, quando a prefeitura importou um modelo utilizado em Medellín, na Colômbia, ao instalar um grande equipamento de lazer, esporte e cultura em uma das comunidades de baixa renda da cidade. Apesar de ter custos elevados de implantação e de manutenção (que inclui serviços gratuitos de transporte pela prefeitura para garantir acesso ao equipamento público por moradores de bairros mais afastados), a instalação do equipamento não foi precedida de pesquisa para identificar as demandas dos usuários potenciais, entre eles as crianças. Infelizmente, é uma prática comum na gestão das cidades brasileiras, com poucas exceções, que se apoiam em soluções tecnocráticas com baixa participação da população nas fases de concepção, de desenvolvimento e de implantação das intervenções nos espaços urbanos.

Já a ocupação universal dos espaços urbanos é uma das mazelas da gestão urbana, ajudando a perpetuar ambientes pouco aprazíveis para as crianças, especialmente para as meninas. A mudança, aqui, não necessariamente significa um aporte robusto de recursos financeiros, mas a modificação do processo de intervenções urbanas, incorporando as demandas da população usuária potencial, especialmente de crianças, quando se tratar de planejar a instalação de espaços públicos de lazer. Esse processo pode incluir pesquisa prévia conduzida por pesquisadores com a participação das crianças, pais, responsáveis, população em geral e beneficiários potenciais para discutir os resultados e buscar soluções de forma que os usuários potenciais possam se reconhecer como corresponsáveis pela implantação, manutenção e uso de espaços públicos de lazer.

A CASA E O ENTORNO NO COTIDIANO

O cotidiano, composto por experiências únicas, mas também comumente repetitivas, torna-se palco onde se desenrolam as vivências que marcam e demarcam formas de conhecimento e significados atribuídos por crianças aos espaços concretos e simbólicos da cidade. A casa desenhada é a casa observada, mas é também a casa vivenciada e a imaginada. Cabe compreender que esses níveis de significado não são antagônicos quando partimos de uma epistemologia compreensiva. Em outras palavras, muda-se a pergunta de: "como é a casa?" para: "como é a casa para este ou aquele sujeito?" A mesma ideia vale para a rua, para a escola, para a praça e para tantos outros lugares que compõem o espaço urbano. Compreendemos que será a partir dessas percepções que as crianças irão agir, interagir e construir os, com e nos espaços que ocupam. Esta mudança epistêmica tem implicações importantes, pois exonera o pesquisador e os sujeitos da pesquisa da responsabilidade de fornecer acesso e conteúdos relativos à realidade. Passa-se a entender a realidade, portanto, como processo construído pela ação e pela interpretação, como postula a sociologia elaborada por Alfred Schütz.[20]

Neste sentido, analisamos a correlação entre a percepção de meninas de se sentirem protegidas em casa com a frequência com que sofrem violência física em casa nas comunidades pesquisadas no Rio de Janeiro e em Recife. A maioria das meninas (57%) que nunca se sentem protegidas em casa também já sofreram violência física muitas vezes, enquanto 25% das meninas que sempre se sentem protegidas em casa sofrem violência muitas vezes. A correlação negativa entre a percepção de estar protegida em casa e sofrer violência física em casa (*Spearmam*, c= -0,141 sig.= 0,089) indica que a violência física pode influenciar no quanto a menina se sente protegida em casa, ou seja, quanto mais a menina sofre violência em casa menos ela se sente protegida.

Entretanto, a maioria (94%) das meninas se sente protegida, assim como a maioria (75%) sofre violência física em casa. Esse paradoxo de se sentir protegida mesmo sofrendo violência sugere que, além da violência, as meninas também recebem cuidado e afeto em casa.

Dentre os diversos sentidos trazidos pelos participantes das dinâmicas em grupo (realizadas com crianças de cinco a oito anos de idade), pode-se pensar a casa, em suas diferentes formas de existir, como lugar que conforma possibilidades de proteção em relação aos processos conflituosos e violentos que reverberam na rua. A dicotomia entre casa e rua não é

Relação entre o quanto se sente protegida em casa e o quanto sofre violência física em casa

RECIFE E RIO DE JANEIRO - 147 MENINAS

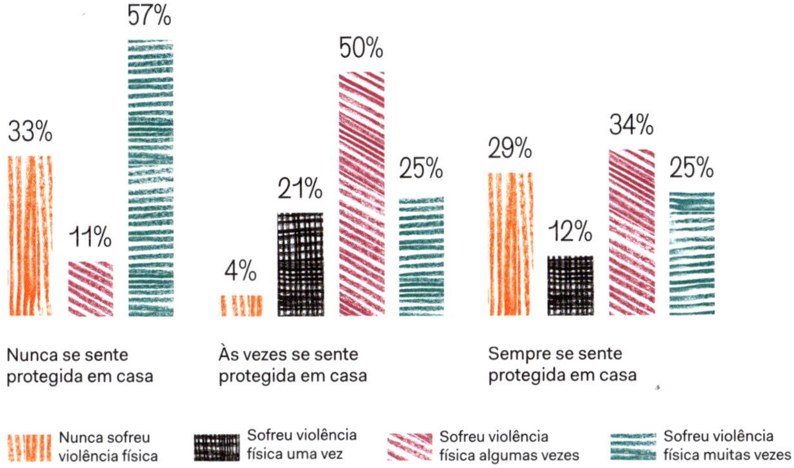

sempre qualificada da mesma forma. Mas persiste nas interpretações trazidas pelos participantes a possibilidade de proteção física que a casa – e, por vezes, a escola – exerce em relação ao perigo igualmente físico que tem origem no lado de fora. Um exemplo de como a rua aparece vinculada ao medo, além de uma evidente planificação entre figuras de perigo e de proteção, pode ser observado no diálogo a seguir, em uma discussão com crianças de uma das comunidades no Rio de Janeiro:

> A: Um dia eu tava lá (...), a gente tava brincando de polícia e ladrão, aí foi lá, os caverão chegou e aí a gente se escondeu. Eles tavam mirando a arma assim ó.
> B: Mas eram bandidos?
> A: O caveirão, tia. O caveirão procura só dinheiro. Ele assalta várias pessoas, ele passa assim e... não trabalha, só quer roubar dinheiro, só quer ganhar dinheiro, joias, várias coisas.

Por contraste, casa e escola são espaços de oposição à violência criminal e policial. Os tiroteios são fenômenos centrais nas narrativas, e a vivacidade com que são experienciados, rememorados e transpostos em palavras traduz o potencial que têm sobre processos de ruptura do cotidiano, de medo, de insegurança e de vulnerabilidade: "Depois *dos tiro tudo* o policial andava com uma arma na cabeça do cara assim 'passa tudo, eu *tô* com pressa, passa logo porque senão tu morre'. Aí ele assim, ele passou tudo que ele tinha, carteira, identidade, *essas coisa*. O outro acho que *tava* morto já". A citação, retirada de um encontro com um grupo de crianças moradoras de uma favela do Recife, demonstra que a violência policial é parte do perigo que o espaço da rua apresenta.

Por outro lado, a casa também representa espaço de vulnerabilidades. É marcante, neste sentido, a ambivalência com que a casa é interpretada: se por um lado representa a ordem e a segurança em relação à instabilidade, ruptura e imprevisibilidade cotidianas nos espaços públicos das favelas, por outro, é o espaço dos conflitos privados e das instabilidades familiares.

A análise das respostas das meninas às questões do questionário permite explicitar como as experiências em casa e as demandas por espaços urbanos estão relacionados. Analisamos a relação entre a frequência do castigo recebido pelas meninas e o que elas mais sentem falta na comunidade em respostas livres, sem opções previamente formuladas. As meninas que mais ficam de castigo em casa são as que mais sentem falta de pracinhas e parquinhos. A diferença entre aquilo que elas sentem falta na comunidade e a frequência com que ficam de castigo é confirmada estatisticamente (K-W, chi^2= 4,917 sig.= 0,178).[21]

A casa é muitas vezes representada em seu formato ideal não apenas nas falas, em que aparecem em narrativas referentes a conflitos entre cuidadores ou em passagens sobre crises vitais (como a chegada de um novo irmão ou irmã), mas também nos desenhos produzidos pelas crianças. As imagens comumente remetem a casas grandes e coloridas, envoltas por natureza, com flores e árvores. A família aparece, por sua vez, frequentemente dentro ou ao lado desta casa. A representação do núcleo familiar foi, por vezes, comentada de forma a contrastar os conflitos, com cenas menos tensas e mais voltadas à integração de todos os membros. Em outros momentos, o desenho da casa e da família ideal serviu como ponte para relatos que divergiam das representações gráficas, e transmitiam a dicotomia entre vivenciado/desejado.[22]

Ao considerarmos tais narrativas, é inevitável fazer alusão à literatura sobre o cotidiano em descontinuidade vivenciado por moradores em favelas. Como coloca Machado da Silva,[23] há o desconcerto constante, o medo da não segurança, colocada frequentemente à prova pelas ações violentas do tráfico, da polícia e da própria destituição moral e simbólica vivenciadas cotidianamente pelos moradores, tanto na rua quanto em casa. Essas percepções não são racionalizações adultas, nem podem ser consideradas arbitrárias se admitirmos que, ao menos neste trabalho empírico, tem-se como fonte um material detalhado, que traduz narrativas observadas a partir do enquadramento das crianças. O trecho a seguir, obtido de um

Relação entre o castigo que a menina recebe em casa e o que ela sente falta na comunidade

RECIFE, RIO DE JANEIRO E SÃO PAULO - 171 MENINAS

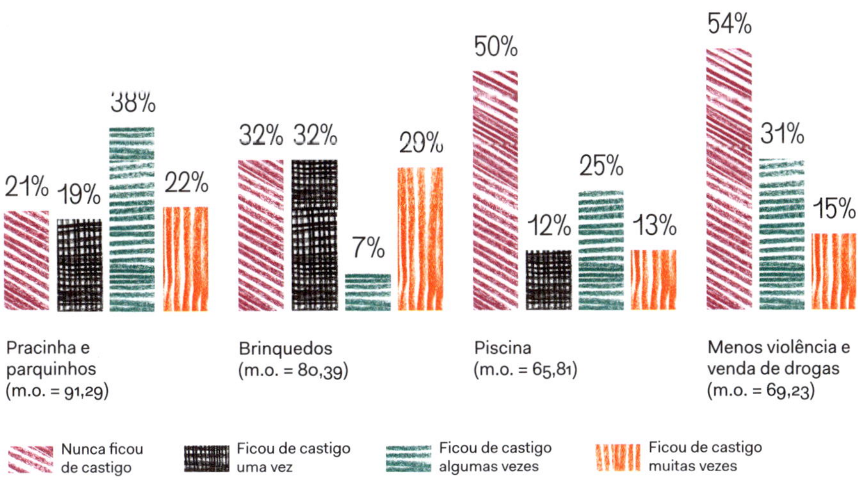

encontro com cerca de seis crianças moradoras de uma favela da Zona Norte do Rio de Janeiro, ilustra esse contínuo sentimento de incerteza em relação à segurança e à estabilidade da experiência cotidiana, bem como o desejo compartilhado por diversos participantes de uma maior estabilidade: "E: A minha pergunta agora é o que que vocês gostariam que fosse diferente no lugar onde vocês moram. A: Que *os polícia* não entrassem assim de repente, chegarem assim né (varrendo) tudo assim de repente".

Boa parte dos trabalhos acadêmicos voltados ao cotidiano de jovens em favelas ressalta a homogeneização sentida por estes moradores – principalmente pelos negros – quando, por exemplo, policiais os abordam. Isso

Desenho sobre a família e o lugar onde mora, feito por Manuela (nome alterado para proteger o anonimato da criança), do Rio de Janeiro em 2013, como parte desta pesquisa. No bairro estudado, muitas crianças moram em casas de difícil acesso e sem a presença de áreas de lazer e áreas verdes. O desenho sugere a combinação de uma descrição do bairro (com escadarias e a forte presença de igrejas) com a identificação do que mais sentem falta: áreas de lazer perto de casa ou de lugares onde se sentem mais seguros

significa uma percepção de que, para os policiais e moradores do asfalto, os moradores das comunidades são, a despeito de suas ações, considerados bandidos ou bandidas em potencial.[24] Durante as análises dos grupos com crianças, evidenciou-se que essa percepção também é parte das narrativas e se manifesta no detalhamento de situações em que amigos e familiares foram abordados tanto por policiais quanto pelo tráfico, como se fossem parte da dinâmica do crime. As cenas não apenas demonstram que policiais e bandidos são, com frequência, colocados no mesmo lado moral, mas também confirmam os sentimentos de isolamento e de desproteção:

> A: Pera aí, tia deixa eu falar... Quando os polícia entram aqui, ah esqueci quem mandou a polícia entrar aqui... a UPP. Daí o caveirão ralou peito. Os dono aqui ralaram peito também. Sabe por quê? O caveirão, ele ficava passando toda hora por aqui, de madrugada, aí depois quando mandaram a polícia, a UPP entrou aqui.
> B: O tia, deixa eu falar. Quando eu morava lá no lote né, os UPP tavam dando o maior tiro.
> A: E que mais acontece quando a polícia chega?
> C: Os bandido corre tia, se esconde em algum buraco e coloca madeira. Os cana sobe e aí cerca geral.
> C: E se alguém fofoca do bandido, o bandido vai lá e (barulho de arma atirando/metralhando)
> D: Meu tio morreu. Morreu de bala perdida. Aí no primeiro tiro a bala pegou assim e ele despistou, a segunda daí "bum" e atravessou assim a bala e parou na parede.

A partir do trecho anterior, de um diálogo realizado entre crianças de uma favela da Zona Norte do Rio de Janeiro, é possível identificar outras interpretações fundamentais: o controle sobre o espaço, o conhecimento da população em relação às regras que regem esse controle, e a violência implicada no desconhecimento de tais regras, que domina e caracteriza as ruas como espaços de constrangimento, autorregulação e controle social. A iminente repressão violenta contra a fofoca representa, neste contexto, a impossibilidade de livre expressão, assim como o silenciamento em relação a determinadas temáticas aparece como regra de convivência e sobrevivência na comunidade.

Outro ponto importante desta análise é que existe, desde cedo, um posicionamento sobre o caráter das figuras dos policiais e dos criminosos nas comunidades, onde a figura policial é caracterizada como violenta, parcial, não confiável e destrutiva. A figura do criminoso, entretanto, é fonte de um fenômeno caracterizado pela dicotomia, onde as crianças, diante da parcialidade das ações policiais, buscam compreender quem é aquele que a polícia ataca, é bandido ou morador? Esta dúvida transparece quando a figura do traficante fica apagada em algumas narrativas, sendo apontada apenas como segunda fonte de resposta na dicotomia polícia-criminoso. Em outras narrativas, as crianças mostram a presença indesejada dos bandidos, cuja intervenção no ambiente causa desconforto, medo e suspensão da rotina, sendo, portanto, apontados como tão nocivos quanto a figura do policial.

A partir das discussões em grupo com crianças nas quinze favelas, apresentam-se evidências de um espaço urbano que, em geral, se mostra hostil às crianças, especialmente às meninas. Pôde-se constatar um profundo sentimento de insegurança por parte das participantes, que diz respeito tanto às intervenções das facções do tráfico quanto às da polícia. Essa sensação de insegurança está relacionada a experiências cotidianas de exposição a conflitos armados, abuso policial, situações de humilhação e instabilidade nas rotinas. A segurança das crianças depende, em boa medida, de seu silenciamento sobre as intervenções policiais e o tráfico. Existe um pacto tácito, em que a moeda de troca é baseada no temor do sofrimento de uma possível retaliação. Com isso, as figuras do policial e do traficante tornam-se ambivalentes. A retaliação do tráfico perpassa uma ameaça à segurança física, principalmente. A retaliação da polícia implicaria na humilhação por meio de práticas legítimas.

A agressividade e a instabilidade emocional surgem como formas não verbais de expressar conflitos familiares e comunitários. A atividade em grupo revela que as crianças têm necessidade de expressar tais questões, demonstrando tanto verbalmente quanto não verbalmente um alívio das tensões e dos comportamentos agressivos após o aprofundamento destas temáticas. O encontro em grupo possibilitou identificar e diferenciar experiências com o compartilhamento de narrativas que ocorrem em um ambiente similar, com eventos cotidianos similares. Os sentimentos de insegurança tornam-se visíveis e as crianças constatam que não são as únicas a se sentir desta forma, promovendo integração e cumplicidade. Nesse sentido, compartilhar informações que geralmente são proibidas de serem faladas no cotidiano – como o tráfico e a violência nas comunidades – trouxe aos grupos de crianças um espaço de interpretação, de identificação e de alívio do cerceamento que lhes é imposto sob diferentes formas.

CONSIDERAÇÕES FINAIS

Com dados obtidos na aplicação de questionários e discussões em grupo com crianças de seis a oito anos de idade em quinze comunidades do Rio de Janeiro, Recife e São Paulo, foi possível explorar a maneira como as crianças de maneira geral e, no caso dos questionários, como as meninas se relacionam com o espaço urbano. Por um lado, fica evidenciado que, para as crianças, a rua representa um espaço de risco, sobretudo vinculado às ameaças de violência que podem ser praticadas tanto por pessoas envolvidas no tráfico de drogas, quanto por policiais engajados nas atividades de repressão ao mercado ilícito de drogas. Por outro lado, especialmente as meninas vislumbram ou manifestam a vontade de que o espaço urbano das comunidades possa oferecer lugar para a brincadeira. Nesse sentido, embora hoje as meninas estejam realizando suas brincadeiras em grande parte nos ambientes domésticos, há o desejo expresso de que a brincadeira possa se ampliar para outros espaços que não aqueles da casa. A constatação dessa realidade deve permitir desdobramentos práticos para que o acesso ao espaço urbano seja, de fato, um direito de todos. A inclusão da perspectiva de gênero, neste sentido, é essencial.

Diante de perguntas abertas, as meninas apontaram que o que mais sentem falta nas comunidades onde moram são áreas de lazer. Muitos prefeitos pensam que uma solução seria equipamentos de lazer caros e grandes. A sugestão da equipe de pesquisa é que pequenas áreas de lazer, com escorregador e balanços para crianças bem pequenas e outras maiores, podem satisfazer as demandas das próprias crianças. São soluções que exigem menos espaço e são mais baratas para implementação

Uma precondição para que as crianças ocupem as ruas é que o espaço urbano esteja livre de confrontos armados. Como vimos, mais do que a presença de pessoas armadas (policiais ou traficantes) nas ruas da comunidade, o que provoca a sensação de insegurança é o conflito armado entre eles. Entretanto, se a ausência do conflito armado é uma condição necessária para que as crianças ocupem os espaços abertos urbanos, não é suficiente. Para que isso aconteça é preciso que outras ações sejam tomadas em comunidades com ausência de conflitos armados para favorecer que crianças, e especialmente as meninas, possam ocupar as ruas com suas brincadeiras. Uma das alternativas de implementação relativamente fácil é a instalação de pequenas áreas de lazer, com árvore, balanço, escorregador e banco na sombra, a cada 100 ou 200 metros nas comunidades, com bancos para que os cuidadores possam esperar enquanto as crianças se divertem. A própria definição de área de lazer poderia ser objeto de discussão com as crianças que moram no entorno do futuro equipamento. Essa discussão favorece a criação de vínculos mais fortes entre os participantes, e promove um interesse maior pelo cuidado com o equipamento entre os moradores.

Cabe destacar, por fim, que as crianças não são apenas participantes ativos e interessados em pesquisas que dizem respeito ao seu cotidiano. Nosso trabalho também identificou o potencial da cooperação com crianças para definir ambientes urbanos mais aprazíveis, seguros e que atendam suas demandas sem que seja necessário investir grandes recursos financeiros. Importante notar que o ambiente urbano mais seguro e agradável para as crianças implica em contar com um ambiente agradável para todos os demais moradores. O grande desafio para os gestores municipais, portanto, não é somente dispor e alocar recursos públicos para áreas de lazer, mas encontrar maneiras de incluir as crianças, como usuárias potenciais dos espaços, na definição de ações de planejamento urbano.

NOTAS

1. Ver OLIVEIRA, Fabiana de. Reflexões a respeito de uma experiência de participação infantil no Brasil envolvendo os espaços urbanos e a perspectiva das crianças; GOMES, Ana Maria Rabelo; GOUVÊA, Maria Cristina Soares de. A criança e a cidade: entre a sedução e o perigo; MÜLLER, Fernanda. *Retratos da infância na cidade de Porto Alegre*; DELGADO, Ana Cristina Coll; MÜLLER, Fernanda. Em busca de metodologias investigativas com as crianças e suas culturas; CHRISTENSEN, Pia; O'BRIEN, Margaret. Children in the city: introducing new perspectives.
2. Ver SAWAYA, Ana Lydia; ALBUQUERQUE, Maria Paula de; DOMENE, Semiramis Martins Álvares. Violência em favelas e saúde; *Relatório de pesquisa: o impacto sobre a primeira infância das políticas de segurança pública e iniciativas em comunidades urbanas de baixa renda*; CASTRO, Lucia Rabello de. *A aventura urbana: crianças e jovens no Rio de Janeiro.*
3. Ver SILVA, Luiz Antonio Machado da; LEITE, Márcia Pereira. Violência, crime e polícia: o que os favelados dizem quando falam desses temas?; MEIRELLES, Zilah

Vieira; GOMEZ, Carlos Minayo. Rompendo com a criminalidade: saída de jovens do tráfico de drogas em favelas na cidade do Rio de Janeiro; DOWDNEY, Luke. *As crianças do tráfico. Um estudo de caso de crianças em violência armada organizada no Rio de Janeiro.*

4. No Rio de Janeiro, as comunidades/favelas pesquisadas foram Morro da Formiga, Morro dos Macacos, Vila Cruzeiro, Minha Deusa, Parque Maré e Mangueirinha (em Duque de Caxias); em Recife, a pesquisa foi realizada em Santo Amaro, Chão de Estrelas e Canal do Arruda. Em São Paulo, a pesquisa foi conduzida em Parelheiros-Nova América, Pedreira, Jardim Pantanal, Pimentas-Água Chata (Guarulhos) e em Santa Cecília e Bela Vista, duas regiões centrais da cidade de São Paulo com presença de cortiços e crianças de zero a oito anos.

5. Ver AVANCI, Joviana; ASSIS, Simone; OLIVEIRA, Raquel; PIRES, Thiago. Quando a convivência com a violência aproxima a criança do comportamento depressivo.

6. Ver ROSENTHAL, Gabriele. *Pesquisa social interpretativa: uma introdução.*

7. Ver CHRISTENSEN, Pia; PROUT, Alan. Working with ethical symmetry in social research with children.

8. Ver SCHÜTZ, Alfred. *Collected papers I. The problem of social reality*; ROSENTHAL, Gabriele. Op. cit.

9. Ver FLICK, Uwe; RÖHNSCH, Gundula. Episodic and expert interviews beyond academy, p. 181.

10. SCHÜTZE, Fritz. Biographieforschung und narratives interview.

11. Ver ROSENTHAL, Gabriele. Op. cit.

12. Cf. KUHN, Peter. Thematic drawing and focused, episodic interview upon the drawing – a method in order to approach to the children's point of view on movement, play and sports at school.

13. Ver VÖLTER, Bettina; ROSENTHAL, Gabriele. Diskursanalysen.

14. Ver FRANCIS, Mark. Urban open spaces.

15. Ver MOORE, Gary T. Estudos de comportamento ambiental.

16. Ver FRANCIS, Mark. Op. cit.

17. Ver MOORE, Gary T. Op. cit.; FRANCIS, Mark. Op. cit.

18. Ver FRANCIS, Mark. Op. cit.

19. Ver WHYTE, William H. The design of spaces.

20. Ver WAGNER, Helmut R. *Textos escolhidos de Alfred Schütz. Fenomenologia e relações sociais*; SCHÜTZ, Alfred. *A construção significativa do mundo social. Uma introdução à sociologia compreensiva.*

21. m.o.= médias dos valores ordinais do que falta na comunidade para as meninas. Permitem identificar, neste caso, quais foram os itens mais mencionados, conforme a frequência com que elas ficam de castigo em casa. As médias ordinais foram obtidas pelo teste não-paramétrico Kruskal-Wallis. Os valores mais altos indicam as meninas que ficam de castigo com mais

frequência. Nesse gráfico, portanto, as meninas que ficam de castigo com frequência sentem mais falta de pracinhas e parquinhos.
22. Embora a equipe tenha autorização dos pais, o nome aqui foi alterado, mantendo o anonimato da criança.
23. Ver MACHADO DA SILVA, Luiz Antônio. *Vida sob cerco*: *violência e rotina nas favelas do Rio de Janeiro*, p. 35-76.
24. Idem, ibidem.

Barreiras urbanas, segregação territorial e vulnerabilidade social

A infância na várzea do Cangaíba, Zona Leste de São Paulo

DANIELA GETLINGER
JULIO LUIZ VIEIRA

A NECESSIDADE DE APROXIMAR a mão de obra moradora das periferias da oferta de emprego, localizada predominantemente nas áreas centrais paulistanas, levou o poder público de São Paulo a investir em uma grande infraestrutura de fluxo, composta por avenidas, rodovias e ferrovias, que resultou em rupturas espaciais no tecido urbano, não respeitando os contextos locais e conformando extensas barreiras urbanas. Essa dicotomia dos atributos que caracterizam os grandes sistemas de engenharia expõe uma situação de reconhecimento da importância da infraestrutura como essencial na articulação do espaço metropolitano, na mesma medida em que confirma sua capacidade de esgarçar os tecidos urbanos pelos quais atravessa. A natureza sistêmica da rede de mobilidade urbana, composta por partes que funcionam dentro de um conjunto integrado, resulta na desconsideração das características locais dos lugares por onde passa.[1]

Essa infraestrutura de fluxo, que essencialmente prioriza a velocidade dos deslocamentos, tende a configurar barreiras pouco penetráveis, dado que, ao evitar interrupções, resulta na escassez de pontos de conexão e de travessia. Curiosamente, lugares distantes dentro da região metropolitana de São Paulo acabam tornando-se próximos em relação à acessibilidade e à possibilidade de trocas, enquanto outros territorialmente vizinhos tornam-se distantes pela dificuldade de acesso, com características e dinâmicas socioespaciais completamente distintas.

Nos centros de cidades mais antigas, essa infraestrutura foi sendo mais bem adaptada e urbanizada com o tempo e, atualmente, boa parte dela, como metrôs, redes de eletricidade e vias de grande fluxo de automóveis, encontra-se enterrada ou foi incorporada ao tecido urbano, criando novas interações espaciais. Já nas periferias, essas intervenções se deram com grande violência, dada a urgência da resolução dos problemas de mobilidade urbana decorrentes do espraiamento das cidades, resultando em ruptura espacial e reafirmando, de forma problemática, a forte dependência das regiões periféricas em relação aos centros.[2]

A conjuntura problemática envolvendo a infraestrutura de fluxos produz territórios isolados com dinâmicas e características espaciais e sociais bastante diversas das de seu entorno imediato. Essas verdadeiras barreiras urbanas, ao interromperem drasticamente o tecido da cidade, impedem a continuidade da circulação pública, deixando marcas visíveis na morfologia das quadras em ambas as partes cindidas do território.

Ao discorrer sobre a presença das barreiras urbanas que fragmentam os territórios e segregam comunidades carentes da cidade formal, busca-se expor a dimensão física de um problema observado em grandes cidades, nas quais a infraestrutura de fluxos, implementada na escala da metrópole, se sobrepôs à escala local dos bairros. Este artigo pretende problematizar essas barreiras urbanas. Além de dar visibilidade à problemática condição de isolamento territorial existente entre a cidade formal e a área de várzea do Rio Tietê, objetiva-se apontar a ineficiência de estratégias de intervenção pontuais que falham em promover uma costura territorial adequada, tendo pouca efetividade no incentivo de novas dinâmicas de uso do solo para estabelecer vitalidades urbanas ausentes.

O distrito de Cangaíba, localizado na subprefeitura da Penha,[3] Zona Leste da cidade de São Paulo, foi escolhido como objeto de estudo deste artigo em função de uma particularidade geográfica: a linha férrea que divide o território em parte alta (o morro do Cangaíba pertencente à cidade formal) e a parte baixa (a área de várzea do Rio Tietê ocupada por loteamentos irregulares e favelas).

O distrito Cangaíba, na subprefeitura Penha, está localizado a aproximadamente 12 km do centro de São Paulo, na macrorregião Leste 1. A área, escolhida como objeto de estudo deste artigo, apresenta características geográficas que condicionam um tipo de ocupação com cidade formal na parte alta e assentamento informal na área de várzea

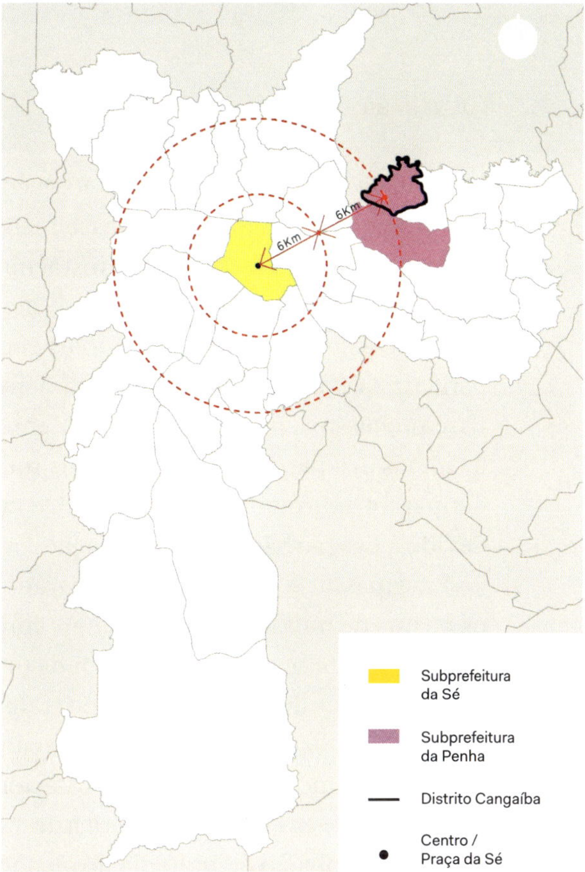

Por meio do levantamento das cartografias oficiais, visitas ao território, levantamento fotográfico e leituras gráficas, pôde-se fazer uma análise das condições e limitações físicas da estrutura viária existente na área de várzea e das conexões entre os territórios limítrofes. O trato com uma bibliografia relevante para o estudo da forma urbana foi essencial às reflexões que se empreenderam sobre as barreiras como fenômeno urbano.

Argumenta-se que as zonas fronteiriças da cidade contemporânea, a despeito dos problemas que possam representar quando constituídas por barreiras territoriais, podem converter-se em oportunidades ricas de reconstrução de territórios fragmentados. Estes necessitam de transposições efetivas e conexões físicas capazes de permitir costuras urbanas vitais ao funcionamento da cidade.

A região do distrito do Cangaíba começou a crescer no início do século 20 como um típico bairro de classe média paulistana, que se expandiu graças aos imigrantes que ali se instalaram. O processo de industrialização de São Paulo e a necessidade crescente de mão de obra, associados à ausência de políticas habitacionais eficientes, levaram à expansão da periferia da cidade, aumentando o número de loteamentos e de ocupações. Esse processo aconteceu primeiramente a partir de 1930, ao longo das ferrovias e, a partir de 1950, junto às rodovias, atraindo indústrias que ocuparam sobretudo o eixo Leste-Oeste, com tendência para o Leste, devido à ligação São Paulo-Rio de Janeiro.[4]

Essa massa de trabalhadores imigrantes, sem condições de arcar com os custos de moradia nas áreas mais consolidadas da cidade, viu-se impelida a procurar áreas onde o valor da terra era menor, em locais muitas vezes carentes de infraestrutura de transporte e de saneamento básico. A década de 1940 marcou a consolidação de um padrão de urbanização conhecido como centro-periferia,[5] caracterizado por loteamento periférico, construção de casa própria e prática de autoconstrução, que se tornaram a principal solução de moradia ao alcance das camadas de baixa renda até os anos 1970.

O distrito do Cangaíba tem seu processo de urbanização acelerado a partir de 1935 com a instalação do complexo industrial Nitro-Química em São Miguel Paulista, que atraiu uma leva expressiva de trabalhadores, fazendo da Penha uma área com predomínio de assentamento residencial. Seu crescimento se deu a partir do loteamento das antigas chácaras que haviam no local,[6] intensificando-se a partir da inauguração, em 1934, da linha de trem conhecida como Variante de Poá, que servia bairros então considerados rurais, a Sul do Rio Tietê.

A área de várzea, de topografia regularmente plana e de difícil ocupação por ser inundável, era originalmente ocupada por olarias e minas de areia e, posteriormente, pela ferrovia e por indústrias, mas a partir da década de 1970 – época de grande fluxo migratório para São Paulo – começou a sofrer transformações físicas e de função. Tendo sido aterrada, loteada e ocupada por uma população de baixa renda, que encontrou naquele ambiente hostil e negligenciado pelas autoridades uma alternativa de moradia a baixo custo, a várzea virou refúgio para operários e migrantes que se assentaram em aglomerados urbanos – favelas e autoconstruções em loteamentos clandestinos precários.

Entre os distritos da subprefeitura Penha, Cangaíba representa a área de maior uso residencial, com 77,3% do total ocupado e poucas áreas livres de construção. A proximidade com o Parque Ecológico do Tietê – objeto de constantes pressões de ocupação urbana irregular e precária – é responsável pelos elevados valores de cobertura vegetal e conservação da biodiversidade presentes no bairro, embora seu ambiente urbano não conte com vegetação expressiva. Considerada área densa em população (assim como Artur Alvim, dentro da mesma subprefeitura), Cangaíba apresenta quadro de inadequação familiar (mais de três moradores por dormitório) nas áreas mais precárias.

No que se refere às características dos habitantes, abriga a maior proporção de população infantojuvenil (crianças e jovens até quatorze anos) dentro do distrito da Penha: 30%, segundo o Censo de 2010, enquanto em toda a subprefeitura essa população representa apenas 18,8% (número inferior aos 20,8% do município de São Paulo). Também segundo o Censo, a situação social do Cangaíba é merecedora de atenção especial por apresentar, junto com o distrito de Artur Alvim, índices preocupantes de vulnerabilidade social (respectivamente 10,07% e 6,2%), embora ainda distantes dos níveis de extrema vulnerabilidade social observados no extremo Leste da cidade.[7]

O distrito do Cangaíba conta com a maior concentração de equipamentos públicos da região e é o que possui a maior demanda por esses serviços.[8] No entanto, a população mais carente encontra-se na área de assentamento informal da várzea, justamente a porção do território menos servida de equipamentos públicos. Isso faz com que essa população tenha que se deslocar para a região mais alta e formal do distrito, contribuindo para os índices desfavoráveis de carência de equipamentos básicos de assistência social, educação e saúde registrados para a área.

Na área de várzea do distrito de Cangaíba, localizam-se os bairros Jardim Piratininga e Jardim São Francisco, que compreendem áreas urbanizadas, mais bem estruturadas, e áreas mais precárias, recém-ocupadas, onde predominam a autoconstrução e a elevada densidade construtiva. Da época em que se extraía areia do Rio Tietê e a área alagada era ocupada por olarias (posteriormente por indústrias), restaram apenas vestígios de uma antiga fábrica, atualmente murada e abandonada, que se configura como um enclave fortificado.[9] Hoje, a área de várzea é uma Zona Especial de Interesse Social – ZEIS 1,[10] predominantemente ocupada por loteamentos irregulares e favelas.[11]

No Jardim Piratininga, um assentamento irregular segundo dados da Secretaria de Habitação – Sehab, o arruamento é mal definido – executado pela ação dos moradores simultaneamente à ocupação –, consistindo em duas vias longitudinais, paralelas à ferrovia, localizadas nos limites Norte e Sul do território, e doze ruas transversais. Outras ruas longitudinais, de menor comprimento, cortam o bairro, mas não têm continuidade. A despeito da falta de saneamento básico, da carência de espaços públicos e do arruamento precário, além da desconexão com os bairros vizinhos, é no Jardim Piratininga que se observa a maior vitalidade na área de várzea, expressa em ruas movimentadas, principalmente onde ocorre a feira livre e o comércio informal.[12]

A Leste do Jardim Piratininga, está localizado o Jardim São Francisco, fruto de um de loteamento regular, com lotes definidos, comumente de maiores dimensões do que em outras porções da várzea, e com ruas suficientemente largas para a circulação de veículos. Nessa área mais estruturada, instalaram-se os poucos equipamentos existentes na várzea: a Unidade Básica de Saúde – UBS, a creche, a pré-escola Nanci Ribeiro da Silva e a Escola Estadual de Ensino Fundamental Anne Frank. É também onde está localizado o campo de futebol público e onde circula a linha de micro-ônibus que liga a UBS à estação Penha do metrô. Essa área contrasta significativamente com a mais precária, localizada na porção Oeste do

Na área mais precária do Jardim Piratininga, próxima ao córrego de circunvalação, não há saneamento básico, coleta de lixo ou fornecimento de energia elétrica. As habitações são adensadas e precariamente construídas, apresentando superlotação, insolação e ventilação insuficientes

território, conhecida como Favela do Sapo, de ocupação mais recente, carente de saneamento básico, de ligação elétrica e de coleta pública de lixo, inviabilizada pela largura insuficiente das ruas.

A área de várzea faz divisa com o Parque Ecológico do Tietê – ao Norte, na direção do município de Guarulhos – por meio de um córrego de circunvalação. Ao Sul, está delimitada pela rua Dr. Assis Ribeiro, segregada pelo muro de arrimo onde se assentam os trilhos da linha férrea da Companhia Paulista de Trens Metropolitanos – CPTM, que corre paralela e elevada em relação à avenida. Assim, a área é um território de limites bem definidos, condicionado por barreiras físicas pouco porosas, com acesso difícil aos diferentes meios de transporte, ruas estreitas (muitas sem saída) e pouca conexão com os bairros vizinhos, resultado de uma ocupação não planejada e padecendo de altos índices de vulnerabilidade social e ambiental.

Além das barreiras físicas que encerram o território, os moradores da várzea são separados por uma barreira social – um muro invisível – que divide o Jardim São Francisco do Jardim Piratininga. Um trabalho realizado com um grupo de crianças moradoras do Jardim Piratininga[13] mostrou que muitas não frequentavam a escola pública nem a UBS localizadas no

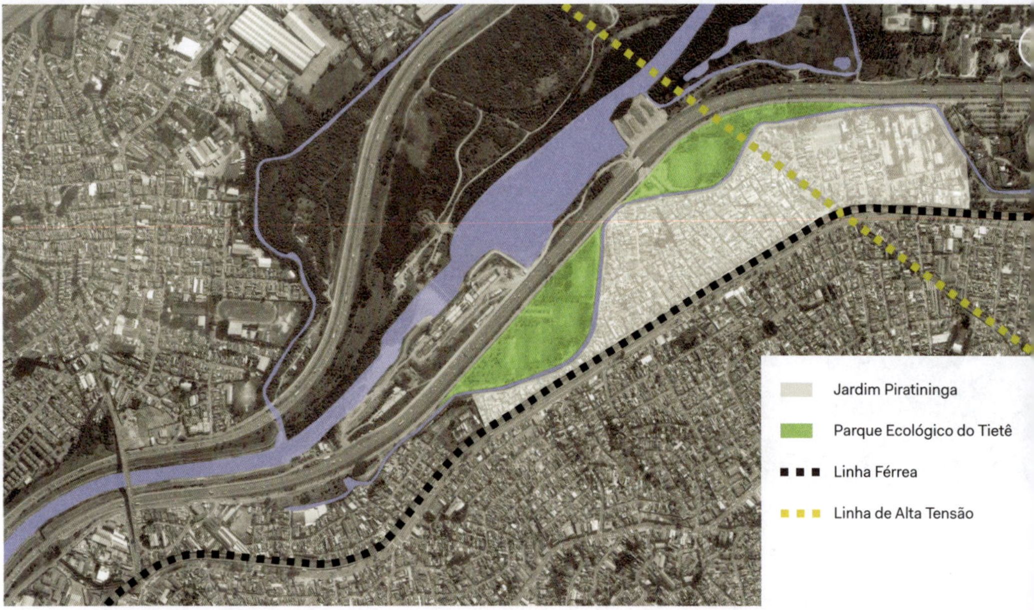

O mapa mostra a condição de isolamento da várzea do Cangaíba, delimitada ao Sul pela ferrovia (linha 12 Safira, da CPTM) e pela rua Dr. Assis Ribeiro e ao Norte pelo córrego de circunvalação que margeia o Parque Ecológico do Tietê. A linha de transmissão de energia divide os bairro Jardim Piratininga (a Oeste) e o Jardim São Francisco (a Leste)

São Francisco, preferindo, em caso de urgência, dirigirem-se ao hospital público, a fim de evitar acusações e estigmas,[14] o que sedimentava, na ocasião da pesquisa, uma separação entre os dois bairros. Para a psicóloga e pesquisadora Sandra Maria Sawaya, a grande quantidade de crianças circulando pelas ruas e a extrema pobreza são duas imagens que caracterizam a área de várzea do Cangaíba.

As crianças são muito presentes e atuantes no bairro. Quando não estão na escola, passam o dia em andanças por ele. Percorrendo as casas umas das outras, contam histórias, acontecimentos, incidentes e noticiam a uns e outros a vida pulsante de um bairro constituído pelos fragmentos de uma cidade industrializada. Em um movimento itinerante, vão contando o que os outros fazem, construindo uma intimidade, tornando os fatos públicos e compartilhados.[15]

Ainda que as condições socioeconômicas e a procedência geográfica dos moradores dos dois bairros sejam praticamente coincidentes, tendendo a uma aproximação maior por afinidades sociais e de cultura, os moradores do Jardim São Francisco reivindicam para o bairro uma imagem de lugar de *gente decente*, em relação aos bairros situados do outro lado da linha férrea. As histórias reunidas do outro lado, coletadas na convivência com um grupo de crianças moradoras da várzea, revelam que os moradores do Jardim Piratininga, por constituírem uma população de migrantes mais recente na área, são considerados intrusos, bandidos, maltrapilhos e encrenqueiros por seus vizinhos do Jardim São Francisco.[16]

As construções na área da várzea não são homogêneas, seja em tipologia, seja em qualidade, tendo em comum somente o seu processo de construção. As habitações mais próximas da rua Olga Artacho, que corre paralela à linha férrea, apresentam padrão construtivo superior, com revestimento das fachadas e comércio no pavimento térreo, principalmente aquelas que possuem face para as ruas principais. Conforme adentra-se o território, a qualidade das habitações decresce, sendo as mais próximas do córrego de circunvalação as que apresentam maior precariedade: superlotação, insolação e ventilação insuficientes.[17]

Embora não se observe uniformidade quanto à qualidade e à legalidade das construções na várzea, pode-se assumir que há predominância de autoconstruções (abrigando muitas famílias) e de comércio precário e informal, notadamente ao longo da rua Olga Artacho. Uma realidade muito contrastante com a da cidade formal existente do outro lado da linha férrea elevada, paralela à rua Dr. Assis Ribeiro, em direção ao morro do Cangaíba, onde se tem melhor infraestrutura e mais presença de equipamentos públicos, comércio, serviços, e onde os indicadores sociais são mais altos.

Entre os dois territórios, a barreira representada pela linha férrea, murada, apresenta poucos pontos de contato entre os dois lados, ampliando a distância social entre populações vizinhas, fisicamente próximas, mas distantes em relação às oportunidades oferecidas, principalmente pelo poder público.

Ao longo de seu eixo longitudinal, apenas duas passagens sob a linha ferroviária, distantes entre si, ligam os lados distintos do território, dificultando a livre circulação de veículos e, principalmente, de pedestres, que precisam percorrer longas distâncias para alcançá-las ou para atingir a única passarela, acessível somente por escadas, o que impede a travessia de crianças, idosos e pessoas com dificuldade de locomoção.

De acordo com a Prefeitura de São Paulo,[18] a ausência de viários que transponham a linha da CPTM faz com que o número de viagens a pé seja expressivo, por ser o único meio possível em grande parte desse território. A transposição física entre as duas realidades – a área da várzea e a cidade formal – é difícil e carregada de significado. Escondida da cidade formal, a várzea torna-se invisível para o poder público, acentuando um quadro de exclusão social e territorial que se estende muito além do conceito de pobreza ou de disparidade social. A exclusão abrange não apenas os aspectos materiais, ou seja, a falta de acesso a bens e serviços para a satisfação de necessidades básicas, mas também aspectos sociais – acesso à segurança, justiça, cidadania, representação política.[19]

O Parque Ecológico do Tietê, com 14,1 milhões de metros quadrados de área verde contínua, representa, como já dito, a barreira localizada na divisa Norte da várzea. Concebido para amortecer as cheias e combater inundações, é amplamente utilizado nos finais de semana para lazer, esporte e cultura dos moradores vizinhos, mas é inacessível a partir do Jardim Piratininga e das demais ocupações irregulares da várzea. Um córrego de circunvalação – concebido para interceptar as galerias de águas pluviais, córregos e ligações clandestinas – determina uma continuidade apenas visual, sendo que o acesso físico fica restrito aos extremos do território, distantes e de difícil acesso aos moradores. Sua principal entrada, acessível para automóveis particulares e transporte público (ônibus a partir da estação Engenheiro Goulart da CPTM, com parada na rua Dr. Assis Ribeiro), localiza-se no outro extremo do parque, no quilômetro dezessete da rodovia Ayrton Senna. A falta de acesso direto induz jovens e crianças a se arriscarem, saltando pedras e cruzando o córrego em pontes improvisadas e frágeis. Desse modo, a área de várzea do Cangaíba está limitada por fronteiras pouco penetráveis que se conformam em quebras lineares da continuidade da malha urbana: a rua Dr. Assis Ribeiro e os muros da linha 12-Safira da CPTM; os muros que encerram a antiga fábrica, hoje desativada; e o córrego de circunvalação na divisa com o Parque Ecológico do Tietê.

No principal ponto de acesso à área de várzea, à Oeste, no Jardim Piratininga, o comércio informal se intensifica, avançando pela calçada da rua Olga Artacho, junto ao muro da CPTM

A barreira Sul, conformada pela rua Dr. Assis Ribeiro e pela linha férrea, apresenta poucos pontos de acesso à área de várzea, localizados em extremos do território. Nas fotos, a passagem por baixo da ferrovia, no lado Oeste, próximo à rua Adelina Linhares, é restrita a um veículo por vez, sendo utilizada por automóveis, motos, bicicletas e pedestres

Assim como no Jardim Piratininga, a quantidade de crianças nas ruas e praças em áreas vulneráveis de grandes cidades latino-americanas costuma ser expressiva, em contraste com a quantidade de crianças e adolescentes que fazem uso do espaço público em vizinhanças de classe média, onde a vida contida em edifícios de apartamentos é mais restritiva, com menos oportunidades de saída para brincadeiras de rua, e as crianças geralmente dedicam mais tempo a outras atividades de estudos e a esportes em ambientes fechados ou clubes privados aos finais de semana.[20]

Já nas áreas mais carentes da cidade, muitas vezes, o espaço de moradia é precário, provisório, superlotado e desprovido de quintais e jardins, e a brincadeira e a interação social acontecem do lado de fora das casas. A exploração de outros espaços de sociabilidade, para além da família e da vivência na rua, é parte do cotidiano das crianças desses bairros.[21]

Da natureza e qualidade dessa interação depende a sobrevivência social e existencial das crianças no espaço público em que precisam negociar seu lugar e sua participação. Há nesses espaços uma rede de relações que transcende o âmbito da família nuclear: vizinhos, parentes, frequentadores da rua, donos do bar, o dono da venda, o barbeiro, crianças etc., que compõem o contexto e a matéria-prima da vida e que se estendem para além do ambiente minúsculo, úmido, escuro e pouco arejado do cômodo onde moram.[22]

Brincar é um impulso natural e fundamental para o desenvolvimento infantil.[23] Desde que haja condições de saúde, segurança e oportunidade, a maioria das crianças engaja-se em brincadeiras – interage com o entorno pela exploração, manipulação, experimentação e jogos de faz de conta, sozinhas ou em grupos. Nos bairros precários, aprender a viver na rua e nos espaços públicos (evitar ser atropelado por um carro, esquivar-se das batidas frequentes da polícia, desviar-se dos desocupados, safar-se das agressões e humilhações) é condição de sobrevivência das crianças. Imersas na luta cotidiana, conhecem de perto a dureza da vida que as cerca e participam ativamente de todos os momentos da vida da família e da vida da comunidade, não havendo um mundo infantil à parte.[24]

A falta de acesso direto da área de várzea para o Parque Ecológico do Tietê faz com que moradores se arrisquem, saltando pedras para cruzar o córrego

A qualidade dos espaços públicos, assim como o nível de violência e de insegurança de uma vizinhança, certamente influencia a interação social. Ruas seguras, lugares para sentar e socializar, a presença de vegetação nos parques e praças, a facilidade de interação com bairros vizinhos, a presença de equipamentos públicos facilmente acessíveis e a existência de uma variedade de lojas e serviços contribuem para a presença ativa da comunidade, o que torna a vizinhança mais segura e mais habitável. Quando a vida comunitária é inibida por fatores como insegurança e violência, as crianças são particularmente afetadas, por serem privadas da oportunidade da recreação e da interação social, numa fase da vida em que tais atividades são extremamente importantes.[25] Comunidades em que a presença das crianças nos espaços públicos é encorajada tendem a ser lugares mais agradáveis para todos.

As crianças da área da várzea do Cangaíba participam ativamente de todos os momentos da vida da comunidade, frequentando os vários espaços nas proximidades, para além da própria casa.[26] Dentro dos limites físicos e simbólicos do Jardim Piratininga – as barreiras físicas representadas pelo córrego de circunvalação e o muro da linha férrea, e a barreira social que separa o Jardim São Francisco, respectivamente – as crianças circulam livremente, fazendo parte da vida do bairro. No entanto, conforme levantamento das cartografias oficiais e leituras gráficas, os equipamentos e serviços públicos essenciais à vida dessa comunidade estão localizados além dos limites mencionados, sendo necessária a transposição diária das barreiras para acesso aos bens e serviços (escola, UBS, equipamentos de esporte e lazer, transporte público e comércio especializado etc.).

A precariedade das conexões entre os territórios limítrofes e as condições e limitações físicas da estrutura viária na área de várzea são particularmente prejudiciais às crianças. A depender da idade, estas têm mais limitações para percorrer longas distâncias a pé – único modo possível de circulação em grande parte do território – e mais dificuldade de utilizar a única passarela de pedestres que há por perto, que se eleva a aproximadamente dez metros do solo e é acessível apenas por escadas, de modo que as crianças dependem dos adultos para cruzar a linha férrea. Além disso, o corredor de ônibus da rua Dr. Assis Ribeiro, ao lado do morro do Cangaíba, é um obstáculo adicional a ser vencido para acessar os equipamentos localizados na área formal.

Esse efeito barreira, que inclui não apenas as restrições físicas do território, mas as inibições causadas pelo risco representado pela transposição do tráfego de veículos, prejudica particularmente as crianças menores de onze anos, que não têm autorização dos pais para se locomoverem sozinhas.[27] Configura-se, na várzea do Cangaíba, uma condição urbana de grandes restrições à mobilidade e implicações para o cotidiano das famílias, dada a necessidade de se deslocar para garantir o acesso das crianças aos equipamentos públicos disponíveis na região.

BORDAS URBANAS: CONCEITOS E POSSIBILIDADES DE TRANSFORMAÇÃO

As grandes infraestruturas urbanas, implantadas como solução para a estruturação de territórios, são reconhecidas como elementos indispensáveis à articulação do espaço metropolitano, porém, na mesma medida, são também apontadas como responsáveis pelo esgarçamento dos tecidos urbanos pelos quais atravessam.[28] Resultam especialmente agressivas nas periferias, causando rupturas e desajustes da teia urbana, fruto de um confronto não negociado de escalas díspares: a escala territorial da própria infraestrutura e a escala local do bairro e de suas construções. Ao organizarem o território, considerando as restrições geométricas envolvidas, acabam desconsiderando os assentamentos e a malha de circulações existentes, tendo como resultado imediato grandes dificuldades à mobilidade urbana. O entendimento de sua orientação e a leitura de sua lógica, por conseguinte, são meios indispensáveis à compreensão do jogo, muitas vezes conflituoso, entre as diferentes escalas da cidade.[29]

Uma ideia de barreira, entendida menos como restrição e mais como oportunidade a ser explorada, pode ser extraída do conceito de *limite* trazido por Kevin Lynch.[30] Para o autor, tido como uma fronteira entre duas áreas de espécies diferentes, o limite não deve necessariamente constituir-se de uma restrição: "Muitos limites são mais uma costura de união do que propriamente uma barreira isoladora e é interessante estudar as diferenças de tais efeitos".[31]

Não é incomum as áreas que ladeiam as linhas férreas, as autopistas e os viadutos converterem-se em espaços desabitados, mal cuidados e inseguros. O limite pode ser algo mais do que um simples obstáculo se a ele forem conferidas algumas qualidades motoras e visuais, de modo a torná-lo mais entrelaçado e comprometido com a tessitura urbana das regiões conflitantes, constituindo assim uma espécie de costura, uma linha de intercâmbio ao longo da qual são alinhavadas duas áreas.[32]

Fazendo uso da imagem da teia urbana – uma estrutura organizativa complexa de que se compõem principalmente os espaços entre as construções existentes na cidade, como praças e espaços públicos, caminhos, ruas, ciclovias e vias expressas –, Nikos Salingaros[33] sustenta que a vitalidade das relações humanas nos assentamentos urbanos é sensível à quantidade e à qualidade das conexões possíveis entre nós de atividades. Em uma relação direta, a vitalidade da cidade cresce com o fortalecimento das conexões da teia urbana.[34]

A barreira representada pela linha férrea apresenta poucos pontos de contato entre os dois lados do distrito, ampliando a distância social entre áreas vizinhas em relação às oportunidades oferecidas à população, principalmente pelo poder público. No mapa, pode-se ver que a maioria dos equipamentos públicos, por exemplo, encontra-se na área formal do Cangaíba

A justaposição da linha férrea e do corredor de ônibus na rua Dr. Assis Ribeiro interrompe a continuidade do tecido urbano. Essas infraestruturas, indispensáveis à articulação do espaço metropolitano, são também responsáveis pelo esgarçamento desses tecidos, resultando especialmente agressivas nas periferias

Em primeiro plano, a elevação da cota da linha férrea e do novo acesso (ainda em construção) contrasta-se com o antigo acesso (ainda existente ao fundo), que permitia a passagem de um automóvel por vez. Essas obras de alargamento e de readequação solucionam parte dos problemas de mobilidade, permitindo que veículos maiores adentrem a área de várzea

Por causa da construção da nova estação Engenheiro Goulart na linha 12-Safira da CPTM, de onde parte o ramal ferroviário que dá acesso ao Aeroporto Internacional de Cumbica, em Guarulhos, as passagens subterrâneas que fazem a ligação entre a área de várzea do Cangaíba e a cidade formal passaram por obras de alargamento e readequação. A elevação da linha férrea e o alargamento da passagem permitiram que veículos maiores circulassem nos dois sentidos, solucionando parte dos problemas de mobilidade ao dar acesso a veículos emergenciais (ambulâncias, carro de bombeiro) e a ônibus circulares. No entanto, as melhorias planejadas para a aproximação dos territórios, separados pela barreira, limitaram-se aos pontos de conexão já existentes, insuficientes para uma solução efetiva.

A intervenção pontual, desconectada de uma política pública integradora e de um projeto de mais abrangência, falhou em promover as transformações estruturais necessárias, no sentido de melhorar as condições físicas de mobilidade na várzea para sua progressiva incorporação ao tecido urbano formal. A elevação da altura da linha férrea e, consequentemente, da altura do muro da CPTM, ampliou a segregação entre os territórios, escondendo, de forma ainda mais grave, a comunidade do Jardim Piratininga e do Jardim São Francisco, ao longo da rua Dr. Assis Ribeiro.

Uma costura entre as áreas desconectadas, conforme formulado por Kevin Lynch,[35] visando à integração dos diferentes tecidos urbanos ao longo do eixo, com a modificação do obstáculo incrustado na malha urbana e com a criação de nós de atividades, segundo apontado por Salingaros,[36] seria possível com a proposição de novos pontos de conexão viária sob a linha férrea que ligassem as vias transversais à rua Dr. Assis Ribeiro, localizadas no Morro do Cangaíba, às ruas da área de várzea, e de uma sequência de passarelas acessíveis por rampas, acopladas a programas institucionais localizados em ambos os lados da barreira urbana representada pela linha férrea e pelo corredor de ônibus.

CONSIDERAÇÕES FINAIS

A formação urbana do distrito do Cangaíba, problematizada neste artigo, evoluiu durante o processo de industrialização do município de São Paulo, ao longo do século 20, e sofreu os efeitos das barreiras físicas conformadas pelas estruturas de fluxo que cortaram a cidade nesse processo, responsáveis em grande medida pela descontinuidade do tecido urbano que afetou também outras regiões da capital. O Cangaíba tornou-se objeto de atenção especial, sobretudo sua área de várzea, onde habita um contingente expressivo de crianças em situação de vulnerabilidade social, por ser o distrito que apresenta área de maior uso residencial e maior proporção de população infanto-juvenil da região. A várzea do Cangaíba é um território de limites definidos por barreiras físicas pouco porosas que dificultam a mobilidade da população local, sendo particularmente prejudiciais a idosos, crianças e pessoas com mobilidade reduzida. A segregação da várzea em relação à parte alta (e formal) do bairro afeta a qualidade dos espaços públicos, o nível de violência e a percepção de segurança, criando restrições ao cotidiano dos moradores. Quando a vida comunitária é inibida por fatores como insegurança e violência, as crianças são particularmente afetadas por serem privadas da oportunidade de recreação e de interação social.

O entendimento da barreira como uma costura integradora no tecido da cidade abre uma perspectiva promissora de abordar o problema. A estratégia de conversão da barreira em uma faixa de intercâmbio objetiva a qualificação das bordas do território, ampliando e requalificando os pontos de conexão viária e de pedestres entre ambos os lados da barreira. O aporte de teorias urbanas ao presente estudo, embora não vise a resultados conclusivos ao problema apresentado, proporciona uma abertura maior e mais disciplinada para compreender uma questão complexa tão presente nas grandes cidades contemporâneas e de difícil resolução prática.

NOTAS

1. Cf. FRANCO, Fernando de Mello. Contrários e complementares.
2. Ver PANERAI, Philippe. *Análise urbana*, p. 43-44.
3. A macrorregião Leste 1 é composta pelas subprefeituras da Mooca, Penha, Aricanduva, Sapopemba e Vila Prudente. A subprefeitura da Penha conta com quatro distritos (Penha, Vila Matilde, Cangaíba e Artur Alvim), que juntos somam 87 bairros do município de São Paulo, contando com mais de 475 mil habitantes, segundo o Censo de 2010. Prefeitura de São Paulo, 2016.
4. ANTONUCCI, Denise; GOBBI, Leonardo. Expansão urbana e assentamentos precários: Jardim Piratininga, São Paulo.
5. Ver CALDEIRA, Teresa Pires do Rio. *Cidade de muros: crime, segregação e cidadania em São Paulo.*
6. Ver PONCIANO, Levino. *Bairros paulistanos de A a Z.*
7. Ver SÃO PAULO (MUNICÍPIO). Caderno de propostas dos planos regionais das subprefeituras. Quadro analítico Penha.
8. Idem, ibidem, p. 10.
9. Ver CALDEIRA, Teresa Pires do Rio. Op. cit.
10. Segundo a Lei de parcelamento, uso e ocupação do solo de 2016, ocupada majoritariamente por população de renda baixa e na qual se prevê a promoção de atividades econômicas, possibilitando maior interação com as demais regiões da cidade.
11. Ver mapa ID 75 em: SÃO PAULO (MUNICÍPIO). Op. cit., p. 8.

12. Ver ANTONUCCI, Denise; GOBBI, Leonardo. Op. cit.
13. SAWAYA, Sandra Maria. A infância na pobreza urbana: linguagem oral e a escrita da história pelas crianças.
14. Idem, ibidem, p. 158
15. Idem, ibidem, p. 159
16. Idem, ibidem, p. 158
17. Ver ANTONUCCI, Denise; GOBBI, Leonardo. Op. cit.
18. SÃO PAULO (MUNICÍPIO). Op. cit.
19. RODGERS, Gerry. What is special about a 'social exclusion' approach? In RODGERS, Gerry; GORE, Charles; FIGUEIREDO, José B. (Org.). *Social exclusion: rhetoric, reality, responses. Genebra, international institute for labour studies/United Nations Development Programme*, 1995, p. 43-56. Apud ROLNIK, Raquel. Exclusão territorial e violência. O caso do Estado de São Paulo, p. 176.
20. COSCO, Nilda; MOORE, Robin. Our neighbourhood is like that!
21. Ver SAWAYA, Sandra Maria. Op. cit.
22. Idem, ibidem, p. 164.
23. BARTLETT, Sheridan. Children's experience of the physical environment in poor urban settlements and the implications for policy, planning and practice.
24. Ver SAWAYA, Sandra Maria. Op. cit.
25. Ver BARTLETT, Sheridan. Op. cit.
26. Ver SAWAYA, Sandra Maria. Op. cit.
27. Ver MOUETTE, Dominique; AIDAR, Tirza; WAISMAM, Jaime. Avaliação dos impactos do tráfego na mobilidade da população infantil através da análise de correspondência múltipla.
28. FRANCO, Fernando de Mello. Op. cit.
29. PANERAI, Philippe. Op. cit.
30. LYNCH, Kevin. *A imagem da cidade*, p. 73-78.
31. Idem, ibidem, p. 75.
32. Idem, ibidem.
33. SALINGAROS, Nikos Angelos. Theory of the urban web.
34. Idem, ibidem.
35. LYNCH, Kevin. Op. cit., p. 75.
36. SALINGAROS, Nikos Angelos. Op. cit.

Percursos da primeira infância: mobilidade e espaços públicos

As experiências do Urban 95 Boa Vista

URSULA TRONCOSO

ESTE ESTUDO FOI CONDUZIDO para apoiar a Fundação Bernard van Leer na identificação de oportunidades relacionadas ao programa Urban 95[1] Boa Vista, em Roraima, especificamente nas questões de espaço público, mobilidade e parentalidade.[2] Também teve como objetivo contribuir com o aperfeiçoamento de diretrizes e indicadores do município, bem como dar insumos para o desenvolvimento do plano diretor municipal, plano de mobilidade e as leis de parcelamento, uso e ocupação do solo, sempre pensando numa cidade que acolha a primeiríssima infância.

Para a condução deste estudo, foram avaliados os atores envolvidos na rede da primeiríssima infância, assim como os espaços públicos, pontos de encontro e mobilidade pelos bairros e cidade de Boa Vista, partindo da rotina da criança e de seu principal cuidador, do ambiente familiar e dos espaços e serviços públicos oferecidos.

A pesquisa, assim, dá insumos para balizar decisões público-privadas que visem à melhoria do desenvolvimento infantil na cidade de Boa Vista como um todo, mas com foco territorial em duas regiões identificadas pelo município como perímetros de interesse para primeiríssima infância: os bairros contíguos Pintolândia/Nova Canaã e o bairro Nova Cidade.

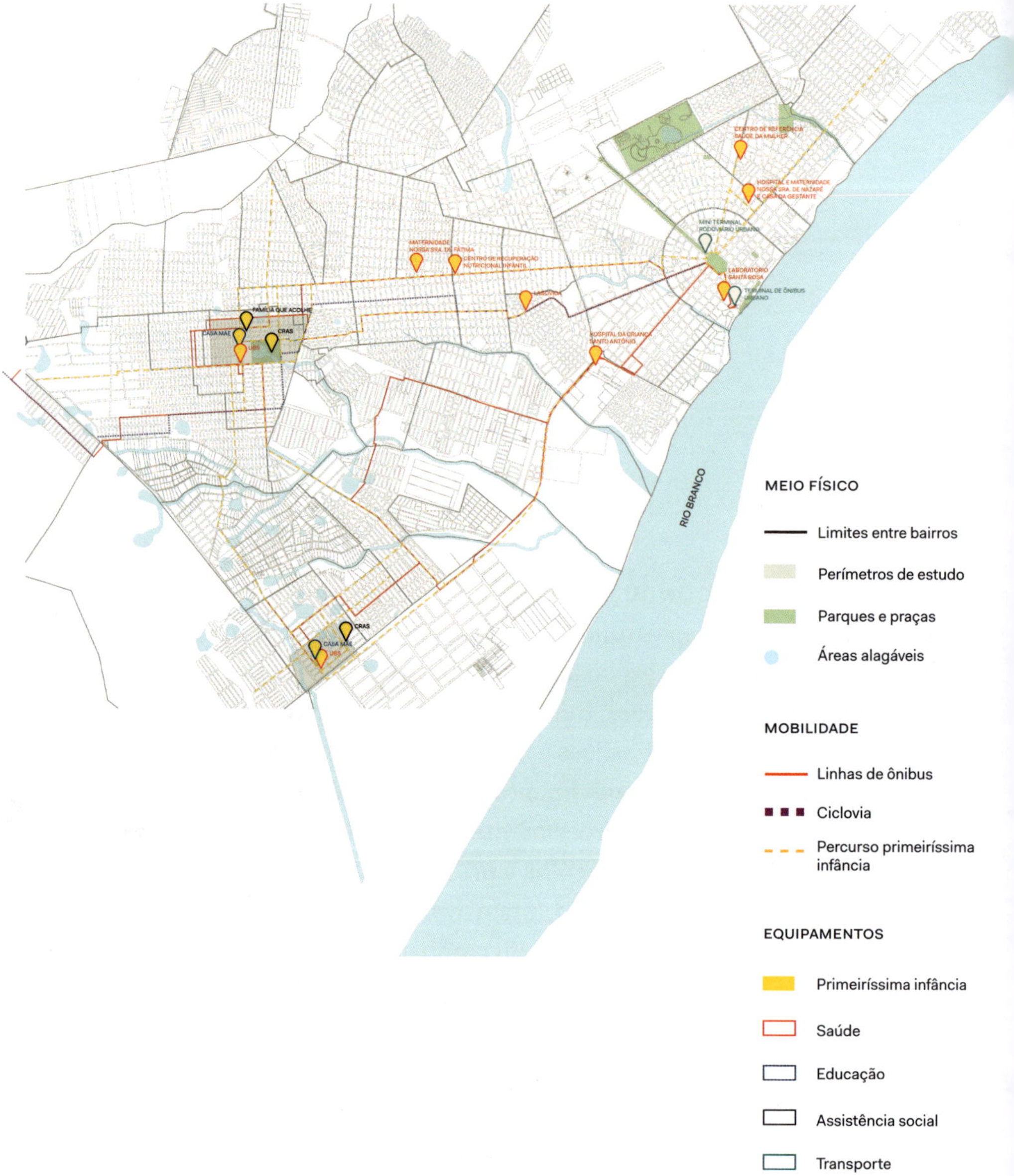

Mapa de leitura do município de Boa vista, com a localização dos dois bairros estudados e sua relação com o centro da cidade. O mapa mostra como a cidade cresceu de maneira radial e os bairros acabam por ter uma ligação mais direta com o centro e pouca conexão entre si

DEFINIÇÃO DAS ÁREAS DE ESTUDO: PERÍMETROS DA PRIMEIRA INFÂNCIA

Os perímetros da primeira infância foram delimitados e definidos dado o contexto social de vulnerabilidade. São espaços de intervenção urbana escolhidos pelo município de Boa Vista, com o apoio da Fundação Bernard van Leer, para implementação de laboratórios urbanos que pretendem experimentar a capacidade de impulsionar o usufruto do espaço público pela primeira infância. As duas regiões estudadas – Pintolândia/Nova Canaã e Nova Cidade – são periféricas e estão dentro de macro áreas priorizadas pelo poder público municipal.

Para essa análise, consideramos os *percursos da primeiríssima infância*, que são os caminhos principais, dentro das áreas de pesquisa, que as gestantes, os cuidadores e as crianças de zero a três anos utilizam no seu dia a dia, ou com bastante frequência. A análise desses percursos foi baseada na mobilidade, caminhabilidade, segurança e conforto desses trechos urbanos.

JORNADA DE USO DO ESPAÇO PÚBLICO: ANÁLISES DE DESLOCAMENTOS

Condições climáticas, rotinas repletas de afazeres domésticos e falta de sentimento de acolhimento nos espaços públicos podem limitar a circulação de mães e crianças, que são vistos principalmente nos momentos de entrada e saída de escolas e creches, e também no entorno dos demais serviços públicos de atendimento à infância, como maternidade e Unidade Básica de Saúde – UBS.

Estudamos como o universo da primeiríssima infância se locomove pela cidade, incluindo uma análise dos diversos tipos de deslocamento, para entender quais eram as principais formas escolhidas pela população local quando tinha que se deslocar junto com um bebê ou uma criança pequena.

Entre os transportes ativos, foram analisados o uso do *sling* ou canguru, o carrinho, o deslocamento a pé e de bicicleta. O *sling* é pouco conhecido e pouco utilizado nas áreas estudadas, ainda que permita uma mobilidade

Em todos os pontos da cidade vemos como as mães e cuidadores se aventuram para poder se locomover com crianças pequenas. Os problemas de falta de calçadas e sol forte são recorrentes

ativa prática, já que as duas mãos do cuidador estão constantemente livres. O carrinho (de passeio e de brincar) é bastante utilizado como transporte de crianças em pequenas distâncias pelos bairros, bem como no espaço interno das casas. O deslocamento a pé é o meio universal de transporte entre as crianças, mães e cuidadores, para ir a algum lugar específico no bairro (mercado, UBS, farmácia) ou para pequenos passeios. Utilizado para deslocamentos de no máximo trinta minutos, é o que dá mais independência para o cuidador, que muitas vezes é a mãe, em seus trajetos cotidianos. Já a bicicleta encurta as distâncias e permite uma mobilidade mais ágil. Muito utilizada entre mães e cuidadores, na maioria das vezes divide o espaço da rua com carros e motos, sem qualquer conforto ou segurança.

Entre os transportes motorizados, observou-se o uso da motocicleta, do carro, do ônibus e da lotação. A motocicleta é adotada e utilizada por boa parte das famílias, geralmente de forma pouco segura (sem capacete ou com mais de duas pessoas por motocicleta), por ser um modal que permite rapidez no deslocamento e baixo custo de abastecimento. Os carros não pertencem à realidade da maioria das famílias, devido ao seu alto custo. Aparecem em cena principalmente no caso de alguma urgência com as crianças. Algum vizinho, chefe no trabalho ou familiar que possua carro costuma socorrer a família com necessidade de deslocamento emergencial. Devido ao desconforto e tempo grande de espera, os ônibus são em geral rejeitados e evitados, sendo utilizados somente para conexões bairro-centro, por não possuírem linhas com conexão entre bairros, o que acaba tornando os trajetos bairro-bairro demorados e pesarosos, mesmo quando são lindeiros. A lotação é a melhor solução, na visão dos usuários. São carros que funcionam como táxis, porém servindo a mais de um usuário por vez. São confortáveis e possuem ar condicionado para suportar as grandes temperaturas da região. Além disso, são flexíveis e podem realizar rotas alternativas caso necessário.

Conseguir cumprir as atividades rotineiras junto com as crianças é um grande desafio. Na maioria dos casos, as mães preferem deixar os filhos em casa com algum membro da família, assim podem realizar as atividades tranquilamente. As crianças, quando começam a andar, param com frequência pelo caminho e interagem com o ambiente, tornando o trajeto uma diversão. As mães e os cuidadores, entretanto, se chateiam com o passo mais lento por conta da pressa e da ausência de infraestrutura pelo caminho.

ELEMENTOS DO ESPAÇO PÚBLICO NOS PERCURSOS DA PRIMEIRÍSSIMA INFÂNCIA

Para entender como o espaço público interfere no dia a dia do universo da primeiríssima infância, analisamos os elementos urbanos, pensando onde é necessário investir para servir melhor os pequenos, suas mães, pais e cuidadores. O objetivo era destacar o que não estava funcinando para que os esforços pudessem se concentrar em resolver esses problemas.

Para o estudo, foi importante analisar os seguintes elementos: calçadas, pavimentação, pontos de ônibus, ciclovias, travessias, sinalização, bebedouros, banheiros públicos, sombra, lugares de descanso, bancos, iluminação e lixeiras.

As calçadas, geralmente, são descontínuas, não pavimentadas ou inexistentes. Não são consideradas espaço privado pelos usuários, que entendem os trechos de calçada como extensão das casas em frente. Conversamos com algumas moradoras, que apontaram as principais dificuldades com as calçadas: "Lá na frente da escola tem muita lama", conta Raiandry, trinta anos, dona de casa e moradora de Pintolândia. "A calçada aqui sempre foi de terra; o meu vizinho fez a calçada dele e aí eu evito andar nela para não incomodar. A gente vai trançando [os carros] mesmo, correndo perigo", conta Antônia, 44 anos, costureira e moradora de Pintolândia. "Acho que a rua é muito buraco", nos contou Áurea, dezoito anos, dona de casa e moradora de Nova Canaã.

Falta pavimentação e drenagem em algumas ruas, principalmente em Nova Cidade. Em períodos de chuva, formam-se piscinas de água empoçada. O asfalto, embora amplie o desconforto térmico e seja estímulo a carros em alta velocidade, é percebido pela população como elemento que traz civilidade e modernidade. E, diante das longas distâncias e dos acessos que priorizam o automóvel, há uma cultura que valoriza o transporte motorizado privado e individual.

As distâncias são grandes entre um ponto de ônibus e outro (principalmente no centro). Muitas vezes os pontos ocupam boa parte da calçada, obrigando os pedestres a realizar um desvio pelo meio da rua. Os pontos de ônibus cobertos são valorizados porque servem como abrigo do sol e da chuva.

Nos percursos estudados, há somente uma ciclovia que tangencia Pintolândia e vai até o centro. Em Nova Cidade ainda não há ciclovias. Carolaine, dezoito anos, diarista e moradora de Nova Cidade, diz que, quando usa a bicicleta, a filha vai na cadeirinha e o filho vai atrás, na garupa.

As travessias de ruas são, muitas vezes, inseguras e sem acessibilidade. Há falta de travessias com semáforos para pedestres e as principais não têm

O solo da cidade, em diversos pontos, é altamente alagável por conta dos sistemas naturais de igarapés e lagoas. É necessário prever uma urbanização que leve em consideração os aspectos ambientais do território

tempo de cruzamento para pedestres. Há insuficiência e, por vezes, falta de sinalização horizontal e vertical para garantir segurança necessária à mobilidade a pé. Francineide, 32 anos, auxiliar administrativa e moradora de Pintolândia, e Francinete, trinta anos, dona de casa e moradora de Nova Cidade, contam que mesmo estando na faixa de pedestres sentem medo e, muitas vezes, passam correndo. “Faixa tem, mas não confio. Não passo andando, passo correndo!”, diz Francinete.

A presença de bebedouros é praticamente inexistente, portanto não há acesso gratuito à água potável nos percursos. Algumas mães relataram que, quando saem, levam água de casa. Geralmente não há banheiros públicos nos percursos, a não ser dentro dos serviços públicos, onde os banheiros são bons e bem cuidados. Os banheiros públicos em parques e praças geralmente são trancados, e em muitos não é possível localizar o guarda-chaves. Muitas vezes não há água e a manutenção é precária. Além disso, a acessibilidade para gestantes é complicada.

Há pouca sombra pelos trajetos. Principalmente na Pintolândia, muitas árvores foram plantadas recentemente e ainda não proporcionam sombra. Isso faz com que a mobilidade envolvendo a primeira infância seja comprometida. “De manhã vai pelo meio fio que vai pegando sombra. À tarde vai pela calçada e vai procurando sombra até chegar onde vai”, explica Gilmara, 26 anos, dona de casa e moradora de Pintolândia. “Vou com a sombrinha em uma mão e o carrinho na outra”, conta Teresa, 67 anos, consultora de cosméticos e moradora de Nova Cidade.

Não há muitos espaços de descanso entre os percursos da primeira infância. Nas entradas e saídas de alguns equipamentos públicos, como Casa Mãe, escolas e UBS não há bancos. Em alguns trechos, a iluminação é ausente, inadequada ou insuficiente. Muitas vezes, somente direcionada ao asfalto e não à calçada. A percepção de iluminação na região de Nova Cidade é variável, uma vez que existem ruas bem iluminadas e outras em que há falta de iluminação ou, quando existem, as luzes piscam ou são intermitentes. Na Pintolândia, a avenida Nazaré, um dos percursos principais da primeiríssima infância, é avaliada como mal iluminada pelos pedestres. “Se tivesse iluminação me sentiria mais segura para sair com eles”, analisa Elza, 23 anos, dona de casa e moradora do Nova Cidade.

Sobre a coleta de lixo, verificou-se que não há padronização das lixeiras como mobiliário urbano. Hoje cada morador faz a sua. A coleta não parece ser realizada em todas as ruas, obrigando alguns moradores a se deslocar para deixar seu lixo na lixeira de outro morador.

MOBILIDADE: DESAFIOS E OPORTUNIDADES

A equipe de pesquisa buscou compreender os problemas e as oportunidades para questões de mobilidade baseando-se nas leituras locais, na observação e nas conversas com as famílias.

Entre os desafios, destacam-se questões que dificultam a acessibilidade, como muitas calçadas sem manutenção, alagadas em época de chuva, e obstáculos diversos, como pontos de ônibus, postes e canteiros, que dificultam a livre circulação de cadeirantes e pessoas com carrinho de bebê. Como agravantes para o percurso a pé, há falta de mobiliário urbano de descanso, sinalização vertical e faixa de pedestres, além da alta velocidade que trafegam os automóveis pela região.

Quem opta por se deslocar em bicicleta não encontra bicicletários em equipamentos públicos, que tampouco têm estacionamento para motos. Também há poucas ciclofaixas nos perímetros da primeiríssima infância. Por causa de um transporte público precário, há ampla utilização de motos como modal para o transporte da primeiríssima infância.

Como oportunidades, é necessário responder às questões acima com mais oferta de estacionamento seguro para bicicletas e motos nas imediações dos equipamentos e espaços públicos, acesso universal para gestantes e cuidadores com carrinhos de bebê, e segurança para bicicletas com cadeirinhas de bebês. Para evitar o uso massivo de motos como transporte, é preciso garantir transporte coletivo de qualidade, com fácil acesso, assento preferencial e comodidade para a primeiríssima infância (gestantes, crianças, mães e cuidadores). Outra ideia, também, é incluir taxi-lotação na política de mobilidade com rotas seguras e confortáveis desde os bairros até os equipamentos de interesse da primeira infância (hospital da criança, maternidade, laboratórios, Casa Mãe,[3] UBS, Família que Acolhe – FQA[4]).

Para aumentar a segurança, principalmente dos pedestres, sugere-se a melhoria das condições de segurança nos cruzamentos, implantação adequada de sinalização horizontal, vertical e semafórica, com prioridade para o pedestre, redução do limite de velocidade para 30km/h nos perímetros da primeiríssima infância, fiscalização desse limite, além de definir hierarquia entre as vias – arteriais, coletoras e locais –, com previsão de espaços para mobilidade ativa (a pé, carrinho de bebê, *sling*, bicicleta) e transporte público. Ter um sistema de coleta de dados é importante tanto para definir as vias que recebem intervenção quanto para mensurar informações diversas – acidentes, obras viárias, quantidade de uso das vias pela primeira infância etc.

Entre os desafios para o uso dos espaços públicos pela primeiríssima infância, destacam-se os poucos bancos e espaços de descanso, o pouco acesso à água potável e a falta de mobiliário urbano específico em espaços e equipamentos públicos, além de brinquedos existentes em más condições de uso. Houve relatos de sensação de medo e insegurança por causa da violência. Além disso, notou-se dentro dos bairros a falta de preservação dos espaços naturais como lagoas, igarapés e rios urbanos.

As oportunidades para incentivar a presença da primeira infância na cidade respondem aos desafios propostos, com a preservação e manutenção dos espaços públicos. É preciso garantir os serviços principais para primeiríssima infância: acessibilidade, segurança, iluminação, brinquedos, banheiros, trocadores, lugares de amamentação, bancos confortáveis, sombra, arborização, acesso à água potável. Outra ideia para atrair mais crianças e cuidadores é oferecer atividades com foco em gestantes e crianças de zero a três anos nos espaços públicos: rodas de conversa, exercícios, *coaching* familiar e brincadeiras.

A criação de pequenos espaços públicos nas imediações dos percursos da primeiríssima infância ajuda a atrair as crianças e cuidadores para espaços abertos perto de casa, e são oportunidades de descanso e de socialização. Aproximar a criança da natureza é essencial para seu desenvolvimento, e criar espaços de exploração da natureza para a primeiríssima infância é um passo importante para incentivar essa aproximação. Também é necessário preservar espaços naturais como lagoas, igarapés e rios urbanos e criar uma Área de Preservação Permanente – APP dentro bairros, com possibilidade de acesso contemplativo.

AVALIAÇÃO TÉCNICA DOS PERCURSOS DA PRIMEIRÍSSIMA INFÂNCIA EM PINTOLÂNDIA/NOVA CANAÃ E NA NOVA CIDADE

Nas duas regiões estudadas, foram determinados desafios e oportunidades relativos aos espaços públicos e relacionados ao conforto da primeiríssima infância, seu universo e contexto. A partir da determinação dos percursos, foi possível analisar de maneira mais específica cada um dos bairros e chegar a sugestões focadas e locais.

Em Pintolândia, a equipe de pesquisa elaborou um mapa com a localização dos principais interesses e percursos da primeiríssima infância. O bairro foi analisado de maneira a pensar tanto nos desafios quanto nas oportunidades, baseados nas qualidades existentes no lugar.

A equipe analisou itens como calçadas, dificuldades de travessia devido à falta de sinalização, dificuldade de acesso para cadeirantes e carrinho de bebê por conta de degraus entre a via e a calçada, falta de espaço para estacionamento de bicicletas e motos, ausência de bancos para espera na Casa Mãe e, também, inexistência de espaço para estacionamento, além de carência de mobiliário urbano de descanso na saída das escolas. Há barreiras para carros em alta velocidade, que avançam no limite das calçadas e cruzamentos perigosos.

Entre as oportunidades de intervenção destacam-se: espaços livres com potencial de transformação em praças verdes; e dois potenciais espaços verdes para atividades ao ar livre e integração com a natureza.

Para o bairro Nova Cidade, a equipe de pesquisa também elaborou um mapa com a localização dos interesses principais e percursos da primeiríssima infância. A região, como em Pitolâdia/Nova Canaã, foi analisada de forma a considerar os desafios e as oportunidades, baseados nas qualidades já existentes no lugar.

A análise do território detectou problemas: calçadas alagadas e em mal estado; pontos de ônibus de difícil acesso; falta de sinalização; acesso deficiente para ciclistas, cadeirantes e pessoas com carrinho de bebê, principalmente por causa de sarjetas altas; dificuldades para circulação e travessia de ruas, principalmente devido a alagamento de vias e mau estado de conservação.

MEIO FÍSICO

- Perímetros de estudo
- Pq. Germano Augusto Sampaio
- Áreas alagáveis - seca
- Áreas alagáveis - cheia
- Área de proteção permanente
- Oportunidades (espaço público)

EQUIPAMENTOS

- Primeiríssima infância
- Saúde
- Educação
- Assistência social
- Institucional

MOBILIDADE

- Linhas de ônibus
- Ciclovia
- Percurso primeiríssima infância
- Cruzamentos importantes

Mapa do bairro de Pintolândia com a localização dos pontos de interesse, serviços e espaços públicos de referência. A partir dessas informações, foram definidos os percursos da primeiríssima infância e localizados os principais pontos de oportunidade, locais que poderiam ser convertidos em espaços públicos de qualidade

Mapa do bairro de Nova Cidade com a localização dos pontos de interesse, serviços e espaços públicos de referência. A partir dessas informações, foram definidos os percursos da primeiríssima infância e localizados os principais pontos de oportunidade, locais que poderiam ser convertidos em espaços públicos de qualidade

MEIO FÍSICO

Limites entre bairros

Parques e praças

Áreas alagáveis

ESPAÇOS PÚBLICOS

1 Parque Mirandinha
2 Parque Anauá
3 Praça dos Bambus
4 Praça da bandeira
5 Orla Taumanan
6 Praça das águas - complexo Ayrton Senna

Mapa com a localização de praças, parque e espaços públicos existentes no município de Boa Vista que têm boas soluções para atender a primeiríssima infância

Algumas oportunidades específicas de intervenção: uma horta urbana nas margens do igarapé (uma referência de uso sustentável das APP urbanas); um espaço de lagoa natural e com ele a necessidade de preservar suas margens (APP); e um potencial espaço verde nas áreas alagáveis, como margens de lagoas e das APP.

ESPAÇOS PÚBLICOS DE REFERÊNCIA EM BOA VISTA

Importante destacar que, no município de Boa Vista, existem diversos espaços públicos de qualidade, que atendem e abarcam a primeiríssima infância. Elencaremos aqui os principais espaços públicos com tais características, juntamente com uma análise dos elementos que tornam o espaço atrativo para as crianças pequenas e para os bebês, fornecendo subsídios que poderão ajudar o município a expandir as boas práticas já existentes.

Em conversas com moradores, foi possível apreender as percepções individuais sobre esses espaços públicos de referência. "Tem brinquedinhos, tem área de lazer melhor, mais pessoas, comidas melhores que na nossa não tem", diz Francinete, trinta anos, dona de casa e moradora do Nova Cidade, sobre a praça Mané Garrincha. "Tem ciclovia, árvore na rua, banco para sentar, uma praça bonita", conta Karina, vinte anos, faxineira e moradora do Nova Cidade, sobre o complexo Ayrton Senna. "Dá para jogar bola, para andar de bicicleta e brincar na areia. As praças foram revitalizadas e têm aparelhos", conta Joana, 54 anos, empreendedora e avó, moradora do Nova Cidade, sobre as praças da região central da cidade.

Para essa análise, foram destacados quais elementos tornam os espaços públicos lugares de qualidade para a primeiríssima infância: chafariz e locais de acesso à água para brincadeira; redes e espaços separados para os menorzinhos; banheiros limpos e abertos; lagos e espaços naturais para lazer; bebedouros e acesso à água potável; piso drenante e planejamento de espaços para que não inundem; espaços para descanso e permanência dos pais com bancos e sombras, debaixo de árvores; mobilidade facilitada para bicicletas e caminhadas; chão natural no parquinho; brinquedos planejados para o alcance e exploração dos menores; acesso às lanchonetes e locais para compra de alimentos e bebidas saudáveis; espaços que protejam as crianças das ruas e vias; espaços de natureza urbana (árvores nativas, rios, lagoas, igarapés e suas margens) preservados e próximos da exploração da criança.

O Parque Mirandinha é uma ótima solução para as águas urbanas. O igarapé que passa no terreno é canalizado e limpo, e pode proporcionar às crianças um contato com a natureza local de maneira agradável – brincadeiras com água nas épocas de seca, contemplação nas de cheia. Os espaços específicos e delimitados destinados à primeiríssima infância possibilitam atividades ao ar livre e de integração com a natureza, com segurança e sem interferência de outras gerações – espaços abertos e naturais, com sombra, árvores, terreno agradável com areia, pedrinhas e folhas secas, brinquedos de tamanho apropriado, bancos próximos e sombreados para os cuidadores, um lugar rico em possibilidades para reunir turmas e fazer atividades. Os banheiros públicos são eficientes, o que é essencial para um espaço de lazer que abarque a primeiríssima infância. Mantidos limpos e abertos, passíveis de serem usados a qualquer hora, dão autonomia às gestantes para vivenciarem o espaço público, além de apoiarem as crianças pequenas e bebês com trocadores. As cabines espaçosas garantem o conforto da gestante e a ajuda dos pais para crianças durante o desfralde.

No Parque Anauá, as lagoas e o ambiente natural são preservados e utilizados pela comunidade como espaço de lazer. Para a primeiríssima infância, destaca-se a importância de compreensão e de familiarização com o ambiente natural local. O parque faz bom uso das áreas naturais de inundação nas margens das lagoas. Entendendo que as lagoas têm regime de seca e cheia, uma das maneiras de preservar essas áreas é determinar o perímetro de cheia dentro de um parque ou espaço verde. As margens secas podem ser usadas como praia durante o período de seca. As instalações de mobilidade permitem o acesso ao parque por meios de locomoção ativa, como bicicleta e caminhadas.

Igarapé do Parque Mirandinha, um exemplo de espaço público em harmonia com a natureza local. Aqui vemos como é possível integrar aspectos naturais e ambientais próprios do lugar aos espaços urbanos de lazer

As atividades ao ar livre, voltadas para a primeiríssima infância, são uma prioridade na praça dos Bambus, com brinquedos apropriados para a idade, com texturas, diferentes alturas, possibilidades de pequenas escaladas e experimentações corporais. O chão natural proporciona o brincar confortável, enquanto bancos próximos à área de brincadeiras estão disponíveis para os cuidadores. A delimitação dos espaços para usos diferentes reserva áreas para crianças maiores e adolescentes, incentivando o convívio intergeracional – por exemplo, há uma área com mesas ao ar livre – em contato com elementos naturais. Há acesso a alimentos e bebidas, algo desejável em espaços que buscam atrair a primeiríssima infância e seus cuidadores – mas é sempre importante salientar a necessidade de oferecer alimentação saudável e com preços acessíveis a toda a população. O parque tem piso drenante, coleta seletiva de lixo e banheiros limpos, abertos e acessíveis.

A Praça da Bandeira conta com espaço específico para brincadeiras destinadas à primeira e primeiríssima infância. O piso drenante emborrachado facilita a movimentação pelo espaço e a experimentação com segurança. Brinquedos com alturas variadas servem a diferentes etapas de exploração e de desenvolvimento. As texturas naturais de madeira e a presença de elementos naturais, plantas e grama, funcionam muito bem para os pequenos. Boa iluminação e bancos próximos para os cuidadores são essenciais, assim como a segurança das famílias: na praça, há um posto da guarda civil.

O espaço de lazer da Orla Taumanan passou por uma grande reforma, dando visibilidade ao Rio Branco que margeia o centro de Boa Vista. É um espaço amplo, com diversas atrações. Considerando a primeiríssima infância, podemos destacar a boa relação com a natureza local, em especial o rio, os espaços dedicados às brincadeiras ao ar livre e os diversos equipamentos culturais.

O complexo Ayrton Senna é parte de um grande espaço público aberto à população na região central de Boa Vista. No complexo, há espaço para brincadeiras e atividades ao ar livre para primeira e primeiríssima infância, brinquedos de tamanho apropriado, espaços lúdicos e coloridos com brinquedos não convencionais, que despertam a curiosidade. O piso drenante e emborrachado cria um espaço seguro para as crianças, contando também com fechamentos laterais, que impedem os pequenos de correrem para a rua. As árvores e elementos naturais são importantes, além de brincadeiras com água, fontes e bancos com sombra para os pais e cuidadores.

CONCLUSÃO

Podemos concluir, por meio deste estudo realizado para o projeto Urban 95 Boa Vista, que o município tem desafios a superar para poder transformar as regiões de Pintolândia/Nova Canaã e de Nova Cidade em áreas prioritárias para a primeiríssima infância no que diz respeito às mudanças estruturais no território. Porém, trata-se de uma administração pública comprometida, e o município vem trabalhando, inclusive após a conclusão dessa pesquisa, para superar estes desafios.

É importante destacar que o município tem também muitos espaços públicos de qualidade, que condensam as necessidades listadas para as crianças pequenas, os bebês, suas mães, familiares e cuidadores. E que podemos nos basear nesses bons exemplos para revisar pontos vulneráveis com soluções locais e possíveis. O objetivo final deste estudo foi dar elementos para que o município pudesse trabalhar, concentrando-se em resolver os problemas locais e, ao mesmo tempo, estabelecendo uma política pública de atenção e cuidado com a primeira infância no uso da cidade e de seus espaços públicos.

NOTAS

1. O Urban 95 é um projeto da Fundação Bernard van Leer que apoia iniciativas que buscam cidades mais amigas das crianças, com enfoque na faixa etária da primeira infância.
2. Este artigo foi extraído de pesquisa desenvolvida pelo Instituto Tellus para a Fundação Bernard van Leer em maio de 2018. Fizeram parte da equipe Tellus: Bruna Montuori, Fabiana Ferrari, Laura Lemos e Marilia Xavier, e parte da equipe Ateliê Navio: Talitha Rodrigues.
3. Casa Mãe é uma rede de creches públicas do município de Boa Vista que atende crianças de dois a quatro anos de idade.
4. O programa Família que Acolhe, do município de Boa Vista, recebe de gestantes a pais de crianças com até seis anos de idade, permitindo acesso à saúde, informação e creches.

O BRINCAR E O ESPAÇO PÚBLICO

2

A ambiência lúdica na vida das crianças

O brincar livre como direito universal

JANINE DODGE
MARILENA FLORES MARTINS

BRINCAR É UM DIREITO de todas as crianças e parte integrante de sua experiência cotidiana, desde os primeiros dias de vida. O direito de brincar está consagrado em lei internacional no artigo 31 da Convenção das Nações Unidas sobre os Direitos da Criança. No Brasil, está contido na Constituição Federal (artigo 227), no Estatuto da Criança e do Adolescente – ECA (artigos quarto e décimo sexto) e no Marco Legal da Primeira Infância (artigos quinto e 17º).

A premissa básica desses artigos é a de que o brincar é essencial para o desenvolvimento saudável das crianças. A neurociência comprova que, no decorrer do processo de desenvolvimento, mesmo antes do nascimento, o cérebro é influenciado não apenas pela herança genética, mas também pelas condições ambientais, incluindo o tipo de criação, cuidados, ambiente e estimulação recebidos.[1] Essas condições ambientais e os espaços de vida determinam, em grande parte, as oportunidades que as crianças têm para brincar, ação fundamental delas para garantir seu próprio desenvolvimento físico, emocional, intelectual e social.[2] No entanto, apesar do conhecimento científico e de leis existentes, em boa parte do mundo, inclusive no Brasil, o brincar ativo das crianças e adolescentes está diminuindo.[3]

A preocupação de especialistas sobre o declínio da brincadeira entre as crianças e sua importância para o desenvolvimento saudável é tão grande que pesquisadores têm sugerido que pediatras promovam os benefícios das brincadeiras entre os pais, responsáveis e profissionais da educação infantil, e que prescrevam em suas receitas médicas, além de medicamentos, horas de brincadeiras.[4]

O psicólogo norte-americano Peter Gray[5] aponta, desde os anos 1950, uma ligação entre a diminuição do brincar livre (também chamado de brincar não estruturado) e o aumento significativo de desordens mentais nas crianças, particularmente o aumento de depressão e de ansiedade. Ele observa que, cada vez mais, os jovens não sentem que têm controle sobre suas vidas e que o brincar livre é a maneira pela qual crianças aprendem a desenvolver o autocontrole e o meio pelo qual as crianças naturalmente exploram o ambiente físico. Gray também aponta o papel fundamental do brincar livre na criatividade, competência tão requisitada no mundo adulto para a resolução efetiva de problemas. Há um declínio no nível de criatividade das crianças em todas as idades, sendo que o brincar livre e a oportunidade para assumir riscos são críticos no desenvolvimento da criatividade. Segundo Gray, como sociedade estamos sofrendo de distúrbio de déficit do brincar. A única maneira de tratar essa deficiência é restaurar o brincar livre na vida das crianças e, dessa forma, restaurar a infância.[6]

Neste artigo, pretendemos explorar o brincar no contexto dos espaços de vida das crianças, pois para restaurar o brincar livre – e garantir o desenvolvimento saudável de nossas crianças, futuros adultos – precisamos tornar as cidades amigáveis para a brincadeira. Para isso, serão abordados os seguintes temas: a importância do brincar no desenvolvimento infantil; as necessidades espaciais das crianças para brincar; os impedimentos atuais ao brincar; as garantias do direito do brincar.

O que é essa brincadeira que especialistas e a ciência afirmam ser tão importante para as crianças? Brincar está associado a uma gama ampla de ações e de emoções. Atividades como saltar, correr, pular, esconder, jogar, construir, destruir, criar e resolver problemas; e sentimentos como felicidade, liberdade, pertencimento, amor, amizade, prazer, encantamento, surpresa, descoberta, realização e independência. O brincar é muito abrangente, é o meio pelo qual as crianças interagem com o mundo, constroem relações com os outros e descobrem a si mesmas.

O brincar livre é geralmente considerado como tendo quatro características:[7] é qualquer comportamento, atividade ou processo liderado, controlado e estruturado pela criança e de livre escolha dela; sem ou com mínima interferência do adulto; sem expectativa de resultados ou com resultados definidos pela criança; não requer material específico, a criança é quem decide.

Brincar está associado a uma gama ampla de atividades como: saltar, correr, pular, esconder, jogar, construir, destruir, criar e resolver problemas; e sentimentos como: felicidade, liberdade, pertencimento, amor, amizade, prazer, encantamento, surpresa, descoberta, realização e independência

Brincar é um direito de todas as crianças e parte integrante de sua experiência cotidiana, desde os primeiros dias de vida. Para desenvolver todo o seu potencial, as crianças pequenas precisam de interações frequentes, calorosas e receptivas com crianças de diferentes gêneros e idades

O brincar ocorre sempre e onde as oportunidades surjam. Brincar em si não é obrigatório, mas é impulsionado pela motivação intrínseca empreendida por si mesma, e não como um meio para um fim. O brincar das crianças pode ser considerado como uma forma de participação cotidiana, entrelaçada no tecido cultural, social e físico da vida diária. Desempenha um papel importante na reprodução da vida social. Para desenvolver todo o seu potencial, as crianças pequenas precisam de interações frequentes, calorosas e receptivas com adultos carinhosos. O brincar dá suporte à formação de relacionamentos seguros, estáveis e estimulantes com os cuidadores. É através do brincar, mais do que na escola, que crianças maiores estabelecem relações sociais com seus pares e contribuem para a construção da cultura de suas comunidades.[8]

Brincar envolve o exercício da autonomia, atividade física, mental ou emocional, e tem o potencial de assumir formas infinitas, seja em grupo ou de forma solitária. Essas formas mudarão e serão adaptadas ao longo da infância. As principais características do brincar são a diversão, a incerteza, o desafio, a flexibilidade e a não produtividade. Juntos, esses fatores contribuem para o prazer que produz e o consequente incentivo para continuar a brincar.[9]

A noção de liberdade é de importância crítica para o brincar. As crianças têm fome de experimentar a liberdade. Elas são fortemente motivadas a interagir com as pessoas, lugares e coisas ao seu redor, a descobrir coisas para si, a aprender novas habilidades e a construir sua autoconfiança e seu senso do que são capazes.

Muito desse aprendizado, dessa construção de confiança, acontece quando as crianças estão brincando. Brincar é um impulso para aprender, incrivelmente poderoso e natural, que atua desde o nascimento e pode ser observado durante toda a infância. Intuitivamente, podemos compreender o valor do brincar e a importância de dar às crianças um pouco de liberdade para isso.

A exposição diária aos ambientes naturais, enquanto brincam, tem um impacto positivo no desenvolvimento infantil, sobre a sensação de bem-estar das crianças, níveis de aptidão, resiliência, habilidades motoras e cognitivas. As crianças podem vir a entender, a apreciar e a cuidar do mundo natural ao brincar nele, sozinhas ou com outras crianças ou adultos. Brincar e ter lazer na natureza não só reforçam os recursos com os quais lidamos com o estresse, como podem inspirar um senso de espiritualidade e incentivar o cuidado com a Terra. Ao brincar na natureza, crianças espontaneamente se engajam em atividade física, exercitam sua liberdade e desenvolvem sua criatividade, imaginação, capacidade de observação e aceitação da diversidade. Atividades na natureza oferecem oportunidades para que todos se envolvam em eventos na sua própria comunidade, dando-lhes o sentido de pertencimento.[10]

Apesar dos múltiplos benefícios, as crianças têm cada vez menos oportunidade para conectar-se com a natureza, de desfrutar do brincar livre (não estruturado) ao ar livre e de se movimentar, ao ser permitido assumir riscos enquanto brincam.[11] Quanto mais tempo as crianças passam confinadas em casa, brincando frente a telas, como videogames, computadores,

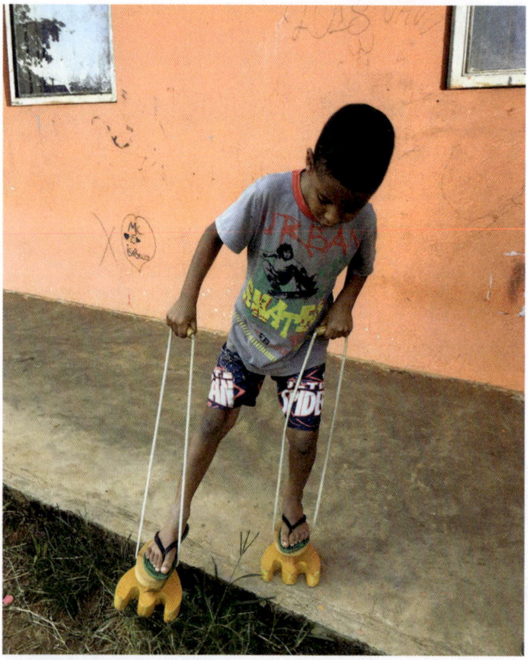

Brincar é um impulso para aprender, incrivelmente poderoso e natural desde o nascimento. Pode ser observado durante toda a infância. Sem objetivo pré-determinado, as crianças entram num ambiente como exploradoras dos elementos naturais, como terra, água, fogo e ar

A exposição diária aos ambientes naturais, enquanto brincam, tem um impacto positivo no desenvolvimento infantil, sobre a sensação de bem-estar das crianças, níveis de aptidão, resiliência, habilidades motoras e cognitivas. Assim elas desenvolvem criatividade, imaginação, capacidade de observação e aceitação da diversidade

tablets e celulares, menos tempo passam brincando de forma ativa ao ar livre.[12] E quanto mais verde (ou maior o índice de vegetação) no bairro onde vivem, mais as crianças brincam de forma ativa ao ar livre.[13] A falta de oportunidade para as crianças brincarem livremente e ao ar livre traz consequências graves para o seu desenvolvimento.[14] Do ponto de vista da saúde física, temos, por exemplo, a obesidade infantil, que hoje é epidemia em vários países, inclusive no Brasil. Mais de um terço das crianças brasileiras entre cinco e nove anos têm excesso de peso ou são obesas.[15]

Uma pesquisa realizada no Canadá concluiu, em 2015, que o maior risco à saúde das crianças é mantê-las dentro de casa.[16] Isso porque crianças são mais ativas quando brincam ao ar livre[17] e há uma ligação positiva entre atividade física e aspectos da saúde mental, emocional e social.[18] Além disso, o contato com a natureza – ainda que pequeno e por pouco tempo – pode reduzir os sintomas de distúrbios psicológicos, como transtorno de déficit de atenção, hiperatividade e depressão, que vêm aumentando de forma assustadora entre crianças e jovens.[19] Em 2018, um estudo global sobre a atividade física de crianças e adolescentes deu nota D+ para o Brasil (numa avaliação que ia de A+ a D-/F), o que significa que menos de 40% das crianças brasileiras atingem a meta de uma hora de brincar ativo por dia.[20]

AS NECESSIDADES ESPACIAIS DAS CRIANÇAS PARA A BRINCADEIRA

A Nova Agenda Urbana da Organização das Nações Unidas – ONU (adotada oficialmente em 2016 durante conferência sobre habitação e desenvolvimento urbano sustentável) deixa clara a necessidade de criar uma relação de reforço mútuo entre a urbanização e o desenvolvimento como veículos paralelos ao desenvolvimento sustentável.[21] Reforça, ainda, que todos os cidadãos têm o direito de se beneficiarem do que suas cidades oferecem, sem discriminação, e isso inclui as crianças. Dentre os Objetivos do Desenvolvimento Sustentável – ODS, destacamos dois muito pertinentes nessa discussão: o décimo primeiro ODS, que estimula os países signatários a fazer cidades e assentamentos humanos inclusivos, seguros, resilientes e sustentáveis; e o terceiro, que preconiza assegurar uma vida saudável e promover o bem-estar para todos, em todas as idades.

A realização desses objetivos inclui o desenvolvimento ou o fortalecimento de estratégias que visem à redução das desigualdades e atendam às necessidades de grupos vulneráveis, principalmente as crianças na primeira infância e aquelas com deficiência. É preciso que novas tecnologias propiciem o desenvolvimento de sua autonomia, independência, autoestima e maior participação na vida social e comunitária.

Se o brincar deve ser valorizado pelas competências e habilidades que desenvolve nas crianças, garantir espaços adequados e apropriados à brincadeira infantil é fundamental quando falamos em desenvolvimento urbano sustentável. A experiência compartilhada de espaços públicos seguros, inclusive levando em conta idade, gênero e outras diferenças, permite que as crianças vejam a si mesmas e aos outros atuando com direitos iguais, e isso promove e fortalece a sociedade civil.[22]

Semelhante ao bem-estar, que é moldado pelo local onde as crianças vivem, a qualidade do brincar é fundamentalmente moldada pelo ambiente onde acontece. O brincar e o aprendizado das crianças, seus relacionamentos mais próximos e suas interações sociais dependem da qualidade dos espaços e dos lugares em que elas habitam.

O comitê da ONU sobre os direitos da criança afirma que certas condições precisam ser asseguradas para as crianças terem seus direitos ao brincar, à cultura e ao lazer, contidos no artigo 31 da Convenção de Direitos da Criança (1989).[23] Referente a ambientes físicos, esses fatores são: um ambiente livre de estresse, de exclusão social, de preconceito ou discriminação; um ambiente seguro do dano social e violência, e suficientemente livre de poluição, tráfego e outros perigos que impeçam a liberdade e a circulação seguras; disponibilidade de tempo para descanso e lazer, bem como de espaço livre do controle e gerenciamento de adultos; espaço para brincar ao ar livre em ambientes físicos diversificados e desafiadores, com acesso a apoio de adultos, quando necessário; oportunidades para experimentar, interagir e brincar em ambientes naturais e com o mundo animal; oportunidades para investir em seu próprio

O brincar, o aprendizado das crianças e as interações sociais dependem da qualidade dos espaços e dos lugares em que habitam. Para desenvolver seu protagonismo social e habilidades físicas, afetivas e sociais, elas precisam conviver em espaços abertos e ter acesso a uma maior diversidade de pessoas

espaço e tempo de modo a criar e transformar o seu mundo, usando sua imaginação e linguagem; oportunidades para explorar e compreender o patrimônio cultural e artístico da sua comunidade, participar dele, criar e dar-lhe forma; oportunidades para participar, com outras crianças, de jogos, esportes e outras atividades de lazer, apoiadas, se necessário, por facilitadores capacitados ou treinadores; reconhecimento por pais, professores e sociedade como um todo do valor e da legitimidade dos direitos contidos no artigo 31.

Ao considerar esses fatores, reconhecemos que a oferta de espaço para brincar no ambiente construído assume muitas formas, incluindo parques, conjuntos habitacionais, playgrounds, escola, parques infantis, praças públicas abertas, ruas e espaços verdes. Alguns são planejados para brincar, outros não. Uma lista de lugares oferecidos para brincar não reflete, no entanto, adequadamente a gama de lugares em que as crianças brincam por escolha ou necessidade. Esses locais podem incluir espaços temporariamente reivindicados por crianças, espaços abandonados pelos adultos ou pelo poder público e os espaços entre edifícios e assentamentos. Particularmente, em muitas comunidades vulneráveis, onde não existem alternativas, as crianças brincam nas ruas que, a princípio, não são planejadas para brincar.

Se as oportunidades para brincar e a qualidade do brincar são moldadas pelo ambiente físico, por outro lado, a vocação das crianças para brincar pode expô-las a condições adversas e a riscos para a sua segurança e saúde se estiverem em ambientes desfavoráveis. Ambientes contaminados contribuem para a desnutrição e para doenças recorrentes em crianças pequenas, que podem resultar na apatia e comprometer seu desejo e capacidade de brincar. Além disso, a própria situação da criança interfere nessa relação com o ambiente ao ar livre. As crianças que vivem em ambientes perigosos, na pobreza, crianças em situações de conflito ou de desastres naturais, em comunidades rurais, as refugiadas e asiladas, em situação de rua, com deficiência, cronicamente hospitalizadas, migrantes ou deslocadas internamente são suscetíveis de serem afetadas pelas restrições ambientais sobre a fruição do seu direito de brincar.

A falta de sensibilidade ou de conhecimento em relação às necessidades das crianças, no planejamento, no design e na gestão de ambientes mais desejáveis, pode inibir a realização plena dos benefícios para o desenvolvimento infantil associados ao brincar.[24]

Os adultos e as crianças enxergam os ambientes de forma diferente. No geral, quando avaliam ou planejam um espaço, os adultos buscam saber o que é e para que serve tudo o que está inserido nele. Por exemplo: um escorregador é para escorregar e um balanço serve para balançar. É uma abordagem focada em resultados, em que trabalhamos para trás, sabendo que buscamos dar às crianças a experiência de deslizar e, por isso, criamos um escorregador.

Ao contrário dos adultos, as crianças entram num ambiente como exploradores sem mapa ou objetivo pré-determinado. Elas querem explorar todos os aspectos de um ambiente e descobrir seus potenciais para o enriquecimento de seu brincar. O potencial para o brincar tem pouco a ver com a aparência do ambiente ou com a intenção do adulto, porque o brincar, na sua essência, está enraizado no desejo e na vontade de a criança ser o próprio criador de suas ações. Esse potencial para o brincar de uma determinada característica de um ambiente pode ser visto como seu rendimento, pois se refere ao volume e à diversidade de oportunidades que a característica oferece para uma criança em vez de sua aparência ou função pretendida.[25] Há quatro características básicas de um bom espaço externo para brincar; são elas:

1. Diversidade e riqueza de materiais e topografias. Enquanto a maioria dos ambientes do brincar é um deserto de asfalto, grama curta ou borracha, ambientes ricos para brincar devem ter diversidade e riqueza de materiais. Toda a diferença é brincável: deve-se, por exemplo, aproveitar e utilizar os desníveis e vegetação locais.
2. Integrar muitas maneiras de se deslocar pela paisagem. As crianças querem e precisam mover seus corpos de maneiras diferentes enquanto brincam. Um bom ambiente irá integrar possibilidades de deslocamento pelo espaço.
3. Ampla seleção de peças não estruturadas ou soltas – como galhos, troncos, pedras – que permitem que as crianças movam, mudem, transportem e combinem materiais. Peças soltas costumam custar muito pouco (ou nada) e são de enorme valor para o brincar. Nesse sentido, representam um ótimo retorno no investimento no desenho dos espaços. Toda e qualquer parte de um ambiente do brincar deve incluir acesso a peças soltas naturais e artificiais: deve combinar elementos da natureza e equipamentos introduzidos.
4. Oportunidades para todas as idades e habilidades, incluindo os adultos.

Para garantir que as necessidades das crianças sejam contempladas nos espaços públicos, também é fundamental que, sempre que possível, estes sejam planejados, desenvolvidos e funcionem com a participação da comunidade – incluindo as crianças – do entorno.

É importante destacar que as necessidades espaciais das crianças pequenas (primeira infância) para brincar diferem das crianças mais velhas e dos adultos. De acordo com os organizadores do projeto Urban 95, da Fundação Bernard van Leer – que busca transformar a cidade com a perspectiva da primeira infância –, bebês e crianças pequenas experimentam o mundo em uma escala muito menor, dependem de outros para se movimentar, têm um alcance menor de mobilidade do que o morador típico da cidade, precisam ser transportados regularmente para serviços de primeira infância (como clínicas e creches) e são sempre encontradas com seus cuidadores. O universo da primeira infância é, geralmente, restrito a poucos espaços ou ambientes físicos: sua casa ou habitação (que pode ou não incluir um espaço ao ar livre associado), a creche ou escola, as ruas, praças e os parques no entorno da sua casa, os meios de transporte nos quais viajam de um lugar para outro (o carrinho de bebê, a bicicleta de um cuidador, o transporte público ou o carro) e, eventualmente, os equipamentos de saúde, cultura e lazer do bairro.

O brincar e a socialização com pessoas de fora da família imediata ocorrem de forma mais natural e espontânea quando as crianças estão percorrendo espaços públicos: as ruas do bairro, as praças ou parques, a creche ou a escola. Por isso, esses ambientes do cotidiano têm grande importância para contemplar a garantia de seus direitos e de suas necessidades de brincar.

OS IMPEDIMENTOS ATUAIS AO BRINCAR

Já vimos que, para um desenvolvimento saudável, as crianças precisam de um ambiente físico seguro e estimulante para explorar, sendo os ambientes de sua vida cotidiana os mais relevantes. Infelizmente, alguns fatores tornam mais difícil a exploração segura pelas crianças nas cidades – bairros densos, pouco acesso à natureza, percursos longos, imprevisíveis e até perigosos, saneamento insuficiente, isolamento, estresse e a falta de acesso a cuidados de saúde e a cuidados infantis. De acordo com o programa Urban 95, esses fatores também tornam mais difícil a interação dos pais e dos cuidadores com as crianças, de forma a promover um desenvolvimento saudável.

O hiperdesenvolvimento do espaço urbano que não considera a dimensão social da tomada de decisão também pode ter profundos impactos no brincar das crianças. O uso do espaço público pelas crianças, para brincar, para recreação e para as suas atividades culturais é impedido pelo aumento da comercialização e da privatização desses espaços, a partir dos quais as crianças são excluídas ou indesejáveis.

Estamos vivendo num mundo cada vez mais urbano, com mais crianças crescendo nas cidades. Portanto, é imperativo que sejam projetadas e construídas cidades que atendam às necessidades das crianças, buscando sua participação durante o processo de design, provendo-lhes acesso ao brincar e à educação, e facilitando suas interações sociais e culturais.[26]

Mesmo havendo praças ou parques aparentemente adequados para o brincar de crianças pequenas, pesquisas mostram que nas grandes cidades brasileiras (e mundiais) as praças públicas vêm se tornando, crescentemente, espaços vazios.[27] Os responsáveis pelas crianças estão com medo do estranho e da rua. O aumento da violência, o uso de drogas e o trânsito intenso de veículos, aos quais as crianças ficam expostas quando saem na rua, aterrorizam os pais. Há uma sensação de insegurança que configura tanto a escolha dos lugares para o lazer das famílias quanto a frequência dessas visitas. Quando se tratam de nossos filhos, tendemos a ser muito avessos ao risco. Frente à insegurança, a tendência é de restringir – e muito – a mobilidade e o brincar livre.[28]

A tendência para uma cultura de pais superprotetores é global.[29] O que os pais costumam ouvir é que, quanto mais atenção e participação na vida dos filhos tiverem, melhor. Muitos acabam preenchendo a agenda infantil com atividades como forma de manter as crianças ocupadas e

O processo para uma criança tornar-se adulta inclui o desejo de explorar limites e experimentar novas experiências com o próprio corpo. Certo grau de risco é benéfico na oferta das brincadeiras. Dar a ela a chance de enfrentar riscos e desafios, enquanto brinca, desenvolve habilidades importantes para a sua vida

saber o que estão fazendo quando não estão por perto. Mas é preciso saber qual é o limite para que, no intuito de proteger, eles não provoquem o efeito contrário e atrapalhem o desenvolvimento das crianças. Temos uma cultura que busca segurança em tudo o que faz e que vê risco como sinônimo de perigo. É muito importante mudar o paradigma de que todo risco é perigoso e passar a reconhecer diversos riscos no brincar como oportunidades essenciais de descoberta e de aprendizagem.[30]

O paradigma atual sobre risco tem sua origem no gerenciamento tradicional de risco no local de trabalho, que envolve a identificação e, se necessário, a atenuação deles. Em um espaço para brincar é diferente: em muitos casos, a presença de um perigo – por exemplo, uma queda vertical não protegida ou uma ponte bamba – pode ser bem-vinda. O que conta como resultado adverso também é diferente. No brincar, machucados, arranhões, contusões, e até um osso quebrado não são necessariamente sinais de alerta de grandes perigos, como podem ser em uma fábrica ou em um ambiente de escritório. São esperados como parte da vida cotidiana de crianças em desenvolvimento.[31]

Aprender com a experiência envolve a dificuldade tanto quanto o prazer. Muitas contusões e encontros dolorosos com a realidade são comumente entendidos como uma forma de aprender com a experiência. Na provisão do brincar, nem sempre é fácil decidir que resultados são inaceitáveis ou preocupantes. Uma parte essencial do processo de uma criança tornar-se adulta é a necessidade e o desejo de explorar limites e experimentar novas experiências. Um grau de risco é frequentemente benéfico, se não, essencial na oferta das brincadeiras.[32] Crianças e jovens gostam de desafios, oportunidades de brincadeiras de aventura, onde podem testar e aumentar as suas habilidades. Dar às crianças a chance de enfrentar riscos e desafios enquanto brincam desenvolve habilidades importantes para as suas vidas: como aprender a avaliar e a gerenciar esses riscos por si próprios, ganhar confiança e desenvolver resiliência, melhorar suas habilidades físicas e exercer a criatividade e a resolução de problemas.[33]

GARANTINDO O DIREITO DE BRINCAR

Oferecer espaços para brincar, públicos e acessíveis, é um dos mais importantes meios para reconhecer e apoiar o direito de brincar de todas as crianças. Em espaços bem localizados e planejados, as crianças podem desfrutar de liberdade, diversão, sociabilidade, emoções e transbordamentos associados ao brincar. Protegendo esses espaços, demonstramos que o brincar das crianças tem importância.

No Brasil, a Lei 13.257/2016, que criou o Marco Legal da Primeira Infância, em seu 17° artigo, estabelece que "a união, os estados, o distrito federal e os municípios deverão organizar e estimular a criação de espaços lúdicos que propiciem o bem-estar, o brincar e o exercício da criatividade em locais públicos e privados onde haja circulação de crianças, bem como a fruição de ambientes livres e seguros em suas comunidades". Embora a oferta de espaço para brincar não esteja diretamente relacionada ao direito de brincar, é um fator importante quando, de outra forma, as crianças seriam forçadas a brincar em ambientes hostis, insalubres ou perigosos, ou seriam mantidas dentro de casa devido à falta de espaço seguro.

Definir espaços compartilhados com um projeto sensível à criança, seja em bairros, em residências, em grupos ou mesmo em acampamentos de refugiados, ajuda a promover o brincar – e isso não se restringe aos espaços tradicionais, como parques e playgrounds. A ação inclui espaços informais e cotidianos, e pode incluir mudanças ao nível da rua (sinalização, fechamento de ruas, intervenções de agentes do brincar, proteção de pequenos pedaços de terreno abandonados), engajamento da comunidade (defesa de direitos, audiências públicas sobre o brincar) e uma ampla ação policial (regulamentação do trânsito, procedimentos acessíveis para o fechamento de rua).[34]

A ênfase na revitalização de bairros para melhor servir aos interesses das crianças também aborda muitos dos problemas locais, percebidos e experimentados pela população em geral, como a desmotivação para usar o espaço público, as incivilidades que surgem de usuários antissociais e o domínio do espaço público por apenas um tipo de usuário. Essas questões são desafiadas pela criação de bairros amigáveis para as crianças que promovam as condições pelas quais elas poderão realizar mais plenamente os seus direitos.

A parceria com a gestão pública se faz essencial para contribuir com um planejamento municipal que priorize a criação de ambientes que promovam o bem-estar da criança, incluindo parques, playgrounds, esportes e centros comunitários inclusivos; áreas com prioridade para pedestres, esportistas e ciclistas ao invés do tráfego motorizado; medidas de segurança nas estradas; clubes e ambientes para crianças de todas as idades; e atividades culturais acessíveis e dedicadas às crianças.

É importante, ainda, a implementação de ambientes escolares que proporcionem o atendimento do direito de brincar, incluindo: ambientes físicos para brincadeiras, esportes, jogos e dramatização; promoção ativa de oportunidades iguais de brincar para meninos e meninas; equipamentos e playgrounds. Eles devem ser seguros e acessíveis para todas as crianças, que precisam ter tempo adequado durante o dia letivo para brincar e descansar; um currículo que inclua atividades culturais e artísticas; e um método de ensino que ofereça atividades e aprendizado ativos, lúdicos e participativos.

O direito de brincar não se resume a indicar os espaços para tanto, mas que eles sejam uma parte importante do mosaico da vida das crianças e uma área na qual as suas vozes devem ser ouvidas. Espaços de brincar devem ser entendidos como tendo valor simbólico e prático: simbólico na medida em que afirmam o direito e a necessidade da criança de ter espaço para brincar; e prático pela utilidade do ambiente lúdico.

O debate sobre o espaço público é extremamente relevante nos dias de hoje, porque espaços especializados para brincar são, muitas vezes, espaços de confinamento para atender às necessidades dos adultos. A importância do brincar na comunidade advém do fato de que a criança e o seu desenvolvimento saudável devem estar no centro da estratégia sustentável para todos. O uso da rua pelas crianças e pela família existia muito antes do surgimento do carro, dos controles de trânsito ou outros obstáculos modernos. A história dos playgrounds indica que eles foram criados para atender a uma necessidade da sociedade moderna em segregar as crianças de suas comunidades e seus espaços abertos.

O desenvolvimento saudável da criança precisa de mais do que oportunidades limitadas e locais especiais para brincar. Precisam conviver em espaços abertos e ter acesso a uma maior diversidade de pessoas. Esta atitude desenvolve, além de habilidades físicas, afetivas e sociais variadas, a aceitação e o respeito às diferenças e ao meio ambiente.

A participação ativa das crianças, inclusive nas etapas do planejamento urbano e arquitetônico, é fundamental e depende de que utilizemos mecanismos adequados para facilitar o seu protagonismo. Existem experiências exitosas em que crianças, com diferentes capacidades e idades, puderam participar desde a elaboração até a execução de projetos de escolas, espaços culturais e praças, por meio de oficinas de artes plásticas, jogos e brincadeiras. A acessibilidade delas a essas ações, mais uma vez, depende da vontade e da iniciativa dos adultos responsáveis por elas.

O papel do adulto é desencadear e facilitar o processo de brincar – oferecer espaços adequados, tempo e apoio às crianças para que possam brincar livremente. Para isso, ele precisa reconhecer e valorizar a importância do brincar. Ainda não conseguimos visualizar o brincar como um direito da criança, reconhecendo-o como seu principal meio de expressão e desenvolvimento: apenas 17% dos pais brasileiros concordaram que brincar e passear, receber carinho e afeto são importantes para o desenvolvimento das crianças na primeira infância.[35] Infelizmente, o conhecimento dos brasileiros sobre a importância do brincar não mudou significativamente em mais de uma década. Uma pesquisa nacional em 2006 mostrou que apenas 14% dos pais brasileiros de crianças de seis a doze anos espontaneamente reconheciam o brincar como importante para o desenvolvimento de seus filhos.[36] Sem sensibilizar os pais para o assunto, não há como esperar engajamento deles no tema, muito menos ação efetiva para mudar a realidade atual.

O desafio é apresentar propostas que favoreçam a mudança de paradigma nos adultos responsáveis por crianças (familiares, educadores e gestores públicos), valorizando-as como indivíduos e reconhecendo a interdependência entre os diferentes grupos sociais e a importância da preservação ambiental e cultural, de modo a desenvolver conhecimentos, habilidades vitais, perspectivas, atitudes e valores. É necessário ajudá-los a saber quando e como intervir no brincar, equilibrando risco e oportunidade, e mostrá-los como oferecer às crianças oportunidades para uma exploração mais profunda, completa e rica em suas brincadeiras.

CONCLUSÃO

O ato de brincar reúne as condições necessárias para que o desenvolvimento infantil se processe de maneira harmoniosa. Na primeira infância, as brincadeiras são mais do que diversão, são experimentos que conduzem ao aprendizado e à percepção do mundo – são essenciais nessa fase. O brincar, portanto, faz parte intrínseca e crítica do desenvolvimento saudável do ser humano e as crianças necessitam de diferentes oportunidades de fazê-lo, em diferentes maneiras, em espaços seguros e bem planejados.

Um dos grandes desafios é unir interesses econômicos, proteção social e do meio ambiente, de modo a tornar os ambientes amigáveis às crianças e ao brincar. Como sociedade, muitas vezes, falhamos em proteger e honrar a infância. Precisamos fortalecer a crença de que todo indivíduo pode fazer a diferença e precisamos recuperar a nossa parcela de ação. As crianças necessitam de nossa proteção e de nosso amor.

Todos temos compromisso com as crianças, para que sejam felizes e brinquem livremente. Temos de resgatar, de maneira sustentável, o papel da brincadeira ao ar livre no desenvolvimento infantil, usando o espaço público urbano como palco de interação. Devemos estimular a participação ativa de crianças, jovens e adultos no planejamento e na revitalização dos espaços públicos destinados ao lazer infantil, na sua própria comunidade. É de grande importância agregar áreas verdes e elementos naturais a espaços de lazer, prioritariamente em áreas de habitação precária, e também de implantar equipamentos acessíveis para todos, incluindo as crianças com deficiência.

Para mudar os paradigmas atuais, temos que sensibilizar, informar e capacitar os potenciais cuidadores das crianças, incluindo pais, jovens e idosos, sobre o brincar. Precisam passar a enxergar os benefícios associados aos riscos (e não somente os perigos) para que se engajem no desafio de oferecer ambientes estimulantes e desafiadores e assumam a responsabilidade de prover para todas as crianças oportunidades ricas para brincar.

Quando os bairros de uma cidade funcionam bem para mulheres grávidas, bebês, crianças pequenas e jovens, eles também tendem a promover, além de comunidades fortes, o desenvolvimento econômico e bem-estar de todos, de acordo com o programa Urban 95. Brincar, principalmente em espaços públicos, com crianças de diferentes idades, capacidades e condições sociais, fortalece os vínculos afetivos e sociais entre elas, tecendo uma rede de relações humanas que é imprescindível para o desenvolvimento saudável e o fortalecimento da cultura de paz. É ao brincar que a imaginação, a criatividade e a capacidade inovadora da criança se desenvolvem e florescem. A resolução dos nossos problemas e a nossa felicidade, seja em nível individual, comunitário ou na sociedade, dependem do brincar. Promova o direito de nossas crianças de brincar e ser feliz.

NOTAS

1. Ver COHEN, Steven D. *Three principles to improve outcomes for children and families.*
2. Ver BROWN, Stuart. *Play: how it shapes the brain, opens the imagination, and invigorates the soul.*
3. Ver AUBERT, Salomé; BARNES, Joel D.; ABDETA, Chalchisa; NADER, Patrick Abi; et al. Global Matrix 3.0 physical activity report card grades for children and youth: results and analysis from 49 countries.
4. Ver YOGMAN, Michael; GARNER, Andrew; HUTCHINSON, Jeffrey; HIRSH-PASEK, Kathy; GOLINKOFF, Roberta Michnick; COMMITTEE ON PSYCHOSOCIAL ASPECTS OF CHILD AND FAMILY HEALTH; COUNCIL ON COMMUNICATIONS AND MEDIA. The power of play: a pediatric role in enhancing development in young children.
5. Ver GRAY, Peter. *Free to learn: why unleashing the instinct to play will make our children happier, more self-reliant, and better students for life.*
6. Idem, ibidem.
7. Idem, ibidem.
8. Ver HART, Roger A. *Children's participation: the theory and practice of involving young citizens in community development and environmental care.*
9. Ver *General comment n. 17 on the right of the child to rest, leisure, play, recreational activities, cultural life and the arts (art. 31).*
10. Ver LOUV, Richard. *Last child in the woods: saving our children from nature-deficit disorder.*
11. Idem, ibidem.
12. Ver BURDETTE, Hillary L.; WHITAKER Robert C.; DANIELS, Stephen R. Parental report of outdoor playtime as a measure of physical activity in preschool-aged children.
13. Ver GRIGSBY-TOUSSAINT, Diana S.; CHI, Sang-Hyun; FIESE, Barbara H. Where they live, how they play: neighborhood greenness and outdoor physical activity among preschoolers.
14. Ver WHITEBREAD, David; BASILIO, Marisol; KUVALJA, Martina; VERMA, Mohini. *The importance of play: a report on the value of children's play with a series of policy recommendations*; KIMBRO, Rachel Tolbert; BROOKS-GUNN, Jeanne; MCLANAHAN, Sara. Young children in urban areas: links among neighborhood characteristics, weight status, outdoor play and television watching.
15. Ver DESGUALDO, Paula. O perigo da obesidade infantil no Brasil e quais suas principais causas.
16. Ver *The biggest risk is keeping kids indoors.*
17. Ver CLELAND, Verity; CRAWFORD, David; BAUR, Louise A.; HUME, Clare; TIMPERIO, Anna; SALMON, Jo. A prospective examination of children's time spent outdoors, objectively measured physical activity and overweight; GRAY, Casey; GIBBONS, Rebecca; LAROUCHE, Richard; SANDSETER, Ellen B.H.; et al. What is the relationship

between outdoor time and physical activity, sedentary behaviour, and physical fitness in children? A systematic review.

18. Ver *The biggest risk is keeping kids indoors* (op. cit.).

19. Ver LOUV, Richard. Op. cit.; GRAY, Peter. Op. cit.; WHITEBREAD, David; BASILIO, Marisol; KUVALJA, Martina; VERMA, Mohini. Op. cit.

20. GONZÁLEZ, Silvia A.; BARNES, Joel D.; NADER, Patrick Abi; et al. Report card grades on the physical activity of children and youth from 10 countries with high human development index: global matrix 3.0.

21. ORGANIZAÇÃO DAS NAÇÕES UNIDAS. *Nova agenda urbana.*

22. HART, Roger A. Op. cit.

23. *General comment n. 17 on the right of the child to rest, leisure, play, recreational activities, cultural life and the arts (art. 31)* (op. cit.).

24. Ver HERRINGTON, Susan; BRUSSONI, Mariana. Beyond physical activity: the importance of play and nature-based play spaces for children's health and development.

25. Ver FOLLET, Micheal. *Creating excellence in primary school playtimes: how to make 20% of the school day 100% better.*

26. SCHWAB, Charles. The role cities play. In ARUP; THE LEGO FOUNDATION. *Reclaiming play in cities report: the real play coalition approach*, p. 13.

27. Ver WENETZ, Ileana. As crianças ausentes na rua e nas praças. Etnografia dos espaços vazios.

28. Ver VALENTINE, Gill; MCKENDRICK, John. Children's outdoor play: exploring parental concerns about children's safety and the changing nature of childhood.

29. Ver WHITEBREAD, David; BASILIO, Marisol; KUVALJA, Martina; VERMA, Mohini. Op. cit.

30. Ver BRUSSONI, Mariana; GIBBONS, Rebecca; GRAY, Casey; GIBBONS, Rebecca; LAROUCHE, Richard; SANDSETER, Ellen B.H.; et al. What is the relationship between risky outdoor play and health in children? A sistematic review; GILL, Tim. *No fear growing up in a risk averse society*; SANDSETER, Ellen Beate Hansen; KLEPPE, Rasmus. Outdoor risky play.

31. Ver BALL, David; GILL, Tim; SPIEGAL, Bernard. *Managing risk in play provision: implementation guide.*

32. Ver BRUSSONI, Mariana; GIBBONS, Rebecca; GRAY, Casey; GIBBONS, Rebecca; LAROUCHE, Richard; SANDSETER, Ellen B.H.; et al. Op. cit.

33. Ver GILL, Tim. Op. cit.; WHITEBREAD, David; BASILIO, Marisol; KUVALJA, Martina; VERMA, Mohini. Op. cit.

34. Ver LESTER, Stuart; RUSSELL, Wendy. *Play for change. Play, policy and practice: a review of contemporary perspectives.*

35. Pesquisa sobre a Primeira Infância, Fundação Maria Cecilia Souto de Vidigal e Ibope Inteligência.

36. Ver: CARNEIRO, Maria Angela Barbato; DODGE, Janine. *A descoberta do brincar.*

Toda Criança Pode Aprender

Implantação de projeto piloto no município de Mauá

ISABEL SANTANA GERVITZ
BEATRIZ CARDOSO
NICOLE PAULET PIEDRA

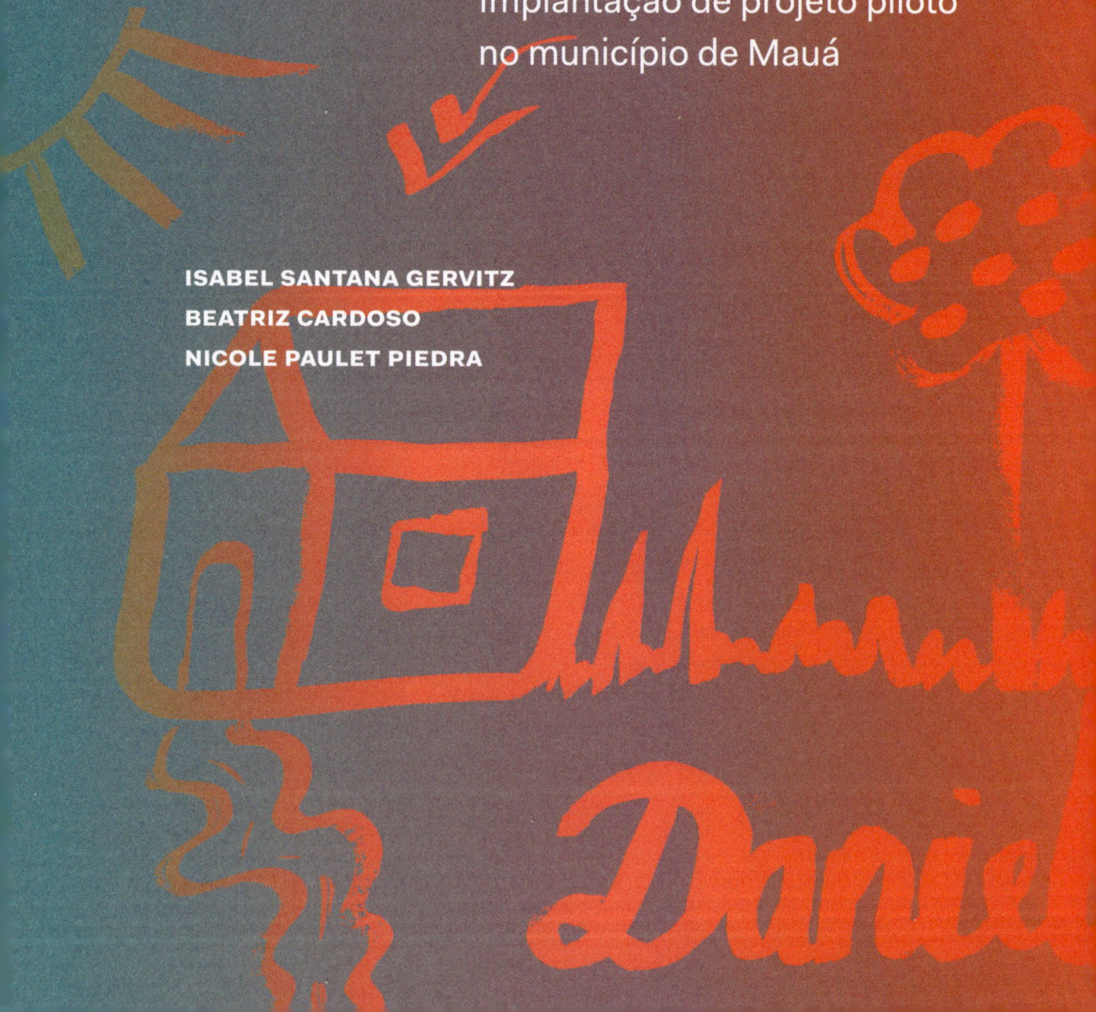

AS EXPERIÊNCIAS VIVIDAS PELAS CRIANÇAS entre zero e seis anos, período denominado como primeira infância, são essenciais para seu pleno desenvolvimento. Nessa fase, o acesso a contextos favoráveis, em que há oportunidade de interação, exploração, comunicação e troca afetiva, oferece condições para que possam dar passos fundamentais do ponto de vista cognitivo e socioemocional. Tais ganhos são estruturantes para aprendizagens futuras e mais complexas, não se restringindo ao período da primeira infância. Têm impacto positivo também na vida adulta quanto à saúde e qualidade de vida, renda domiciliar, redução da tendência a envolver-se em crimes, além de aproveitamento e engajamento na formação acadêmica.[1]

Do ponto de vista neurológico, a primeira infância é marcada por intensa multiplicação das sinapses, impulsos nervosos que transmitem informações de um neurônio a outro. As sinapses que se formam e são utilizadas de maneira consistente se fortalecem, enquanto as menos usadas se enfraquecem e desaparecem. Além disso, nesse momento de vida, o sistema neurológico possui maior plasticidade, ou seja, maior possibilidade de modificar-se do ponto de vista estrutural e fisiológico em resposta a alterações do ambiente. Nesse sentido, é fundamental que as vivências das crianças de zero a seis anos sejam estimulantes e variadas, ativando e fortalecendo o sistema neurológico em formação. Isso dará a base fisiológica necessária à aquisição de novas habilidades.[2]

Há abundância de evidências científicas acerca da importância de investimentos na primeira infância, considerando o desenvolvimento infantil e seus impactos futuros. Do ponto de vista legislativo, no Brasil, o Estatuto da Criança e do Adolescente oficializa aquilo que é inegociável em relação aos direitos fundamentais da criança e do adolescente, dispondo na Lei n. 8.069, de 13 de julho de 1990, artigo 4º, que:

> É dever da família, da comunidade, da sociedade em geral e do poder público assegurar, com absoluta prioridade, a efetivação dos direitos referentes à vida, à saúde, à alimentação, à educação, ao esporte, ao lazer, à profissionalização, à cultura, à dignidade, ao respeito, à liberdade e à convivência familiar e comunitária.[3]

Além disso, a Lei n. 13.257, de 8 de março de 2016, também conhecida como Marco Legal da Primeira Infância, reafirma a criança como cidadã de direitos, dispondo sobre a implementação de políticas públicas para os primeiros seis anos de vida, dada a relevância desse período para o desenvolvimento infantil.

Acrescentem-se às evidências científicas e à legislação brasileira as repercussões econômicas do investimento na primeira infância. Estima-se que garantir condições favoráveis ao desenvolvimento infantil é menos dispendioso do que remediar as consequências negativas geradas por adversidades vividas nesse período, além de ser uma estratégia eficaz para o crescimento econômico a médio e longo prazo. A taxa de retorno sobre o investimento na primeira infância é bastante alta, resultando num benefício de cerca de 7,3 dólares para cada dólar investido.[4] Quanto mais cedo forem realizadas as intervenções, maior o retorno econômico. Isso ocorre à medida que custos com o sistema penal, atendimentos de saúde e reforço escolar são reduzidos e aumentam-se as chances de que uma parcela maior da população atinja níveis mais altos de escolaridade, favorecendo a empregabilidade e melhores desempenhos profissionais.[5]

Apesar dos esforços legislativos e da grande quantidade de estudos de diferentes áreas que enfatizam os benefícios sociais e individuais dos investimentos na primeira infância, no Brasil existem muitos desafios para que, na prática, as crianças tenham acesso a boas condições de desenvolvimento e aprendizagem. De acordo com dados do Instituto Nacional de Estudos e Pesquisas Educacionais Anísio Teixeira – Inep e informações reunidas pela Fundação Abrinq, ambos de 2018, cerca de 53,7% da população entre zero a quatorze anos de idade vivia em situação domiciliar de baixa renda em 2015 e apenas 32% das crianças brasileiras de zero a três anos tinha acesso à creche. Segundo pesquisa da Fundação Maria Cecília Souto Vidigal, em 2016, apenas 26% das crianças de zero a três anos pertencentes a famílias com renda de até dois salários mínimos frequentava a creche, contra 59% das crianças de zero a três anos cujas famílias recebiam acima de cinco salários mínimos.

Ainda de acordo com o levantamento, a maior parte das crianças começava a frequentar a creche entre um e dois anos e meio. Entre zero e três anos, 17% passavam o dia na escola, onde tinham acesso a oportunidades de aprendizagens diferentes da parcela que não possuía vaga em uma instituição educacional. Comparando-se as atividades experienciadas no dia a dia de crianças que frequentavam a creche com as daquelas que não o faziam, evidenciou-se que as que tinham acesso à escola folheavam livros, ouviam histórias e pintavam, brincavam, desenhavam com outra(s) criança(s) ou com adulto(s) com frequência 25% maior. Elas também brincavam ao ar livre e tinham contato com a natureza com periodicidade 9% maior.[6]

Dado o déficit significativo na oferta de vagas em creches e a considerável desigualdade de oportunidades de aprendizagem num período crucial para o desenvolvimento infantil, torna-se essencial não só ampliar o acesso à educação formal, como fortalecer as famílias e a comunidade em suas interações com as crianças. Para tanto, a intersetorialidade é estratégica e necessária na atenção integral à primeira infância, especialmente em contextos socialmente vulneráveis.[7]

Conforme a teoria bioecológica de Urie Bronfenbrenner,[8] é possível pensar em um modelo sistêmico de atendimento à primeira infância que identifica diferentes setores e entradas como focos de investimento. Considera-se que a criança está inserida em diferentes níveis de relação com o mundo: o microssistema, que se refere ao ambiente imediato da criança, como seus cuidadores, serviços ou programas dedicados a recebê-las; o mesossistema, que compreende as interações entre os diferentes elementos do microssistema em que a criança está inserida, como a relação cuidadores/professores ou cuidadores/pediatras; o exossistema, eixo que abarca os diferentes ambientes e condições aos quais os agentes do microssistema da criança estão submetidos – inclui o acesso dos cuidadores a trabalho, lazer, saúde, transporte etc. – ; o macrossistema de leis, instituições, setores, normas e valores culturais, nos quais os outros subsistemas se inserem; e, finalmente, o cronossistema, que envolve o eixo temporal, considerando a dinamicidade dos outros sistemas ao longo do tempo, de geração em geração.

No trabalho intersetorial, é essencial que os diferentes atores, instituições e serviços que atendem direta ou indiretamente a primeira infância estejam alinhados e coordenados, compartilhando visões acerca de aspectos-chave para melhor integrar e qualificar suas práticas.[9]

Tendo como ponto de partida a importância dos investimentos na primeira infância e a influência estratégica da intersetorialidade, a ONG Laboratório de Educação desenvolveu, entre 2018 e 2019, o projeto Toda Criança Pode Aprender – TCPA:[10] o impacto de territórios educativos sobre a aprendizagem infantil. Seu objetivo é criar uma metodologia de sensibilização que engaje diferentes setores e agentes sociais da comunidade na causa da primeira infância, oferecendo subsídios para que, respeitando suas diferentes naturezas, possam contribuir, cada uma a seu modo, para o desenvolvimento infantil. Ao chamar a atenção de variados agentes e instituições que atuam com a população de uma mesma cidade ou bairro acerca de seu potencial educativo e de sua responsabilidade frente à infância, pretende-se formar um território educativo, ou seja, uma rede local intersetorial de apoio à primeira infância.

O objetivo é que esta iniciativa possa ser replicada em diferentes locais, tornando-se uma ferramenta útil na criação de contextos potentes para o

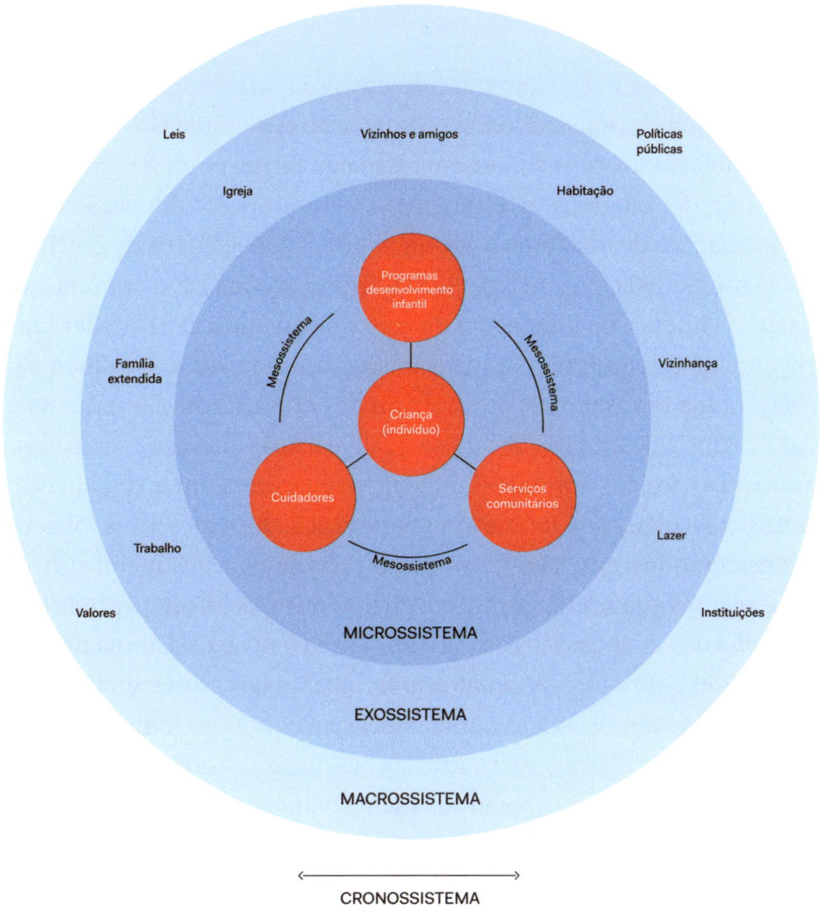

Modelo de sistema bioecológico relativo ao desenvolvimento na primeira infância. Baseado em WOODHEAD, Martin; BOLTON, Laura; FEATHERSTONE, Imogen; ROBERTSON, Penny. *Early childhood development: delivering intersectoral policies, programmes and services in low resource settings*

desenvolvimento infantil. Sua implementação visa a fortalecer o atendimento à primeira infância, especialmente em circunstâncias nas quais os cuidadores principais são pouco informados e escolarizados e possuem menos referências de como interagir com as crianças. Também busca-se desonerar atores que tradicionalmente se encarregam da educação e atendimento infantil (especialmente as mães) e que são responsabilizados por tal função de forma isolada, mantendo outros setores e agentes sociais alienados de sua responsabilidade na educação das crianças.

A metodologia do TCPA foi desenvolvida de forma complementar ao projeto Aprender Linguagem, também do Laboratório de Educação, que realiza formações de diretores e coordenadores pedagógicos de creches e escolas municipais, potencializando o trabalho educativo em relação ao desenvolvimento da linguagem de zero a cinco anos. O Aprender Linguagem incide diretamente no microssistema,[11] uma vez que influencia a formação dos profissionais que cuidam das crianças diariamente nas escolas de educação infantil, visando a qualificar suas interações com elas.

Enquanto o projeto Aprender Linguagem representa um investimento no contexto escolar, contribuindo para a educação formal, o TCPA foi pensado considerando a educação informal, ou seja, aquela que inclui outros setores e agentes que se encontram envolvidos de maneira direta e indireta na formação das crianças. O TCPA atua no meso e no exossistema do diagrama de Bronfenbrenner. Ao qualificar o trabalho dos atores sociais que têm interlocução direta com as famílias (seja em contextos individuais ou grupais), como os pediatras, assistentes sociais ou professores, contribui-se para que a rede de proteção e apoio ao desenvolvimento infantil se fortaleça.

Ao permear diversas instâncias para promover consciência e corresponsabilização social pela educação, promove-se um contexto em que múltiplos níveis se envolvem numa mesma causa. Sendo assim, a implementação conjunta das duas metodologias em um mesmo território visa a fortalecer o atendimento à primeira infância envolvendo a comunidade de forma geral.

A implementação do projeto TCPA em versão piloto está em curso desde o início de 2018 e iniciou-se de forma concomitante à finalização do projeto Aprender Linguagem na rede de ensino de Mauá SP, o que assegurou uma entrada na comunidade mediada pela Secretaria Municipal de Educação.

Além desse amparo, essencial para introduzir as ações do TCPA, o município de Mauá também se mostrou favorável, uma vez que apresentava carências no campo da educação e do atendimento à primeira infância. Sendo assim, a entrada do projeto contribuiu também com demandas daquela população, conforme apontam os dados do Índice Paulista da Primeira Infância – IPPI, de 2014, e do Instituto Brasileiro de Geografia e Estatística – IBGE, de 2010, apresentados a seguir:

> a) De acordo com o IPPI,[12] em 2014 e 2015, o índice de Mauá era equivalente a 0,5963, ficando abaixo do índice do estado de São Paulo (0,7223) e sendo considerado baixo em relação a outros municípios paulistas. Em 2015, o IPPI-Educação[13] de Mauá também estava abaixo do estatal (0,8939 e 0,9642, respectivamente).
> b) O Índice Paulista de Responsabilidade Social – IPRS, que sintetiza a situação de cada município paulista no que diz respeito à riqueza, escolaridade e longevidade, indicou que Mauá, em 2012, pertencia ao grupo de municípios com níveis de riqueza elevados, embora incapazes de atingir bons indicadores sociais.
> c) Dados do IBGE de 2010 apontam que 4,2% das crianças de zero a cinco anos de idade, residentes em domicílios particulares permanentes na cidade de Mauá, conviviam com responsável analfabeto. A baixa escolaridade dos cuidadores pode sugerir acesso restrito a vivências formativas que serviriam de referência nas interações com as crianças.

ETAPAS DE IMPLEMENTAÇÃO

O trabalho do TCPA com a comunidade e seus atores e instituições foi dividido em quatro etapas que envolveram ciclos de pesquisa e intervenção. A primeira (desenvolvida no primeiro semestre de 2018), teve como objetivo uma aproximação inicial com famílias de crianças de zero a seis anos que frequentavam escolas da rede municipal de Mauá a partir de reuniões desenvolvidas pela equipe do Laboratório de Educação. Os encontros propunham sensibilizar os responsáveis pelas crianças acerca do potencial educativo de suas interações, desconstruindo a ideia de que se aprende exclusivamente na escola. Ao longo das reuniões, também foi proposto às famílias que se inscrevessem voluntariamente para as visitas domiciliares que ocorreriam na próxima etapa do projeto.

Na segunda etapa (desenvolvida no segundo semestre de 2018), o Laboratório de Educação selecionou dez famílias para realizar três ciclos de visitas domiciliares com o objetivo de conhecer e entender suas necessidades, observando e registrando que tipos de temas, conteúdos e materiais formativos poderiam potencializar as interações com as crianças do ponto de vista da aprendizagem.

As visitas também foram essenciais para mapear os principais atores e instituições com os quais as famílias contavam para apoiá-las na educação das crianças. A seleção quantitativa dos participantes foi feita considerando a disponibilidade limitada de recursos do Laboratório de Educação para realização das visitas.

Do ponto de vista qualitativo, a seleção foi feita levando em conta o interesse das famílias em receber as visitas, a variedade de regiões das residências, a variedade de escolas em que as crianças estavam matriculadas, a variedade de gênero das crianças e considerando apenas as residências regulares.[14]

Em cada encontro, compartilhou-se com as famílias materiais piloto em vídeo, áudio e/ou texto. A partir dos feedbacks recebidos, foram feitas adaptações e testados diferentes conteúdos e formas de apresentação. Verificou-se, nesse contato, que apenas a entrega de materiais formativos para as famílias não se mostrava suficiente para que compreendessem e explorassem o conteúdo. O fato de haver pesquisadoras que acompanhavam semanalmente os participantes e conversavam com eles sobre os temas abordados nos materiais promovia reflexões sobre as experiências diárias com as crianças e sobre o próprio papel na sua educação, além de dar legitimidade aos conteúdos compartilhados.

Dessa forma, percebeu-se que a mediação de atores e de instituições referenciais para as famílias na sua interação com os materiais seria essencial para potencializar o impacto formativo. Esta constatação, unida aos embasamentos teóricos que legitimam a efetividade do trabalho em redes, deu lugar às etapas seguintes de intervenção.

A terceira etapa (desenvolvida no primeiro semestre de 2019) envolveu a produção de materiais a partir dos resultados obtidos nas visitas domiciliares às famílias de Mauá. A ideia era adaptar e aperfeiçoar conteúdos e formatos para melhor dialogar com a população que se buscava impactar, ou seja, adultos de baixa escolaridade em contato frequente com crianças de zero a seis anos.

Assim, a equipe do Laboratório de Educação elaborou um livreto acerca das sete experiências essenciais para o desenvolvimento na infância, a saber: falar e ser ouvido(a); contar e comparar; escutar a leitura de textos; explorar e questionar; conviver; brincar; experimentar e apreciar diferentes formas de arte.

Cada uma dessas experiências foi pensada a partir das Diretrizes Curriculares Nacionais para Educação Infantil, de 2010, documento do Ministério da Educação que estabelece direitos básicos de aprendizagem e de desenvolvimento para as crianças pequenas, bem como cotejadas com a Base Nacional Comum Curricular – BNCC na educação infantil, lançada em 2018. Além disso, os temas atendiam a diferentes dúvidas e dificuldades enfrentadas pelos adultos na interação com as crianças, algo que pôde ser observado nas visitas domiciliares e entrevistas realizadas com as famílias durante o trabalho.

Essa etapa do projeto ainda abrangeu uma primeira aproximação com diferentes instituições e atores apontados pelas famílias como referências na hora de pensar sobre o desenvolvimento infantil ou indicados por elas como locais muito frequentados junto com as crianças.

O contato inicial com esses agentes visava a obter informações acerca do funcionamento dos estabelecimentos e sua relação com as famílias; a compreender a percepção das diferentes instituições e atores acerca de seu potencial e responsabilidade frente a contribuições com a educação das crianças; e a abrir espaço para posterior sensibilização frente a essas contribuições e responsabilidades.

A seleção qualitativa[15] foi realizada em função de indicações feitas pelas famílias participantes do projeto, de indicações realizadas pela Secretaria Municipal de Educação de Mauá, da variedade de regiões de alocação, de atendimento das instituições e dos atores, da variedade de público que as instituições e os atores atendiam, da proximidade das instituições e dos atores às escolas municipais de Mauá com público de crianças de zero a seis anos e, por fim, do grau de dificuldade para entrar em contato com os responsáveis pela instituição.

Já na quarta etapa de implementação (desenvolvida no segundo semestre de 2019), o objetivo foi aprofundar a relação com alguns atores e instituições contatados na terceira etapa, sensibilizando-os para suas contribuições e responsabilidades frente ao desenvolvimento das crianças da comunidade e os engajando em possibilidades de contribuição.

A seleção dos participantes foi feita considerando o interesse e a disponibilidade da instituição e/ou do ator de fazer parte do projeto, a variedade de regiões do município em que estão alocados/atendem e a frequência com que foram citados pelo público alvo como referência (famílias pouco escolarizadas responsáveis por crianças de zero a cinco anos). Levando em conta os diferentes tipos de contato que cada agente estabelece com as famílias e crianças de uma comunidade e suas formas de funcionamento, as instituições/atores foram divididas em três grupos: o grupo um, com potencial para realizar disseminação de conteúdos e materiais para seus usuários; o grupo dois, com potencial para incorporar aspectos do desenvolvimento infantil em conversas e atendimentos individuais que realizam com famílias; e o grupo três, com potencial para incorporar aspectos do desenvolvimento infantil em reuniões, encontros e conversas coletivas que realizam com as famílias.

Cada grupo foi submetido a reuniões formativas e informativas com a equipe do TCPA em que se discutiram estratégias para engajar os funcionários das instituições, organizar a distribuição, a exposição e a exploração de materiais oferecidos pelo Laboratório de Educação acerca das sete experiências fundamentais para o desenvolvimento infantil. Foi esse o momento de desenvolver caminhos para que os funcionários pudessem utilizar os materiais e metodologias do laboratório para tratar da causa da infância ao lidar com as famílias que frequentam a instituição.

Nesta etapa, foram validadas estratégias de aproximação com as instituições, pautas de reunião, materiais formativos e propostas de atuação com os funcionários e famílias. Justamente por se tratar de um momento de teste e de legitimação, o trabalho inicial envolveu duas das sete experiências fundamentais da infância.

A partir da validação, foi estruturado o modelo final de implementação, incluindo um conjunto de ações e de materiais que poderiam ser replicados em diferentes locais, incluindo os cinco municípios maranhenses em que o projeto será implementado entre 2020 e 2022. Entre estes materiais, estão:

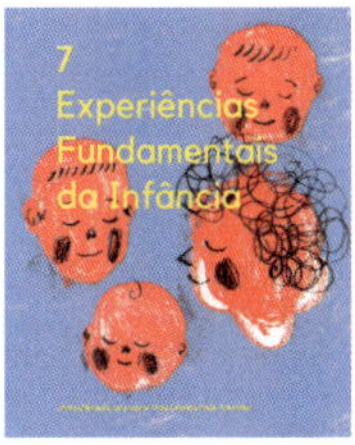

1) Livro e plataforma *Sete experiências fundamentais da infância*, que oferecem referências e modelos para apurar o olhar dos adultos que convivem com bebês e crianças pequenas em casa, tornando visível o potencial de aprendizagem de situações cotidianas e destacando o papel da interação adulto/criança nesse processo.[16]

2) Baralho de atividades para facilitar conversas com os adultos que interagem diariamente com crianças pequenas. As cartas partem sempre de uma pergunta que busca tornar observável o quanto e de que forma as crianças já aprendem no dia a dia, além de oferecer breves explicações sobre a importância de cada uma das sete experiências em destaque e dicas de como eles podem ajudar as crianças a se desenvolver.

3) Folhetos e cartazes para apoiar a disseminação de mensagens e representações que convidem diversos atores a refletir sobre seu papel no desenvolvimento das crianças do seu entorno. Foram criados diferentes cartazes e folhetos a serem expostos e distribuídos em farmácias, padarias, mercados, igrejas e centros de saúde, dando insumos para que a valorização da aprendizagem na primeira infância aconteça nos espaços cotidianos das famílias.

4) Peças para whatsapp. Identificou-se que a comunicação on-line é centralizada em grupos de whatsapp e realizada com compartilhamento de imagens acompanhadas de pequenos textos de sensibilização. Por isso, os conteúdos

foram ajustados a esse formato de forma a direcionar os esforços on-line para esta plataforma.

5) Adesivos que funcionam como selo de compromisso para pessoas e estabelecimentos colarem em locais visíveis a fim de divulgar o projeto e sua participação nele.

RESULTADOS E ANÁLISES

A partir da implementação da versão piloto do projeto TCPA, foi possível obter alguns resultados qualitativos em relação às famílias e instituições participantes. Embora essa experiência tenha gerado dados e aprendizagens de diversas naturezas, no presente artigo, destacam-se apenas os dados e informações relevantes para validação da metodologia em desenvolvimento.

Antes da apresentação de qualquer material ou informação por parte do Laboratório de Educação, os entrevistados foram convidados a responder sobre doze situações que fazem parte da vida das crianças: com quais elas mais aprendiam, com quais menos aprendiam e com quais aprendiam mais ou menos. Em seguida, foi solicitado que refletissem sobre essas situações, indicando quais aconteciam com maior, menor e média frequência na vida das crianças pelas quais eram responsáveis.

Nem sempre o que as famílias consideram mais potente do ponto de vista da aprendizagem é o que acontece com mais frequência na vida da criança. É o caso das experiências de ouvir histórias e de organizar, apontadas como fontes de muitas aprendizagens, embora nem sempre constantes no cotidiano. Além disso, certas situações fundamentais para aprendizagem na infância nem sempre são consideradas com a devida importância, como é o caso de se sujar, indicada por seis dos dez participantes como fonte de muitas aprendizagens.

Essas informações corroboram com a hipótese do Laboratório de Educação de que as famílias por vezes precisam de ajuda para compreender o potencial de aprendizagem de certas experiências infantis. Também dão

As famílias consideram que as crianças aprendem:

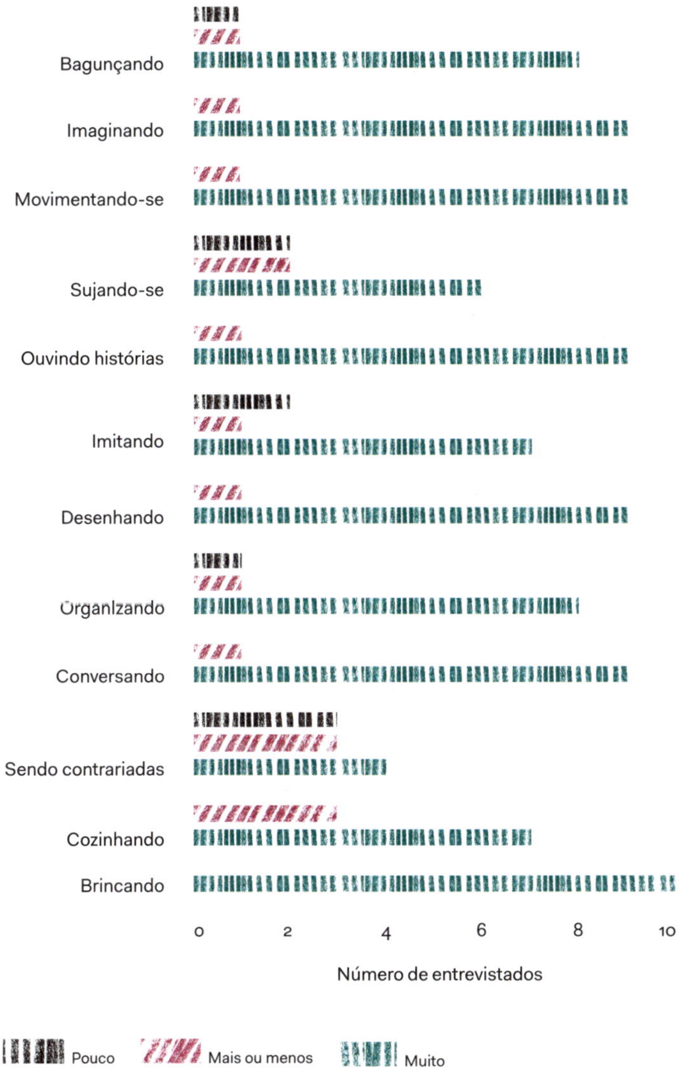

Percepção dos entrevistados sobre o grau de aprendizagem das crianças (pouco, médio ou muito) em doze experiências cotidianas

margem para que se interprete que muitas vezes os adultos não sabem como propiciar certas experiências fundamentais na vida da criança de forma consistente, mesmo quando as consideram relevantes para a sua aprendizagem. Isso pode ser decorrente do fato de os adultos não se perceberem responsáveis por criar situações favoráveis ao desenvolvimento da criança.

Após a apresentação de alguns dos conteúdos do laboratório em áudio, vídeo, texto e peças gráficas, verificou-se que os entrevistados demonstraram interesse pelas informações, lembrando-se de situações e de vivências com as crianças com as quais conviviam em diferentes momentos de seu desenvolvimento.

Alguns se surpreenderam com tudo o que as crianças aprendem em diferentes atividades do cotidiano (como conversar, imaginar, brincar e ao viver momentos de contrariedade e frustração). Muitos afirmaram não ter pensado antes sobre as informações apresentadas ou não terem dado tanta importância a tais questões. No contato com os vídeos, áudios, textos e peças gráficas, surgiram falas dos entrevistados, como: "O material ajuda a entender melhor a importância da imaginação e como as crianças reproduzem comportamentos e sentimentos dos adultos ao brincar"; "Nunca tinha pensado em tudo o que fala [no vídeo]"; "Nunca paramos para pensar quais áreas a criança está desenvolvendo com as ações do dia a dia"; "Lembrei muito de quando meu filho era bebê, o quanto eu conversava com ele, mas nunca tinha pensado nisso e no que ele poderia estar aprendendo"; "O material ajudou a pensar mais, mas são coisas que eu já costumava fazer com meu filho".

Além dos comentários que evidenciam de que forma as famílias foram capazes de fazer novas reflexões a partir dos materiais apresentados, as pesquisadoras tiveram acesso a relatos de situações de transformação na interação com as crianças. Alguns exemplos:

1) Uma entrevistada contou que nunca saía à rua para brincar com as crianças, mas que, a partir do material e das conversas, pensava em mudar isso. Ela também relatou ter conseguido aproveitar melhor um dia de chuva com as crianças, em que criaram uma praia de faz-de-conta em casa.

2) Uma das mães entrevistadas contou que mudou sua forma de brincar, sabendo o que sua filha aprende e desenvolve quando desenha e quando observa a natureza.
3) Uma das entrevistadas compartilhou um relato de um dia em que, ao passear de carro com o namorado e a filha, lembrou-se de uma sugestão de atividade de observar as nuvens no céu e ficar imaginando o que eram os formatos. Fez a proposta e disse que foi muito bom.
4) Uma avó declarou ter ficado mais atenta para estimular a imaginação da neta. Relatou uma situação em que a criança molhava o dedo com a saliva, desenhava na parede e depois contava para ela o que desenhou. Aconteceu também de avó e neta brincarem juntas com o biscoito de polvilho, enquanto a neta identificava bichinhos e outros elementos a partir dos formatos. Essa entrevistada compartilhou mais uma situação em que observou o avô e a neta passaram bastante tempo brincando de imaginar formas.
5) Um entrevistado afirmou que, ao escutar uma sugestão de atividade apresentada, foi imaginando também variações e possibilidades do que fazer junto com a criança.

Transformações como as relatadas anteriormente indicam que o contato com os conteúdos apresentados pelo Laboratório de Educação foi potente para qualificar as interações das famílias com suas crianças, algo essencial para favorecer o desenvolvimento infantil. Oportunidades de explorar experiências essenciais da infância foram criadas e aproveitadas com novas perspectivas e com mais intencionalidade por parte dos adultos.

Entretanto, para que mudanças como essas sejam consistentes, é necessário que as famílias tenham acesso regular a materiais formativos, recursos e interações de qualidade. A teoria indica a necessidade desse investimento contínuo da comunidade no apoio às famílias e a solicitação de uma instância que mediasse o contato com os materiais apareceu também como uma demanda dos entrevistados. Desta forma, o próximo passo de constituição da metodologia do projeto pôde ser validado, levando a equipe do TCPA a desenvolver estratégias de sensibilização e engajamento de instituições e atores sociais na causa da infância.

As famílias observam que suas crianças:

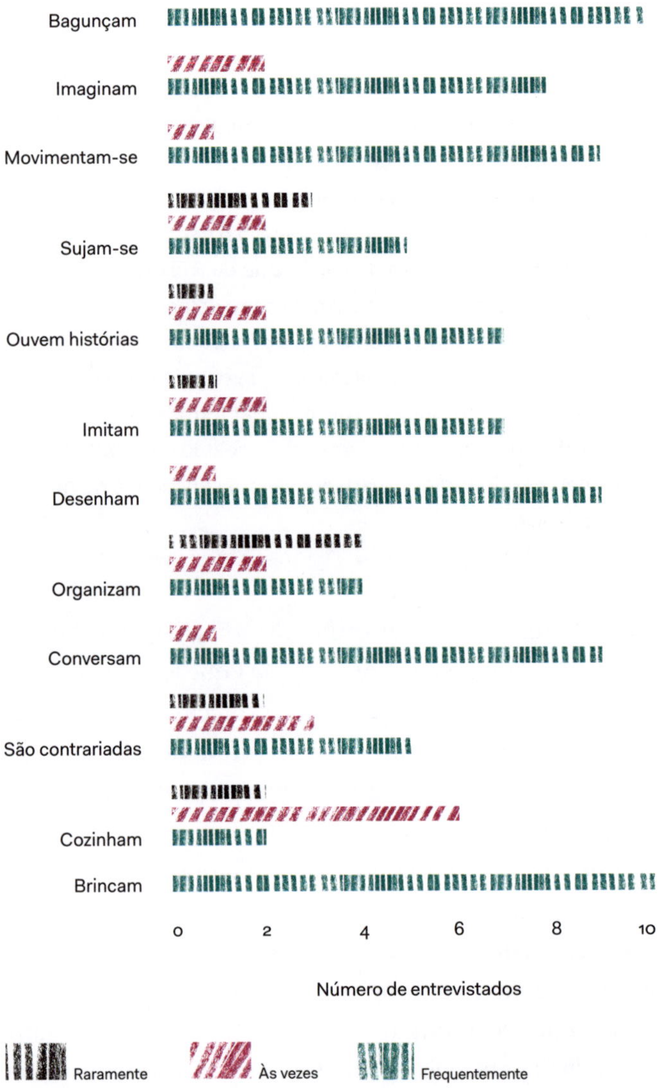

Frequência das doze experiências no cotidiano das crianças, de acordo com os entrevistados

Tipos de ações/materiais que poderiam ser veiculados pela instituição

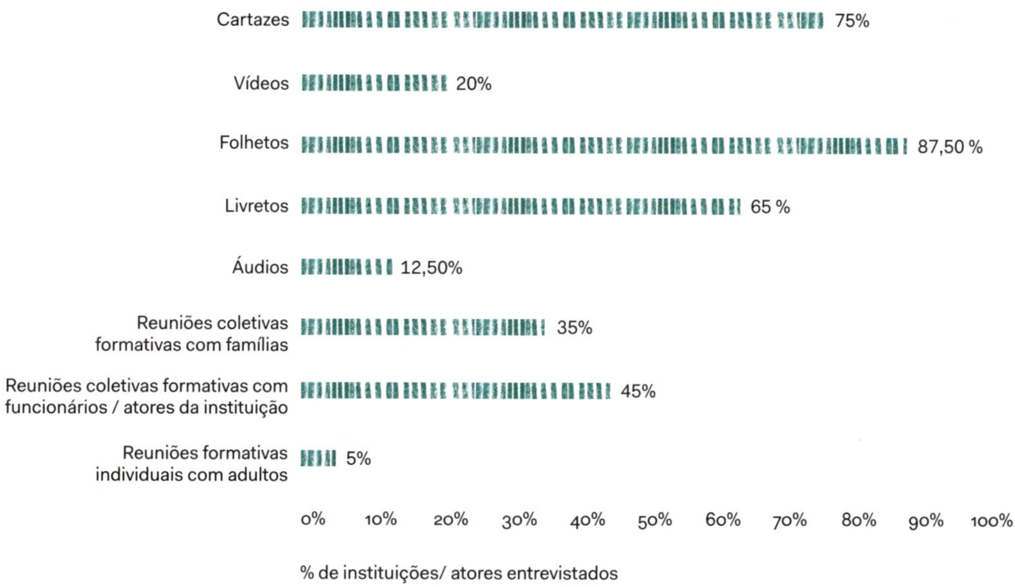

Tipos de ações e materiais que as diferentes instituições teriam disposição para realizar e/ou distribuir

A partir de entrevistas com seis escolas municipais, um asilo da pastoral da criança, uma fábrica integrada educacional e cultural (equipamento cultural), uma fábrica de artes (equipamento cultural), duas bibliotecas municipais, um shopping center, seis igrejas (uma espírita, duas católicas, uma evangélica e duas batistas), uma Unidade Básica de Saúde – UBS, cinco farmácias, sete mercados, um hospital, um Centro de Referência de Assistência Social – CRAS, seis padarias e da arrecadação de informações complementares com as Secretarias de Promoção Social, Transportes e Saúde, foi possível perceber que cerca de 95% dos agentes atende famílias ou crianças, embora apenas 41,2% realize ações voltadas para a infância.

Dos atores e locais que não oferecem qualquer trabalho voltado à educação e ao desenvolvimento infantil, 100% indicam interesse em contribuir para a aprendizagem e 90,7% gostariam que a equipe do TCPA retornasse à instituição para auxiliar nessa tarefa. Esses dados reafirmam a importância de apoiar esses atores e instituições, oferecendo referências formativas e insumos para seu engajamento. As instituições entrevistadas também responderam sobre tipos de ações e materiais que poderiam ser veiculados naquele local, indicando disponibilidade e multiplicidade de contribuições possíveis.

Para o prosseguimento do projeto, foram selecionadas 35 instituições, doze delas com potencialidade para disseminação de materiais, sete para realização de reuniões coletivas com famílias, oito para realização de conversas individuais com famílias e outras oito para realização de encontros, tanto individuais quanto coletivos, com famílias.

CONCLUSÃO

A versão piloto do projeto TCPA em Mauá obteve, em consonância com a literatura disponível, resultados parciais que apontam para a importância e para a viabilidade de criar uma rede de apoio à infância, envolvendo a família, a comunidade e suas instituições de referência.

As propostas desenvolvidas com o conjunto de instituições selecionadas na etapa quatro do projeto serão modelares para implementações posteriores. A intenção é construir uma metodologia de intervenção que dê acesso a conhecimentos e ferramentas fundamentados em experiências que, quando garantidas, potencializam o desenvolvimento infantil. Ao mesmo tempo, as situações formativas consideram o respeito à singularidade das concepções, vivências, preferências e opiniões dos participantes.

Ao sistematizar, pretende-se que a metodologia possa ser aplicada em diversos locais, de forma que toda uma comunidade possa se responsabilizar pela educação de suas crianças, cada agente a seu modo, formando territórios educativos. Essa é uma forma de distribuir as responsabilidades sociais relativas à educação, desonerando as mulheres, especialmente as mães, do desempenho solitário dessa função.

Futuras ações preveem acordos formais com instâncias do poder executivo, favorecendo a entrada nos municípios, ampliando o número de instituições participantes e validando a importância fundamental de ações voltadas à educação na primeira infância.

Espera-se também que um mesmo agente social tenha a opção de se envolver em múltiplos níveis de contribuição com a causa da infância, oferecendo a seus interlocutores disseminação de materiais e conversas formativas individuais e coletivas. Evidentemente, cada instituição ou ator fará essa opção considerando suas especificidades e características.

A complementação entre diferentes frentes que contribuam com o desenvolvimento infantil e com a qualificação continuada de famílias aumenta as chances de que as crianças tenham acesso a condições favoráveis para a aprendizagem na primeira infância. Isso viabiliza que as desigualdades ao longo do processo de escolarização atenuem-se, favorecendo o aproveitamento das experiências e situações de aprendizagem. Dessa maneira, amplia-se a possibilidade de que as crianças tenham acesso a diferentes espaços que favoreçam a sua formação como cidadãos críticos, atentos a seus direitos, engajados na produção de conhecimento e com possibilidades de ascensão social. Como diz o provérbio africano da filosofia ubuntu: "É preciso uma aldeia inteira para educar uma criança".

NOTAS

1. Ver GARCÍA, Jorge Luis; HECKMAN, James J.; LEAF, Duncan Ermini; PRADOS, María José. The life-cycle benefits of an influential early childhood program; COMITÊ CIENTÍFICO DO NÚCLEO CIÊNCIA PELA INFÂNCIA. *Estudo II: importância dos vínculos familiares na primeira infância,* p. 4; WOODHEAD, Martin; BOLTON, Laura; FEATHERSTONE, Imogen; ROBERTSON, Penny. *Early childhood development: delivering intersectoral policies, programmes and services in low resource settings,* p. 9.
2. Ver: COMITÊ CIENTÍFICO DO NÚCLEO CIÊNCIA PELA INFÂNCIA. *Estudo I: o impacto do desenvolvimento na primeira infância sobre a aprendizagem.*
3. BRASIL (Presidência da República). Lei n. 8.069, de 13 de julho de 1990.
4. Ver GARCÍA, Jorge Luis; HECKMAN, James J.; LEAF, Duncan Ermini; PRADOS, María José. Op. cit., p. 28.
5. Ver GARCÍA, Jorge Luis; HECKMAN, James J.; LEAF, Duncan Ermini; PRADOS, María José. Op. cit., p. 4; COMITÊ CIENTÍFICO DO NÚCLEO CIÊNCIA PELA INFÂNCIA. *Estudo II: importância dos vínculos familiares na primeira infância* (op. cit.); WOODHEAD, Martin; BOLTON, Laura; FEATHERSTONE, Imogen; ROBERTSON, Penny. Op. cit., p. 9.
6. *Primeiríssima infância: creche. Necessidades e interesses de famílias e crianças,* p. 58.
7. Ver RENTZOU, Konstantina; IONESCU, Mihaela; ZIMMERLI, Philine; BOCA, Cristiana. Intersectoral Coordination in early childhood systems: the primokiz approach; *Primeiríssima infância: creche. Necessidades e interesses de famílias e crianças* (op. cit.), p. 114; COMITÊ CIENTÍFICO DO NÚCLEO CIÊNCIA PELA INFÂNCIA. *Estudo II: importância dos vínculos familiares na primeira infância* (op. cit.), p. 12; WOODHEAD, Martin; BOLTON, Laura; FEATHERSTONE, Imogen; ROBERTSON, Penny. Op. cit.
8. WOODHEAD, Martin; BOLTON, Laura; FEATHERSTONE, Imogen; ROBERTSON, Penny. Op. cit., p. 14.
9. Ver RENTZOU, Konstantina; IONESCU, Mihaela; ZIMMERLI, Philine; BOCA, Cristiana. Op. cit., p. 63.
10. O desenvolvimento da metodologia e da implementação do projeto Toda Criança Pode Aprender contou com a supervisão pedagógica de Andrea Luize, com trabalho de pesquisa de Ariane Leal Montoro, Fernanda Franceschi e Valquiria Pereira e com produção de materiais de Mirella Cuter Ikegami Rochel.
11. Ver WOODHEAD, Martin; BOLTON, Laura; FEATHERSTONE, Imogen; ROBERTSON, Penny. Op. cit., p. 14.
12. O Índice Paulista da Primeira Infância – IPPI consiste na combinação entre o IPPI-Saúde e o IPPI-Educação. O indicador varia de 0 a 1 em que 0 representa a pior situação e 1 a melhor. Com base nos valores do IPPI, foram definidos seis grupos de municípios. Grupo 1: IPPI muito baixo (até 0.507); Grupo 2: IPPI baixo (entre 0.507 e 0.611); Grupo 3: IPPI médio baixo (entre 0.611 e 0.683); Grupo 4: IPPI

médio alto (entre 0.683 e 0.738); Grupo 5: IPPI alto (entre 0.738 e 0.813); Grupo 6: IPPI muito alto (maior que 0.813). As regiões administrativas foram divididas em três grupos. Grupo 7: IPPI baixo (até 0.710); Grupo 8: IPPI médio (entre 0.710 e 0.751); Grupo 9: IPPI alto (maior que 0.751). As regiões de saúde foram divididas em três grupos. Grupo 10: IPPI baixo (até 0.712); Grupo 11: IPPI médio (entre 0.712 e 0.745); Grupo 12: IPPI alto (maior que 0.745).

13. O componente da educação consiste na combinação de quatro variáveis que foram padronizadas, variando de 0 a 1: matrículas em creche em relação à população de zero a três anos; número médio de profissionais por turma (creche redes pública e conveniada); número médio de docentes com ensino superior, para cada 26 crianças (creche redes pública e conveniada); matrículas em pré-escola em relação à população de quatro e cinco anos. As variáveis padronizadas e seu cálculo estão disponíveis neste sistema.

14. Fez-se a opção de trabalhar apenas com residências regulares, uma vez que a equipe não tinha retaguarda para entrar nos lares.

15. A seleção quantitativa dos participantes foi feita considerando as restrições orçamentárias do projeto para realização das visitas.

16. Cf. Aprender com 7 experiências fundamentais.

Direito ao brincar

A experiência da Avante em comunidades de Salvador

ANA OLIVA MARCILIO
MARIA THEREZA MARCILIO

> Brincar é o primeiro gesto de afirmação da vida, porque vida é alegria.
>
> LYDIA HORTÉLIO, A importância do brincar: depoimento a Ramona Rodrigues[1]

ESTE ARTIGO trata da infância, do brincar e da cidade, tecendo uma reflexão sobre as crianças e o seu potencial transformador no desenho urbano. A ideia é que o direito à cidade deixe de ser utopia e que as crianças possam, de fato e de direito, participar ativamente da vida urbana, tendo asseguradas sua autonomia, sua liberdade e sua segurança. Se o brincar fosse encarado com seriedade e garantido como um direito, e se o espaço urbano fosse privilegiado para a brincadeira livre, teríamos mais qualidade de vida, uma cidade mais inclusiva, bela e segura para todas as pessoas.

Este texto foi construído a partir de experiências que aludem à garantia do direito ao brincar como estratégia de proteção contra violências urbanas, com as transformações geradas nas comunidades e pelo direito à cidade. A garantia do direito ao brincar serve como pano de fundo para mobilizar não apenas as comunidades vulneráveis, mas urbanistas e políticos, na busca por um planejamento urbano que considere a plena cidadania da criança, desde a primeira infância, fazendo da cidade um espaço em que a criança pequena possa ir, vir, estar,[2] experimentar, brincar e transformar.

A ideia de garantir o direito ao brincar como estratégia de proteção contra violência e pela promoção de qualidade de vida em centros urbanos partiu da conexão entre escutas e vivências com crianças, sobretudo durante estudo de 2014 realizado pela Avante Educação e Mobilização Social em parceria com o Instituto de Saúde Coletiva da Universidade Federal da Bahia – ISC UFBA.[3]

A pesquisa foi desenvolvida em Salvador, no Calabar, um bairro de infraestrutura e serviços públicos precários, conhecido pela articulação e organização da comunidade contra violações de direito à moradia e ao pertencimento à cidade. O Calabar é circundado pelos ditos bairros nobres, central, próximo a praias, shoppings e condomínios e, portanto, alvo de histórica especulação imobiliária.

Na pesquisa, foram coletados dados quantitativos e qualitativos, por meio de questionários, entrevistas coletivas e individuais, com lideranças comunitárias, profissionais e moradores. A coleta de dados também envolveu um processo de escuta de crianças em oficinas lúdicas, captando o olhar da criança que vive no Calabar sobre as violências vivenciadas no bairro.

Um dos pontos que chamou a atenção foi a forma como a violência ou a violação de direitos é disparada ou está relacionada com o ato de brincar, seja antes, durante ou depois das brincadeiras.

As experiências com as oficinas lúdicas trouxeram à Avante o desafio de abrir novos diálogos, entrevistas e experiências com crianças nos projetos voltados a elas e à garantia de seus direitos. Como diz Manoel Sarmento, "a possibilidade de exercício da cidadania, presente e futura, reside na sua prática, isto é, no efeito conjugado de reconhecimento e de participação das crianças na vida em sociedade".[4]

A partir daí, conversamos com crianças sobre temas como: brincar, violência urbana, educação e escola, trabalho infantil, cidade e mobilidade, família, conselho tutelar e tantos outros assuntos que lhes afetam direta e cotidianamente. Assuntos que geram teses, pautas políticas, legislação,

Conversando sobre o território: para uma melhor compreensão da comunidade onde estamos trabalhando e para conhecer mais a vivência das crianças nesses espaços, há muitas conversas, desenhos, brincadeiras e caminhadas. No desenho acima, vê-se ilustrado um medo que aflige crianças de grandes metrópoles brasileiras: o medo da arma, do tiro e dos carros de polícia

orçamento público, sobre os quais elas teriam muito a dizer e possuem um conhecimento especial, mas lhes é negado o direito de fala, o exercício de sua cidadania.

Com o incremento da participação ativa e da escuta atenta, essa interação entre brincadeiras, violências e violações de direitos no cotidiano infantil ficou mais nítida. Ficou evidente também uma outra face dessa moeda: a forma como o brincar dá sustentação à proteção da criança. Como a brincadeira apoia o bem-estar e o desenvolvimento saudável e, mais ainda, como fortalece a participação cidadã e fomenta o envolvimento com o espaço público.

Nas conversas, as crianças sugeriram estratégias simples que poderiam contribuir para reduzir conflitos e violências, e também para transformar a cidade – e principalmente os territórios vulneráveis – em espaços que garantam mais qualidade de vida e bem-estar às crianças e, consequentemente, aos demais moradores.

FOCO NA INFÂNCIA: O DIREITO AO BRINCAR

Nas oficinas lúdicas, as crianças fustigaram encontros entre perspectivas teóricas, políticas e metodológicas em torno do brincar, da proteção da infância e da qualidade de vida. Também fortaleceram a conexão entre as vozes de outras crianças em diversos e, por vezes, distantes territórios, com quem já havíamos conversado em ações, projetos e programas da Avante, bem como alavancaram a escuta e a participação infantil em ações e projetos futuros. Entre os encontros da teoria com as políticas públicas, Patrícia Corsino evidencia as relações entre o conhecimento teórico sobre a infância, os direitos das crianças e sua relação com o brincar, quando afirma que:

> Os direitos fundamentais e inalienáveis das crianças, legitimados no Brasil pelo Estatuto da Criança e do Adolescente – ECA, em 1990, podem ser resumidos em três eixos: proteção, provisão e participação. Todo conhecimento acumulado sobre a infância permite entender hoje a importância da brincadeira como um elo de ligação de cada um desses três eixos. Para se desenvolver plenamente e participar ativamente do mundo em que vive, a criança precisa brincar.[5]

O papel do brincar no eixo da provisão de serviços como educação e saúde é algo já disseminado e pautado nas políticas brasileiras. Afirma-se que a brincadeira tem papel importante e impacto positivo no desenvolvimento biológico, cognitivo, psicológico, afetivo, motor e comportamental das crianças conforme correntes da psicologia da infância que têm, entre seus teóricos, autores como Lév Vygotsky, Henry Wallon e Jerome Bruner; também a sociologia, com destaque para Gilles Brougère e Manoel Sarmento, ressalta a importância da brincadeira para o desenvolvimento social e a aprendizagem da criança, além de enfatizar o papel do jogo na cultura da infância e a relação com o mundo que a cerca.

> De acordo com Vygotsky (1987), [...] o brincar é uma atividade humana criadora, na qual imaginação, fantasia e realidade interagem na produção de novas possibilidades de interpretação, de expressão e de ação pelas crianças, assim como de novas formas de construir relações sociais com outros sujeitos, crianças e adultos.[6]

Estes e outros estudos têm influenciado políticas e serviços de educação em diversas esferas. As Diretrizes Curriculares Nacionais para a Educação Infantil – DCNEI, de 2009, já traziam as interações e as brincadeiras como eixos estruturantes das práticas pedagógicas. A Base Nacional Comum Curricular – BNCC, de 2017, reitera a importância do brincar na educação infantil. Trata-se de um entre os cinco direitos de aprendizagem e desenvolvimento previstos pela BNCC: "Ao observar as interações e a brincadeira entre as crianças e delas com os adultos, é possível identificar, por exemplo, a expressão dos afetos, a mediação das frustrações, a resolução de conflitos e a regulação das emoções".[7]

Conectada aos sentimentos e aos hormônios que produzem satisfação, prazer e felicidade, a brincadeira já é velha conhecida daqueles que trabalham com saúde mental e cura de traumas na infância. A necessidade de refletir acerca da ligação entre o brincar e a proteção contra todas as violências na infância pode ser percebida quando se dedica tempo a conversar ou, simplesmente, a observar as crianças. Veja, por exemplo, a história contada por uma das participantes da Oficina Lúdica II do Calabar.

> Eu, minha prima, meu primo e meu irmão... eu tinha quatro, meu primo tinha três, meu irmão tinha quatro também, e minha prima tinha dois anos. A gente *tava* brincando, aí de repente, eu acho que ele [o primo] empurrou ela, ela caiu e quebrou assim a boca. Minha tia bateu em meu primo e ainda bateu em mim e no meu irmão, porque disse que nós éramos mais velhos e *tinha* que olhar, não deixar meu primo empurrar.[8]

Pequenos acidentes, discussões e brigas que acontecem entre crianças que brincam juntas resultam em castigos e violências físicas ou verbais por parte dos adultos, sendo possível perceber a dimensão da violência doméstica ou intrafamiliar, assim como a escolar ou a comunitária. É, muitas vezes, na ideia de proteger, ensinar ou educar as crianças que certas violências são cometidas: um tapinha na mão para que a criança não brinque com fogo e com coisas que ofereçam perigo na casa ou fora dela; ou apanhar agora para que a polícia/sociedade não venha bater mais tarde; um tapa no rosto para aprender a respeitar; isso sem falar em gritos e xingamentos com impactos nocivos à formação dos sujeitos.

A necessidade de organizar o espaço (casa, escola ou a própria cidade) para possibilitar uma brincadeira segura e prevenindo acidentes é fundamental, principalmente na primeira infância. Acidentes são a principal causa de morte de crianças de um a quatorze anos no Brasil.[9] Observar os casos em que brincadeiras resultam em acidentes é uma forma de entender a relação entre a proteção e o direito ao brincar. É necessário um ambiente seguro e, ao mesmo tempo, desafiador, para que o brincar aconteça sem colocar a criança em risco.

> eu e meu irmão brincando, correndo a gente entrou no quarto, ele foi primeiro, bateu a porta assim, a porta é de vidro. Quando eu fui empurrar assim, quebrou o vidro. Ele apanhou mais, porque ele foi entrar assim logo, para explicar, aí ele apanhou mais. Depois foi eu. Aí eu só ganhei esses cortinhos aqui que até hoje eu tô com a cicatriz.[10]

Se é possível identificar vínculos entre o brincar e a provisão e proteção dos direitos da criança e do adolescente, mais rápido ainda pode-se notá-los no eixo da participação. Basta a leitura do Estatuto da Criança e do Adolescente – ECA. No capítulo dois, artigo dezesseis, afirma-se que o direito a brincar, a praticar esportes e a se divertir é um dos aspectos que compõem o direito à liberdade. O artigo dezesseis traz outros aspectos para entender o lugar da brincadeira no eixo da participação, o que inclui: a possibilidade de estar e de se mover na cidade; a liberdade de opinião e expressão; de crença e culto religioso; e os direitos de participar da vida familiar, comunitária e política, dando corpo à relação entre brincadeira e participação infantil, sobretudo quando a cidade é o território desse brincar.

A ideia de participação social ou de participação cidadã está ligada à possibilidade de tomar decisões ou de influenciar a tomada de decisões em assuntos que nos afetam. Com a participação infantil não é diferente: garantir que as crianças possam decidir ou influenciar a tomada de decisões em questões que lhes dizem respeito é fundamental.

A brincadeira livre na cidade é a maneira mais marcante de a criança exercer sua participação neste território. Posta a relação do brincar com cada eixo de direitos da criança (proteção, provisão e participação, segundo o ECA), faz-se necessário compreender como o brincar vincula os três eixos entre si.

BRINCADEIRA E VIOLÊNCIA NA INFÂNCIA

> A minha mãe me bate porque às vezes eu saio de casa escondido, pra brincar.[11]

Conforme as crianças apontaram no Calabar, brincadeira e violência têm, muitas vezes, uma íntima relação. As brigas acontecem entre crianças, com adultos, em casa, na praça ou na escola. Também há acidentes, seja por negligência, seja por falta de serviços e infraestrutura que garantam segurança.

Muitas crianças apanham, durante as brincadeiras, de outras crianças ou de pessoas mais velhas. O desentendimento e a frustração no jogo podem culminar em briga. Em outras situações, são os adultos que interferem no brincar de maneira agressiva, mesmo na intenção de apaziguar os ânimos. Outras ainda apanham pois começam a brincar antes de dar conta dos afazeres (cuidados com a casa, tarefas escolares etc.). Essas e outras razões podem acentuar o que se pode chamar de viés transgressor da brincadeira.

No caso das brincadeiras que acabam em brigas entre os pares, muitas crianças relatam ter apanhado de novo ao chegar em casa. A cultura de "não voltar para casa apanhado" ou "voltar apanhado, apanha dobrado" amplifica brigas e conflitos na comunidade. O ciclo de violência se estabelece e se fortalece. A criança entra em conflito durante o brincar, volta para casa e apanha porque brigou. Retorna à rua e devolve o que apanhou. Às vezes devolve na própria casa, desconta em irmão mais velho, em animais. Do outro lado, em outro lar, esse ciclo se repete, acirrando as tensões na comunidade e culminando, por vezes, em brigas entre famílias e vizinhos. Esse ciclo de violência também se fortalece quando a violência é no âmbito domiciliar:

> se o mais novo apanhar, eu e meu irmão também apanhamos, porque a gente é responsável.[12]
>
> a nossa mãe que bate na gente, mas a gente não pode bater nela, porque isso é excomungação [*sic*], então... voar no pescoço do meu irmão.[13]
>
> quando a minha tia tá dando um bolo em minha prima, aí eu dou risada, aí ela também bate em mim.[14]

Quando questões de gênero entram em jogo, a violência não fica para trás e a brincadeira também pode resultar em sanções e punições. A ideia de que existem brincadeiras para meninos e para meninas pode suscitar castigos físicos e violência verbal por parte dos pares e de adultos do entorno, como familiares e até educadores. As crianças, brincando, podem ser severamente castigadas experimentando no corpo a violência de gênero desde a mais tenra idade.

Reconhecer a importância do ato de brincar no início da vida é chave para compreender por que as crianças, mesmo sabendo que podem tomar uma surra, vão continuar brincando. Desistir de brincar? Nunca. Na infância, é missão quase impossível. A brincadeira é um comportamento natural, está presente no início da vida de todos os mamíferos, com os humanos não é diferente.

As crianças apontaram uma solução simples para uma questão complexa: brincadeiras podem resultar em brigas e agressões que poderiam ser evitadas se houvesse a presença de pessoas que lhes ajudassem a resolver os conflitos; se a comunidade a sua volta não incentivasse a violência; se elas mesmas não sofressem tantas violências; ou se o padrão das relações sociais e os afetos nos grandes centros urbanos não fosse marcado pela desigualdade e pela violência.

TRANSFORMAR A ESCUTA EM AÇÃO

A partir dessa ideia, é que se põe em marcha as ações que culminaram no desenvolvimento da estratégia de garantia do direito ao brincar como forma de prevenção e mitigação da violência contra a criança na cidade.

A estratégia é simples: disponibilizar dois adultos para brincar em espaços públicos da comunidade. Adultos brincantes com o papel de mapear espaços, observar crianças, se engajar nas brincadeiras ou instigar novas. O importante é que estejam abertos para acolher as brigas que possam acontecer e tenham habilidade na mediação e resolução de conflitos a partir de práticas não violentas.

Um ponto interessante é que a presença desses adultos brincando nos espaços públicos e pertinho de casa apoia pais, mães e cuidadores na redução dos castigos físicos e humilhantes e na construção e expressão positiva de afetos. Quando o brincar acontece com e na comunidade, o adulto entra em contato com um direito que também lhe foi negado, pois sua infância também fora roubada. Brincando, consegue restabelecer esse elo com a sua infância, com seus afetos, seus prazeres e suas alegrias.

Essa estratégia tem impacto em três itens – normas e valores, segurança do ambiente, e adultos cuidadores – dentre as sete estratégias que

A estratégia do brincar livre como forma de redução das violências contra a criança em suas comunidades busca que a infância permaneça viva em cada criança por meio dos risos, da liberdade, da alegria, do prazer e da espontaneidade que a brincadeira proporciona. Para que o brincar livre aconteça na comunidade, basta um corpo adulto, livre e disponível para o brincar com as crianças. Essa ação é transformadora, reorganiza o ambiente fortalecendo sua dimensão de proporcionar prazer e segurança, e faz do ambiente comunitário uma grande plataforma de brincadeiras

formam um marco para enfrentar violências contra as crianças no mundo, conhecido como Inspire.[15]

Juntos, crianças e adultos encontram e qualificam espaços bons para jogos e brincadeiras, criam regras, lidam com perdas e vitórias, conhecem as diferenças e convivem com elas, desenvolvem afetos positivos com as pessoas e o ambiente ao seu redor, traçam objetivos em comum e se divertem muito.

Uma cidade que negligencia a presença da criança é um lugar pobre. Seu movimento será incompleto e opressivo. A criança não pode descobrir a cidade a não ser que a cidade redescubra a criança.[16]

Quem olha para os grandes centros urbanos com foco na relação entre as crianças e o espaço facilmente percebe que elas não foram incluídas, no sentido de que não foram ouvidas, pensadas e vistas e, por conseguinte, não estão representadas em diversos desenhos urbanos. Como consequência, as crianças estão ausentes nas cidades, comprimidas e oprimidas. A cidade, como a conhecemos hoje, foi pensada com base em um tipo específico ou protótipo de cidadão: homem trabalhador e adulto.[17]

Apesar de o direito à cidade já ser reconhecido no Brasil na Constituição de 1988 (artigos 182 e 183) e no Estatuto das Cidades (Lei n. 10.257/2001), e de ser reconhecido internacionalmente como parte fundamental dos direitos humanos, o que se tem, na realidade, é uma situação mais ligada à garantia de privilégios do que de direitos. Isso porque questões de "gênero, raça, idade, etnicidade e renda distribuem desigualmente os ônus e os benefícios da urbanização entre os indivíduos no território".[18]

Talvez já estejamos acostumados ao ritmo frenético da vida impulsionado pela velocidade dos carros e a uma sensação de insegurança que nos paralisa e nos prende em casulos de vidro fechados, cercado por grades e muros. Assim, a exclusão da criança na cena urbana tem um certo ar de normalidade. "É para sua própria proteção e segurança, é para o seu próprio bem", dirão uns. "Ela ainda não tem capacidade, é tão pequenina", dirão outros. E a cidade vai se transformando em entretempos, nos deslocamentos, para dar conta de uma agenda lotada de compromissos, que pouco condizem com a infância.

A criança, sobretudo a pequena, não goza desse direito à cidade. A ela não se garante autonomia, liberdade, nem sequer respeito no território urbano. Vê-se cercada e cerceada sendo, na cidade, uma cidadã pela metade.

Nem sempre foi assim. A organização humana em cidades remonta aos tempos em que o ser humano adotou um estilo de vida sedentário. Para fixar-se, fez-se necessário o domínio e o controle sobre o território. Foi, e ainda o é, fundamental que organizasse a vida coletivamente tanto do espaço quanto da produção.[19] Vale ressaltar que o que hoje conhecemos como criança também se ressignificou através dos tempos. A concepção de infância mudou desde os primórdios das cidades para cá. Afirma-se, inclusive, que a construção da categoria infância, diferenciada do adulto, é bastante moderna, dos finais do século 17 e início do 18, iniciando pelas camadas mais abastadas da sociedade até se espraiar entre os mais pobres.[20] A história dos conceitos de infância e de cidade se entrelaçam.[21]

A cidade fragmentada, alienante, tem seus alicerces no pós-guerra. O desenho urbano que inspirou a reconstrução das cidades destruídas pela guerra foi baseado no homem adulto e naquilo que Francesco Tonucci[22] se refere como seu brinquedo predileto: o carro. Esse homem e seu brinquedo imprimem um ritmo acelerado que marca a vida nas cidades até hoje.

As crianças, neste contexto, encontram-se confinadas em escolas ou envoltas no seio familiar. A cidade configura-se como o deslocamento entre um e outro. A automobilização produz uma infância alienada, desconectada da cidade onde vive. As crianças foram, aos poucos, alijadas do espaço público. Mesmo na favela, nos becos e vielas onde têm maior acesso à rua, as motos passam nesse ritmo frenético da alta velocidade, assustam e intimidam, quando não machucam as crianças.

Sem esquecer que as cidades são uma forma de organização social e que ela traz consigo um caráter político da vida. Essa cidade contemporânea, esse novo desenho vai fortalecer um outro traçado urbano, o das desigualdades. A iniquidade é tanto exposta quanto fortalecida.[23]

Para fazer uma cidade melhor e inclusiva, é necessário construí-la levando em consideração o olhar da criança. Para isso, é fundamental transformar as perguntas e propostas de crianças em proposta políticas.[24]

Se, por um lado, temos uma cidade que exclui, por outro, temos também uma cidade que potencializa e atrai. É a potência dos espaços e dos encontros públicos na cidade que se quer tensionar. A brincadeira permite uma rearticulação entre a potência da cidade com a da criança. A partir

Atividade com estudos de mapas do Brasil, Bahia, Salvador e do bairro do Calabar, em uma das praças do bairro, que incluiu um recorte coletivo do Calabar, que tem uma história de resistência em meio a uma área valorizada da cidade. A atividade inclui a criação de mapas afetivos a partir do estudo de mapas formais dentro do projeto Infância em Foco. O objetivo foi encontrar espaços possíveis para o brincar, espaços em que a criança se sente segura, pontos de insegurança e de tensão, e pontos de apoio e de suporte em caso de necessidade ou emergência

da garantia da brincadeira em espaços urbanos, pretende-se incidir sobre as violências que afligem as crianças e pretende-se, também, a ressignificação da cidade como espaço de exercício da cidadania desde a infância.

Apoiar crianças e adultos a vivenciar a brincadeira autêntica, conectá-las com os sentimentos que lhes revele a potência e a plenitude da infância e do brincar, foi o caminho para aumentar a qualidade de vida e experimentar relacionar-se com a cidade de maneira mais prazerosa, positiva e menos violenta, levando em conta as ideias das crianças. Garantir a presença de adultos disponíveis para brincar em espaços públicos ou comunitários foi a forma de fazer essa reconexão. Alisson, de onze anos, ao reencontrar esses adultos brincantes depois das férias do projeto, ilustra a potência dessa estratégia quando fala: "Senti falta da felicidade que vocês têm, o sorriso no rosto, tudo, muito das brincadeiras. Parece que vocês têm coração e mente de criança e ajuda a gente a ter uma infância boa para a gente não crescer adolescentes rebeldes".[25]

Para começar esse trabalho, é importante criar vínculos com a comunidade. Conhecer as lideranças, os espaços comunitários, os serviços públicos existentes, mapear pontos de potência e vulnerabilidades. Apesar de ser uma estratégia razoavelmente simples, há uma série de desafios. A resistência da comunidade é um deles. A ideia é bem acolhida, mas desperta ressalvas. Os adultos não chegam a se opor, mas colocam empecilhos. Falam do barulho, da falta de cuidado. Às vezes até estacionam carros.

Essa resistência, entretanto, não é o maior obstáculo das brincadeiras. A soberania dos carros e a alta velocidade, a percepção acerca da insegurança e da violência urbana são mais desafiadores, principalmente em espaços onde há precariedade de serviços e de investimentos públicos, onde direitos mínimos como moradia, saneamento básico, mobilidade, saúde e educação não estão garantidos, ao contrário, são continuamente negligenciados e violados. As cidades, por vezes, se configuram em espaços onde é a violência que dá a liga das relações tecidas no cotidiano. Violência histórica em uma sociedade forjada no colonialismo e na escravidão. Violência atual e atualizada nos diversos casos e estatísticas que configuram o estado genocida e sua necropolítica.[26]

Exemplo de mapa afetivo criado em atividades com as crianças no bairro do Calabar. Nesta atividade, entrelaçam-se, na vivência do território, a garantia do direito ao brincar e as estratégias de proteção das crianças

Manoel Sarmento nos propõe a tematização da infância[27] nas cidades, partindo das perspectivas das crianças para compreender a vida comum, para que o conhecimento produzido acerca das dinâmicas cotidianas das cidades seja um saber implicado, inclusivo e responsável. É importante se desvencilhar da perspectiva adultocêntrica para compreender a cidade em sua complexidade.

A brincadeira no espaço urbano possibilita uma reconfiguração de vínculos e afetos, capaz de transformar positivamente as relações no ambiente urbano e o próprio ambiente, contribuindo para identificar, criar, qualificar e preservar espaços públicos e comunitários. O cuidado com a manutenção de espaços onde a brincadeira acontece é um resultado presente nas experiências vivenciadas.

As experiências de garantia do brincar livre em espaços comunitários, próximos de onde as crianças vivem, foram desenvolvidas pela Avante a partir das ideias trazidas pelas crianças durante as oficinas lúdicas. Dois projetos deram corpo a essas ideias: o Infâncias em Rede, no bairro do Calabar entre 2012 e 2015; e o Estação Subúrbio, iniciado em 2017, no bairro de Periperi, que compõe o subúrbio ferroviário de Salvador, Bahia. Essas

Após dois anos investindo em brincar junto, as crianças que frequentam as atividades do brincar livre reencontram a autonomia e a alegria no brincar. A disputa de peões começou de maneira autônoma, enquanto esperávamos a apresentação de uma peça teatral na comunidade

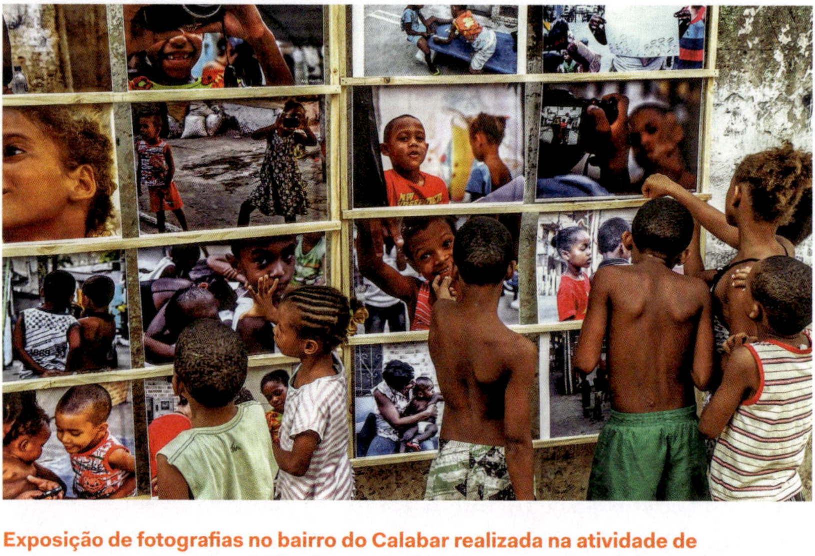

Exposição de fotografias no bairro do Calabar realizada na atividade de encerramento do projeto Infâncias em Rede. Na praça onde as brincadeiras eram realizadas, foram instaladas cerca de 200 fotos com imagens das crianças ao longo dos três anos de projeto. Além de contar a história vivida, a exposição trouxe arte e cultura, e fortaleceu a possibilidade de as crianças se verem como produtoras, autoras dessa arte e cultura

duas experiências trouxeram bons resultados: a redução da violência entre os pares; o reconhecimento de sentimentos como raiva, ciúme, medo, inveja; mais capacidade de dialogar para resolver conflitos; o aumento no tempo de concentração; o engajamento das crianças em brincadeiras; a adesão e valorização do brincar pelos adultos que outrora eram resistentes à ação; mais cuidado com os espaços do brincar na comunidade. Estes são alguns pontos positivos que crianças e adultos afirmaram perceber após três anos de brincadeiras em praça pública. Em consonância com os resultados desses projetos, Joana Martinho, em seu estudo sobre parques infantis em Amsterdã,[28] analisa como áreas de brincar próximas às residências apoiam a construção de vínculos comunitários mais saudáveis.

A interação com outras crianças e/ou adultos, que acontece de forma espontânea num contexto próximo de vizinhança, fomenta a aquisição de competências pessoais e sociais fundamentais – como o relacionamento social, a entreajuda, a partilha, entre outras – que não se proporcionam tão facilmente em ambientes desconhecidos. Além disso, um cenário envolvente e familiar à criança contribui, principalmente quando esta é mais nova, para que se sinta mais segura e confiante no seu espaço de jogo, tranquilizando também os pais que a podem controlar na proximidade do lar.[29]

Quando a cidade é o território da brincadeira, não são apenas as crianças que aproveitam. Garantir o direito ao brincar nos centros urbanos é transformar espaços em lugares. Quando a criança brinca na cidade, ela mais do que ocupa esse espaço, ela lhe dá sentido, transforma-o. A criança, nessa cidade que brinca, se movimenta com tranquilidade, vive de forma autônoma, se comunica, opina, decide e influencia no traçado urbano, ou melhor, faz o seu próprio desenho.

CORES, FLORES E ODORES: ESTÉTICA, NATUREZA E SANEAMENTO BÁSICO

A lógica da infância é baseada na experiência sensível e nos afetos. Sensações e sentimentos são meios como a criança conhece e se relaciona com o mundo. Ela parte da experiência vivida e apreendida a partir de seus poros, de seu olfato, do sentimento que as sensações lhe despertam. Diz-se que a criança tem mais de cem linguagens, mas roubam-lhe 99[30] no percurso que a leva a tornar-se um adulto.

A convivência com a infância nos ajuda a perceber que o ponto de vista da criança é o ponto também do cheiro, do tato, da experiência inteira. A criança vive a cidade a partir de seus cinco sentidos. Talvez por isso, muitas crianças acreditam que precisamos cuidar para que ruas e praças tenham cheiros bons. Nas oficinas lúdicas do Calabar, as crianças disseram que uma das coisas que não gostavam no bairro era "do cheiro de mijo, do cocô de cachorro, do lixo".[31]

Nos diálogos com crianças do Brasil, Quênia, Estados Unidos, Cingapura e Índia no documentário *The Voices of Children*,[32] de 1998, as crianças também mencionaram a limpeza das ruas. Em uma rápida caminhada com três meninas de cerca de seis anos no Quênia, elas comentam: "Você sabia que a rua pode ser lavada com um esfregão?" As meninas seguem sua conversa dizendo que poderiam ajudar no cuidado com as coisas. Falam que as crianças podem participar das atividades e da rotina cotidiana.

Já no que tange à autonomia, liberdade e proteção, as crianças deixam evidente a necessidade de correr, se esconder, escalar, subir, pular. Elas precisam de espaços que possam lhes acolher e lhes desafiar. Na Índia, meninos e meninas entre sete e oito anos disseram que queriam uma escola cheia de almofadas, espaços com pufes quadrados e macios como se fossem marshmallows, onde pudessem correr livremente sem que pais e professores achassem que elas iam se machucar. Em Cingapura, essa liberdade para correr ganhou eco entre as crianças: "Eu gosto de correr, mas meus pais dizem que eu não posso", disse Jaime.

A proteção contra quedas e acidentes é um dos argumentos que sustentam as atitudes e normas que afastam a criança da cidade ou, pelo menos, que lhes cerceiam a autonomia, que lhes violam, por exemplo, o direito de ir, vir e estar, presente no ECA. Aos temores relativos a acidentes, somam-se os temores de violência urbana e letal que atingem grandes centros urbanos. Em metrópoles em desequilíbrio e desarmonia, onde há presença forte de armas, onde as forças de segurança pública atuam com um alto padrão de letalidade e onde os meios de comunicação reforçam a sensação de insegurança, a percepção da violência é exacerbada. As crianças registram seus medos: "Eu tenho medo de polícia e tenho medo de tiro".

O desequilíbrio urbano impacta na relação entre os eixos de direitos das crianças (provisão, participação e proteção integral). O eixo da proteção se avoluma tanto que, por vezes, se sobrepõe aos outros. Os três são fundamentais. A relação com o território é complexa, pois os lugares onde brincam, transitam e convivem com pessoas queridas são espaços manchados de sangue. Veja a quantidade de situações vivenciadas em Salvador, conforme narram as crianças de cinco a dez anos que participaram das oficinas lúdicas no Calabar:

> Eu tinha 10 anos, *tava* eu e ela, aí eu ia *fritá* o ovo para colocar no pão, abrindo a geladeira para eu pegar o ovo para eu comer [...], eu ouvi o: *prá prá prá* [...] eu fiquei logo tremendo, aí o ovo caiu no chão de tanto medo.[33]
>
> Teve uma vez que eu *tava* no parquinho. Eu, minha mãe, meu irmão e minha tia. Dois carros vieram em alta velocidade e se bateram [...] brigaram. Um pegou uma garrafa de vidro que estava dentro do carro, e o outro pegou uma arma. Aí veio um monte de gente com arma e teve um tiroteio.[34]
>
> E antes de ter essa base aí tinha meninos menores que dezoito com arma na mão, ali atirando. Antes ia correndo *pra* casa e eu vi eles com arma na mão.[35]
>
> Uma vez que eu *tava* aqui em cima, antes era só o Provida, aí tinha o Hip-hop, meu irmão dança hip-hop, aí a gente *tava* lá, aí veio os meninos do Camarão, com os daqui, aí fez tiroteio aqui, em frente à biblioteca.[36]

A partir das narrativas dessas crianças, é possível compreender que as famílias acreditam que o lugar mais seguro é em casa e, portanto, que elas não devem ir para rua, brincar com os amigos na praça, ou ir de bicicleta para a escola. Esta, entretanto, não é a melhor saída. Na tentativa de cuidar da criança e de protegê-la, violam-se diversos outros direitos, como o direito ao brincar, à convivência comunitária, de ir e vir, de se reunir com os colegas. Mais além: ficar em casa, por si só, não garante essa tal proteção. Afinal, paradoxalmente, é em casa que acontece a maior taxa de acidentes e violências que atingem a infância.[37]

Se pararmos para ouvir as crianças, a lista das violências é grande. Na cidade, em casa e até na escola. Por isso, o melhor caminho não seja cerceá-las de seus direitos, mas avançar em sua garantia. É preciso conceber toda a violação de direitos como uma violência. Desta forma, será possível equilibrar o tripé proteção, participação e provisão.

Para aumentar a sensação de segurança nas ruas, Francesco Tonucci[38] enfatiza que o caminho seja o contrário de encerrar a criança em casa. Ele postula que a presença da criança nas ruas por si só é positiva para a cidade, pois é capaz de produzir duas sensações importantes para o bem-estar: a felicidade e a sensação de segurança. O fato de ter crianças livres na rua brincando implica em ter adultos que estejam cuidando delas e do espaço, requer investimento e cuidado do espaço público, além de compartilhamento de responsabilidade, requer ainda uma comunidade zelosa, que pode se contaminar pela energia das crianças e entrar para a brincadeira. Essa pode ser uma forma de romper o ciclo de violências e de restabelecer o ciclo de afetos e felicidades. A brincadeira cura. "Agora eu (des)estressei um pouco. Fiz alguma coisa! Estou feliz!", conta Leonardo, de onze anos, participante do Projeto Estação Subúrbio.

CRIAÇÃO, TRANSFORMAÇÃO E REINVENÇÃO DO ESPAÇO URBANO

Reinventar as cidades é o que propõe a agenda Organização das Nações Unidas – ONU Habitat III ao repensar e refletir sobre como se constrói, gerencia e se vive nos centros urbanos. Para reinventar as cidades, para se reinventar na cidade, é preciso subverter a lógica, sair da caixa, virar de ponta-cabeça.

Nessa caminhada, a criança é, talvez, a mais capacitada para nos conduzir. Ela sabe trilhar o caminho do desconhecido com maestria. Cria, sonha e inventa, é livre. A graça da criança é subverter os objetos e transformá-los em brinquedos. O diálogo a seguir é um convite para seguir a criança e pensar fora da caixa, sair do trilho.

A: Você *tá* vendo essas galinhas? Elas *espanta* tudo.

B: Você brinca de correr atrás das galinhas é?

A: Não, elas que *brinca* de correr atrás da gente, aí a gente corre atrás delas.[39]

A mediação de conflito pode ser potencializada por meio da brincadeira. Este é um aspecto crucial do trabalho, quando se parte da garantia do direito ao brincar na redução das violências. É comum que aconteçam disputas, desafios e conflitos que, por vezes, precisam do apoio de alguém de fora, que pode ser um adulto ou não, para ajudar a resolvê-los. Para que a brincadeira continue a fluir, é importante resolver os problemas. As brincadeiras permitem às crianças vivenciar e reconhecer sentimentos como raiva e ciúme. Apoiam também o enfrentamento de perdas e frustração e potencializam a criação e o respeito a normas e regras, ajudando a compartilhar afetos e sentimentos sem maltratar ou ferir os que estão a sua volta. "Não é só um projeto ou uma brincadeira, é um ensinamento para todo mundo. Ensinam tudo à gente, muita coisa. Ensinam a respeitar o próximo, a todo mundo, a ser melhor", diz Alisson, de onze anos, morador da Ocupação Quilombo Paraíso, que participa das brincadeiras livres propiciadas pelo projeto Estação Subúrbio nos Trilhos do Direito, implementado pela Avante em parceria com a Kindernothilfe na Ocupação Quilombo Paraíso, no bairro de Periperi.

A brincadeira também é transformativa da vida na cidade pela sua capacidade de criar vínculos positivos. O brincar é um elo que conecta as crianças entre si com o espaço onde se divertem e com a comunidade em seu entorno. Em parte, o que permite essa ligação é o divertimento, a felicidade, o engajamento, o compromisso e a alegria que o brincar proporciona. A partir desses sentimentos, a conexão entre o sujeito e o mundo se fortalece de maneira positiva. Parte do poder transformativo das brincadeiras está atrelada a seu poder de produzir a felicidade e esses outros afetos, possibilitando interações positivas e transformando os laços com a cidade de maneira que o sujeito se sinta pertencente e responsável por ela. A brincadeira é um elo entre passado e presente, fantasia e realidade, o eu e o mundo, o trauma e a cura. "Ligando passado, presente e futuro e, da mesma forma, ligando o sujeito a si mesmo, aos outros e ao transcendente, ou ainda, ligando o mundo real e mundo imaginário, a brincadeira é sempre 'entre', desenvolvendo-se em um espaço de ilusão".[40]

O QUE PODEMOS APRENDER

Jamie, de Cingapura, aos cinco anos, aconselha os adultos a "rolar na grama e dar risada"[41] para a vida ser melhor. São dois bons conselhos. Para segui-los, será preciso reaprender algumas coisas. Recuperar, pelo menos em parte, as noventa e nove linguagens que nos foram roubadas quando nos tornamos adultos.[42] Para uns, será mais fácil: vibram ainda suas cem linguagens. Para outros pode exigir um pouco mais, pois será necessário reencontrar essa criança e recordar-se de sua potência.

Reforçando a ideia de que é preciso ouvir as crianças e, como adultos, levar suas ideias a sério contribuindo para que façam parte das propostas políticas e virem realidade, Francesco Tonucci postula que a escuta efetiva deve servir para gerar uma mudança de paradigma, uma inversão de prioridades capaz de reverter o planejamento masculino e adultocêntrico de cidade. "Eu não quero uma cidade infantil, uma cidade pequena. Não quero uma cidade montessoriana. Quero uma cidade para todos. E para estar seguro de que não esquecerei ninguém, escolho o mais novo".[43]

Murilo Cavalcanti propõe uma reflexão acerca dos investimentos feitos em Bogotá e em Medellín[44] (na Colômbia) que impactaram na redução das altas taxas de violência. A política foi devolver a cidade ao cidadão, criando ou mantendo espaços de convivência como parques, praças, mirantes e bibliotecas comunitárias, além de inverter a lógica da mobilidade urbana, centrando-a no pedestre. Houve ampliação, integração e qualificação da rede de calçadas, redução do espaço para carros. Também houve investimento na mobilidade de morros e favelas: foram construídas e qualificadas escadas (inclusive rolantes), elevadores e, onde outrora fora lixo, ao lado de uma escadaria com corrimão, tem até um grande tobogã. Em Medellín, esse tobogã realizou o sonho de muitas crianças, não apenas das que vivem lá, mas de todas que um dia sonharam com essa possibilidade.

Essa reestruturação urbana permitiu que idosos, adultos e crianças pudessem se locomover com segurança e com alegria. Existem outros exemplos mundo afora que mostram ser possível enxergar a criança na cidade. Vê-la inteira, ouvir suas cem linguagens e traduzir isso em um desenho urbano que, mais do que incluir a criança, traga-a para o centro, para o foco de suas estratégias. Essa é uma maneira de pôr em prática o que a agenda Habitat III da ONU chama de "repensar a forma como construímos, gerenciamos e vivemos nas cidades".

Promover o encontro entre crianças e cidades, tendo como elo a brincadeira, é a melhor forma de fazer da cidade um melhor lugar para viver com dignidade, respeito e liberdade, conforme é direito das crianças brasileiras, sobre o qual dispõe o capítulo dois do Estatuto da Criança e do Adolescente.

> Nesta cidade, será possível diminuir o medo das famílias e, consequentemente, as crianças poderão sair com seus amigos para ir à escola e para deslocar-se e brincar no período da tarde. As crianças não serão mais dependentes dos parquinhos sempre iguais, horizontais, fechados por grades e cancelas, com seus brinquedos fastidiosos, iguais em qualquer parte do mundo.[45]

Outra coisa que se pode aprender com as crianças é que a natureza é importante nessa nova agenda urbana. As árvores dão sombra e são também brinquedo, balanço, trepa-trepa. Árvores ajudam a matar a fome e a sede, quando dão frutas. E as águas? Já viram crianças na chuva, nas poças, nas ondas? E quanta coisa se faz com barro, pedras e gravetos. A natureza é brinquedo vivo.

Se a criança pode ajudar a repensar ou a reinventar as cidades, a brincadeira ajuda a transformar esses espaços. Nesse sentido, a adesão da comunidade é fundamental para dar sustentação a esse brincar. É preciso desenvolver atitudes e comportamentos de compromisso, valorização e zelo do espaço público.

A brincadeira tem o potencial transformativo do espaço e dos materiais que compõem o ambiente. A brincadeira permite à criança materializar seu referencial estético e poético. A brincadeira boca de forno, por exemplo, transformou-se em um mutirão de limpeza. Parte do que era lixo vira banquete de luxo na mini bandeja feita pelas crianças, para servir um chá com flores, depois da tarde de brincadeiras

O espírito da praça como espaço de brincadeiras para as crianças foi retomado nesse pequeno platô, que abrigou por cerca de dois anos as atividades de promoção do direito ao brincar no Calabar. No início, o espaço era ocupado por cadeiras e mesas do bar, ou pelo bingo dos adultos. Os vizinhos faziam queixas e proibiam a brincadeira por lá. Com o tempo fomos nos tornando parceiros de brincadeiras: as crianças, a vizinhança e a praça. Conseguimos sensibilizar e mobilizar a comunidade. O bar recuou suas mesas e cadeiras, a vizinhança acolheu as crianças que, por sua vez, passaram a cuidar melhor daquele espaço. Organizamos mutirões e pintamos o lugar. O espaço ganhou cor, vida e alegria

Dois exemplos da mudança de normas e valores da comunidade com relação ao brincar aconteceram nos projetos Infâncias em Rede e Estação Subúrbio. No primeiro, no Calabar, os adultos que de início não queriam que se usasse a praça para brincar, ao fim dos três anos eram grandes apoiadores: ofereciam sucos e lanches para a criançada. Foi nos ofertada a sede da associação e o uso da biblioteca comunitária como apoio, o bar retirou as cadeiras da praça e deixou o espaço livre para brincar. Nos momentos em que estávamos presentes, suspendiam a venda de bebidas alcoólicas, e os moradores participaram de mutirões de limpeza e manutenção do espaço.

No Estação Subúrbio, as atividades são em um assentamento do movimento sem teto. A comunidade participou de mutirões de limpeza do espaço, construiu um barraco para ser a brinquedoteca. Em seguida, foi feito um barracão maior, aberto, para dar sombra e garantir brincadeira ao ar livre. Os adultos se comprometeram a não jogar lixo e a contribuir para a sua manutenção.

Urbanistas, educadores, prefeitos e vereadores ganhariam muito se levassem a sério a infância e o brincar. As conversas e vivências que tivemos com as crianças permitiram criar um campo de diálogo com teorias e normativas vigentes sobre as cidades, os direitos e as crianças. Neste campo de diálogo, torna-se evidente a necessidade de garantir as brincadeiras na cidade. O brinco[46] e o vínculo permitem interações e relações que transformam os laços do sujeito com o espaço e com sua comunidade. Talvez por isso que, juntas, crianças e brincadeiras maximizem suas potências transformativas e ajudem a engendrar uma nova cidade, reconfigurando espaços e práticas de opressão em lugares de possibilidades e de libertação. Afinal, brincar é liberdade, brincar é libertar-se.

NOTAS

1. HORTÉLIO, Lydia. A importância do brincar: depoimento a Ramona Rodrigues. O comentário se inicia a 19" do vídeo.
2. BRASIL (Presidência da República). Lei n. 8.069, de 13 de julho de 1990. Capítulo II, artigo 16, inciso I, p. 21.

3. COMUNICAÇÃO INSTITUCIONAL DA AVANTE (Org.). *Políticas de segurança pública e repercussões sobre a infância de comunidades urbanas de baixa renda: sensação de segurança e expectativas sobre as estratégias em curso. Relatório de pesquisa.*
4. SARMENTO, Manoel Jacinto. Infância e cidade: restrições e possibilidades, p. 235.
5. CORSINO, Patrícia. Pensando a infância e o direito de brincar, p. 21.
6. BORBA, Ângela Meyer. O brincar como um modo de ser e estar no mundo, p. 35.
7. BRASIL (Presidência da República). *Base Nacional Comum Curricular: educação é a base*, p. 37.
8. COMUNICAÇÃO INSTITUCIONAL DA AVANTE (Org.). Op. cit., p. 119.
9. Mortes de crianças e adolescentes de até 14 anos caem 1,93% no país.
10. COMUNICAÇÃO INSTITUCIONAL DA AVANTE (Org.). Op. cit., p. 120.
11. Idem, ibidem, p. 107.
12. Idem, ibidem, p. 119.
13. Idem, ibidem, p. 121.
14. Idem, ibidem, p. 119.
15. ORGANIZAÇÃO PAN-AMERICANA DA SAÚDE. *Inspire. Sete estratégias para por fim à violência contra crianças.*
16. VAN EYCK, Aldo (1962). *The child, the city and the artist: an essay on architecture. The in-between realm.*
17. TONUCCI, Francesco. Prefácio.
18. GORSDORF, Leandro Franklin; COELHO, Luana Xavier Pinto; TROMBONI, Maria Eugenia; HOSHINO, Thiago A. P. Os silêncios da Nova Agenda Urbana da ONU. *Gazeta do Povo*, Curitiba, 06 jun. 2016 <https://bit.ly/3qJyLe9>. Apud KLUG, Letícia; AMANAJÁS, Roberta. Direito à cidade, cidades para todos e estrutura sociocultural urbana, p. 30.
19. ROLNIK, Raquel. *O que é cidade*, p. 8.
20. ARIÈS, Philippe. *História social da criança e da família.*
21. Para melhor compreensão dessa construção no mundo, ver: ARIÈS, Philippe. *História social da criança e da família*. E, para ter uma visão mais local deste fenômeno, ver: DEL PRIORE, Mary. *História das crianças no Brasil.*
22. TONUCCI, Francesco. Prefácio (op. cit.), p. 14.
23. SARMENTO, Manoel Jacinto. Op. cit., p. 233.
24. TONUCCI, Francesco. Los niños y las niñas piensan de otra manera.
25. Estação Subúrbio retoma atividades na Ocupação.
26. Para saber mais sobre necropolítica, leia a obra de Achillle Mbembe.
27. SARMENTO, Manoel Jacinto. Op. cit.
28. MARTINHO, Joana Isabel Pereira. *O espaço para a criança na cidade – um estudo crítico a partir da experiência de Aldo van Eyck.*
29. Idem, ibidem, p. 11.
30. MALAGUZZI, Lóris A. Acchiapanza de Francesco.
31. COMUNICAÇÃO INSTITUCIONAL DA AVANTE (Org.). Op. cit., p. 107.

32. Sobre o filme, ver: *The Voices of Children.*

33. COMUNICAÇÃO INSTITUCIONAL DA AVANTE; INSTITUTO DE SAÚDE COLETIVA. Relatos de crianças entre 10 a 12 anos coletados durante oficinas lúdicas no bairro do Calabar por ocasião da pesquisa "Políticas de segurança pública e repercussões sobre a infância de comunidades urbanas de baixa renda: sensação de segurança e expectativas sobre as estratégias em curso".

34. COMUNICAÇÃO INSTITUCIONAL DA AVANTE (Org.). Op. cit., p. 126.

35. COMUNICAÇÃO INSTITUCIONAL DA AVANTE; INSTITUTO DE SAÚDE COLETIVA. Relatos de crianças entre 10 a 12 anos coletados durante oficinas lúdicas no bairro do Calabar por ocasião da pesquisa "Políticas de segurança pública e repercussões sobre a infância de comunidades urbanas de baixa renda: sensação de segurança e expectativas sobre as estratégias em curso" (op. cit.).

36. Idem, ibidem.

37. RIBEIRO, Raiana. Tonucci: 'É partindo da infância que se constrói uma cidade para todos'.

38. TONUCCI, Francesco. Hay que cuidar el niño que fuimos y no perder esa mirada.

39. Trechos do documentário *The Voices of Children.*

40. FORTUNA, Tânia. *A formação lúdica docente e a universidade, contribuições da ludobiografia e hermenêutica filosófica*, p. 73.

41. Trecho do documentário *The Voices of Children.*

42. "A criança tem uma centena de línguas (e cem cem cem mais) mas eles roubam noventa e nove. A escola e a cultura, ao separar a cabeça do corpo. Dizem-lhe: pensar sem as mãos, fazer sem cabeça para ouvir e não falar de compreender sem alegria". MALAGUZZI, Loris. Apud EDWARDS, Carolyn; GANDINI, Lella; FORMAN, George. *As cem linguagens da criança. A abordagem de Reggio Emilia na educação da primeira infância.*

43. RIBEIRO, Raiana. Op. cit.

44. CAVALCANTE, Murilo (Org.). *As lições de Bogotá e Medellín: do caos à referência mundial.*

45. TONUCCI, Francesco. Prefácio (op. cit.), p. 16

46. Brinco são brincadeiras cantadas para crianças pequenas. A palavra *brinco*, de *brincar*, está etimologicamente ligada à palavra vínculo, os brincos; ou seja, as brincadeiras têm uma relação estreita na criação de vínculos.

Brincadeiras no quarteirão

Experiências da participação infantil no espaço urbano de Antuérpia e São Paulo

JULIANA DI CESARE MARQUES AWAD
MARIA DE FÁTIMA ARANHA TOTTI

AS CIDADES SÃO O LUGAR DE ENCONTRO por excelência e esse encontro acontece historicamente em espaços públicos e coletivos.[1] Ao longo das últimas décadas, no entanto, temos visto o enfraquecimento dos vínculos das pessoas com estes espaços em função, principalmente, das cidades terem sido foco de segregação, insegurança e palco de problemas ambientais e de mobilidade, aspectos decorrentes da supremacia de um modelo de desenvolvimento urbano excludente e insustentável.[2] Pode-se dizer que as cidades foram perdendo cada vez mais essa característica tão fundamental, na medida em que a cultura de viver por trás dos muros ganhou espaço e, de certa forma, e na maioria das vezes, prevaleceu.

Vale ressaltar que esta característica das grandes cidades atuais, onde as pessoas têm mais dificuldade de se encontrar e a vida em comunidade é difícil de ser fortalecida, acontece principalmente nos bairros de classe média e média alta. A enorme diversidade dos territórios dentro de uma mesma cidade faz com que existam várias cidades dentro de uma só. O tempo de espera para uma vaga em creche, em São Paulo, em 2019, por exemplo, variou de dezoito dias no distrito de Guaianases para 260 dias em Marsilac.[3] O caos na mobilidade urbana e os problemas de violência, insegurança, desigualdade, falta de moradia e as condições precárias de habitação de grande parte da população brasileira afetam a cidade como um todo. Em 2019, o Brasil foi o segundo país que mais concentrou renda no mundo.[4] O impacto disso na vida da população é enorme, ainda mais considerando que cerca de 85% da população brasileira vive nas cidades.

Muito se discute, principalmente no âmbito das universidades e centros de pesquisa, sobre soluções e novas formas de transformação desta realidade. Um primeiro olhar poderia dizer que estamos fadados ao caos e à tragédia, mas com um olhar um pouco mais cuidadoso, é possível identificar novas possibilidades de atuação no território, novos formatos e pessoas interessadas em mudar este cenário no âmbito local. Ou seja, um olhar atento à realidade à nossa volta mostra que a situação atual dá sinais de boas iniciativas, que começam com pequenas ações que podem gerar profundas mudanças baseadas no engajamento da comunidade, algumas apoiadas pelo poder público.[5]

Há grupos que participam ativamente dos processos de transformação do território, não só atuando em processos estabelecidos pelo poder público, como também cocriando ações diretas com as comunidades. São diversas as ações desse tipo existentes hoje na cidade de São Paulo. Precisamos, portanto, olhar para as pessoas e sua relação com o território e considerá-las em sua potência. A construção de algo novo se dá no encontro da cidade e das pessoas. Uma cidade com alma, viva, é uma cidade com uma população engajada e atuante.[6]

Ou seja, se por um lado vivemos situações alarmantes em nossas cidades, também vivemos um momento de grande oportunidade de mudança. Uma nova cultura urbana se anuncia e as pessoas que vivem nas cidades, em seus encontros, com diálogos e debates em prol de intervenções concretas, iniciam a construção deste novo cenário de uma cidade mais humana e de mais qualidade para todos.

Agora, neste contexto de um Brasil cada vez mais urbano,[7] com questões alarmantes em relação à qualidade de vida de seus habitantes e novas formas de atuação emergindo das comunidades locais, onde e como estão as crianças? De acordo com estimativa do Instituto Brasileiro de Geografia e Estatística – IBGE, em 2018, no Brasil, havia 35,5 milhões de crianças (até doze anos de idade), o que corresponde a cerca de 17% da população estimada para aquele ano (207 milhões de pessoas). Deste número, 84,5% vivem em áreas urbanas, ou seja, cerca de 30 milhões de crianças de zero a doze anos vivem em cidades no Brasil.[8] Portanto, não dá para falar de cidade sem falar de crianças.

As crianças preservam a potência de criar o lugar a partir de suas experiências, de trazer significado ao território como espaço de possibilidades, gerar pertencimento. As crianças brincam de construir uma casa e se constituem como sujeito. Também se constituem como sujeito quando vivem experiências externas e brincam de construir a cidade e a internalizam como seu habitat. As crianças veem alma na cidade, nos trazem o maravilhamento pelo urbano e seus múltiplos detalhes. As crianças nos provocam e, ao mesmo tempo, nos convidam para viver experiências de encontro e de cuidado com a cidade.

Por onde caminha o olhar da criança ao passear pela cidade? O que entende, pensa ou imagina do lugar onde vive?

A partir destas perguntas, em 2018, nasceu as Cidadeiras, que são mediadoras de encontros no território e atuam especialmente para promover interações das crianças nos espaços públicos, coletivos e abertos. As Cidadeiras promovem ações educativas ao ar livre que geram encontros e descobertas das crianças e adultos a respeito da cidade, dos bairros e seus arredores, a exploração das calçadas, praças e espaços públicos e sua relação com a natureza urbana. O projeto se baseia em quatro pontos: primeiro, no entendimento da cidade como lugar do encontro, ao mesmo tempo que existe uma desconexão desse conceito na realidade atual; segundo, no princípio de que as crianças são protagonistas de suas aprendizagens, com aproveitamento potencializado e qualificado de suas capacidades intelectuais e emocionais quando vivenciam e experienciam estes aprendizados na primeira infância;[9] terceiro, no entendimento de que há muito a ser explorado e aprendido com a cidade que também educa; e, em quarto lugar, na ideia de que as vivências das crianças na cidade propiciam a formação de indivíduos protagonistas de suas próprias histórias, com possibilidades de pertencer e cocriar uma cidade que promove e acolhe o outro, o encontro e a diversidade.

Este artigo tem como principal objetivo trazer contribuições sobre o tema das crianças e a cidade a partir da apresentação das atividades educacionais propostas pelas Cidadeiras e também a partir da reflexão sobre a cidade de Antuérpia, na Bélgica, que baseia sua política pública urbana na participação das crianças e na leitura da forma com que ocupam e utilizam o território, promovendo uma cidade brincante e, consequentemente, sustentável.

É um convite para abrirmos espaços de diálogo entre as crianças, os adultos e a cidade e nos provocar a pensar novas formas de encontros com a cidade e, assim, reconstruí-la com qualidade e humanidade. Fortalecer a relação das pessoas com o lugar é uma das formas possíveis de cocriarmos nosso futuro nas cidades com mais comprometimento.

CRIANÇAS PROTAGONISTAS DE SUA APRENDIZAGEM

Quando falamos na relação entre as crianças e a cidade, e pensamos em formas de atuar para potencializar esta relação, é necessário, em primeiro lugar, definir as concepções de infâncias em que nos baseamos.

Loris Mallaguzzi, precursor da abordagem Reggio Emilia, coloca as crianças no centro da aprendizagem, como participantes ativas, potentes, protagonistas de seus processos de desenvolvimento e crescimento. O olhar das crianças para o mundo é curioso, pesquisador, questionador, de encantamento e isento de ideias preconcebidas. Não poderia ser diferente em relação também ao lugar em que vivem. As impressões que elas comunicam e o sentido que atribuem ao espaço nos mobilizam, convocam a pensar e repensar o nosso lugar.[10]

Mesmo inseridas num ambiente hostil, as crianças preservam a potência de criar o lugar a partir de suas experiências, de trazer significado ao espaço como local de possibilidades e de geração de pertencimento.

No campo da educação, muito se tem discutido, principalmente com a definição da atual Base Nacional Comum Curricular – BNCC sobre o compromisso com a formação e o desenvolvimento humano integral das crianças e adolescentes (envolvendo suas dimensões intelectual, física, afetiva, social, ética, moral e simbólica) para construir uma sociedade justa, democrática e inclusiva.

A BNCC ressalta que as aprendizagens e o desenvolvimento das crianças na educação infantil têm como eixos estruturantes as interações e as brincadeiras, que asseguram os direitos de conviver, brincar, participar, explorar, expressar-se e conhecer-se. Os campos de experiência da BNCC têm como objetivo o desenvolvimento da criança e a centralização do aprendizado no aluno. O documento, em fase de implementação, define as diretrizes para o campo da educação básica brasileira e estabelece campos de experiência que devem ser trabalhados nas instituições de ensino para promover uma reorganização do ensino e favorecer o crescimento infantil.

Além desses campos, a BNCC também indica dez competências gerais para serem trabalhadas em cinco campos de experiências, sendo eles: eu, o outro e o nós; corpo, gestos e movimentos; traços, sons, cores e formas; escuta, fala, pensamento e imaginação; espaço, tempo, quantidades, relações e transformações.

Também há um fortalecimento da autonomia das crianças, oferecendo-lhes condições para acessar e interagir criticamente com diferentes conhecimentos e fontes de informação. Esses eixos visam a garantir:

> as condições para que as crianças aprendam em situações nas quais possam desempenhar um papel ativo em ambientes que as convidem a vivenciar desafios e a sentirem-se provocadas a resolvê-los, nas quais possam construir significados sobre si, os outros e o mundo social e natural.[11]

No contexto da aprendizagem, as crianças são atores sociais que se expressam por meio de diversas linguagens. O que elas têm a dizer? Para sabermos, precisamos nos dispor e aprender a ouvi-las.

"Creio que nossa verdadeira biografia foi roubada".[12] Assim, James Hillman nos coloca frente a frente com essa realidade muitas vezes difícil de encarar. Psicólogo junguiano, Hillman nos convida a repensar nossas infâncias, pois na maioria das vezes as pessoas passam a vida apenas percorrendo um mapa preestabelecido, tentando encaixar a vida numa moldura, sem entender seu lugar no mundo e sua contribuição em particular.

Nos primeiros anos de vida, as crianças passam por uma série de acontecimentos, muitos deles marcantes, que comumente são vistos pelos adultos de forma casual. O autor nos oferece uma forma diferente de olhar para os acontecimentos das infâncias. Como destaca: "Uma reestruturação da percepção é o que estou buscando neste livro. Quero ver a criança que fomos, o adulto que somos e as crianças que nos requisitam de uma forma ou de outra, sob uma luz que faça a maldição virar benção, ou, senão benção, pelo menos sintoma de vocação".[13]

"Precisamos de um prisma novo para olhar para a importância de nossa vida".[14] Diante desta necessidade, Hillman oferece a oportunidade de vermos nossa vida e, em especial, nossa infância e daquelas crianças com as quais convivemos, sob a ótica de que existe uma razão específica para uma pessoa estar viva. Esta razão é singular, própria, particular, pois está intimamente conectada com o caráter da pessoa, sua vocação, seu destino, sua visão, seu chamado com o qual você entra em contato na infância de diversas formas e que diz: "isso é o que devo fazer, isso é o que preciso ter. Isso é o que sou",[15] como salienta Hillman no livro:

> fala aos sentimentos que existe uma razão por que minha singular pessoa está aqui e que há coisas de que preciso cuidar além da rotina diária, e isso deve dar uma razão de ser a essa rotina, sentimentos de que o mundo, de certa forma, deseja que eu esteja aqui, que respondam a uma imagem inata que estou preenchendo em minha biografia.[16]

A esta ideia de que cada pessoa tem uma singularidade que anseia por ser vivida, como uma "particularidade que você sente que é você",[17] Hillman dá o nome de "teoria do fruto do carvalho". Essa teoria se baseia no fato de que a "imagem completa de um destino está guardada numa pequena noz, a semente de um enorme carvalho em ombros pequenos".[18] Para sustentar a ideia da origem desse chamado, Hillman se apoia no mito de Er, de Platão, e coloca o mito como um dos instrumentos práticos que podemos utilizar para nos colocar em contato com esta imagem inata:

> O mais prático de todos é encarar sua biografia segundo as ideias sugeridas no mito – ideias de vocação, alma, *daimon*, destino, necessidade [...]. Depois, sugere o mito, precisamos prestar atenção na infância a fim de captar os primeiros sinais do *daimon* em ação, entender suas intenções e não bloqueá-lo.[19]

Pois independentemente do tempo, o "*daimon* não vai embora".[20] Hillman utiliza diversos termos para tratar do fruto do carvalho. *Daimon* está ao lado de imagem, personalidade, fado, gênio, vocação, alma, destino.

A teoria do fruto do carvalho é essa imagem única que cada pessoa possui em seu interior: um fruto, semente que é completo, núcleo, útero das infinitas possibilidades atemporais onde a vocação se sustenta e dá origem ao carvalho, uma árvore de grande porte, resistente e forte, sagrada e de longa vida. "Não deseja o fruto do carvalho tornar-se uma bela árvore?"[21]

O convite de Hillman, portanto, está em mudarmos o nosso olhar sobre as infâncias, não só das crianças com quem estamos juntos, mas também da nossa própria. Esse novo olhar está em nos vermos como exemplo de nossa vocação e tendo nosso destino como a manifestação de um *daimon*. Este novo olhar é a busca pelo fruto do carvalho. "Procurar o fruto do carvalho afeta como cada um de nós vê a si mesmo e aos outros, deixando-nos encontrar alguma beleza no que vemos e, assim, gostar do que vemos".[22]

É com este olhar de Hillman sobre a importância da infância e nesta perspectiva da criança protagonista de sua aprendizagem que as Cidadeiras olham as crianças e suas relações com seu habitat, como locus de pertencimento, vínculos, cultura, memórias e saberes diversos. Nestas relações, vividas e apreendidas com tempo e espaço ofertados em abundância, que ocorrem infinitas conexões e aprendizagens mútuas.

ANTUÉRPIA: CIDADE BRINCANTE

Antuérpia é uma cidade na Bélgica com pouco mais de quinhentos mil habitantes, situada às margens do Rio Escalda. Possui intensa atividade econômica em função de ser centro mundial da comercialização de diamantes. Do ponto de vista do urbanismo e da qualidade de vida, é estruturada com base nos bairros/vizinhanças e as grandes protagonistas nas ruas e calçadas da cidade são as bicicletas e as crianças.

Como uma das principais cidades europeias a promover o planejamento urbano baseado nas crianças, a trajetória da Antuérpia começou inspirada na experiência de Ghent, uma cidade vizinha que, em 2007, com o apoio da Organização não Governamental – ONG Kind & Samenleving, iniciou um processo de dar voz às crianças nas políticas públicas e no desenvolvimento de espaços urbanos brincantes.

Ghent concretizou sua visão num plano de ação finalizado em 2015, chamado "Ghent: A Child and Youth-Friendly City". O plano contemplava um projeto chamado Tapete Vermelho, um percurso de 2 quilômetros onde foram aplicadas ferramentas de moderação do tráfego (ou *traffic calming*) e que conecta pontos importantes frequentados pelas crianças, como escolas, creches e espaços públicos.

A Antuérpia, portanto, baseada nos conceitos e nas experiências da sua vizinha Ghent, passou a investir no mapeamento das rotas das crianças em suas vizinhanças. Como elas vão e voltam da escola, quais caminhos preferem, onde brincam e onde encontram seus amigos? Com estes trajetos mapeados, a prefeitura pode utilizá-los para basear as políticas públicas urbanas e potencializar os caminhos feitos pelas crianças ao longo do dia no sentido de torná-los seguros e, ao mesmo tempo, brincantes. A

A cidade de Antuérpia, na Bélgica, é uma das principais cidades europeias a conceber sua política de desenvolvimento baseada na escuta das crianças e na maneira como elas usam o território, promovendo ações não só de incentivo às ocupações lúdicas, mas também garantindo a qualidade do espaço para que as crianças possam ter mais autonomia e segurança. Assim se aplica a política das Ruas das Escolas, onde a velocidade dos automóveis deve ser no máximo 30 km/h. Esta é uma forma de incentivar que o protagonista deste espaço sejam as crianças

cidade é dividida em unidades de planejamento (vizinhanças), mapeadas, identificadas e analisadas, com uma excelente base de dados aberta, numa escala que aproxima as crianças do entendimento da cidade e propicia o desenvolvimento dessa rede de conhecimento em cada lugar.

Nasceu, assim, pela iniciativa de Wim Seghers, o programa Play Space Web, um sistema que promove planos urbanísticos em escala local, definidos para cada vizinhança da cidade no sentido de promover um planejamento urbano amigo da criança.[23]

O objetivo dessa política pública é criar as bases para o desenvolvimento de uma cidade sustentável a partir de pequenas ações direcionadas às relações de qualidade entre os moradores e a cidade, investindo no aumento de espaços verdes, no acesso a playgrounds naturais, na promoção e incentivo à autonomia das crianças (mobilidade ativa) e na transição da comunidade para estilos de vida resilientes ao automóvel.

As cerca de sessenta unidades de vizinhança da cidade são bem definidas e fortalecidas pelos moradores, políticos e instituições locais. A cidade conta com uma vantagem quando se trata de planejamento urbano: é servida por uma vasta rede de dados, que fornecem informações e permitem a

A promoção de espaços com brincadeiras e o mapeamento das rotas escolares formam o sistema denominado Play Space Web, ou seja, Rede dos Espaços de Brincar, que preveem o aumento da qualidade brincante da cidade da Antuérpia, garantindo autonomia e segurança para as crianças se encontrarem e brincarem nos espaços públicos com mais pertencimento

análise dos espaços e suas dinâmicas. A partir desse conhecimento local sobre as especificidades de cada vizinhança, a municipalidade pode iniciar o processo de desenvolvimento do plano urbanístico do Play Space Web, incluindo um mapeamento das áreas verdes, dos parques infantis, espaços públicos, escolas e também centros de compras, cafés etc., além de outros pontos importantes na comunidade.

Com esse conhecimento técnico como base, a municipalidade passa a ouvir a sociedade civil, a partir de métodos de participação proativos sobre as visões locais e as preocupações dos moradores e usuários. O material utilizado nesse processo, apesar de ter como objetivo atingir toda a comunidade, é voltado para a escuta das crianças de seis a quatorze anos, e as reuniões são realizadas nas escolas. Cada projeto é levado para essas consultas e se espera um número mínimo de participantes, a depender do tamanho da vizinhança.

Todas as informações são analisadas a ponto de elaborar um programa de necessidades para cada vizinhança, que possa dar conta não só dos espaços públicos existentes, mas também das rotas que os conectam. Após esse processo, a municipalidade faz uma revisão final e volta para a comunidade com sua sugestão de intervenção. O processo todo leva cerca de um ano para acontecer.

Informações do banco de dados da cidade mostram que o acesso aos espaços brincantes melhorou consideravelmente com o passar do tempo, após o início de implementação desse sistema. Também os projetos e seu processo de criação têm melhorado cada vez mais com a prática.

Além do Play Space Web, Antuérpia conta também com outras políticas urbanas que tornam a cidade amiga das crianças, como a retomada das ruas como espaços para o brincar, as chamadas ruas brincantes (ou *play streets*). Antuérpia foi uma das primeiras cidades da Europa a adotar essa política na década de 1990 e hoje a cidade conta com mais de cem ruas como essas.

As ruas escolares (ou *school streets*) também se tornaram política urbana na cidade, com base em uma proposta que teve origem em Londres e que se baseia no conceito de fechar as ruas para o trânsito dos automóveis nos horários de entrada e saída das crianças na escola.

Há, ainda, as ruas verdes (ou *garden streets*). Neste caso, a iniciativa foi dos próprios moradores que procuraram a prefeitura para pedir incentivos para que sua vizinhança se tornasse mais verde. Assim, com o aval da maioria dos moradores de uma determinada rua, eles podem receber investimento da municipalidade para plantar vegetação nas fachadas de seus imóveis ou para cuidar de árvores que tenham plantado em canteiros ao longo de suas ruas.

Na mesma linha de incentivo à qualidade de vida na cidade, a prefeitura promove as ruas de bicicletas, que são ruas bem mais estreitas que as comuns e por onde trafegam apenas as bicicletas ou pessoas a pé. Os carros permitidos são apenas os dos moradores.

A referência da cidade da Antuérpia, com o programa Play Space Web, vai ao encontro de outras referências de projetos conhecidos que

Comunicação visual com placas específicas para sinalizar a presença das Ruas do Brincar. Estes espaços estão mapeados e sua implantação é incentivada em pontos das rotas das crianças, principalmente no trajeto cotidiano das escolas para casa e vice-versa. As Ruas do Brincar, ao lado das Ruas das Escolas, são ações que fortalecem a política urbana da cidade da Antuérpia que está baseada no conceito de cidade amiga da criança

também colocam a criança como protagonista de suas experiências na cidade, além de envolverem a escuta e a voz das crianças no processo de planejamento das cidades e de suas políticas públicas.

É importante mencionar o projeto La Città dei Bambini, que se iniciou em 1991 por Francesco Tonucci na cidade de Fano, na Itália, e que foca as questões de participação das crianças nos processos decisórios da cidade e também salienta a relevância da autonomia das crianças. Ainda na Europa, existem outras experiências de sucesso como a Vila do Amanhã, na Galícia, que teve início em 2016 e vê a cidade como um tabuleiro de jogo a ser percorrido ludicamente pelas crianças.[24] Na América do Sul, é destaque a experiência de Rosário, na Argentina, que desde 1996 com o projeto La Ciudad de las Niñas y los Niños atua em prol da participação das crianças em questões referentes ao desenvolvimento da cidade, a partir da criação de conselhos infantis que possibilitem que os governantes da cidade escutem as crianças.

O projeto Cidadeiras teve início com o encontro entre a urbanista Juliana Marques e a psicóloga e educadora Fátima Totti, que resolveram unir conhecimentos distintos em prol do mesmo objetivo: viver a cidade pelo encantamento das crianças. A partir de diversos encontros entre elas, e com diferentes profissionais que valorizam o tema, com as crianças e entre todos e a cidade, elas decidiram criar um projeto que pudesse proporcionar ações no território. Assim nasceu as Cidadeiras, em 2018.

Este projeto é resultado do fascínio pelas relações potentes entre as crianças e a cidade, entre educação e urbanismo. Foi o que as motivou a explorar esse encontro especial de pertencimento. Incentivando essa relação, as Cidadeiras promovem a potência de criar o lugar a partir de suas experiências, de trazer significado ao espaço como um local de possibilidades e pertencimento.

Em síntese, as Cidadeiras acreditam que as crianças também são protagonistas da construção das cidades, que também têm direito à cidade e que o início desse processo de protagonismo se dá pela experiência.

A experiência é o que nos passa, o que nos acontece, o que nos toca. Não o que se passa, não o que acontece, ou o que toca. A cada dia se passam muitas coisas, porém, ao mesmo tempo, quase nada nos acontece. Dir-se-ia que tudo o que se passa está organizado para que nada nos aconteça. Walter Benjamin, em um texto célebre, já observava a pobreza de experiências que caracteriza o nosso mundo. Nunca se passaram tantas coisas, mas a experiência é cada vez mais rara.[25]

Nesse contexto, as Cidadeiras organizam um convite para viver a cidade: adultos, crianças, territórios, uma grande relação em diálogo e considerando as crianças (especialmente as de zero a seis anos), as protagonistas das vivências nos espaços públicos. Este convite se materializa com o projeto Brincadeiras no Quarteirão, que é realizado na cidade de São Paulo e que teve sua primeira edição em setembro de 2018.

Brincadeiras no Quarteirão é uma ação educativa ao ar livre que promove encontros e descobertas das crianças e adultos a respeito da

Primeiro encontro das crianças com a cidade promovido pelas Cidadeiras, em setembro de 2018, na Zona Oeste da cidade de São Paulo. Numa manhã de sábado, as crianças e suas famílias se encontraram numa praça ao ar livre para conversar sobre a cidade, ouvir uma história de literatura infantil sobre as relações das pessoas com as cidades e caminhar pelo percurso de um quarteirão

cidade, dos bairros e seus arredores. O ponto de partida é a exploração de um espaço público (geralmente uma praça) e sua relação com o contexto urbano (percurso de um quarteirão conectado à praça). São enfatizadas as explorações advindas do olhar singular e de encantamento das crianças com o seu lugar, seu território. É permitido se ater aos detalhes, tão caros nas relações das crianças com os espaços.

Cuidar das coisas implica ter intimidade, senti-las dentro, acolhê-las, respeitá-las, dar-lhes sossego e repouso. Cuidar é entrar em sintonia com, auscultar-lhes o ritmo e afinar-se com ele.[26]

Brincadeiras no Quarteirão convida as crianças para viver a cidade com tempo de apreciação e olhar aguçado para as descobertas. Este é o eixo condutor do projeto. Vamos trazer o olhar das crianças para nos ajudar a repensar a cidade e, assim, aflorar nosso encantamento pelo lugar para propormos de maneira consciente uma nova maneira de habitar o

Juntas, as crianças se apoiam na experiência de descobrir o lugar em que vivem. Quais segredos e encantamentos a cidade revela para as crianças? Nesta atividade das Cidadeiras, as crianças caminharam com lupas, papéis para realizar desenhos e, no percurso, a curiosidade dá lugar a muitas perguntas. Quem será que desenhou no muro? Imaginação e realidade se fundem e habitam as crianças pequenas em suas vivências

território? Queremos aprender com as crianças sobre suas experiências na cidade e suas relações de pertencimento, maravilhamento e encantamento.

Algumas estratégias abordadas por nós são facilitadoras para observarmos e compreendermos a linguagem das crianças. Uma história lida para o grupo abre o espaço de escuta sobre as impressões das crianças e seus conhecimentos sobre o lugar que habitam. Um texto literário aborda diferentes relações com a vida urbana, com os direitos do uso dos espaços, com os transportes públicos e questões da sustentabilidade que pretendem provocar novos questionamentos e aprendizagens. Os materiais escolhidos para as vivências são apropriados e instigantes para as crianças na faixa etária de zero a seis anos, fazem parte do universo infantil. Lupas, material gráfico, mapas e a aplicação de jogos lúdicos fazem parte dessas vivências.

Ao percorrermos juntos os espaços, coletamos as impressões das crianças por meio de suas narrativas, de seus desenhos, dos gestos e perguntas, o que nos convoca para uma reflexão e interpretação sobre os conhecimentos revelados por elas, nos direcionando para a organização de novas propostas com clareza de sentido em relação às nossas intencionalidades. Aspectos em relação a como a cidade se organiza para as pessoas e carros conviverem no cenário urbano, sobre as regras de convivência e cidadania, sobre a relação de liberdade, cuidados e zeladoria foram algumas das questões levantadas pelas crianças. Perguntas feitas pelas crianças como: De quem é essa praça? O que eu posso fazer nesse espaço? Quem cuida da nossa cidade? São questionamentos evidenciados nas experiências.

Nesse encontro entre cidade e criança, os adultos são convocados para se conectar junto na experiência. Essas vivências podem fazer parte das memórias futuras das crianças e, com o ganho de intimidade com o lugar, podem passar a conviver e a cuidar de seu espaço. Uma relação intrínseca de pertencer. O enfoque voltado para um exercício de construção de cidadania e sustentabilidade. Juntos, os participantes se encantam, dialogam, resgatam as culturas das infâncias pouco evocadas nas grandes cidades.

Os adultos são incentivados a apoiar as crianças nessa construção, potencializando suas experiências na cidade como campo investigativo. Um dos objetivos é aproximar as crianças do território da cidade e aproximar os adultos do olhar de encantamento das crianças sobre este território. As Cidadeiras acreditam ser esse o passo fundamental no início de uma nova relação entre as pessoas e as cidades.

Com a confiança baseada justamente nesta parceria entre adultos e crianças, este projeto coloca foco no percurso, respeitando este mútuo aprender e ensinar, ensinar e aprender e apoiando esta parceria que resulta neste movimento constante de entender, pensar e transformar seu território e a si mesmos.

Em torno de aproximadamente cem crianças na faixa de zero a doze anos e suas famílias já participaram com Cidadeiras dessa exploração do espaço urbano e compartilharam suas impressões sobre o território em que vivemos. Os encontros proporcionam, de maneira geral, olhar para a interação e experiências que as pessoas, principalmente as crianças, têm com o território; sensibilizar sobre a importância da relação intrínseca

O olhar das crianças para a cidade é de encantamento, explorador, investigativo e repleto de curiosidades. Neste projeto, as Cidadeiras ampliam as possibilidades de descoberta para os detalhes, para olhar de perto, olhar de longe, para se encantar com o que diariamente não observamos. Tempo para viver e aprofundar as experiências na cidade, em contato também com a natureza urbana, com mais significado e presença

Para viver a cidade é preciso tempo e entrega. Durante o percurso, as crianças estabelecem relações de intimidade com a cidade e o espaço público. Nessa atividade de caminhar por um quarteirão, as crianças têm tempo e espaço para se relacionar com o território e poderem fazer registros de suas observações. Olhar para as ruas, para o bairro, para a possibilidade de explorar o espaço, fazer desenhos e pesquisar texturas trazem relações mais próximas e íntimas com o lugar em que se vive

Desde os primeiros momentos, as crianças de idades diferentes e os adultos são convidados a refletir sobre suas relações com os espaços da cidade. Durante a caminhada, um dos principais objetivos é promover encontros e trazer as crianças para o centro das descobertas e das investigações. Vamos ouvir o que as crianças têm a dizer sobre o espaço em que vivem? Vamos abrir espaços para que elas liderem as descobertas e mostrem aos adultos novos pontos de vista e novas percepções?

entre crianças, cidade e natureza também na educação; despertar para o senso de pertencimento capaz de proporcionar às pessoas a apropriação sobre o lugar onde vivem e suas possibilidades de transformação; apresentar e discutir propostas e planos de ação multidisciplinares que considerem o olhar das crianças para o território.

A CIDADE COMO CAMPO DE EXPERIÊNCIAS

Como vimos, as crianças são potentes para apreender, pensar e construir conhecimentos. Elas nos provocam e nos convidam para viver experiências na cidade e a retomar nosso senso de pertencimento.

Cidades ao redor do mundo e organizações da sociedade civil, comunidades, institutos, universidades e fundações vêm atuando em prol da escuta das crianças e, assim, de sua participação nos processos de

A articulação de processos de experimentação do espaço e de suas relações pode se dar por diversas ferramentas. O mapa dos arredores pode ser um importante instrumento de reconhecimento do desenho e das formas da cidade, aproximando as crianças dos lugares de referência e trazendo diversas possibilidades de direção, orientação e percurso

criação das cidades e seus espaços. A autonomia das crianças é fator fundamental a ser fomentado, para que as crianças possam exercer seu direito à cidade com qualidade.

Em São Paulo, dentre outras iniciativas importantes, as Cidadeiras propõem um debate sobre as possibilidades de cocriação desta cidade, do encontro a partir da criança e de sua potência de ressignificar o espaço como lugar, pelo lúdico e pelo encantamento. Este debate pensa a educação infantil como uma das principais ferramentas também em prol da sustentabilidade urbana e pensa a escuta das crianças, em suas múltiplas linguagens, como fundamental instrumento para melhores intervenções nas cidades e seus espaços públicos. A educação infantil tem um papel fundamental na formação de cidadãos fortemente conectados com esta visão de futuro e de pertencimento.

Que cidade teríamos se desde criança as pessoas cultivassem experiências que promovam sua integração e pertencimento ao habitat urbano?

Despertar para este potencial das crianças em experienciar e viver a cidade é fundamental para a transformação da cidade com qualidade. Temos urgência em transformar as cidades para serem espaços educativos e acolhedores para as crianças. As Cidadeiras acreditam que, a partir das experiências, podem ser criados vínculos com os espaços e, assim, nascer iniciativas genuínas do cuidar da cidade. E as crianças trazem um imenso repertório sobre ações possíveis no território.

A cidade é, assim, campo de experiências e laboratório de aprendizagens. Aprendizagens estas que envolvem múltiplas linguagens e múltiplas formas, a partir das infinitas relações que acontecem num caminhar pela cidade.

Existem importantes referências de ações que envolvem as crianças e a cidade. É necessário, no entanto, além do engajamento das comunidades e da base de um repertório conceitual de ação e gestão, que haja vontade política para que as cidades possam abraçar e avançar nesta causa, em prol de todos os seus cidadãos.

NOTAS

1. Ver BENEVOLO, Leonardo. *A história da cidade*; JACOBS, Jane. *Morte e vida das grandes cidades;* GEHL, Jan. *Cidades para as pessoas.*
2. Ver LEITE, Carlos; AWAD, Juliana di Cesare Marques. *Cidades sustentáveis, cidades inteligentes: desenvolvimento sustentável num planeta urbano.*
3. Mapa da Desigualdade 2019.
4. Idem, ibidem.
5. Em São Paulo, por exemplo, temos: Cidade a Pé, Casacadabra, Sampapé, A Cidade Precisa de Você, Basurama, CoCriança. Em Curitiba, o Movimento Boa Praça. E pelo Brasil afora, tantos outros.
6. Para o conceito de cidade com alma, ver: HILLMAN, James. *Cidade & alma.*
7. Ver GONÇALVES, Maria Flora (Org.). *O novo Brasil urbano: impasses, dilemas, perspectivas.*
8. IBGEeduca. Perfil das crianças do Brasil.
9. Ver LA TAILLE, Yves de; OLIVEIRA, Marta Kohl de; DANTAS, Heloysa. *Piaget, Vigotski, Wallon: teorias psicogenéticas em discussão.*
10. Ver EDWARDS, Carolyn; GANDINI, Lella; FORMAN, George. *As cem linguagens da criança. A abordagem de Reggio Emilia na educação da primeira infância.*

11. BRASIL (Presidência da República). *Base Nacional Comum Curricular: educação é a base*, p. 37.
12. HILLMAN, James. *O código do ser. Uma busca do caráter e da vocação pessoal*, p. 15.
13. Idem, ibidem, p. 47.
14. Idem, ibidem, p. 45.
15. Idem, ibidem, p. 13.
16. Idem, ibidem, p. 14.
17. Idem, ibidem, p. 16.
18. Idem, ibidem, p. 24.
19. Idem, ibidem, p. 18.
20. Idem, ibidem, p. 19.
21. Idem, ibidem, p. 50.
22. Idem, ibidem, p. 49.
23. Antwerp's play space web: smart, child-friendly neighbourhood planning in action.
24. Ver capítulo "Vila do Amanhã. A infância como grupo vulnerável na cidade", na página 242.
25. BONDÍA, Jorge Larrosa. Notas sobre a experiência e o saber de experiência.
26. BOFF, Leonardo. Apud GADOTTI, Moacir. *Pedagogia da terra.*

Vila do Amanhã

A cidade como ferramenta educativa na Espanha e no Brasil

SANDRA GONZÁLEZ ÁLVAREZ

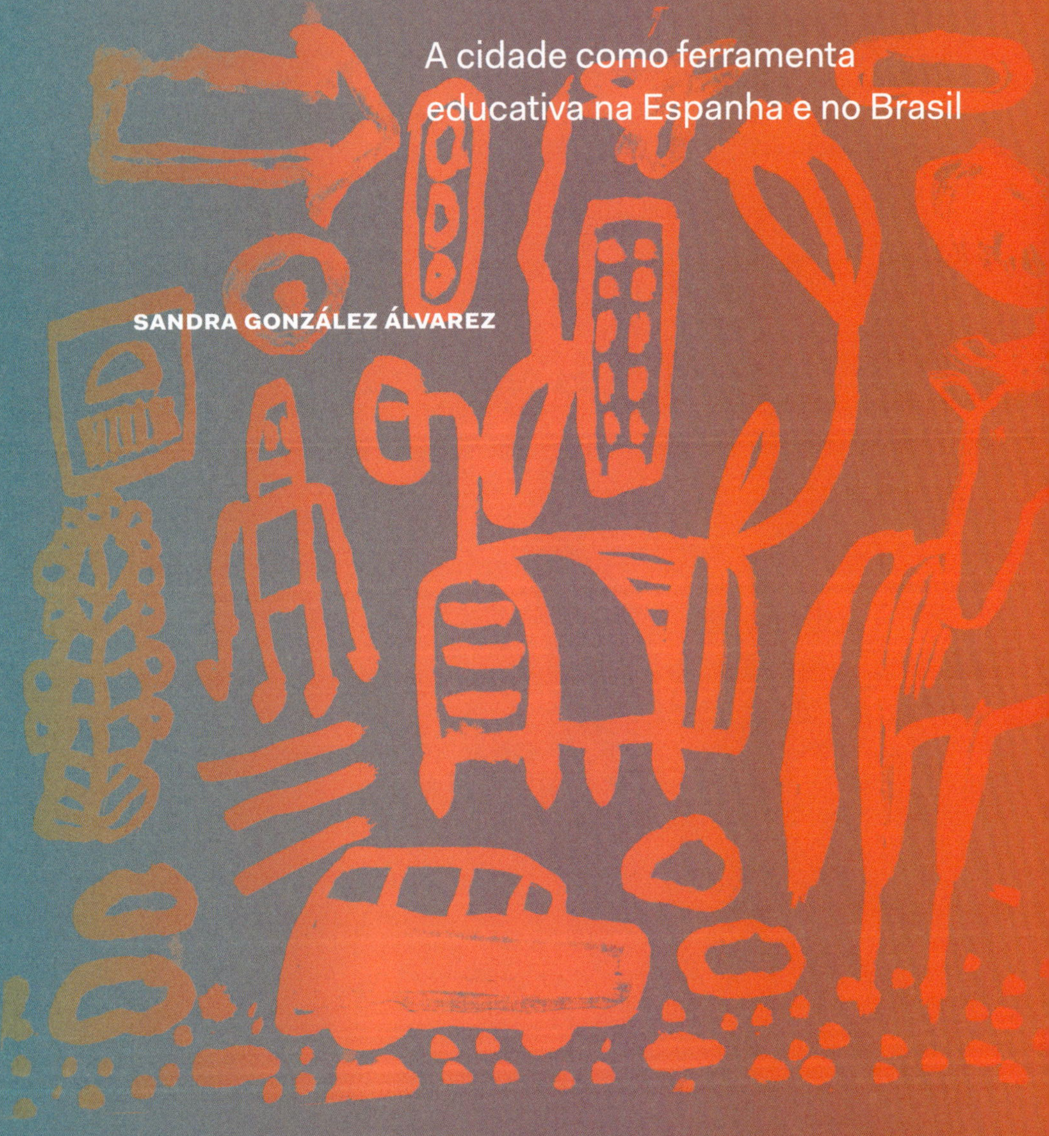

> Houve um tempo, tínhamos medo da floresta. Era a floresta do lobo, do ogro, da escuridão. Era o lugar onde não podíamos perder. Quando os avós nos contavam histórias, a floresta era o lugar preferido para se esconder dos inimigos, das armadilhas, da angústia. [...] Houve um tempo, nos sentíamos seguros entre casas, na cidade, com o bairro. Este era o lugar onde procurávamos companheiros, onde nos encontrávamos para brincar. Havia o nosso lugar, o lugar onde nos escondíamos, onde organizávamos a gangue, onde brincávamos de casinha, onde escondíamos o tesouro [...]. Mas em poucas décadas, tudo mudou. Houve uma transformação tremenda, rápida e total, como nossa sociedade nunca tinha visto antes (pelo menos como registrado na história documentada). [...] A floresta se tornou linda, luminosa, objeto de sonhos e desejos. A cidade, por outro lado, tornou-se algo sujo, cinza, monstruoso. [...] Nas últimas décadas, e de maneira totalmente evidente nos últimos cinquenta anos, a cidade, nascida como local de encontro e troca, descobriu o valor comercial do espaço e alterou todos os conceitos de equilíbrio, bem-estar e comunidade a seguir apenas programas de lucro e interesse. Ela se vendeu, se prostituiu. [...] A cidade agora é como a floresta dos nossos contos.
>
> FRANCESCO TONUCCI,
> *La ciudad de los niños*, p. 29-30

COMO A CIDADE PODE SER, novamente, um lugar para todos? Como podemos recuperar a identidade da cidade? Como fazer para que nosso patrimônio não se perca? Como fazer a cidade ser esse lugar de reunião e de trocas novamente? Essas são as questões que nos levaram a criar A Vila do Amanhã, um projeto educativo e de divulgação com o objetivo de que, desde a infância e a juventude, e por meio do jogo, as pessoas passem a tomar consciência de todas as escalas do comum: o patrimônio tangível e intangível, a arquitetura, o urbanismo, a paisagem. Ao mesmo tempo em que se obtém da disciplina arquitetônica uma nova visão da cidade, a que é fornecida por aqueles que serão os habitantes do amanhã.

Acreditamos ser necessário que a infância e a adolescência estejam ativamente presentes no processo de construção do espaço comum (praça, vizinhança, cidade), proporcionando a elas as ferramentas necessárias para conhecer o valor de seu entorno e desenvolver sua criatividade a partir da arte e da arquitetura. O objetivo é provocar nelas o despertar de um novo olhar sobre os espaços nos quais vivem, e fazer das crianças as protagonistas do espaço público, de forma que a cidade também responda suas necessidades.

O projeto se desenvolve a partir de oficinas em diferentes cidades da Galícia, na Espanha, e até agora trabalhamos em treze cidades galegas (Rianxo, Bertamiráns, Milladoiro, Verín, Mondoñedo, A Pobra do Caramiñal, Riveira, Bueu, Vilagarcía de Arousa, Cambados, Carballo, Ferrol e Arteixo). As oficinas também foram colocadas à prova, mudando um pouco de escala, na cidade de São Paulo, Brasil. O trabalho é realizado pela equipe do PØSTarquitectos, financiado por diferentes prefeituras e recebe o apoio do governo de La Corunha, da Escola Técnica Superior de Arquitetura – Etsac da Universidade de La Corunha, da Universidade Presbiteriana Mackenzie – UPM, do Colégio Oficial de Arquitetos da Galícia – Coag, da Associação para a Defesa do Patrimônio Cultural da Galícia – Apatrigal e do Instituto Brasiliana.

DIAGNÓSTICO

Nesta época em que vivemos, onde tudo está a um clique de distância, onde voar sobre Tóquio ou Nova York está ao alcance das mãos, onde se pode visitar o Panteão pela tela, temos nos esquecido do lugar onde habitamos. As novas gerações, os habitantes do amanhã, desconhecem por completo a vila ou a cidade em que moram. Vivem em uma caixinha, se movem em outra caixa ainda menor, e chegam a uma caixa maior (chamada escola, shopping center, academia). Essa é sua relação com o entorno.

A realidade atual é que a conexão natural entre as crianças e seu habitat, o lugar onde crescem e se desenvolvem, a cidade em que moram, está diluída, apenas existe. Encontramos crianças de classe média e média alta em suas casas vendo televisão, com seus videogames, brincando em seus condomínios vigiados, movendo-se em um carro e descobrindo a cidade a partir de sua janela, onde o parque ou a praça foram substituídos pelo shopping center. A cidade é um meio hostil a elas, que perderam sua liberdade, limitada a certos lugares considerados seguros e controlados por adultos. Estamos transmitindo a mensagem de medo que a sociedade sente no momento e, consequentemente, o lugar onde vivem não é seguro às crianças.

O espaço público deve ser um espaço de encontro e de descobertas. O desenvolvimento de relações de todo o tipo, nesse espaço de convivência, tem sido historicamente um gerador de cultura e de civilização. A perda de relação com esse espaço nos separa de nosso entorno, e transforma as cidades em locais anônimos e introspectivos, incapazes de criar. Se as crianças continuam separadas de seu entorno físico, incapazes de conhecê-lo e de entendê-lo, jamais irão desenvolver laços com o lugar, irão esquecer e passear em cidades alheias, transformados em consumidores e não em cidadãos e em habitantes.

Diante dessa imagem de espaço público atual, o projeto A Vila do Amanhã começa entendendo a cidade como uma ferramenta educativa, não neutra, a qual nos aproximamos a partir do jogo. Nas oficinas, a essa proposta são entrelaçadas ideias e conceitos conhecidos com novas metodologias.

Recuperamos algumas ideias propostas pelo arquiteto holandês Aldo van Eyck (1918-1999), nas quais dava a oportunidade à criança de descobrir a cidade a partir de seu próprio movimento, que deve se desenvolver pelos seus jogos, que é sua forma natural de conhecer o mundo. Temos consciência de que, neste momento, isso gera um conflito entre as ruas e as praças, conflito que queremos provocar, ressaltar e demonstrar nas oficinas: o que acontece quando os espaços de nossas cidades estão ocupados por crianças brincando? Como as crianças se sentem? Como reagem os adultos? Como é possível transformar a cidade? A partir desse conflito, queremos transformar a imagem da cidade que as crianças têm (atuais e futuros habitantes dela) e, ao mesmo tempo, fazê-los visíveis nesses espaços aos olhos dos adultos.

Aldo van Eyck refletia, já nos anos 1950, sobre como o aumento de carros nas ruas tirava a capacidade das crianças de serem livres em seu entorno, e de formar parte da cidade.

> Já sabem o que acontece após uma grande nevasca: a criança se transforma temporariamente em senhor da cidade. É possível vê-los correndo em todas as direções, pegando neve de carros congelados. Um grande truque do céu, este. Uma correção temporária em benefício das descuidadas crianças. Depende de vocês agora conceber algo mais permanente do que a neve. Aquilo que forem conceber não deverá ser algo isolado, ou um grupo de coisas isoladas, mas algo que possa ser repetido em diferentes lugares da cidade. A cidade deverá ser capaz de absorvê-los estética e fisicamente, formando parte da malha urbana. Deve ser tão essencial que responda à disposição e aos movimentos das crianças, e ative sua imaginação.[1]

Outra ideia que fundamenta nosso projeto A Vila do Amanhã surge a partir do conceito do direito à cidade, tal como defendia Henri Lefebvre (1901-1991), no qual as pessoas que vivem na cidade têm direito a desfrutá-la, a transformá-la e que esteja refletida nela sua maneira de entender a vida em comunidades. A partir desse ponto de vista, não há como não incluir o direito das crianças à cidade. Por isso, consideramos o espaço público como um espaço comum de aprendizagem e de construção coletiva no qual a infância deve ter seu lugar.

A preocupação pela infância é algo relativamente recente, mas não há desculpa atualmente para que continue sendo ignorada no fenômeno urbano. Se, geralmente, o urbanismo tem sido acusado de se afastar da escala humana, é possível dizer sem dúvidas de que jamais esteve, nem remotamente, próximo a uma escala ou perspectiva infantil. As crianças têm sido historicamente esquecidas nos espaços públicos, suas opiniões e necessidades geralmente têm sido ignoradas, assim como sua dimensão e sua capacidade. Isso faz delas vulneráveis e pouco autônomas nos lugares que temos criado. Queremos, assim, dar voz aos que normalmente não a têm, às crianças e aos jovens, impulsionando seu direito a formar uma opinião própria sobre o habitat em que vivem, e poder expressá-la. Buscamos estimular uma atitude crítica para promover seu desenvolvimento como cidadãos ativos, pois serão elas as responsáveis pela cidade do futuro. Conformando, portanto, os cimentos de uma sociedade crítica.

Queremos trabalhar nos espaços públicos para os transformar em espaços comuns. Como afirma o geógrafo e teórico social David Harvey, é preciso que os cidadãos se apropriem dos espaços públicos urbanos pela ação política, para convertê-los em espaços comuns.[2] As praças e ruas, a paisagem com seus elementos, o mobiliário, os espaços vazios são bens comuns que buscamos que as crianças reconheçam como seus, a partir de diferentes pontos de vista: da história, de seus usos, de sua evolução e suas transformações.

Nosso objetivo é que a infância e a adolescência estejam ativamente presentes no processo de construção do espaço comum, dando-lhes as ferramentas necessárias para desenvolver sua criatividade e provocar nelas o despertar de uma nova imagem, gerar identidade com os espaços nos quais suas vidas acontecem.

Pretende-se que as crianças e os jovens adquiram mais conhecimento sobre a cidade na qual moram, uma apropriação dos espaços que lhes são cotidianamente vetados, o movimento livre nas praças, o empoderamento espacial juntamente com outras crianças favorecendo sua convivência, a valorização do lugar em que moram com um novo olhar sobre o seu habitat, fazê-los responsáveis pelo meio ambiente, que conheçam os elementos que formam o lugar imaterial e, principalmente, que demonstrem sua capacidade transformadora.

PROPOSTA

As oficinas do A Vila do Amanhã têm duração de cinco dias, nos quais a cidade com a qual trabalhamos se transforma em nosso tabuleiro de jogo, nosso laboratório de experimentos: aprendemos brincando. É uma metodologia experimental de aprendizagem que se baseia em recursos arquitetônicos e artísticos, que utilizam a cidade como ferramenta de aprendizagem: caminhando por ela e a entendendo, utilizando e fazendo espaços.

As atividades se estruturam em seis conceitos fundamentais: a percepção, a escala, o espaço, a cidade, a paisagem e a sustentabilidade, juntamente com quatro ferramentas necessárias: o ponto, a linha, o plano e o elemento tridimensional. Para desenvolver esses seis conceitos, são utilizadas estratégias da arte e da arquitetura.

CONCEITO 1: A PERCEPÇÃO

A percepção do corpo em si, assim como a percepção do entorno, são conceitos fundamentais nas oficinas. Trabalhamos com a percepção de duas maneiras. Em primeiro lugar, precisamos saber como é a visão das crianças sobre a cidade em que vivem. Para isso, com base em Guy Debord, saímos à deriva, um conceito proposto principalmente no situacionismo, que significa caminhar sem um objetivo específico, e que tenta estabelecer uma reflexão sobre as formas de ver e de experimentar a vida urbana.[3] Caminhamos acompanhados de uma grande moldura dourada, para que em nosso caminho sejam marcados os elementos importantes da cidade para elas: algumas vezes, temos gratas surpresas e o elemento fundamental em sua cidade são as pessoas, frequentemente, os elementos protagonistas são superfícies comerciais. Há vezes em que elementos paisagísticos, incluindo de fora da cidade, mas visíveis nela, são os destacados, desvanecendo, assim, o conceito de espaço urbano.

Continuando com a percepção, provocamos nas crianças e jovens uma nova visão do entorno, buscando romper com o conhecido, para que possam perceber os mesmos lugares de maneiras diferentes. Tomamos como base para essa experiência o conceito literário de estranhamento, desenvolvido por Viktor Shklovski. De acordo com sua teoria, a vida cotidiana faz com que o frescor de nossa percepção dos objetos se perca,[4] fazendo com que seja automática. Já não observamos o que nos cerca, já não olhamos os objetos e lugares que conhecemos, porque são habituais para a gente. A arte apresenta objetos a partir de outra perspectiva, nos

O que você emolduraria em sua cidade? Para as crianças participantes da oficina em Rianxo, Galícia, o mais importante foram as pessoas. Foi um caso isolado: as crianças que participam de nossas oficinas costumam emoldurar áreas recreativas, zonas comerciais ou suas próprias casas; mas a infância de Rianxo ensinou aos que trabalham na construção das cidades que costumamos não ter presente o mais importante: as pessoas

afasta de sua percepção automatizada e cotidiana, e dá vida a esses objetos e em seu reflexo na arte. Utilizando esse conceito, chegamos a transformar uma praça em um grande oceano, e inclusive fizemos grafite no ar. Isso transforma esses espaços em locais pessoais, deixam de ser um ponto aleatório para ser um lugar que foi transformado e apropriado. A cidade se faz, assim, como parte das crianças, que aprendem o valor de sua contribuição no espaço urbano.

CONCEITO 2: ESCALA

Apresentamos o conceito de escala humana relacionando-a com a escala urbana. Partindo da tomada de consciência das dimensões de nosso próprio corpo, podemos abordar outras dimensões, como a cidade e o território. É uma rota de percepção, colocada entre as mãos, que representam a escala próxima e o horizonte, o ponto mais distante captado por nossos

Brincando com a percepção: na oficina em Vilagarcía de Arousa, Galícia, a praça da Independência se transformou em um grande oceano onde se pôde desfrutar do espaço de uma nova maneira – porque deixamos de prestar atenção a nossos espaços habituais

sentidos. Nesta posição, podemos começar a entender as distâncias que nos separam, o quanto demoramos para percorrê-las, o quão longe podemos chegar. Nossas cidades estão pensadas para pessoas de um tamanho padrão, com uma altura e um passo determinados. Mas o quanto mede o passo de uma criança? E o passo de uma pessoa idosa? Com essa atividade, visibilizamos que não temos todos as mesmas dimensões, e que a cidade não pode estar pensada para uma minoria.

CONCEITO 3: ESPAÇO

Buscamos trabalhar a partir do espaço da arquitetura e da cidade com experimentos sobre luz, textura, cor e som. O instrumento é o próprio corpo, que viaja, constrói e toca os espaços com todos os sentidos expostos.

Também em Vilagarcía de Arousa, com uma ação efêmera (graffitis no ar), o espaço habitual se transforma em algo cheio de novidade, mudando totalmente sua percepção

CONCEITO 4: CIDADE

Consideramos a cidade como nosso tabuleiro de jogo e laboratório de experimentos. Tentamos entender sua estrutura, sua conformação morfológica, seus cheios e vazios, sua história, suas tradições, suas ruas e ruelas, seus túneis e seus atalhos. "Porque uma cidade, segundo a opinião dos filósofos, não é mais do que uma grande casa e, por outro lado, a casa é uma pequena cidade".[5]

As crianças e os jovens se transformam por uns dias em pensadores da cidade, se apropriam dos espaços, os fazem seus. Eles desenham e inventam seus próprios espaços de brincadeiras, modificam a cidade, a vivem e a desfrutam. As ferramentas para fazer essas transformações serão o ponto, a linha e o plano, como os definiu Wassily Kandinsky,[6] às quais incluiremos o elemento tridimensional, nos baseando nos métodos pedagógicos de Friedrich Froebel.[7]

Trabalhando com a escala: em Verín, Galícia, em uma rota de percepção, analisamos o olhar entre as mãos (que representam o espaço mais próximo), e as dimensões de nosso próprio corpo, e nos perguntando sobre a diferença entre os lugares que nos cercam, conscientes de si e do lugar em que estamos

Trabalhando com a escala: em Cambados, Galícia, em uma rota de percepção, analisamos o olhar para o horizonte (o lugar mais longínquo), trabalhando as dimensões do espaço que nos rodeia

Trabalhando com a escala: em Ferrol, Galícia, foi realizada uma intervenção urbana efêmera: com água, as silhuetas das crianças ficam gravadas no muro, na intenção de humanizar o grande muro do Arsenal

CONCEITO 5: PAISAGEM

Interação entre a paisagem construída, a paisagem natural e os territórios intermediários. O objetivo aqui é compreender como as pessoas constroem a paisagem e como a paisagem nos constrói.

CONCEITO 6: SUSTENTABILIDADE

Queremos refletir sobre a forma pela qual nos relacionamos com o planeta. Estarmos conscientes de que o sustentável consiste em um equilíbrio entre o que nos permite desenvolver nossa vida e o que compromete nossa sobrevivência e a de gerações futuras. Trabalhamos com a inclusão do verde nas cidades e, para isso, usamos o sistema de bomba de sementes, de Masanobu Fukuoka.[8] Assim, entendemos a importância da vegetação nas cidades e vamos além para entender que a sustentabilidade implica a mudança de hábitos que temos arraigados em nossa vida.

Trabalhando com o tridimensional, na oficina em Malpica, Galícia. Aqui, o espaço escolhido para construir foi um vazio urbano, no qual as crianças criaram seu espaço e seu lugar de proteção no alinhamento da calçada

RESULTADOS

Com o projeto A Vila do Amanhã, a cidade em que vivem não é uma ideia abstrata nem uma série de pequenas imagens parciais. Começa a ser entendida como um entorno muito mais complexo e integral, uma rede de relações que se manifesta no espaço físico e que se aproxima à noção de habitat: o espaço que transcende a localização física em um território, no qual resolvemos nossas necessidades, estabelecendo relações com outras pessoas e com os meios natural e construído. O habitat também implica a memória e o simbólico da comunidade. Finalmente, o habitat como um sistema de relações e processos que são gerados entre três elementos: a natureza, a sociedade e o habitante.

As crianças aprendem a partir do lugar em que vivem, com duas ferramentas poderosas: a arte e a arquitetura. São dois elementos que nos ajudam a conhecer o mundo e, o mais importante, a também transformá-lo. Por isso, são combinadas ferramentas de diferentes

Na oficina em Ferrol, Galícia, jovens construíram um muro verde em um espaço residual no centro da cidade, como uma pequena semente por uma cidade mais sustentável. Essas estruturas coloridas são feitas com material geotêxtil, e dentro delas são colocadas bombas de sementes que, ao germinarem, formam um muro verde

disciplinas, pois tentamos introduzir conceitos de arquitetura e arte, bem como de paisagem, planejamento urbano e sustentabilidade.

Com atividades baseadas em jogos e brincadeiras, a linguagem fundamental da infância, as crianças se divertem e descobrem elementos de sua cidade até então desconhecidos para elas. Além disso, começam a entender sua capacidade de influência na cidade, a questionar atitudes e situações presentes. Aprendem brincando.

Estudantes de arquitetura aprendem com as crianças, rompem com a educação regrada, esquecem números, normas e técnicas urbanísticas e aprendem a entender as necessidades das crianças por meio da participação na oficina. Assim como as crianças aprendem a questionar as soluções atuais e a compreender diferentes perspectivas.

A Vila do Amanhã já trabalhou com 2.300 crianças com idades entre três e quinze anos, de diferentes cidades, e com cem estudantes dos últimos anos de arquitetura da Universidade de La Corunha, na Galícia, e da Universidade Presbiteriana Mackenzie, em São Paulo.

Trabalhando para uma cidade verde: em São Paulo, Brasil, as crianças prepararam bombas de sementes para inundar de vegetação seu espaço residencial

CONCLUSÕES

> Eu encaro a cidade com meu corpo; minhas pernas medem o comprimento das arcadas e a largura do quadrado; meu olhar inconscientemente projeta meu corpo na fachada da catedral, onde vagueia pelas molduras e contornos, sentindo o tamanho dos recessos e projeções [...]. Sinto-me na cidade e a cidade existe através da minha experiência incorporada. A cidade e meu corpo se complementam e se definem. Eu habito a cidade, a cidade habita em mim.[9]

Parafraseando o arquiteto finlandês Pallasmaa, habitar a cidade e deixar que a cidade me habite é uma ideia que tentamos transmitir às crianças de nossas oficinas com as diferentes atividades e ações propostas. Desde o eu, desde o ser/estar no mundo, desde o corpo, reconhecendo o habitat que nos rodeia com todos os nossos sentidos, entendendo-o, fazendo-o nosso, apropriando-se dele, com o objetivo

Apropriação da cidade que habito. Em Ferrol, Galícia, as crianças invadiram um espaço normalmente proibido, tiraram os automóveis e transformaram o lugar em espaço de brincadeiras

de saber que podemos modificá-lo para o bem ou para o mal. Para isso, nosso instrumento tem sido a brincadeira, a forma natural com a qual as crianças aprendem e se expressam. A cidade como um grande tabuleiro descoberta com ação e com seus próprios movimentos.

A percepção da cidade e do habitat das crianças mudou depois de realizar as oficinas do A Vila do Amanhã. O espaço urbano se transformou em parte delas, foi interiorizado, apropriado. Formaram-se laços com o lugar onde moram e descobriram-se capacidades de transitar e de se mover. No final da oficina, já há caminhos que se conhecem, espaços familiares, e referências pelas quais se guiam. Começam a fazer uma imagem mental da cidade e de suas dimensões.

Após as oficinas, resta repensar o modelo da cidade. Recuperar espaços e distâncias humanas, começar a reparar no conceito de rua versus rodovia; sendo que essas ruas são diversas e complexas, permitindo rotas alternativas e seguras para todos os meios de transporte. Para finalizar, citamos novamente Aldo van Eyck:

> Uma cidade, se é realmente uma cidade, tem um ritmo composto, baseado em muitos tipos de movimento, humano, mecânico e natural. O primeiro é paradoxalmente suprimido, o segundo é tiranicamente enfatizado, o terceiro é expresso de forma inadequada.
>
> Com rodas ou sem rodas, o homem é essencialmente um pedestre. Se ele realmente quer ser, se ele volta a sê-lo ou se não quer mais ser, isso é bastante arbitrário. Ele é um pedestre ! Side walk na verdade expressa exatamente o que é! Cuidar de pedestres significa cuidar da criança. Uma cidade que ignora a presença da criança é um lugar pobre. Seus movimentos serão incompletos e opressivos. A criança não pode redescobrir a cidade, a menos que a cidade redescubra a criança.[10]

Esse texto nos ajuda a lembrar que somos, antes de tudo, pedestres. Ainda que o urbanismo atual e todo seu entorno nos faça esquecer disso, como se o carro formasse uma parte indivisível de nosso corpo, somos pedestres e nosso corpo e nossos sentidos estão adaptados para o passo. Apenas podemos perceber a planicidade da cidade a pé.

O trânsito humano deve ser favorecido, pois é o que gera uma cidade mais completa, com seu ritmo e permanente contato com o meio físico. Além disso, deve-se buscar uma constante intermodalidade, com a flexibilização dos meios de transporte, o aumento de seus horários e tempos. A melhoria do transporte fará a cidade mais inclusiva para aqueles que não possam ou não queiram possuir seu veículo próprio.

Em resumo, devemos recuperar a cidade para as pessoas, o que implica criar ruas para os pedestres, que por sua vez significa fazer ruas para crianças. As crianças são sempre vulneráveis no entorno urbano atual: nada está feito na sua escala, as distâncias são longas, os tempos de cruzamento são curtos, as calçadas são estreitas, os veículos são muito rápidos. A construção das ruas para a infância implica na construção de uma rua para todos aqueles que, de alguma forma, são vulneráveis na cidade.

A percepção da cidade e do habitat para futuros arquitetos e para os adultos também mudou, o aprendizado com os pequenos nos levou a considerar aspectos da cidade que normalmente deixamos de fora nos manuais de planejamento urbano. As perguntas surgem novamente: como podemos recuperar a identidade da cidade? Como a cidade poderia ser novamente um lugar de encontro e de troca? Como podemos nos sentir seguros novamente nas casas, na cidade? Como podemos fazer da cidade nosso lugar, nosso espaço? O que podemos fazer para evitar que a cidade seja algo sujo, cinza, monstruoso? Essas são as questões que nos motivam a continuar evoluindo nas oficinas do A Vila do Amanhã.

NOTAS

NE. Texto originalmente escrito em espanhol. Tradução de Bianca Antunes.

1. *Manual del Team 10. Apud* VAN EYCK, Aldo (1962). *Collected articles and other writings: 1947-1998*, p. 112.
2. Ver HARVEY, David. *Ciudades rebeldes. Del derecho a la ciudad a la revolución urbana.*
3. Ver DEBORD, Guy. Teoria da deriva.
4. TODOROV, Tzvetan. *Teoría de la literatura de los formalistas rusos por Jakobson, Tinianov, Eichenbaum, Brik, Shklovski, Vinogradov, Tomashevski, Propp*, p. 55-70 .
5. ALBERTI, Leon Battista. *De re aedificatoria*, p. 98.
6. Ver KANDINSKY, Wassily. *Punto y línea sobre el plano. Contribución al análisis de los elementos pictóricos.*
7. Ver FRÖEBEL, Friedrich. *Da educación del hombre.*
8. Ver FUKUOKA, Masanobu. *Sembrando en el desierto: semillas para la regeneración del planeta.*
9. PALLASMAA, Juhani. *The eyes of the skin: architecture and the senses*, p. 44.
10. SMITHSON, Alison. *Team 10 primer*, p. 53.

A TRANSFORMAÇÃO DA COMUNIDADE

3

Mulheres Caminhantes!

Auditorias cidadãs e perspectiva de gênero na Zona Norte de São Paulo

ALICE JUNQUEIRA TERRA CAFFARO
ANA CAROLINA ALMEIDA SANTOS NUNES
LETICIA LEDA SABINO

AS CIDADES ESTÃO no centro das discussões internacionais sobre desenvolvimento, uma vez que atualmente 55% da população mundial vive em ambientes urbanos e, segundo projeções da Organização das Nações Unidas – ONU, essa proporção poderá chegar a 70% em 2050.[1] Por essa razão, a busca por cidades sustentáveis e inclusivas tornou-se a principal bandeira dos acordos políticos internacionais, expressados principalmente pela Nova Agenda Urbana e pela Agenda 2030, ambas da ONU, incluindo o Objetivo do Desenvolvimento Sustentável – ODS número onze: "tornar as cidades e os assentamentos humanos inclusivos, seguros, resilientes e sustentáveis".[2] Essas agendas apontam problemas que devem ser superados para que as cidades sejam sustentáveis e garantam o direito à cidade para todas as pessoas. Entre esses problemas, estão o padrão ineficiente e insustentável da mobilidade urbana e a violência de gênero nos espaços públicos.

Uma das soluções aos problemas referentes à mobilidade urbana é a substituição de modelos focados no transporte individual motorizado pela predominância de deslocamentos feitos por meios de transportes ativos e coletivos (mobilidade sustentável). Para que haja uma mudança no padrão de mobilidade geral, é essencial entender o padrão de mobilidade das mulheres. Em diversas cidades, por exemplo, são as mulheres que mais se deslocam a pé. Em relatório sobre gênero e deslocamentos na América Latina, aponta-se que as distâncias dos deslocamentos a pé das mulheres são entre 11% e 16% mais longas que as dos homens.[3] Em São Paulo, segundo análise dos dados oficiais sobre a divisão modal na região metropolitana de São Paulo (pesquisa Origem-Destino do Metrô) de 1977, 1987, 1997 e 2007, mulheres realizaram mais deslocamentos a pé do que homens, sendo, em 2007, a diferença de 8,8% a mais de viagens.[4]

A escolha pelo transporte a pé não é necessariamente voluntária, mas uma consequência dos desequilíbrios de gênero e do fato do planejamento dos transportes ser focado em facilitar primordialmente a produção econômica em vez do que se chama de mobilidade de cuidado (ou *mobility of care*), que são as viagens feitas para realizar tarefas domésticas e de cuidado com outras pessoas, assumidas prioritariamente pelas mulheres. Segundo Inés Sánchez de Madriaga, essa categorização de viagem não é levada em conta nas pesquisas de deslocamentos nas cidades, seja nas perguntas ou nas análises das viagens, o que faz com que sejam menos visíveis e simbolicamente menos importantes.[5] Um pesquisa realizada pela Foundation em Buenos Aires – FIA revelou que, em famílias com filhos e/ou filhas, a quantidade de deslocamentos das mulheres aumenta 13%, enquanto a dos homens tende a se manter estável.[6] De forma geral, isso resulta em uma diferença no padrão dos deslocamentos femininos, que acabam sendo realizados por rotas mais complexas.[7] Enquanto homens tendem a fazer mais deslocamentos pendulares (casa-trabalho), as mulheres realizam deslocamentos poligonais ou encadeados (casa-escola-compras-trabalho).

A experiência de deslocamento das mulheres tem ainda outro aspecto: o das barreiras que elas enfrentam em seu acesso à cidade. Essas barreiras não são apenas físicas, mas também psicológicas, simbólicas, de violência e de interdependência, o que faz com que seu acesso à cidade possa ser mais pesado e difícil.[8] A violência de gênero nos espaços públicos é uma das barreiras que afastam as mulheres da mobilidade sustentável, pois, além de dificultar o deslocamento de forma segura e confortável, impede o pleno exercício de seus direitos e oportunidades, o que, cabe ressaltar, se conecta a um outro objetivo da Agenda 2030 dedicado especificamente às questões de gênero. O ODS número cinco propõe alcançar a igualdade de gênero e empoderar todas as mulheres e meninas.

A solução apontada para enfrentar o problema é a erradicação da violência de gênero em todas as suas formas,[9] o que inclui desde o feminicídio até o assédio sexual. Esse apontamento é importante, pois ainda existem muitas formas de violência de gênero naturalizadas, como o assédio sexual verbal, comumente chamado de cantada. Nesse sentido, é importante destacar que a violência de gênero nos espaços públicos é facilitada tanto pelas características da infraestrutura e do desenho das cidades, quanto pelas dinâmicas de ocupação dos espaços, o que significa que a diversidade de vivências das mulheres e meninas é um aspecto a ser levado em conta no desenvolvimento de estratégias de soluções do desenho urbano.

Outro aspecto que não pode ser deixado de lado na discussão é a participação política. Para garantir que as soluções urbanas promovam equidade de gênero no direito à cidade, é preciso "garantir a participação plena e efetiva das mulheres e a igualdade de oportunidades para a liderança em todos os níveis de tomada de decisão na vida política, econômica e pública".[10] No entanto, as decisões sobre o desenvolvimento urbano das cidades latino-americanas estiveram, historicamente, concentradas nas mãos de homens.[11] Para reverter essa situação, não basta apenas que mulheres ocupem cargos públicos eletivos, é igualmente urgente que haja participação das cidadãs na formulação de políticas públicas de suas cidades.

Um dos caminhos para ampliar e qualificar as formas de participação na formulação de políticas públicas é a geo-participação, um termo emergente que vem sendo utilizado para descrever o uso da participação nos levantamentos de dados geo-referenciados e na criação de mapas.[12] No caso dos mapeamentos com perspectiva de gênero, uma das metodologias mais utilizadas internacionalmente é chamada de auditoria de segurança das mulheres (ou *women's safety audit*) ou auditoria de segurança com perspectiva de gênero (ou *gender-based safety audit*).[13] O uso desse tipo de metodologia aborda os dois diferentes usos da mobilidade como paradigma no desenvolvimento de estudos teóricos e práticos: por um lado, aborda-se a mobilidade como um objeto em si mesmo e, por outro, aborda-se a mobilidade como um enfoque para observar outros fenômenos sociais, como o planejamento urbano e a violência de gênero nos espaços públicos.[14]

Nesse sentido, é importante avançar para a construção de metodologias de auditorias que integrem a perspectiva de gênero com outras perspectivas, caso da proposta aqui apresentada, que integra segurança com perspectiva de gênero e mobilidade sustentável.

APRESENTAÇÃO DA METODOLOGIA

Levando em conta os desafios apresentados, o projeto Mulheres Caminhantes!, realizado pelas organizações Rede Mulheres Atuando pela Sustentabilidade – MAS, e pelo SampaPé!, desenvolveu uma metodologia de facilitação de auditoria cidadã. Nela, as mulheres cidadãs são posicionadas como especialistas que avaliam o espaço público do ponto de vista da segurança com perspectiva de gênero e da mobilidade sustentável e propõem soluções que considerem os dois temas ao mesmo tempo. A metodologia foi intitulada de auditoria de segurança de gênero e caminhabilidade, e foi criada a partir da integração de três linhas metodológicas de auditorias e observação do espaço público: auditorias de gênero; avaliações de caminhabilidade; e análises da qualidade do espaço público.

O resultado foi a construção de um processo de auditoria que combinou estratégias de levantamento de dados quantitativos e qualitativos, de observação de aspectos tangíveis e intangíveis do espaço público e da combinação de momentos formativos e práticos. São três etapas que compõem a auditoria:

1. Levantamento prévio de dados estatísticos contextuais secundários do território;
2. Realização de encontros com mulheres que circulam no território com atividades de mapeamento de sensações, avaliação do espaço público e cocriação de soluções;
3. Análise do processo e dos resultados para disseminação a atores estratégicos e à população em geral.

Além das etapas, a premissa da diversidade de participantes faz parte da metodologia, levando em consideração o conceito de interseccionalidade. Ou seja, entende-se que os pontos de vista das participantes são diferentes de acordo com os diferentes tipos de opressão que as atingem, vinculadas não só a gênero, mas também a características socioeconômicas, etárias, corporais e étnico-raciais.[15] Uma pesquisa do Fórum Brasileiro de Segurança Pública em parceria com o Datafolha, por exemplo, mostrou que 70% das jovens entre dezesseis e 24 anos relataram haver sofrido assédio em espaços públicos nos últimos doze meses, em contraposição à média, de 59%.[16] Já quando se observa o recorte racial, 43% das mulheres negras relataram ter sido assediadas no mesmo período, ante 35% das brancas. Os dados apontam que a violência e a discriminação atingem as mulheres de forma distinta. Logo, ao buscar diversidade de participantes, evita-se que as análises e as soluções propostas partam de um lugar único e pretensamente universal que define o que é ser mulher.

APLICAÇÃO DA METODOLOGIA

A metodologia teve sua implementação piloto entre o final de 2017 e o começo de 2019 em parceria com o Fórum de Mulheres da Zona Norte da cidade de São Paulo, especificamente no entorno do terminal Santana. A seguir, apresentamos um resumo dos resultados de cada etapa.

ETAPA 1: LEVANTAMENTO PRÉVIO DE DADOS ESTATÍSTICOS CONTEXTUAIS SECUNDÁRIOS DO TERRITÓRIO

Foi realizada uma análise rápida situacional (ou *rapid situational analysis*) com o objetivo de levantar dados do bairro e da região sobre população, renda, segurança pública, transporte e padrões de deslocamento, além da oferta de equipamentos públicos. Nessa análise, destacaram-se a ausência de delegacia da mulher e o padrão de uso de meios de transporte, o qual é semelhante ao de toda a região metropolitana de São Paulo, à exceção do metrô, que representa uma média de apenas 6% das viagens diárias na região. De acordo com dados da pesquisa origem-destino do Metrô de 2007, 28% das viagens diárias realizadas na região têm como modo principal o deslocamento por viagens a pé, seguido de ônibus (24%) e metrô (22%).[17]

Além do levantamento de dados, foi realizada uma visita técnica ao terminal Santana e seu entorno, para identificar as principais características socioespaciais do território. Foram observadas as conexões entre meios de transporte, o fluxo de pessoas a pé, a infraestrutura de mobilidade a pé e as vulnerabilidades sociais visíveis na região.

ETAPA 2:
ENCONTROS COM MULHERES QUE CIRCULAM NO TERRITÓRIO, COM ATIVIDADES DE MAPEAMENTO DE SENSAÇÕES, AVALIAÇÃO DO ESPAÇO PÚBLICO E COCRIAÇÃO DE SOLUÇÕES

Foi feito um convite para as integrantes do Fórum de Mulheres da Zona Norte com interesse em atuar diretamente no projeto e formou-se um grupo de 23 mulheres, de dezesseis a 74 anos, que participaram de três encontros. Para facilitar a participação das mulheres, foram providenciadas alimentação e ajuda de custo para transporte. Além disso, criou-se um espaço com brinquedos para quem precisasse levar crianças para as atividades, que contaram com a estrutura da paróquia Sant'Ana, cedida como forma de apoio local à iniciativa.

No primeiro encontro, foi analisada a percepção de segurança. A partir dos percursos e circuitos que as mulheres participantes apontaram como os locais pelos quais passam com mais frequência, evitam ou têm medo, foi traçado um trajeto para a realização da caminhada de percepção de segurança. Essa caminhada, realizada em período noturno e em silêncio, buscou captar as sensações das mulheres em cada trecho do trajeto. Enquanto caminhavam, as participantes foram convidadas a classificar suas percepções como negativa, neutra ou positiva em um instrumento de avaliação no formato de ficha. Em seguida, essas avaliações se aprofundaram em conversa, na qual as mulheres compartilharam com o grupo as razões

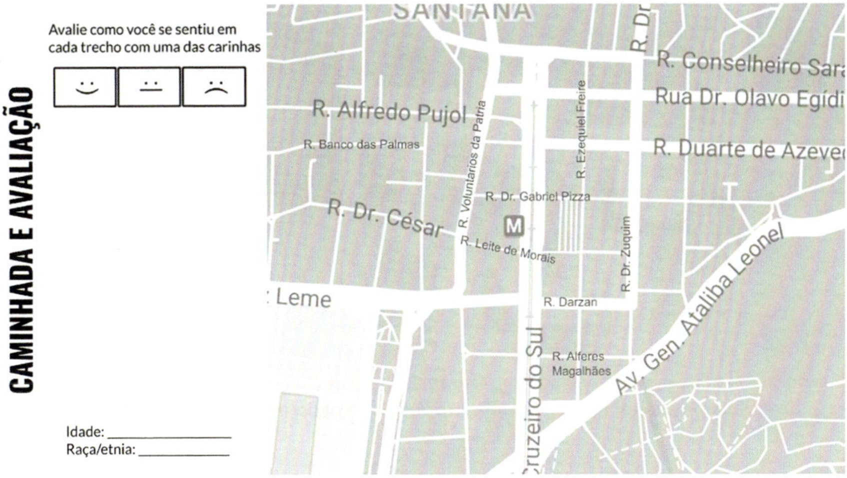

Fac-símile do instrumento de avaliação da primeira caminhada da metodologia

para as diferentes sensações. Os trechos que se destacaram por gerar as melhores e piores sensações foram selecionados para análise posterior.

Já no segundo encontro, foi realizada uma avaliação de caminhabilidade em um sábado durante o período da manhã. Neste dia, foi proposta uma reflexão inicial sobre os diferentes tipos de violência e apresentados os conceitos de mobilidade sustentável e caminhabilidade, como formas de alinhar o conhecimento que serviria de base para a análise realizada em seguida. Apresentou-se, então, o instrumento de avaliação de caminhabilidade, que propõe a análise do espaço público a partir de quatro camadas diferentes: do chão, de cima, dos acessos e das sensações. Cada camada reúne elementos a serem observados no espaço, de modo a facilitar a análise de diversos itens relativos à caminhabilidade.

As participantes foram divididas em quatro grupos, cada um focado em uma camada, para caminhar pelos trechos selecionados anteriormente, acompanhadas de uma facilitadora. Ao longo do trajeto, elas atribuíam notas de um a cinco (sendo um a pior nota e cinco a melhor) a cada trecho, de acordo com os elementos de cada camada. As notas podiam ser

Participantes fazem foto usando molduras verde e vermelha, de forma a registrar elementos positivos e negativos para o espaço público

justificadas com comentários escritos, além de fotos com molduras verdes (para elementos positivos) ou vermelhas (para elementos negativos).

No terceiro encontro, também realizado em um sábado de manhã, o foco foi a cocriação de soluções. Após compilar os resultados das atividades anteriores, as facilitadoras convidaram, para participar desse encontro, outras mulheres dos movimentos feminista e de mobilidade, que se juntaram às participantes iniciais. O encontro foi iniciado com uma apresentação do diagnóstico do espaço público pelas mulheres participantes. Em seguida, todas as presentes foram divididas em grupos para definir os problemas prioritários e pensarem em soluções, indicando quais atores eram necessários mobilizar para colocá-las em prática, entre poder público, sociedade civil e setor privado.

ETAPA 3:
ANÁLISE DO PROCESSO E DOS RESULTADOS E DISSEMINAÇÃO PARA ATORES ESTRATÉGICOS E POPULAÇÃO EM GERAL

Por fim, foi desenvolvido um relatório final, em que além de relatar o processo, os diagnósticos e as soluções apontadas pelas participantes, a equipe coordenadora do projeto também acrescentou análises a partir de seus conhecimentos nas temáticas envolvidas, como soluções específicas de intervenção física para melhorar a caminhabilidade no território.

ESPAÇOS ANALISADOS PELAS PARTICIPANTES

CAMADA DE BAIXO	Calçada e travessias: largura, inclinação, pavimentação, obstáculos, segurança das travessias e segurança viária.
CAMADA DE CIMA	Tudo o que está sobre a calçada e fachadas: iluminação, conforto térmico, lugares para descansar e passear, limpeza e poluição, presença e qualidade da sinalização, comércio e outros serviços na calçada, interação com a rua, fachadas, violência simbólica.
CAMADA DE ACESSO	Conexão com outros transportes e lugares: acesso ao transporte público, acesso a edifícios, sinalização, acessibilidade, lugar de espera.
CAMADA DE USOS E PESSOAS	Sensação e interação: condições das construções, diversidade, outras atividades, sons no caminho, cheiros, atitudes e comportamentos na rua.

Esse relatório completo foi publicado na internet e com acesso aberto.[18] O documento também foi apresentado em um evento que contou com a presença de representantes do poder público, como vereadoras e vereadores e representantes das subprefeituras da Zona Norte.

Após o diagnóstico, realizou-se em 2019 a próxima etapa do projeto, concentrada na implementação de algumas das soluções criadas pelas participantes. Nesse processo, para definir e planejar as ações que seriam colocadas em prática, foram realizados dois encontros. Neles, as mulheres participantes revisitaram as soluções propostas, selecionaram as ações de acordo com o potencial de alcance, a viabilidade financeira e a possibilidade de realização no curto prazo e, ao final, dividiram responsabilidades. As soluções escolhidas e adaptadas à realidade da implementação foram:

1. Criar lambe-lambes e intervenções para chamar atenção para o assédio sexual e informar mulheres sobre seus direitos;

2. Elaborar um manifesto do ponto de ônibus ideal e colocar informações relevantes nos pontos de ônibus próximos ao terminal;
3. Chamar atenção para a falta de iluminação das ruas e pontos de ônibus;
4. Criar espaços de discussão sobre masculinidades nas escolas (essa, especificamente, foi incorporada à criação das mensagens dos lambe-lambes para otimizar o conjunto das ações).

Segundo Carolyn Whitzman, existem três práticas urbanas que, combinadas, criam ambientes mais seguros e acolhedores para meninas e mulheres: a implementação de mais segurança nos espaços, como melhorar a iluminação das ruas; a criação de ambientes mais seguros, como o planejamento urbano que gera bairros com mais diversidade, acesso e uso das ruas; e a realização de práticas discursivas de segurança dos espaços, que estão ligadas à dimensão simbólica e podem ser, por exemplo, ações que colocam mensagens de anti-violência nas ruas e processos de participação cidadã no espaço público.[19] Seguindo essa categorização, é possível considerar que as soluções criadas são ações de práticas discursivas, pois elas têm sua centralidade na propagação de mensagens para a promoção de melhorias na infraestrutura e dinâmica de ocupação do espaço. A seguir, apresentamos as mensagens promovidas em cada ação.

CRIAÇÃO DE LAMBE-LAMBES E INTERVENÇÕES ARTÍSTICAS PARA CHAMAR ATENÇÃO PARA O ASSÉDIO SEXUAL E INFORMAR MULHERES SOBRE SEUS DIREITOS

Os lambe-lambes criados promoveram mensagens que buscam desnaturalizar o assédio sexual nos espaços públicos e encorajar seu enfrentamento. As intervenções, por sua vez, centraram-se no uso da linguagem artística para chamar a atenção para o problema. Durante a colagem dos lambes, foi tocada uma lista de músicas com letras feministas e houve interação de uma palhaça com o público transeunte. Também foi produzido um grafite no Museu Aberto de Arte Urbana – MAAU, localizado ao lado do terminal Santana, que ilustrou a vontade, a necessidade e o direito que as mulheres têm de estar no espaço público com comodidade e segurança.

PROBLEMAS APONTADOS COMO PRIORITÁRIOS E SOLUÇÕES PROPOSTAS

GRUPO	PROBLEMA	LINHAS DE AÇÃO	SOLUÇÕES PRINCIPAIS
1	Zeladoria, com foco nos itens: - rampas de acesso; - iluminação; - buracos; - falta de limpeza.	Sensibilização Ativismo Ação no espaço	- Envio de relatório para poder publico. - Intervenções na rua com lambe-lambes com frases de efeito e reflexões, chamando atenção aos problemas apontados.
2	Desconforto e insegurança nos pontos de ônibus.	Sensibilização Campanha Manifesto	- Curto prazo: campanha para ir de lanterna até o ponto de ônibus para chamar atenção ao problema. - Longo prazo: manifesto e pressão no poder público para aumentar escala de alcance das soluções para toda a cidade.
3	Insegurança relacionada ao assédio sexual.	Educação Discussão	Rodas de conversa sobre masculinidades em escolas.
4	Insegurança à noite.	Projeto no ambiente construído.	- Sinalização para pedestres (indicativa e informativa). - Aterramento dos fios. - Melhor iluminação – LED.

ELABORAÇÃO DE UM MANIFESTO DO PONTO DE ÔNIBUS IDEAL E INSERÇÃO DE INFORMAÇÕES RELEVANTES NOS PONTOS DE ÔNIBUS PERTO DO TERMINAL

O manifesto do ponto de ônibus ideal, construído pelas próprias participantes, promove uma mensagem propositiva, apontando providências que podem ser tomadas para melhorar os pontos de ônibus e torná-los mais eficientes e convidativos para mulheres e meninas. Já a outra solução consistiu em elaborar adesivos de informações sobre linhas de ônibus para os pontos de parada da região. Além de ampliar a quantidade e a legibilidade dessas informações imprescindíveis para as usuárias dos ônibus municipais, os adesivos também incluíam informação sobre leis e canais de atendimento de proteção à mulher.

ATENÇÃO PARA A FALTA DE ILUMINAÇÃO DAS RUAS E PONTOS DE ÔNIBUS

Foi realizada uma intervenção chamada lanternaço,[20] que consistiu em uma caminhada coletiva com lanternas na mão para ilustrar o problema da falta de iluminação. Durante a caminhada, a mensagem promovida foi a dificuldade de mobilidade das mulheres e os altos índices de violência.

Finalmente, após a implantação das soluções escolhidas, foi articulada uma audiência pública com duas vereadoras municipais. Durante a audiência, foram apresentados os problemas e as ações de forma resumida, abrindo para o debate entre as pessoas participantes. Entre elas havia representantes da São Paulo Transporte – SPtrans e da Companhia de Engenharia e Tráfego – CET, as duas empresas municipais responsáveis pela maior parte das estruturas de circulação na cidade e acesso ao transporte público. Dessa forma, espera-se que, ao tomarem conhecimento das perspectivas, problemas e soluções vislumbradas por mulheres e meninas usuárias de transporte público, o poder público possa adotar iniciativas para mudar o ambiente, assim como incorporar práticas de igualdade de gênero na formulação de programas e projetos.

DISCUSSÃO

A partir dos resultados da aplicação da auditoria cidadã, é possível vincular os diagnósticos à literatura existente sobre a exclusão e a vulnerabilização de mulheres e meninas do espaço público.

Um dos pontos levantados pelas mulheres durante os momentos formativos foi a relevância do contato entre mulheres de diferentes idades para mostrar percepções diferentes sobre o espaço público. Reforçando, assim, a importância da abordagem interseccional sobre as questões de gênero, considerando a pluralidade das mulheres. Por exemplo, lugares

Duas artes em lambe-lambes, que foram espalhadas pelas ruas do entorno do Terminal Santana

Participantes do projeto posam em frente ao painel de grafite, ainda em elaboração, no canteiro central da avenida Cruzeiro do Sul

Imagem do painel de grafite completo no Museu Aberto de Arte Urbana

Rua Leite de Morais, 134 - Santana

971X-10 - Metrô Santana - Terminal Cachoeirinha

Informações			
	2a-6a	**Sáb**	**Dom/feriado**
Intervalo (em minutos)	(M) 5-12 (T) 5-12 (N) 7-20	(M) 7-16 (T) 7-9 (N) 8-15	(M) 10-20 (T) 11-14 (N) 11-20
1a partida	4:25	4:20	4:25
Última partida	23:45	23:50	23:45

Tempo de viagem	**2a-6a**	**Sáb**	**Dom/feriado**
Pico manhã	39	35	28
Fora do pico	46	51	35
Pico tarde	54	48	35

Trajeto

- Av. Cruzeiro do Sul
- R. Racionalismo Cristão
- R. Alfredo Pujol
- R. Aluísio de Azevedo
- Al. Alfonso Schmidt
- Av. Imirim
- Largo do Japonês
- Av. dep. Antonio Carlos
- R. Edson Anrade Silva
- Avenida Inajar de Souza

Chegada: Terminal Cachoeirinha

De acordo com a lei 16.490/2016, **mulheres e pessoas idosas têm direito** a **descer do ônibus fora do ponto** entre 22h00 e 05h00.

Se você for vítima de **assédio sexual dentro do ônibus, ligue para o 190** ou **peça ajuda ao motorista**. Ele deverá se dirigir a uma delegacia de polícia, onde será registrado um boletim de ocorrência. Caso o assédio seja praticado pelo motorista ou cobrador, **registre reclamação** diretamente com a Prefeitura, ligando para o 156.

De acordo com a lei 16.490/2016, **mulheres e pessoas idosas têm direito** a **descer do ônibus fora do ponto** entre 22h00 e 05h00.

Se você for vítima de **assédio sexual dentro do ônibus, ligue para o 190** ou **peça ajuda ao motorista**. Ele deverá se dirigir a uma delegacia de polícia, onde será registrado um boletim de ocorrência. Caso o assédio seja praticado pelo motorista ou cobrador, **registre reclamação** diretamente com a Prefeitura, ligando para o 156.

De acordo com a lei 16.490/2016, **mulheres e pessoas idosas têm direito** a **descer do ônibus fora do ponto** entre 22h00 e 05h00.

Se você for vítima de **assédio sexual dentro do ônibus, ligue para o 190** ou **peça ajuda ao motorista**. Ele deverá se dirigir a uma delegacia de polícia, onde será registrado um boletim de ocorrência. Caso o assédio seja praticado pelo motorista ou cobrador, **registre reclamação** diretamente com a Prefeitura, ligando para o 156.

Fac-símile de adesivos afixados em todos os pontos de ônibus da região

com muito movimento foram apontados pelas participantes como desconfortáveis e inseguros para mulheres com crianças ou bebês e para idosas. Isso gerou uma reflexão sobre os pontos positivos e negativos de lugares movimentados. Por um lado, apontou-se como positiva a presença de muitas pessoas para gerar ambientes seguros e vibrantes. Por outro, destacou-se como esse tipo de ambiente exclui diversos ritmos de caminhar e, por consequência, pessoas de diferentes idades e condições físicas. Entre as razões, estão a sensação de temor de crianças e idosas se perderem, o desrespeito a seus ritmos, a falta de local para descansar e a importunação que mães podem receber ao amamentar. Tais percepções são evidências do descumprimento da adaptação para todas as fases da vida das pessoas que um espaço deve ter.[21]

Esse tipo de desafio pode ser enfrentado a curto prazo com ações como reposicionamento de pontos de ônibus, ampliação do espaços das calçadas e implantação de mobiliário urbano de descanso, enquanto a médio e longo prazo é possível focar na descentralização de fluxos do terminal. Estratégias de incidência política da sociedade civil para tais intervenções são um dos tipos de soluções mais comuns do ponto de vista do urbanismo[22] para a inclusão da perspectiva e necessidades dos deslocamentos de cuidado no espaço construído. Além disso, é importante ressaltar que entornos acessíveis e com mais variedade no uso dos imóveis atraem pessoas diversas e, por consequência, podem melhorar a sensação de segurança das mulheres e meninas, o que tornaria esses espaços mais acolhedores.[23]

Outro ponto importante levantado foram os elementos de segurança pública que não promovem, necessariamente, mais segurança a mulheres, meninas e crianças. No caso relatado, isso ficou evidente a partir da avaliação da presença de câmeras de segurança no espaço público. As mulheres participantes apontaram que câmeras de segurança podem gerar a sensação de serem invadidas, por não saber quem está observando e para que servem, e inclusive poder gerar mais insegurança ao caminharem sozinhas nas ruas. Além disso, as mulheres negras participantes reforçaram que medidas de segurança do Estado, centradas na vigilância e repressão, muitas vezes geram insegurança por reproduzirem o racismo institucional.

O ponto de ônibus que queremos

por **Mulheres Caminhantes! Terminal Santana**

Quando a iluminação é crítica, os índices de violência são altos e não temos nenhuma delegacia da mulher, garantir que os pontos de ônibus da nossa região sejam seguros e confortáveis se torna mais essencial. Por isso, o coletivo "Mulheres da Zona Norte por um SP Segura e Sustentável" se reuniu para pensar como seria nosso ponto de ônibus ideal. Confira e nos ajude a cobrar a Prefeitura!

Localização

Sempre tem faixa de pedestres nas imediações.
Está próximo a comércios abertos 24 horas.
Está em ruas com movimento durante o dia e a noite.

Informação

Lista todas as linhas que passam ali, seus trajetos e horário de circulação.
Informa em tempo real a espera dos ônibus.
Indica os equipamentos e serviços do entorno.

Modelo

Oferece cobertura para sol ou chuva.
Tem espaço para carrinhos e cadeiras de rodas.
Está sempre bem iluminado.
É transparente, visível de todos os lados e aberto.
As calçadas estão são acessíveis e estão sempre em bom estado - no ponto e nas imediações.

Segurança

Tem as ruas do entorno bem iluminadas.
Conta com câmera de segurança do poder público.
Apresenta números e serviços para denúncias de ocorrências.
Exibe campanhas contra assédio sexual.
Tem telefone ou botão de emergência.
Conta com a presença de agentes no período da noite.

Serviços

Tem máquinas para carregar o cartão de transporte.
Conta com acesso a Wi-Fi livre.
Tem bebedouros.

Manutenção

Possui espaços de participação e consultas públicas constantes para garantir segurança e qualidade.
Conta com um item específico no SAC e um canal de comunicação fácil relacionado à segurança e qualidade em pontos de ônibus.

PROJETO REALIZADO COM RECURSOS DO PROGRAMA CASA CIDADES | WWW.CASACIDADES.CASA.ORG.BR

casa CIDADES REALIZAÇÃO: FUNDO SOCIOAMBIENTAL casa INVESTINDO EM CUIDAR APOIO FINANCEIRO: fundo SOCIOAMBIENTAL CAIXA OAK FOUNDATION

Fac-símile do panfleto do manifesto do ponto de ônibus ideal

Nas discussões do urbanismo feminista, com destaque para o coletivo espanhol Punt.6, há muita resistência ao uso desses elementos para a prevenção de crime, que foram amplamente difundidos por meio de um modelo de desenho urbano criado nos anos 1970 com base nos subúrbios norte-americanos e chamado Prevenção de Crime Através do Desenho do Entorno (Crime Prevention Through Environmental Design – CPTED).[24] O uso desses elementos foca em evitar "crimes à propriedade privada, como assaltos, e propõe ações com estratégias restritivas como: presença da polícia, controle de acesso, eliminação de rotas de escape e instalação de câmera de segurança".[25] Dessa forma, câmeras não servem para enfrentar a violência de gênero, mas para tornar os ambientes mais assépticos, de forma a não transmitirem a sensação de segurança e acolhimento, além de ignorar a maioria dos crimes e ocorrências contra as mulheres e não analisar a violência machista.[26]

Finalmente, foi levantado como a presença de comércio ambulante próximo a estruturas que normalmente geram sensação de hostilidade, como baixios de viaduto ou próximo a áreas muradas extensas, pode ser positiva para a circulação a pé. Isso porque a presença de atividade comercial garante a presença de pessoas nesses espaços, criando o que Jane Jacobs chama de olhos da rua,[27] ou seja, a possibilidade de diferentes pessoas se verem, interagirem e cuidarem umas das outras no espaço público. Além disso, esse tipo de comércio amplia o interesse desses locais e sua vitalidade, por gerar uma nova dinâmica para o espaço, que passa a ter grupos de pessoas conversando e comendo.

Seguindo essa lógica, foi justamente o mesmo baixio escolhido para a pintura do mural de grafite para expressar mensagem de apoio à liberdade das mulheres no acesso à cidade. Vale ressaltar que as colunas da estrutura que recebeu a pintura são conhecidas como Museu Aberto de Arte Urbana – Maau e contam com murais de diferentes artistas da cidade, em sua maioria homens, e ocupar esse local com tal mensagem também foi simbólico do ponto de vista da representatividade nos espaços públicos. Nesse sentido, vale destacar que tal ação colabora com o princípio de visibilidade formulado pela Anne Michaud,[28] para a construção de ambientes urbanos seguros. Segundo a autora, além de garantir visibilidade entre as pessoas na rua, é preciso gerar visibilidade simbólica a partir do reconhecimento e representatividade das mulheres nos espaços públicos.

CONCLUSÃO

Conforme discutido, a transformação para um padrão de mobilidade sustentável e o enfrentamento à violência de gênero nos espaços públicos são estratégias imprescindíveis à construção de cidades sustentáveis e inclusivas, pautas presentes nas principais agendas internacionais que discutem o desenvolvimento urbano, a Nova Agenda Urbana e a Agenda 2030 (ODS número onze). No entanto, as vivências das pessoas que se deslocam a pé e por transporte público, especialmente mulheres e meninas, foram historicamente ignoradas nos processo de tomada de decisão sobre políticas públicas de desenvolvimento urbano. Apesar dos próprios dados sobre deslocamentos urbanos apontarem que mulheres são maioria caminhando e no transporte público, os sistemas de mobilidade continuam sendo planejados a partir de uma perspectiva masculina (e, em muitos casos, usuários de automóveis), voltada apenas para atender às necessidades de deslocamento de trabalhadores. Da mesma forma, o olhar para a segurança no espaço público não considera suficientemente todas as formas de violência de gênero e seu vínculo com aspectos da mobilidade. O resultado é o que Fenster chama de *trampa planificada* (ou, em tradução livre das autoras, pegadinha planejada), ou seja, ao desenharem espaços sem prestar maior atenção às sensibilidades inerentes aos gêneros, os planejadores criam espaços que não são usados.[29]

A metodologia de auditoria cidadã apresentada neste artigo propõe justamente a inversão da lógica predominante, sugerindo não apenas a participação das mulheres no planejamento urbano a partir de visões especialistas, mas também a partir de visões cidadãs. Nesse sentido, propõe a inversão de uma lógica de coleta de indicadores centrada majoritariamente em indicadores quantitativos que invisibilizam as viagens de cuidado e necessidades específicas da mobilidade de mulheres e meninas. Trata-se, portanto, de uma proposta que integra capacitação, diálogo e escuta e valoriza a importância das diversas experiências das cidadãs na cidade.

As reflexões e soluções trazidas pelas cidadãs durante a aplicação da metodologia no entorno do terminal Santana combinam algumas das propostas mais tradicionais que visam a melhorar a segurança e a mobilidade no espaço público, e a ampliar espaços de circulação e garantir acessibilidade física, com outras que reforçam proposições do urbanismo feminista contemporâneo, como ressignificar espaços hostis e ampliar a diversidade de pessoas circulando nos espaços como forma de aumentar a segurança. Ainda assim, as ideias aqui abordadas são apenas uma pequena parcela do que emergiu durante o caso apresentado, o que reforça a necessidade urgente de aprimorar os mecanismos de participação nas cidades, de modo a integrar as diversas experiências cidadãs e trazê-las para o centro da discussão de soluções. Com isso, espera-se também que a produção de dados sobre mobilidade corresponda melhor às diferentes realidades urbanas brasileiras, de forma a evidenciar deslocamentos de cuidado e mapear deslocamentos poligonais. Ao mesmo tempo, reforça-se a necessidade de combinar diagnósticos locais e análises macro para o planejamento de soluções que resultem em cidades mais inclusivas. Tal horizonte, conforme buscou-se evidenciar, só é possível com a participação das mulheres.

Conclui-se que a participação cidadã – que considera a cidadania especialista e oferece ferramentas e capacitação para que possam avaliar os espaços públicos e propor soluções – é muito importante para a construção de cidades mais sustentáveis e inclusivas. Assim como é importante considerar, além do gênero, outras variáveis socioeconômicas, como raça, orientação sexual, idade, classe social, status migratório, que também influenciam a desigualdade no direito à cidade. Nesse sentido, os processos de participação cidadã devem ser contínuos e evoluir com o tempo, não sendo possível construir cidades melhores para as pessoas com a aplicação pontual de uma metodologia participativa.

Assim como as pessoas que vivem nas cidades estão em constante transformação, as políticas e formulações dos espaços devem acompanhar as mudanças. Dessa maneira, metodologias como a apresentada neste artigo colaboram para a transição de um modelo de gestão participativa que apenas informa e às vezes consulta a cidadania sobre as decisões governamentais para modelos mais complexos, baseados na colaboração constante e engajamento mútuo entre cidadania e governo.[30]

NOTAS

1. Ver Revision of world urbanization prospects.
2. Os objetivos de desenvolvimento sustentável no Brasil. Ver o 11° objetivo.
3. Ver CASAS, Marina; ESPINOSA, Cindy; LARA, Carlos. Gender determinants in urban mobility policies in Latin America.
4. Ver SVAB, Haydée. *Evolução dos padrões de deslocamento na Região Metropolitana de São Paulo: a necessidade de uma análise de gênero.*
5. GRANADA, Isabel; et al. *El porqué de la relación entre género y transporte*, p. 10.
6. Ver ALLEN, Heather; PEREYA, Leda; SAGARIS, Lake; CADENAS, Galo. *Ella se mueve segura – she moves safely. A study on women's and public transport in three Latin American cities.*
7. Ver CASAS, Marina; ESPINOSA, Cindy; LARA, Carlos. Op. cit.
8. Ver JIRÓN, Paola; MANSILLA, Pablo. Atravesando la espesura de la ciudad: vida cotidiana y barreras de accesibilidad de los habitantes de la periferia urbana de Santiago de Chile.
9. Os objetivos de desenvolvimento sustentável no Brasil (op. cit.). Ver o item 5.2 do quinto objetivo: "eliminar todas as formas de violência contra todas as mulheres e meninas nas esferas públicas e privadas, incluindo o tráfico e exploração sexual e de outros tipos".
10. Idem, ibidem. Ver o item 5.5 do quinto objetivo.
11. Ver MONTANER, Jose Maria; MUXÍ, Zaida. *Arquitetura e política: ensaios para mundos alternativos.*
12. Ver PÁNEK, Jiří. From mental maps to geoparticipation.
13. Ver WOMEN IN CITIES INTERNATIONAL. *Women's safety audits. What works and where?*
14. Ver JIRÓN, Paola; IMILÁN, Walter. *Moviendo los estudios urbanos. La movilidad como objeto de estudio o como enfoque para comprender la ciudad contemporánea.*
15. Ver CRENSHAW, Kimberlé. Documento para o encontro de especialistas em aspectos da discriminação racial relativos ao gênero.

16. *Visível e invisível: a vitimização de mulheres no Brasil.*
17. *Pesquisa origem e destino.*
18. ARACENA, Jara Vicente; GOMES, Kamila; CAFFARO, Alice Junqueira Terra; NUNES, Ana Carolina Almeida Santos; SABINO, Leticia Leda. Análises, resultado e recomendações: Mulheres Caminhantes! Auditoria de segurança de gênero e caminhabilidade Terminal Santana.
19. Cf. WHITZMAN, Carolyn. Women's safety and everyday mobility, p. 35-38. Ver também: JUNQUEIRA, Alice; NUNES, Ana Carolina; SABINO, Leticia Leda. ¿Cómo observar y evaluar el espacio público con las mujeres para contribuir con la construcción de ciudades seguras y sostenibles?
20. A intervenção foi inspirada em uma ação de um grupo de mulheres da União de Núcleos, Associações dos Moradores de Heliópolis – UNAS, que usou essa tática para lutar pela melhoria da iluminação no bairro de Heliópolis, periferia da Zona Sul da cidade de São Paulo.
21. Ver SIMONE, Liliana de. Mujeres y ciudades. Urbanismo género-consciente, espacio público y aportes para la ciudad inclusiva desde un enfoque de derechos.
22. Ver JIRÓN, Paola; GÓMEZ, Javiera. Interdependencia, Cuidado y género desde las estrategias de movilidad en la ciudad de Santiago.
23. Ver GUTIÉRREZ, Blanca Valdivia; et al. *Entornos habitables: auditoría de seguridad urbana con perspectiva de género en la vivienda y el entorno.*
24. Ver SABINO, Leticia Leda (Org.). Índice técnico de caminhabilidade sensível a gênero.
25. Idem, ibidem, p. 26.
26. FALÚ, Ana. Violencia y discriminaciones en las ciudades, p. 120, 142.
27. Cf. JACOBS, Jane. *Morte e vida de grandes cidades.*
28. Cf. MICHAUD, Anne. *Guide des formatrices et formateurs. Pour un environnement urbain sécuritaire.*
29. FENSTER, Tovi. El derecho a la ciudad y la vida cotidiana basada en el género, p. 66-80.
30. IAP2. Spectrum of public participation.

Aula pública

Transformando a vida das crianças e adolescentes na Baixada do Glicério, São Paulo

PAULO MAGALHÃES

OS MOTIVOS QUE ME LEVARAM a realizar o projeto Aula Pública foram: acreditar no serviço público, ter a certeza de que podemos aprimorar o atendimento aos nossos alunos e acreditar que a transformação se passa pela educação. Há mais de trinta anos, tenho me posicionado e lutado pela melhoria da escola pública, sempre tendo como base o pensamento de Paulo Freire; e enxerguei na aula pública uma forma de apropriação do espaço que abre a brecha para que as crianças e adolescentes se reconheçam como sujeitos ativos no processo histórico. A aula pública é uma forma de resistência contra as tentativas de apagamento da história, neste caso específico, dos moradores do Glicério.

> Nas condições de verdadeira aprendizagem, os educandos vão se transformando em reais sujeitos da construção e da reconstrução do saber ensinado, ao lado do educador, igualmente sujeito do processo.[1]

Percebi desde o primeiro dia que entrei em sala de aula, que poderia contribuir para melhorar a sociedade e fazê-la acreditar que o caminho da mudança está atrelado à educação. Ao mesmo tempo, e desde muitos anos, a violência urbana tem sido a tônica da Baixada do Glicério, na região central de São Paulo, e que possui um quadro social devastador de famílias que fogem à estrutura nuclear tradicional e, por isso, são denominadas desestruturadas, além da situação de vulnerabilidade em que se encontram.

A maioria dos alunos da escola municipal de ensino fundamental do bairro (a Escola Municipal de Ensino Fundamental – EMEF Duque de Caxias) reside ou possui parentes que moram em pensões, abrigos, cortiços ou vivem em situação de risco, morando embaixo de viadutos. Foi exatamente nesse contexto de perceber no Glicério a ausência do poder público – e, por conseguinte, a carência de políticas públicas – e uma comunidade calejada pela violência, esquecida de seus direitos e deveres constitucionais, que demos o pontapé inicial na relevante tarefa de sair da sala de aula. Essa mudança de espaço teve como objetivo fazer com que os alunos pudessem se reconhecer na e junto à comunidade, de modo a construir uma consciência coletiva do que ali estava estabelecido e do que poderia ser melhorado e preservado para que o espaço público fosse devidamente apropriado por eles.

A questão trazia à tona o papel do indivíduo na sociedade, ou melhor, que papel o aluno poderia ter ou deveria exercer na sociedade? Uma emergência estava posta: oferecer ao aluno a voz dos sujeitos históricos que fazem a história acontecer no cotidiano das realidades em que estão inseridos, uma aprendizagem que seria processual e persistente com visitas pelo bairro e por espaços públicos da cidade que deveria vê-los como cidadãos de fato. Assim, através da aula pública, tornou-se possível contribuir de forma mais eficaz para a formação intelectual e cidadã dos alunos, incentivando a compreensão e o entendimento de questões políticas da sociedade brasileira a partir de dados da sua região. Este projeto, na medida do possível, tem contribuído para formar líderes, desdobrando-se na vertente do objetivo inicial: compreender e fortalecer o processo de transformação do espaço e sua real ocupação, além de melhorar os índices de aproveitamento escolar.

Tudo começou em 2010, quando cheguei à EMEF Duque de Caxias e resolvi enfrentar os novos desafios nessa escola. Dou aulas na disciplina de geografia, sendo, no primeiro ciclo, aulas compartilhadas (quartos e quintos anos) e, no segundo ciclo (sextos aos nonos anos), aulas na Escola de Jovens e Adultos – EJA.

Vivenciei na época todo tipo de agressão dos alunos e os professores eram arredios e não permitiam trocas de ideias. Direção transitória, coordenação nova e eu professor recém-chegado: um labirinto para desvendar. Na primeira semana, fui apresentado à coordenadora pedagógica Andrea Mattos, que me perguntou se eu não queria encabeçar um projeto com uma exposição educativa chamada "A cidade esconde o rio: a história da várzea do Tamanduateí". Seria uma parceria entre a escola, a Fundação Energia e Saneamento e a Diretoria Regional de Educação Ipiranga da Prefeitura de São Paulo. A partir desse projeto, nós teríamos que começar a vasculhar o território.

A própria comunidade não olhava com bons olhos nossos alunos fotografando o bairro ou algum aluno tentando entrevistar moradores. Às vezes, ouvíamos na rua pessoas em rodinha perguntando: "quem é esse cara?" Mas a relevância de sair da sala de aula fez com que nossos alunos reconhecessem a importância de preservar o espaço público e de reconhecer, através dele, o seu papel na sociedade. Já nessas primeiras visitas, foi possível contribuir para a sua formação intelectual e cidadã e incentivar a compreensão e o entendimento tanto de questões políticas da sociedade brasileira, quanto da região.

Foi apenas em 2016, ano do surgimento do projeto Aula Pública, que o bairro – que antes não estava preparado para receber os estudantes em seus espaços públicos – se mostrou receptivo ao trabalho. Atualmente, estamos quebrando uma armadura muito grande, pois a população não só está mais receptiva a tudo isso como também ajuda a promover a aula, hoje reconhecida tanto dentro quanto fora da escola, além de incorporar a disciplina de geografia em todos os cantos do bairro. Começamos vasculhando o território timidamente e sabíamos também dos riscos: a região apresenta altos índices de violência, com destaque para roubos e tráfico de drogas.

Desde o primeiro instante, percebi que minha atuação como professor teria de ser eficaz para ser transformadora. Assim, instigar no público-alvo o desejo de mudar os baixos índices de qualidade de vida precisaria ser iniciado na base, ou seja, na comunidade. A metodologia usada não poderia ser nos moldes tradicionais. Como não havia um modelo definido, criei um formato que abordasse as circunstâncias da realidade, um ideal de existência humana e alcance de resultados a curto, médio e longo prazos. Foi assim que os sete passos do projeto Aula Pública se tornaram realidade.

O primeiro deles é a preparação de materiais – trabalho prévio e busca de conteúdos formativos – e sua logística no território – rede de proteção formada por pais, professores e amigos da escola. O segundo, um pacto com os estudantes: somos parte de um processo na construção de uma sociedade inclusiva). O terceiro, parcerias com a comunidade, ou seja, o estreitamento de laços entre os professores, gestão e vínculos com a comunidade. O quarto, envolvimento da comunidade escolar nas aulas: os saberes produzidos partem da realidade objetiva, sendo o conhecimento prévio dos envolvidos o gancho para a produção do conhecimento cognitivo. O quinto, a articulação da aula com o currículo, ou seja, utilizar a autonomia que o currículo oferece e produzir a aula de modo a aproximá-la da real conjuntura social. O sexto, coragem e humildade: ousar e aprender constantemente, rever e refazer a partir dos erros se necessário, motivar e ser motivado pelos saberes populares. E, por fim, o sétimo passo é o registro do percurso, ou seja, registrar os acontecimentos de maneira que se tornem fontes históricas – escritas ou não – criando uma memória de relatos fundamental para as futuras gerações.

Os temas das aulas podem ser variados: cartografia, ocupação insalubre, moradia, imigração, preconceito, paisagem local, história do bairro etc. Diante desse quadro *sui generis*, no processo de debate com os estudantes, há aprendizagem sobre habitação, diferenças étnico-raciais e étnico-culturais, imigração e seus impactos culturais, processos migratórios no Brasil, dinâmica populacional, desigualdades sociais, instâncias do poder

Paulo Magalhães à frente do projeto Aulas Públicas, que leva os alunos para fora dos muros da escola municipal Duque de Caxias, no Glicério (área de São Paulo marcada pela violência e com problemas sociais diversos). As aulas são verdadeiramente públicas: quem passa pelas ruas pode se juntar, aprender um pouquinho. Assim, comunidade e escola se integram, ganham autoestima. Neste dia o tema era imigração e preconceito, no bairro onde há imigrantes do Haiti, da América Latina e especialmente da África

O professor Paulo Magalhães, docente da rede municipal paulistana, repete essa introdução a cada aula que promove no território que cerca a escola: não há lugar que não possa ser aproveitado para promover a aprendizagem. Desde a Vila Suíça, centenário local de origem operária, às escadarias da rua Anita Ferraz, passando pela Paróquia Nossa Senhora da Paz, conhecida por receber migrantes e refugiados que diariamente desembarcam em São Paulo. Essa aula discutiu a questão do território e suas intervenções na comunidade do Glicério

Com o tema Cidade e Território, essa aula ocorreu nas escadarias Anita Ferraz, com os alunos da EMEF Duque de Caxias, situada no Glicério, centro da cidade de São Paulo. Ministrada pelo professor de geografia Paulo Roberto Magalhães, a aula reuniu cerca de 150 pessoas e percorreu as ruas do entorno da escola

Esta visita à Vila Suíça, dentro do projeto Aula Pública, foi acompanhada pelas equipes da TV Escola e da TV Cultura de São Paulo, e teve a presença do escritor e jornalista Sérgio Tulio Caldas, que escreveu *Com os pés na África* e *Água: precisamos falar sobre isso*. Sergio conversou com os alunos e seus livros foram trabalhados em sala de aula

público e canais de participação social, o que revelou o ponto nevrálgico que fomenta soluções imediatas.

Nessas atividades, utilizamos textos formativos, mapas, fotos, desenhos, cartazes e maquetes em caixas de sapatos. Durante o projeto, trabalhamos as aulas teóricas com vídeos das visitas à área e, principalmente, um vídeo feito pela TV Cultura sobre nossa aula pública,[2] que falava sobre a questão dos imigrantes na área, com relatos de alunos sobre a moradia no Glicério e seu impacto na paisagem, assim como a relação do brincar com o morar. Os alunos confeccionam também mapas mentais sobre o distanciamento entre a escola e sua casa, desenvolvendo sua criatividade e transformando-os em cidadãos mais atuantes. Trabalhamos com cartazes sobre o projeto e apresentações sobre o tema em sala de aula. Os alunos criam desenhos que representam as moradias no Glicério e que diferenciam a zona urbana da rural, além de interpretar as mudanças de diferentes lugares e seus usos, em diferentes tempos com a análise de fotos antigas da região, comparando-as com as mudanças do lugar de vivência do aluno.

Com caixas de sapatos, fazem casas de quatro cômodos – muitos alunos não têm ideia da divisão de uma casa, pois muitos moram em ocupações, pensões ou embaixo de viadutos, faltando desde estrutura da moradia até condições de habitar naquele local, muitas vezes visitados por nós. Fazem também salas de aula, utilizando tampinhas de refrigerante, caixas de fósforo e material reciclável. Tudo isso usando como base plantas de uma residência e de uma sala de aula, por meio da projeção em escala. Os conteúdos abordados nas aulas públicas são trabalhados primeiramente em sala de aula, considerado um mecanismo facilitador para o entendimento da geografia do bairro e de sua formação histórica. Após toda a síntese teórica, saímos à rua para visitar os pontos mais importante do bairro, tais como: a rua dos Estudantes, as Vilas Centenárias e as escadarias Anita Ferraz, onde ainda existem algumas poucas casas geminadas. No centro de São Paulo, fomos ao Solar da Marquesa de Santos e ao Museu da Imagem, onde um aluno encontrou uma foto sem identificação do Glicério, provavelmente dos anos 1950, e sugeriu tirássemos uma foto atual para comparar com a da exposição. Chegamos à conclusão de que os moradores do Glicério não iam aos museus e a população que os frequentam não conhecia o Glicério. Recebemos, na Vila Suíça, o escritor Sérgio Túlio Caldas, para falar sobre seu livro *Com os pés na África*.[3]

Quem passa pelas ruas pode se juntar e aprender um pouquinho. Assim, comunidade e escola se integram, ganham autoestima e promovem a mudança no bairro. A sensibilização dos moradores, dos pais e responsáveis pelos alunos, que reconhecem a importância da realização de aulas sobre o Glicério e outros locais históricos, é um ponto determinante no apoio que o projeto demanda. Uma das mães que participou de uma aula pública afirmou que este projeto, em particular, ajudou seu filho a desenvolver a oralidade e, atualmente, ele é um dos alunos autores na construção e explanação das aulas.

Ao longo da minha carreira como educador, sempre quis criar um projeto que estimulasse as crianças a desenvolver suas decisões, seus conhecimentos, suas habilidades e atitudes em contato com o meio em que vivem e a participar ativamente na resolução dos problemas e dificuldades que enfrentam. Entre as dificuldades encontradas especificamente no Glicério, estão a ausência de espaços para brincar e até mesmo de se reconhecer um bairro tão próximo ao marco zero da capital paulista, a praça da Sé, a falta de moradia e o fato de muitas das existentes serem insalubres.

Todo o trabalho está amparado pela Base Nacional Comum Curricular – BNCC,[4] da qual destacam-se as habilidades dos currículos na área "o sujeito e seu lugar no mundo", e, também, pelas orientações do Currículo da Cidade, da Secretaria Municipal de Educação de São Paulo.[5] Este busca alinhar as orientações curriculares do município de São Paulo à BNCC e foca na ampliação dos saberes dos alunos para que compreendam a realidade na qual estão inseridos, explicitem as suas contradições e indiquem possibilidades de superação – é exatamente o que fazemos com a aula pública no território educativo da cidade. Estamos também embasados em teorias e conceitos estruturantes como os de território, paisagem, natureza, lugar e região. A experiência de São Paulo pode oferecer referências a outras grandes cidades e também a redes estaduais.

A ÁREA E A RELAÇÃO MORADOR-TERRITÓRIO

A Baixada do Glicério – também conhecida como várzea do Glicério – situa-se às margens do Rio Tamanduateí e próximo à praça da Sé, marco zero da cidade de São Paulo. Uma das regiões mais degradadas do centro, caracteriza-se pela falta de estrutura das habitações, insalubridade, violência, roubo e tráfico. A violência urbana, em especial, é muito presente na área, que possui um quadro social de famílias desestruturadas e em situação de vulnerabilidade. Os edifícios residenciais são antigos e muitos abrigam cortiços e pensões. Nas ruas, o comércio de artigos religiosos é ativo, dada a presença marcante da Igreja Nossa Senhora da Paz, que desenvolve um trabalho com os imigrantes de quase noventa nacionalidades. Entitulado Missão Paz, o objetivo da igreja é acolher esses estrangeiros, muitos deles refugiados.

O Glicério é também um grande caldeirão multicultural. Nesse sentido, o respeito às diferenças e a importância de ocupar o espaço foram relatados pelos alunos, assim como a questão do patrimônio material e imaterial. Fomos para a rua em meados de junho de 2016 e a ocupamos. Levei um mapa do estado de São Paulo e pedi aos alunos para que se sentassem ao chão. Ali começou a mudança definitiva do Glicério, uma aula pública na Vila Suíça com o objetivo de resgatar a história do bairro, fazê-los sentirem-se mais próximos de sua realidade e lutarem para preservar a memória material e imaterial daquele lugar.

Um dos objetivos do projeto é minimizar o preconceito em relação aos imigrantes. A escola conta com alunos de mais de quarenta nacionalidades e, ao sairmos às ruas, deparamo-nos com diversos grupos étnicos com hábitos, costumes e línguas diferentes. Nossa aproximação implica em diminuir o distanciamento entre estudantes e imigrantes que se estabeleceram no bairro. Assim, o projeto fortalece a relação sobre as diversas culturas, fortalecendo o direito à liberdade.

Também nessas aulas foi importante identificar as diferenças étnico-raciais, étnico-culturais e as desigualdades sociais entre os grupos na área do Glicério. Os alunos puderam perceber as mudanças e as

Aula Pública na Vila Suíça, na Baixada do Glicério, sobre moradia, ocupações e a questão da água no bairro. O trabalho foi desenvolvido em conjunto com as professoras do quarto ano da EMEF Duque de Caxias, nas aulas compartilhadas e a partir do tema "dimensão espacial, planta baixa e projeções tridimensionais". Realizado com o apoio das professoras Thatiane Bocci, Joyce Maria dos Santos Leite Silva, Fabiana Aguiar de Castro Sena, Thais Ribeiro Santos, Maria Angélica da Silva Carvalho, do gestor Hervy Vicente dos Santos e dos alunos parceiros do nono ano

Aula Pública em direção à rua dos Estudantes. À frente, a professora Joyce Maria dos Santos Leite Silva, professora do Fundamental I, parceira e incentivadora do projeto. Logo atrás, a professora Thatiane Bocci e, ao lado esquerdo, o gestor Hervy Vicente dos Santos com o escritor e jornalista Sérgio Tulio Caldas, e os professores de geografia Paulo Magalhães e Ana Araujo

permanências na paisagem geográfica, construindo uma identidade e aprendendo a valorizar as memórias e as marcas do passado, presentes na paisagem, assim como as diferenças sociais encontradas na sua cidade, no seu estado, no país e no mundo. Os estudantes não tinham conhecimento dos arredores do bairro, de sua história e não se apropriavam dos equipamentos educativos próximos a eles.

Os alunos da EMEF Duque de Caxias, segundo o projeto político-pedagógico da escola, são de classe baixa, e mais de 60% deles vivem em habitações com menos de três cômodos em regime de locação. Os problemas precários das moradias dos alunos foram tema da tese de doutorado de Luiz Kohara, apresentada na Faculdade de Arquitetura e Urbanismo da Universidade de São Paulo – FAU USP em 2009.[6] O pesquisador concluiu que a precariedade dos cortiços afeta o desempenho escolar.

Segundo o ele, no momento da pesquisa, 42% dos alunos da EMEF Duque de Caxias moravam em cortiços.[7] Eles não encontram espaço para estudar dentro de casa, ou até mesmo guardar seu material escolar, e em grande parte há menos camas do que moradores.[8] O ambiente desta escola tem uma dinâmica muito diferente de outras, pois as crianças são extremamente carentes e de diferentes nacionalidades. A comunidade sempre foi muito distante da escola, mas através do projeto conseguimos aproximá-la novamente para dentro do espaço escolar.

A AULA DA CIDADE E A CIDADE NA AULA

Os obstáculos se evidenciam na medida em que o projeto se desenvolve. Ao longo desses tempos, sofremos algumas resistências de profissionais da educação que não entendiam essa nova concepção do currículo. Além disso, durante essa primeira fase, percebi o quanto a educação pública necessitava de outras direções. Os desafios foram imensos; não queria repetir os mesmos erros que vivenciei nos anos 1980, quando era aluno da rede estadual de educação de São Paulo, na qual encontrávamos professores presos a uma metodologia viva dos anos 1960 e 1970 e onde os alunos eram apenas reprodutores do saber – ou seja, reproduziam os pensamentos, mas não pensavam. Muitos ainda combatiam minha ideia de sair da sala e expandir o conhecimento intelectual mesmo na segunda década do século 21.

Como combater esse pensamento e como convencer os outros servidores de que essa seria uma forma de fazer com que os alunos se apropriassem de sua cidade? Meu objetivo é que os estudantes conheçam o lugar onde vivem, pois é fundamental para que entendam suas próprias histórias e, assim, construam suas identidades. Esse período de adaptação foi crucial para que, no final da minha trajetória, nascesse o projeto Aula Pública. Percebia que, a partir das primeiras saídas, ficava cada vez mais claro para a comunidade local que aquela postura poderia trazer resultados positivos no aprendizado dos alunos, fato que também motivava outros professores a saírem com suas turmas.

Precisei lidar com todas as adversidades e mostrar que a persistência muda mentalidades e fortalece a educação pública. Nossas saídas foram constantes: tanto a gestão da escola como alguns outros professores aceitaram minha proposta e submeteram nossos alunos a entregar relatórios de campo. A comunidade escolar percebia o quanto esse processo era positivo e, consequentemente, o quanto a degradação e violência dentro da escola diminuía.

O projeto Aula Pública passou a ser oficialmente reconhecido dentro e fora da escola a partir de 2016. Fui, aos poucos, intensificando a saída da escola nas proximidades do bairro, até que, entre 2017 e 2020, tomamos conta e ocupamos as ruas com caminhadas, cortejos, pesquisas de campo, atividades a pé com aulas expandidas ou públicas em todos os locais educativos da cidade de São Paulo: os museus, a Cooperativa de Catadores do Glicério e a Igreja Nossa Senhora da Paz.

Tivemos o apoio de vários coletivos e organizações não governamentais, do corpo docente e da gestão da escola; começamos a dar os primeiros passos na ocupação e transformação da Baixada do Glicério. A comunidade, que não estava preparada para receber os estudantes, tornou-se mais receptiva, abraçando o trabalho dos alunos num processo lento e gradual de escuta. Em outras palavras, o bairro passou a acolher as crianças e os adolescentes, dando-lhes a voz de sujeitos de seu particular processo de vivência. Vale lembrar que, no começo, os moradores e trabalhadores do Glicério não entendiam o que estava acontecendo, não se permitiam ser fotografados, nem se dispunham a contar suas histórias para os alunos que, desapontados, não entendiam a reação da comunidade.

Se, no início, as aulas públicas aconteciam a cada dois meses, após o primeiro ano, elas passaram a ser agendadas mensalmente, com frequência regular dos alunos da escola e também de universitários interessados na proposta, além de diversas outras pessoas atraídas pelo projeto. Atualmente, os alunos são os agentes que preparam as aulas e os temas, propostos pelo Currículo da Cidade.

Podemos afirmar que as aulas públicas nos deram a oportunidade de atravessar os entremuros da escola na medida em que se consolidou a participação maciça de alunos, de professores e da comunidade e se institucionalizou como um projeto cultural do Projeto Político Pedagógico – PPP, um documento que deve ser elaborado por cada instituição de ensino para orientar os trabalhos durante um ano letivo. Trata-se de um documento formal mas, ainda assim, acessível a todos os integrantes da comunidade escolar. O sucesso do projeto impactou os direcionamentos das Secretarias de Educação de alguns municípios do estado de São Paulo, que manifestaram interesse em replicar a metodologia da aula pública em seus municípios.

REPERCUSSÃO DO PROJETO: TRANSFORMAÇÕES DE ALUNOS E DA COMUNIDADE

As crianças e jovens do Glicério, que ocupam uma área verticalizada e quase sem espaços para brincar, agora conhecem a história das Vilas Centenárias e a respeitam, ganhando o sentimento de pertencimento. Pertencer a algum lugar é o caminho para transformar o lugar em lar; nada expressa mais esse sentimento de se sentir em casa. Com as aulas públicas, os alunos passaram a reconhecer a importância de preservar o espaço público e de reconhecer, através dele, o seu papel na sociedade, contribuindo para serem os atores principais dessa transformação. Com as visitas, foi possível contribuir para a formação intelectual e cidadã dos alunos e incentivar a compreensão e entendimento tanto de questões políticas da sociedade brasileira, quanto da sua região.

Os estudantes que venho acompanhando estão ganhando estímulos para visitar museus, salas de exposições, conhecer e reconhecer o seu bairro. Meu auxílio durante esse processo de aprendizagem está em ajudá-los a se enxergar como cidadãos do mundo a partir de sua participação na comunidade, expondo seus pontos de vista, opinando, sugerindo e refletindo sobre suas perdas e conquistas. O aprofundamento nas pesquisas sobre a cidadania e a história da cidade de São Paulo foi fundamental para chegarmos no ponto de discutirmos nosso papel na sociedade.

A ocupação de territórios educativos tem contribuído para o processo de integração com o mundo, uma vez que os tira da bolha que muitas vezes a sala de aula insiste em se tornar. Além disso, as aulas que se expandem para além dos muros da escola, se ministradas com comprometimento, responsabilidade e ética, são melhor absorvidas, o que torna o conhecimento mais vibrante, uma vez que é inerente ao conhecimento o contínuo pulsar.

Para o sucesso do projeto, foi importante a sensibilização dos moradores e dos pais e mães de alunos, que reconheceram a importância da realização de aulas sobre o Glicério. O potencial multiplicador é um fator essencial, por isso as aulas públicas devem acontecer com a participação também dos moradores. Dessa forma, moradores e pais de alunos foram sensibilizados, caso de uma habitante da Vila Suíça que relatou a importância de preservar o patrimônio público, tendo como exemplo a sua casa. Conseguimos, com o projeto, que a comunidade participasse, falando e opinando sobre seus problemas e conquistas.

O objetivo deste projeto é, também, diminuir o preconceito com os imigrantes. Para isso, fomos às ruas e conversamos com os diferentes grupos a fim de diminuir esse distanciamento. Atualmente, os alunos percorrem o bairro com mais tranquilidade e muitos ainda dão orientações aos novos moradores ou familiares oriundos de diferentes regiões do Brasil, conforme relatos de pais e mães durante reuniões na escola. As crianças e jovens do Glicério podem, agora, sorrir e ocupar a área mesmo que lhes falte o espaço do brincar; elas sabem da história das vilas e aprenderam a respeitar o patrimônio material e imaterial. Além disso, a quantidade de crianças da EMEF Duque de Caxias que se envolvia com o tráfico diminuiu.

Esse projeto estimulou a formação de líderes e fortaleceu o entendimento da valorização do espaço e de sua ocupação. Ele tem se inovado a cada dia com a clareza de que atravessar os muros da escola é o caminho certo na transformação da sociedade e na ocupação do território urbano pelos alunos. O objetivo está em construir uma sociedade mais justa e que respeita seus cidadãos. E meu envolvimento como professor e educador é fazer parte desse movimento transformador: tornar o Glicério uma área educadora, onde a violência urbana dê lugar ao aprendizado nas ruas, nas esquinas, nos bares e nos arredores da cidade.

CONCLUSÃO

Se o objetivo central do projeto era que os alunos e participantes conhecessem a história e o desenvolvimento local e, com isso, pudessem se reconhecer no processo histórico, acreditamos que a meta foi alcançada e que fomos um pouco além: a aula pública criou laços significativos com a comunidade ao conectar o bairro com a escola, impactando diretamente na redução da violência urbana. Um dos êxitos do projeto também se traduz na voz ensurdecedora da comunidade que passa a ser ouvida no processo de escuta de suas perdas e conquistas ao longo do tempo e como a escola pode mediar esses contraditórios. Portanto, ressaltar a cidadania e a história da cidade de São Paulo e de seus bairros é fundamental nesse processo de dar voz aos sujeitos anônimos que fazem a história a partir de seu cotidiano.

Conseguimos sensibilizar os alunos, os professores, a gestão da escola e a comunidade do Glicério de que a transformação passa pelo direito à cidadania. Ocupar o espaço com uma aula pública e discutir os problemas da comunidade revitaliza as ações e fortalece o processo educacional. Transformamos o Glicério, uma área degradada, com ações educativas simples. As crianças voltaram a usar a bicicleta e a bola no bairro – o que pode ser visto como um detalhe simplório, mas há alguns anos isso não acontecia. Uma moradora relatou que uma das ruas era ocupada por pessoas que consumiam drogas e hoje está sendo ocupada por crianças e professores da EMEF Duque de Caxias. Há uma conquista de espaço, e disso não restam dúvidas.

Queremos conscientizar sobre a importância da educação e orientar as pessoas para que percebam que, no Brasil, precisamos desconstruir a lamentável capacidade histórica de negar o direito ao saber. O projeto Aula Pública tem se renovado sistematicamente e vem acompanhando a trajetória de alguns alunos, com a clareza de que atravessar os muros da escola é um dos possíveis caminhos promissores para o debate que se impõe nas sociedades do mundo atual: qual o papel da escola no processo de transformação imposto pelo social e como a ocupação do território urbano pelos estudantes pode mudar as realidades de forma propositiva?

Não por acaso, decorrente desse projeto, criamos na comunidade do Glicério uma interligação escola-aluno; este último antes visto como sujeito desprovido de conhecimento, desconhecedor de seus direitos e deveres, passa a ser percebido atuante em vários campos formativos e representativos. Isso não ocorreu em um passe de mágica e coube ao projeto a responsabilidade de gerar na comunidade, especialmente nos estudantes, um aprendizado constante sobre a cidade, além de dar oportunidade às pessoas que visitam o bairro nos finais de semana de contribuir para a construção do conhecimento.

Sinto orgulho e percebo que saímos da zona de conforto. Conseguimos sensibilizar a todos com essas ações. Ocupando os espaços por meio de uma aula pública, revitalizando as ações e fortalecendo o processo educacional. Fica o legado de que ocupar cada vez mais uma área insalubre como o Glicério ou um centro urbano com ações inovadoras pode tornar possível a sensibilização da comunidade, abrindo a escola para recebê-la com ações voltadas à recuperação da cidadania e projetos diferenciados que possam acolher a todos indistintamente, independentemente de suas nacionalidades.

Por último, a relação com a cultura é um dos pilares do projeto. Quando defendemos ir além dos muros da escola, queremos garantir uma aula sobre a preservação do patrimônio material e imaterial e da história do bairro, afirmando o direito à cultura e à liberdade, bem como a necessidade de ver uma sociedade mais justa e que possa ser respeitada. Meu interesse como professor é transformar a Baixada do Glicério em uma área educadora, onde a violência urbana dê lugar ao aprendizado nas ruas. As crianças que estou formando estão ganhando estímulos para visitarem museus, salas de exposições, conhecerem e reconhecerem o seu bairro. Ajudei alunos a se tornarem cidadãos globais, a participarem da comunidade, falando e opinando sobre seus problemas e conquistas, ressaltando a cidadania e a história da cidade de São Paulo e de seus bairros, ganhando as ruas e ocupando o espaço.

NOTAS

1. FREIRE, Paulo. *Pedagogia do oprimido*, p. 26.
2. Ver TV Cultura de São Paulo, acompanhando nossa aula pública.
3. CALDAS, Sérgio Túlio. *Com os pés na África*.
4. BRASIL (Presidência da República). *Base Nacional Comum Curricular: educação é a base*.
5. SÃO PAULO (Município). *Currículo da cidade: ensino fundamental. Geografia*.
6. KOHARA, Luiz Tokuzi. *Relação entre as condições da moradia e o desempenho escolar: estudo com crianças residentes em cortiços*.
7. Idem, ibidem, p. 110-111.
8. Idem, ibidem, p. 127-156.

Passeia Jardim Nakamura

Cocriação de sistema de sinalização para melhorar a experiência dos deslocamentos a pé na Zona Sul de São Paulo

BARBARA BONETTO
LETICIA LEDA SABINO
MARIANA MORAIS

O ESPAÇO URBANO CONTÉM em sua configuração diversos símbolos e significados que influenciam na leitura e ordenação do espaço da cidade, especificamente no que tange à circulação – trajetos e percursos – e ao uso e permanência em ambiências. Dentro desse entendimento, o presente texto tem como objetivo discutir formas mais efetivas para uma comunicação ampla entre a dinâmica da cidade e seus atores sociais. O debate atribui maior enfoque à sinalização urbana de placas informativas para pedestres, à medida em que é compreendida como ferramenta de inclusão social no espaço público, sobretudo para mulheres e crianças. Assim, a análise desenvolvida parte de um estudo de caso sobre o projeto Passeia Jardim Nakamura, realizado entre 2018 e 2019, na Zona Sul de São Paulo, pelas organizações SampaPé! e Instituto Courb.

Tendo como referência a conceituação de Kevin Lynch para os termos identidade, legibilidade e imaginabilidade,[1] bem como a noção sobre caminhabilidade e pedagogia urbana dentro do urbanismo contemporâneo, o projeto de legibilidade urbana para o bairro Jardim Nakamura teve como diretriz a valorização do território e da comunidade local. É importante destacar que, tradicionalmente, projetos de sinalização urbana são idealizados pelo poder público ou por entes privados, em muitos casos sem participação social na sua elaboração e, assim, podem não

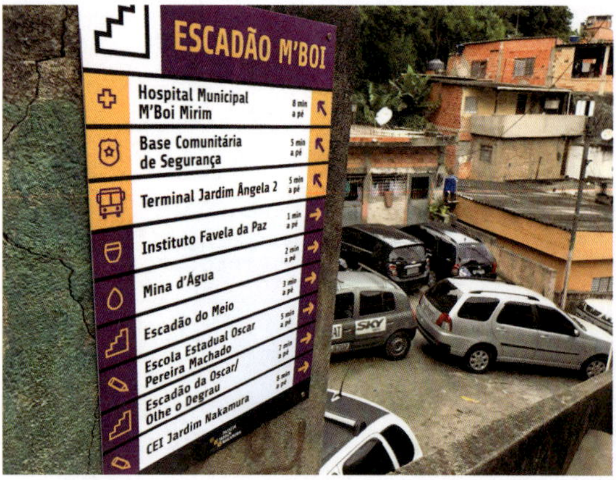

O projeto Passeia Jardim Nakamura criou e instalou coletivamente sinalizações de legibilidade cidadã com mapas, tempos de caminhada e descreveu histórias e pontos importantes do bairro

contemplar as necessidades cidadãs. Neste sentido, se propôs o conceito de legibilidade cidadã, por materializar a construção de um sistema de orientação, leitura e comunicação de um bairro a partir da experiência de seus habitantes e junto com eles.

O projeto promoveu maior potencial de conexões e permanências nos percursos caminháveis e, consequentemente, maior conforto e segurança nos deslocamentos a pé. Com o reconhecimento das histórias e de atores do bairro, foram mapeados os lugares mais significativos para a identidade cultural. Na tentativa de facilitar a leitura do território e de fomentar o sentido de pertença, essas memórias locais foram estampadas em elementos de comunicação, instalados por todo o bairro, junto a informações pertinentes ao passante – mapas e distâncias a pé entre pontos comuns.

Antes da proposição de uma intervenção para o Jardim Nakamura, foi importante situar o contexto urbano macro de inserção do bairro e entender como ele interfere na dinâmica de uso e apropriação espacial do bairro em si, por seus moradores. Assim, identificou-se que a cidade de São Paulo apresenta uma série de complexidades relacionadas a sua expansão urbana, envolvendo um alto índice de desigualdade econômica, vulnerabilidade social e segregação socioespacial. A Zona Sul do seu território, onde o bairro

Jardim Nakamura e o distrito ao qual pertence, Jardim Ângela,[2] se inserem, é uma das regiões mais densamente habitadas da capital paulistana – embora há algumas décadas fosse um território rural. Conforme dados da subprefeitura de M'boi Mirim, em 2008, o Jardim Nakamura era constituído por cerca de quatorze mil moradores e está localizado a 27 quilômetros do distrito da Sé,[3] considerado o marco zero da cidade. De acordo com o mapa das desigualdades de 2017, assentamentos espontâneos e bairros autoconstruídos da cidade de São Paulo representam 30% do território do Jardim Ângela,[4] sendo um dos distritos com maior presença dessas estruturas na cidade. Além disso, o distrito conta com o menor índice de acesso a empregos formais, com menos de um emprego por habitante.

Embora seja possível identificar uma série de complexidades relacionadas ao território, muitas iniciativas cidadãs se destacam no cenário local, visando ao desenvolvimento social, econômico e ambiental da região. Sob essa perspectiva, transformam o bairro em importante espaço de trocas culturais e sociais. Grupos locais auxiliam a suprir a lacuna de serviços públicos na região: nas quatro instituições públicas de ensino no bairro, constatou-se que 78% das crianças acessam as escolas a pé todos os dias.[5] Neste contexto, a consolidação de um sistema de informação que auxilie na apropriação local, mobilização social e deslocamentos tem um papel importante que ultrapassa a necessidade de somente indicar distâncias e nomear passagens. Além de outras possibilidades, serve para ampliar a autonomia de deslocamento pelo território e fomentar o desenvolvimento social, na medida em que promove aprendizagem, valorização do bairro, senso de identificação e pertencimento comunitário.

DEFINIÇÃO DE MÉTODOS

O projeto Passeia Jardim Nakamura resultou da aplicação de uma metodologia qualitativa e exploratória, dividida em cinco etapas: aproximação, criação, confecção, implementação e avaliação. Essas etapas percorreram desde a realização de oficinas participativas de mapeamento, criação e entendimento dos limites do território (baseadas no *design thinking*) até a instalação das sinalizações em mutirão, contando com intervenções artísticas e o engajamento de crianças na atividade de caça ao tesouro exploratório – como forma de experimentar ferramentas de processos participativos. Por fim, foram aplicadas duas avaliações: questionário quantitativo e entrevistas qualitativas semiestruturadas, ambos com o objetivo de compreender a percepção dos moradores e o impacto do projeto no território.

APROXIMAÇÃO

A primeira etapa foi o momento de analisar as dinâmicas sociais, aproximar-se da população local, compreender ativos existentes na comunidade, identificar lideranças do bairro, informar, sensibilizar e engajar a população no projeto. Esta etapa foi desenvolvida a partir de dois mapeamentos: mapeamento e engajamento de atores; e a oficina de mapeamento afetivo.

CRIAÇÃO

A segunda etapa, de criação, foi o momento de traduzir as descobertas da etapa de aproximação, incluindo os dados do mapeamento afetivo do território. A partir disso, houve a concepção do sistema de intervenção que deu a estrutura para a pesquisa – das narrativas e origens – e a criação do sistema de legibilidade – a identidade e o conteúdo das sinalizações.

CONFECÇÃO

Materializando o que foi levantado durante as etapas um e dois, foram executadas, na fase de confecção, as placas do sistema de legibilidade, bem como elementos adicionais para o engajamento, baseados na identidade visual do projeto e com foco em incorporar as crianças na fase seguinte.

IMPLEMENTAÇÃO

A fase foi realizada com um mutirão comunitário, com a participação tanto das organizações envolvidas nas etapas anteriores, quanto de voluntários e de participações espontâneas de pessoas presentes no entorno, principalmente crianças.

Crianças foram importantes vozes do projeto desde as primeiras oficinas de reconhecimento do bairro e mapeamento, e participaram do mutirão de instalação que aconteceu em dois dias de atividades e incluiu uma caça ao tesouros e pinturas pelo bairro

O mutirão foi conduzido em três frentes paralelas e complementares: instalação das placas com moradores e voluntários, intervenções visuais com grafiteiros locais e realização de uma caça ao tesouro com as crianças do bairro.

A caça ao tesouro foi uma estratégia de engajamento desenvolvida pelo Instituto Courb. Nessa atividade, os urbanistas mirins receberam pistas de locais atrativos, localizaram os pontos no mapa e exploraram o território. Com ludicidade, a intenção era estimular a orientabilidade através de elementos em mapas e o sentimento de pertença, contando a história do bairro e a leitura das sinalizações e das dicas. Desta forma, os locais e seus equipamentos viraram personagens, possibilitando às crianças deixarem suas marcas nas ruas (com pinturas em estêncil) e reforçarem os caminhos entre as sinalizações propostas.

AVALIAÇÃO

Após a implementação, foi importante compreender como a população, especialmente as mulheres e crianças, estão se relacionando com as sinalizações, quais os efeitos diretos e indiretos da intervenção e impactos do projeto. Compôs a avaliação os seguintes elementos: diagnóstico de interação com as placas – quantas foram retiradas, quantas sofreram intervenções e quantas permaneceram intactas –, questionário com os passantes e entrevistas semiestruturadas com as organizações mapeadas, que tiveram suas histórias e localização contempladas pelo sistema de legibilidade desenvolvido.

RESULTADOS: COCRIAÇÃO DE SISTEMA DE SINALIZAÇÃO PARA O JARDIM NAKAMURA

A experiência com o projeto de legibilidade cidadã demonstra como é possível realizar a sinalização de um bairro autoconstruído envolvendo integralmente a população local. Como consequência dessa colaboração, foi possível valorizar o território e a identidade comunitária, estabelecendo conexões junto ao espaço público e priorizando o conforto e segurança nos deslocamentos a pé. Os elementos de comunicação instalados facilitaram a leitura do território, à medida que promoveram o reconhecimento das histórias e de atores do bairro e indicaram aos cidadãos os lugares mapeados, as distâncias a pé e o mapa do território.

Os resultados do projeto foram divididos em dois eixos: o primeiro apresenta como a implantação de um sistema de legibilidade cidadã é capaz de favorecer a ampliação de segurança e autonomia para mulheres e meninas; e o segundo apresenta como a cocriação das sinalizações pode auxiliar no desenvolvimento social e no processo de aprendizagem da população local, a partir da valorização da história e da memória impressa em seu território.

Um dos principais objetivos de um sistema de sinalização direcionado à leitura e localização das pessoas em mobilidade ativa é ampliar a autonomia dos cidadãos em seus deslocamentos, bem como seus recortes de circulação pela cidade. No entanto, é importante considerar que os

Mutirão de instalação das placas de legibilidade cidadã cocriadas nas oficinas participativas do projeto Passeia Jardim Nakamura. O projeto desenvolveu sinalizações com as histórias, equipamentos e projetos da região junto com as moradoras e moradores

Atividade de caça ao tesouro do projeto Passeia Jardim Nakamura, seguindo as pistas com as crianças sobre os atrativos e histórias da vizinhança. A atividade incluiu pintura com stencils dos elementos que fizeram parte da identidade visual do projeto e que foram criados a partir de padrões e de imagens vistos nas atividades de caminhada afetiva que mapeou belezas, imagens e mensagens do bairro

diferentes grupos sociais não possuem as mesmas condições de acesso à cidade. Isso acontece porque a cidade não é neutra.[6] A maneira como uma pessoa vive e é afetada pela cidade diverge entre grupos sociais distintos, especialmente de acordo com o gênero: a experiência de mulheres e meninas no ambiente urbano apresenta desigualdades apenas pelo seu gênero, ainda que o recorte social e econômico também influencie.[7]

Dentro dessa perspectiva, é importante considerar em que dimensão este território é permeado de maneira distinta conforme o gênero. De acordo com Fran Tonkiss, o território de acesso à cidade para as mulheres e meninas é menor do que para os homens.[8] Isso acontece devido ao medo da violência de gênero. "O medo das mulheres tem gênero, pois se baseia em sentimentos de vulnerabilidade com relação aos homens e está marcado pela ameaça de delitos sexuais".[9] Além disso, compreende-se que o medo das mulheres está espacializado, pois suas percepções de perigo têm uma geografia específica e isso pode determinar seus movimentos no espaço urbano.

Após compreender como as disparidades de gênero podem impactar no deslocamento, é importante compreender as possibilidades para promover maior segurança e presença das mulheres nos ambientes urbanos. Para tanto, a sinalização pode ser uma estratégia positiva. Isso porque, conforme o coletivo Punt.6,[10] a primeira estratégia para melhorar o espaço urbano para mulheres e meninas é a sinalização do entorno. O coletivo indica que marcos legíveis devem ser localizados estrategicamente para que as pessoas possam reconhecer o espaço de forma clara, precisa e inclusiva.

No projeto Passeia Jardim Nakamura, as sinalizações criadas correspondem a três tipos: indicação ou direcionais, que apontam direção, distâncias e tempo de caminhada dos locais de interesse; localização ou navegação, que apontam onde a pessoa está no bairro com o apoio de um mapa; e sinalização de informação, que conta a história dos lugares.

Ao olhar para um território sinalizado, é possível notar elementos que fomentam processos de aprendizagem e de desenvolvimento social. A leitura e a vivência do território da cidade, em suas dinâmicas cotidianas, trazem a possibilidade de se tornar, essencialmente, um espaço de aprendizado e exercício da cidadania.

Roda de conversa com os participantes do mutirão de instalação das sinalizações do projeto Passeia Jardim Nakamura. Neste dia, foram desenvolvidas atividades de reconhecimento do território e celebração do processo colaborativo

Após implementação do sistema de sinalização cocriado, a avaliação quantitativa aplicada demonstrou que 87% dos moradores participantes da pesquisa indicaram que o projeto auxilia na valorização do território. Quase o mesmo número também apontou que seria importante ter este tipo de iniciativa em outros bairros. Segundo relato de um grafiteiro, morador do bairro e participante do projeto, em conversa durante a etapa de entrevistas da avaliação do projeto, "contar as histórias do bairro é uma forma importante de não perder sua memória".[11]

A aplicação da pesquisa qualitativa na saída de uma das escolas do bairro coletou respostas positivas quanto ao potencial educador do projeto: estudantes disseram que aprenderam sobre a formação do bairro, sobre contos de sua história oral e o significado do nome de algumas de suas ruas. Assim, compreendeu-se que, ao abranger aspectos sociais e afetivos do local, o sistema de sinalização facilita a leitura do contexto espacial e auxilia na promoção de trocas de experiência entre território e pedestres.

É no espaço urbano que cidadãos aprendem a lidar com as diferenças sociais, a respeitar a diversidade e compreender que uma cidade viva é uma cidade plural, portanto, os encontros no espaço devem priorizar pela inclusão. Para se tornarem cidadãs, é preciso que as crianças conquistem a cidade, não apenas por meio do conhecimento, mas também pela identificação.[12] Este envolvimento significa que poderão descobrir quais caminhos podem ser trilhados, individual e coletivamente. Além disso, também podem ampliar o senso de pertencimento, na medida em que compreendem que a cidade não está pronta, mas é obra a ser construída e que envolve a todos, inclusive a criança. A cidadania, neste sentido, se constitui de um sentimento construído internamente pelo sujeito por meio de sua ação. Dentro dessa perspectiva, estratégias de pedagogia urbana vêm sendo utilizadas para ampliar o entendimento e direcionar o olhar do usuário para suas percepções individuais sobre os percursos e as ambiências que fazem parte de seu cotidiano urbano; entender de fato quais são suas necessidades.

Um outro potencial a ser destacado é que a elaboração de um sistema de legibilidade cidadã criado junto com população pode se tornar um aliado na promoção do senso de apropriação do bairro. Do ponto de vista local, a colaboração promove o pertencimento, o fortalecimento do coletivo e a criação e manutenção de um sistema de suporte, o qual favorece a existência humana em diversos níveis e é especialmente benéfico para crianças e jovens, ao criar ambientes e atividades que possibilitem o desenvolvimento de habilidades interpessoais. Todavia, é importante observar outros fatores que auxiliam nesse processo: a segurança e a manutenção do espaço público também contribuem para viabilizar o desenvolvimento das crianças. A efetivação de tais elementos requer um uso contínuo pelos moradores locais, que passam a reconhecer o espaço público como sendo deles, tanto quanto suas próprias moradias. Este fenômeno gera uma valorização local que pode então resultar em outros desdobramentos, como o potencial educador e de visitação.

Ao olhar para o território do Jardim Nakamura, o potencial de visitação é um elemento de destaque já disseminado e aproveitado por organizações locais, como é o caso do Instituto Favela da Paz. Como um dos desdobramentos do projeto, foi criado um roteiro de passeio a pé pelos pontos sinalizados no bairro, com treinamento de alguns moradores para conduzi-lo. Os passeios fazem parte do objetivo de ampliar as trocas sociais, na medida em que atraem usuários de outros bairros – isso influencia positivamente não só para ampliar a autoestima dessa comunidade, como para fomentar o desenvolvimento de uma economia urbana local. Isso porque os passeios geram uma fonte de renda a partir de roteiros de turismo educativo e comunitário e por ser uma atividade desenvolvida próxima à residência e com liberdade de horário. Dessa forma, enquadrando-se em uma oportunidade de geração de renda adequada para as mães.

Ressaltam-se, ainda, os resultados não planejados no território, por sua extrema importância na relação das crianças com a cidade e sua influência na segurança dos deslocamentos cotidianos. O primeiro, o programa Rotas Escolares Seguras, foi realizado institucionalmente pela Companhia de Engenharia de Tráfego – CET da cidade de São Paulo, e propôs a realização de intervenções viárias objetivando à segurança das crianças no seus trajetos para as escolas do bairro. O segundo, realizado a partir da iniciativa das professoras do ensino infantil municipal, partiu da sinalização que usou a história do bairro para estabelecer vínculo afetivo, em projeto pedagógico que fomentou a interação com outros atores. Em decorrência disso, foram executadas atividades no entorno escolar, visita a moradores e caminhada para identificação da sinalização.

DISCUSSÃO

Após descrição do contexto, metodologia e resultados atingidos a partir dos dois eixos apresentados, é possível refletir sobre como o sistema de sinalização criado com a população, em território autoconstruído, promoveu integralmente a segurança nos deslocamentos e desenvolvimento comunitário. Esta discussão pode acontecer a partir de duas esferas: tanto na local, abordando o engajamento da população e impactos no bairro Jardim Nakamura; quanto na macro, no sentido de indicar como esta primeira iniciativa de legibilidade cidadã, construída de maneira colaborativa e que buscou valorizar o território e atores diversos, atingiu os objetivos inicialmente propostos.

Na esfera local, o processo de elaboração do sistema de sinalização buscou mobilizar desde o primeiro momento toda a população do seu entorno imediato, em sua diversidade de faixas etárias e gênero. No entanto, ao longo do processo, foi possível notar especificidades no engajamento e apropriação em relação às ações propostas nos espaços públicos locais. Em maior número, nas etapas de criação e de implementação, crianças de quatro a doze anos – sendo a maior parte delas meninos – participaram diretamente das ações. A baixa presença de espaços de lazer direcionados a este público e a ocupação da rua como território de brincar são compreendidos como fatores que influenciam para este alto engajamento pelo público infantil.

Em relação ao público adolescente, a presença de meninos também foi maior, especialmente na fase de implementação, pois contou com coletivos artísticos locais de grafite que na maioria é composta por homens e meninos. A partir disso, um dos questionamentos se relaciona à menor quantidade de meninas nos espaços públicos, o que tende a se vincular com o indicativo de que tal público poderia estar ocupando espaços privados. Embora tenha se observado tais disparidades ao longo da elaboração do sistema de sinalização, acredita-se que o projeto tenha promovido atividades colaborativas capazes tanto de envolver quanto de trazer informações que motivam o caminhar e apropriação dos espaços pelos diferentes territórios do bairro.

Outro ponto importante observado no contexto local é que a implementação de um sistema de legibilidade – que reconhece as ruas, espaços públicos, elementos artísticos e culturais –, auxilia no estímulo ao deslocamento, possível permanência e convívio social no espaço público. Ao objetivar a promoção do desenvolvimento social, a geração de convívio no ambiente público torna-se um fator chave ao se observar especialmente o público infantil. A convivência com outras crianças para além do ambiente

O passeio a pé de turismo comunitário foi realizado por trinta pessoas de idades diversas e de diferentes regiões da cidade, feito com guias do bairro e passando pelos grafites, sinalizações e escadarias do Jardim Nakamura. O evento possibilitou a interação dos participantes com os projetos e artistas da região

doméstico é muito importante para seu desenvolvimento, uma vez que, na relação com outras pessoas e realidades diferentes da sua, é possível se constituir como cidadã, conhecendo e respeitando diferenças.[13]

Na esfera macro, por sua vez, a iniciativa piloto do projeto pode apontar que, para que haja uma plena apropriação dos sistemas de legibilidade pela população, este sistema precisa envolver o maior número de atores locais e, possivelmente, ser adaptado a partir da experiência de uso cidadão. Neste sentido, para que se possa observar o uso pelos moradores, foi de grande importância a realização da última etapa: a avaliação. Nesta etapa, alguns pontos de melhorias foram indicados por crianças, adultos e idosos entrevistados, como a possível diminuição de alguns textos ou retirada de nomes pessoais. Tais fatores só puderam ser evidenciados a partir deste projeto piloto cocriado e implementado com a população no território e que poderá inspirar novas iniciativas semelhantes.

Do ponto de vista dos resultados atingidos relacionados à segurança e à valorização do bairro, dois fatores podem ser destacados. Na medida em que o projeto estimulou um novo olhar para o bairro e o conhecimento do território por visitantes de outras partes da cidade, a proposta foi capaz de construir novas narrativas para este território – usualmente estigmatizado, dada sua origem informal –, disseminadas durante o passeio realizado e pela divulgação em grande mídia. Apesar de todos os desdobramentos trazidos, também é preciso reconhecer que a mensuração precisa do impacto, no que tange à melhoria da segurança nos deslocamentos e desenvolvimento social, exigirá uma medição mais específica, que extrapole as percepções coletadas na avaliação qualitativa e quantitativa brevemente apresentadas aqui.

CONCLUSÕES

Cada vez mais as crianças, e a população como um todo, estão vivendo em ambientes urbanos, onde complexidades como superpopulação, congestionamento de veículos, poluição aumentada, maior insalubridade e riscos fazem parte do dia a dia. Mas é preciso considerar que, apesar da influência destes fatores na vida das crianças na cidade, a investigação sociológica da infância aponta que a complexidade das realidades sociais contemporâneas associadas ao contexto urbano trazem tanto fatores de restrição da cidadania da infância, quanto fatores de possibilidade.[14] Enxergamos nesta consideração que a criação, valorização e identificação de ambientes coletivos são um grande potencial enriquecedor da infância.[15]

Idealmente, programas que almejam esses tipos de conquistas precisam ser feitos sistematicamente, com participação dos diversos atores sociais como a gestão pública, programas escolares, terceiro setor, academia e sociedade civil.

Entendemos que as principais conquistas deste tipo de trabalho se dão quando relacionamos um contexto de ativismo – em que ações pontuais resultam em uma contribuição para a popularização do assunto –, e a troca

Os coletivos de grafite do bairro, Manifestintação Crew e Ciclo Social Arte, participaram das atividades do projeto Passeia Jardim Nakamura com a pintura de três murais que trouxeram temáticas vinculadas à identidade do bairro e à mobilidade ativa

de saberes promovida a partir de interesses compartilhados na criação e dinamização de redes. Assim, as ações micro, resultantes de pequenos investimentos de base, podem ser potencializadas com a aproximação de grupos similares ou complementares. No caso deste projeto, isso foi possível pelo financiamento do Fundo Casa que selecionou, pelo edital Casa Cidades, 150 projetos socioambientais de dez regiões metropolitanas, muitos deles sobre mobilidade ativa, de igualdade de gênero e direito à cidade.

O projeto é um importante caso de como organizações e população podem atuar conjuntamente no território com baixo custo, de forma simples, porém inovadora, para promoverem melhorias no bairro e aumentarem as oportunidades, conexões e a qualidade dos deslocamentos, principalmente de mulheres e crianças.

Outros aspectos importantes para viabilizar o desenvolvimento social das crianças são a segurança e a manutenção do espaço público, o que requer um uso contínuo pelos moradores locais que passam a reconhecer aquele território como sendo deles, tanto quanto suas próprias moradias. Isso gera valorização, que pode resultar em outros desdobramentos, incluindo o potencial educador e de visitação.

Com mais olhos sobre o território, tanto de seus moradores quanto dos visitantes, há um potencial aumentado de monitoramento e zeladoria tanto em escala local quanto do poder público com referência ao cumprimento de suas obrigações. Ganhos em segurança pública também são atingidos quando os lugares estão movimentados, pois ocorre a inibição de crimes como furtos, conforme relatos dos moradores que dizem que esses tipos de crimes ocorrem em momentos de vazio. Quando o espaço fica seguro para ser ocupado por crianças, significa que as mulheres também têm maior acesso a estes ambientes.

O engajamento comunitário, especialmente das crianças, é favorecido quando estas são incluídas no processo de transformação. A partir das trocas no território, foi possível entender que um processo cuidadoso de aproximação estabelece a base para uma colaboração efetiva e aumenta a taxa de interesse, participação e potencial de sucesso da intervenção planejada.

Neste contexto, o processo de construção se iguala em importância com o resultado da ação e da intervenção física, relacionada ao sistema de legibilidade desenvolvido e implementado.

Concluímos também que o sistema de legibilidade cidadã pode ser uma ferramenta que promove a cidade e o espaço público como território educador, além de promover a visibilidade de grupos, trabalhos e histórias locais. Com isso, desenvolve a autoestima e a valorização de bairros não centrais, elemento pioneiro do projeto piloto Passeia Jardim Nakamura, que teve como um dos seus produtos o desenvolvimento de uma publicação em formato de manual e guia de experiência para estimular a replicação deste tipo de iniciativa em outros territórios.

NOTAS

1. LYNCH, Kevin. *A imagem da cidade*, p. 11-23.
2. Ver SÃO PAULO (Município). Jardim Ângela, segundo unidades de informações territorializadas.
3. Ver SÃO PAULO (Município). Diagnóstico de M'boi Mirim.
4. Ver Mapa da Desigualdade 2017.
5. Ver QUINTÁNS, Irene. *Estudo sobre os caminhos escolares do Jardim Ângela.*
6. JUNQUEIRA, Alice; NUNES, Ana Carolina; SABINO, Leticia Leda. ¿Cómo observar y evaluar el espacio público con las mujeres para contribuir con la construcción de ciudades seguras y sostenibles?
7. Idem, ibidem
8. TONKISS, Fran. *Space, the city and social theory. Social relations and urban forms.*
9. Idem, ibidem, p. 103.
10. Cf. GUTIÉRREZ, Blanca Valdivia; et al. *Entornos habitables: auditoría de seguridad urbana con perspectiva de género en la vivienda y el entorno.*
11. SAMPAPÉ!; INSTITUTO COURB. Relato anônimo coletado ao longo da formulação do Projeto Passeia Jardim Nakamura, 2018-2019.
12. Cf. PÉREZ, Beatriz Corsino; PÓVOA, Juliana; MONTEIRO, Renata; CASTRO, Lucia Rabello de. Cidadania e participação social: um estudo com crianças no Rio de Janeiro.
13. Cf. SILVA, Celia Regina da. Rua de mão dupla: o espaço da criança na cidade como questão de gênero.
14. Cf. SARMENTO, Manuel Jacinto. Infância e cidade: restrições e possibilidades.
15. GUIMARÃES, Iara Vieira; LOPES, Jader Janer Moreira. As experiências espaciais das crianças no espaço urbano.

A gente veio pelas crianças

A metodologia do Instituto Elos para promover transformação em comunidades

RODRIGO RUBIDO ALONSO

MINHA CONTRIBUIÇÃO A ESSA PUBLICAÇÃO é resultado de cerca de 25 anos de experiência prática de um processo contínuo de ação e reflexão, motivado por muita inquietação, inconformismo e sonhos. Trago aqui uma experiência que, além de ser minha, particular, é também de um coletivo de pessoas que estão trilhando essa jornada comigo por todo esse tempo. Uma jornada que teve seu início com um grupo de estudantes de arquitetura e urbanismo nos anos 1990 e que continua com o Instituto Elos, organização que fundamos há vinte anos. Por isso, meu texto é narrado na primeira pessoa do plural.

Pouco vou oferecer de referências além daquelas desenvolvidas por nós em nosso trabalho. Não é que não existam outras referências. Sim, muita gente relaciona o que fazemos com as propostas do educador Paulo Freire, mas a verdade é que nosso caminho foi muito mais intuitivo. Não conhecíamos nada disso quando começamos e estivemos tão imersos em nossa própria prática que lemos nada ou muito pouco disso tudo. Somente o fizemos mais recentemente, a título de curiosidade e de confirmação da nossa convicção no que já estávamos fazendo. Com isso, não quero diminuir a importância ou a relevância de nenhuma dessas metodologias, todas são de grande valor, quisera eu conhecer mais de todas elas. Apenas quero dizer que, de fato, não foram referências para o nosso processo de desenvolvimento.

Entretanto, vale citar três inspirações. A primeira foi o trabalho do arquiteto holandês Johan Van Lengen, que resultou na publicação do livro

Manual do arquiteto descalço.[1] Mais do que isso, os momentos de convivência com ele próprio, dos quais pudemos desfrutar nos anos 1990 e 2000 em seu Instituto de Bio-Arquitetura, o Tibá, localizado em Bom Jardim, Rio de Janeiro. A ideia de estar junto das pessoas aprendendo e criando soluções com elas, e de uma arquitetura mais humana, nos fascinou.

A segunda grande inspiração, já impulsionada pela primeira, foi a convivência com comunidades tradicionais. Em especial me refiro às comunidades caiçaras do litoral de São Paulo. Com elas, aprendemos sobre o quão pouco sabíamos de astronomia, meteorologia, agricultura, medicina da floresta, pesca, construção naval e navegação, para querermos propor soluções a elas. Aprendemos ainda sobre o valor da história, da cultura e da identidade de um povo, sobre o valor das relações comunitárias, sobre o poder e a beleza de uma comunidade que sonha, constrói e celebra unida. Aliás, aprendemos muito sobre o valor das celebrações.

Aqui finalizo com a terceira inspiração que veio da nossa amizade com o escritor e ativista indígena Kaká Werá Jecupé. Ele nos contou sobre a origem da tradição dos mutirões que estavam presentes nas culturas indígenas, o mutirão para a construção das ocas, para os plantios e colheitas. Falou sobre a poderosa ligação entre sonhar, realizar e celebrar, sobre como esse processo fortalece uma comunidade.

Com esse preâmbulo, estamos prontos para começar a entender a história de como tudo isso foi nos ensinando a mobilizar pessoas e comunidades e nos levou a uma ligação estreita com a atenção à infância.

A EXPERIÊNCIA NA FACULDADE DE ARQUITETURA E URBANISMO

Logo que entrei na Faculdade de Arquitetura e Urbanismo da Universidade Católica de Santos, no início dos anos 1990, estava preparado, ou ao menos deveria estar, para focar nos estudos, aprender uma profissão e ingressar na vida adulta. No entanto, para desespero da minha família, acabei encontrando uma faculdade em greve e um grupo de estudantes questionando muita coisa sobre aquilo que eu estava prestes a aprender: por que o ensino está tão desconectado da realidade da cidade ou mesmo do nosso bairro? Por que estamos recebendo uma folha com a descrição de uma família hipotética e de um terreno hipotético, para fazer um projeto hipotético, se poderíamos estar na rua conhecendo famílias e terrenos reais e exercitando projetos necessários e, quem sabe, possíveis? Se vamos projetar espaços para pessoas viverem, por que não estamos aprendendo sobre pessoas e sobre como a vida pode ser melhor, mais saudável e mais feliz? Por que não existem seres humanos nas fotos das revistas de arquitetura?

Essas perguntas acompanharam a mim e a um grupo de estudantes de arquitetura e urbanismo do qual fiz parte durante meus anos de faculdade, notadamente em nossas discussões no âmbito do movimento estudantil. Mas também em algumas aulas de professoras e professores que questionavam essa arrogância na arquitetura ou que nos levavam para fora, para perceber e refletir sobre a cidade.

CONSTRUINDO UM NOVO CAMINHO

Com isso, em 1995, decidimos que queríamos aprender na realidade e quem sabe poder transformá-la. Queríamos conviver com pessoas reais em seus bairros, especialmente nas comunidades dos territórios urbanos mais vulneráveis. A partir de alguns valores e algumas ideias, nos atiramos ao campo da experimentação e fomos desenvolvendo uma metodologia de forma praticamente empírica.

Um dos pontos centrais dessa metodologia, que hoje chamamos de filosofia no Instituto Elos – uma organização de educação social que fundamos no ano 2000, entre cinco amigos de faculdade –, é a criação coletiva de visões sobre o futuro que gostaríamos de viver juntos. Em nossa filosofia, chamamos essa prática de sonho, e foi aí que as crianças começaram a povoar nossas discussões e nossas vidas. Isso foi há vinte anos e até hoje elas continuam sendo o sonho prioritário, como um primeiro passo na construção do futuro sonhado para quase cem por cento das mais de novecentas comunidades de 51 países onde nossa filosofia já foi vivenciada.

Então, quando nos perguntamos como mobilizar comunidades para o cuidado com a infância, uma parte da resposta está na própria pergunta: as pessoas vêm porque é pelas crianças. Ao contrário do que muitas vezes somos levados a acreditar, na verdade, em todo lugar, todo mundo se importa, e muito, com suas crianças. O que acontece é que, na maioria das vezes, os desafios de sobrevivência são tantos, especialmente em comunidades economicamente vulneráveis, que temos a impressão de que as crianças estão abandonadas.

Muitas vezes, entre dedicar carinho e atenção para as crianças, está a necessidade de ter um trabalho e poder colocar comida dentro de casa. No Brasil, frequentemente, o acesso a serviços de berçário ou creche não está disponível, porque faltam vagas, porque são muito distantes ou porque os horários não são compatíveis com os horários de trabalho dos pais. Então as crianças ficam com uma vizinha ou sozinhas em casa. Ou são as crianças maiores cuidando das menores.

Ou seja, muitas vezes, estamos diante de uma situação de sobrevivência, onde garantir que a criança tenha uma casa já é uma grande conquista, ter o que comer é motivo para celebrar. Para além disso, a próxima meta é conseguir garantir estudo, e isso já é quase luxo. Nisso, a primeira infância fica fora das prioridades. Mais do que isso, converte-se em um problema porque a criança ainda não vai à escola e necessita de atenção. As mães precisam trabalhar para poder dar o que comer a suas crianças. Quem resolve isso?

Aqui também vale um parêntese para a reflexão sobre como essa situação de abandono ironicamente se repete em famílias economicamente bem-sucedidas. Nesse caso, as crianças são delegadas às babás, aos eletrônicos e a uma infinidade de cursos e atividades que, ainda que possam trazer benefícios, comprometem o desenvolvimento da convivência familiar quando ocupam totalmente o tempo das crianças.

Mas, voltando às mães que precisam trabalhar e não têm com quem deixar suas crianças, nós também precisamos saber como acolher. Não podemos chegar acusando-as de abandono. Nem em pensamento! Se queremos que as pessoas se engajem, precisamos valorizá-las genuinamente. Na verdade, para que alguém decida sair do seu conforto ou simplesmente da sua normalidade cotidiana, que muitas vezes não é tão confortável assim, essa pessoa precisa acreditar que o seu esforço de se mover fora do que seria o seu habitual vai valer a pena, vai gerar frutos. A vida já é dura demais para ficarmos inventando história para nos frustrarmos ainda mais.

A FILOSOFIA ELOS: COMO TRANSFORMAMOS EM COMUNIDADE

Desenvolvemos uma série de métodos e processos para atender a um conjunto de sete práticas que chamamos de filosofia Elos. São elas:

> Olhar: aprendemos a olhar a abundância onde muitos veem escassez.
> Afeto: despertamos o afeto antes do medo e do julgamento.
> Sonho: valorizamos o sonho como o melhor impulso para a mudança.
> Cuidado: planejamos juntos cuidando ao mesmo tempo de cada pessoa, do coletivo e do sonho comum.
> Milagre: colocamos a mão na massa, cooperando para tornar real o que sonhamos juntos.
> Celebração: reconhecemos e celebramos a contribuição de cada pessoa na conquista coletiva.
> Re-evolução: evoluímos na jornada impulsionando a realização de novos sonhos.

Nossa primeira tarefa para mobilizar pessoas em uma comunidade é fortalecer a autoconfiança dessas pessoas, torná-las mais confiantes no seu próprio potencial. Se elas se sentem potentes, então mover-se, ao invés de significar um grande risco de frustração, passa a ser uma oportunidade de realizar algo grandioso. Algo que possa mudar a vida delas e de toda a comunidade.

Isso é o que, em nossa filosofia, nomeamos de prática do *olhar*, é aprender a enxergar a abundância onde nos acostumamos a ver escassez.

Isso implica uma atitude apreciativa, é investigar o que é potencial nas pessoas, na comunidade e seu ambiente a fim de perceber um cenário de abundância de recursos, talentos e possibilidades. Em outras palavras, ao invés de olhar para o que está feio, sujo, para o que é ruim ou o que falta, nossa prática se volta para o bom, o belo, os materiais e saberes disponíveis, as atitudes individuais e coletivas que nos parecem positivas.

Essa atitude contraria o senso comum quando estamos no meio de uma comunidade vulnerável, como uma favela. No entanto, o que aprendemos é que o cenário de dificuldades, problemas, miséria ou degradação está sempre dado, é facilmente percebido e é desanimador para a maioria das pessoas. Então, para nos movermos, precisamos buscar esperanças. Nos perceber bons, talentosos e potentes é um caminho para isso.

Essa autoconfiança e percepção do próprio potencial é impulsionada quando nós, como pessoas alheias àquela realidade, emprestamos o nosso olhar apreciativo para as pessoas locais. Fazemos isso em encontros informais, no portão de uma casa, tomando um café – frequentemente, ao puxar conversa, somos convidados para um café – ou nos juntando a um grupo de crianças que brinca na rua. Nessas conversas, expressamos nossa apreciação por um belo jardim, por uma casa cuidadosamente construída ou por um jogo divertido. Dedicamos tempo e espaço para a escuta porque, na medida em que demonstramos atenção autêntica, as histórias virão! É o que chamamos de prática do *afeto*, é o despertar da afeição, do interesse mútuo antes do medo e do julgamento.

Costumo dizer que é como começar uma amizade. Buscamos conversar sobre aquilo que nos conecta, para estabelecermos uma relação pautada em valores comuns. Dedicar-se à escuta, com o interesse genuíno de conhecer as pessoas, suas histórias e seus valores, gera confiança e um desejo de cuidado mútuo que fortalece e impulsiona uma possibilidade de mobilização para ação conjunta. Nós nos engajamos e nos dedicamos mais quando nos sentimos valorizados! Muito mais do que por necessidade, dever ou obrigação.

Para que essa valorização seja de fato autêntica – o que é fundamental – buscamos pessoas que realmente chamam nossa atenção, dizemos que são aquelas que estão criando abundância na escassez. Na prática do *olhar*, falamos de buscar belezas e, na prática do *afeto*, falamos de buscar as pessoas por trás das belezas. Costumamos chamar essas pessoas de lideranças afetivas, são pessoas que, na maioria das vezes, não ocupam nenhum cargo oficial, mas que ou já são ou podem ser reconhecidas por fazerem algo bom para a comunidade.

Nesse exercício, normalmente ficamos encantados com a energia das crianças e com sua imaginação, encontramos pessoas de talentos e histórias incomuns, uma confeiteira, uma jardineira, um artesão. O coroamento dessa prática é a realização de um Show de Talentos. Um evento público improvisado, como as festas comunitárias, onde a comunidade é convidada a apresentar os seus talentos. Nós atuamos intensamente, produzindo o evento e convidando as pessoas mais incríveis que encontramos e o resto vai no boca a boca. O evento celebra o potencial da comunidade e cria a condição propícia para o próximo passo: a prática do *sonho*.

A nossa concepção de sonho é a construção de uma visão positiva de um futuro incondicionalmente desejado. Ou seja, não existem restrições, cabem todos os sonhos, quanto mais diversa, mais representativa pode ser essa visão, quanto mais bela e utópica, maior o seu potencial de engajar a longo prazo. Aqui vale a citação da parábola de Fernando Birri eternizada pelo escritor uruguaio Eduardo Galeano em seu livro *As palavras andantes*:

> A utopia está lá no horizonte.
> Me aproximo dois passos, ela se afasta dois passos.
> Caminho dez passos e o horizonte corre dez passos.
> Por mais que eu caminhe, jamais a alcançarei.
> Para que serve a utopia?
> Serve para isso: para que eu não deixe de caminhar.[2]

Gosto de acrescentar mais uma qualidade à utopia que, em nosso caso, tratamos de sonho: ele nos dá um senso de direção. Com ele podemos avaliar se os passos que estamos dando hoje realmente estão nos levando à direção que queremos ir.

Assim, a prática do *sonho* consiste em simplesmente fazer a pergunta: Qual o seu sonho para sua comunidade? Perguntar é simples, já receber uma resposta adequada, nem tanto. Acontece que fomos educados para não acreditar em sonhos e em especial sonhos de caráter coletivo. É quase uma vergonha você não ter uma ambição, um sonho para a sua vida pessoal, mas qual a ambição, ou o sonho do seu bairro? Da sua comunidade? Nossa cultura, em geral, nos desestimula a falar sobre isso.

Fomos levados a acreditar que os esforços coletivos são muito complexos e tendem ao fracasso. Esse é um desafio inicial a se superar, pois temos uma coleção de clichês para justificar por que não vai dar certo: "ninguém quer saber de nada", "é cada um por si", "a assembleia não vai dar em nada", "é só bláblábla". Então é natural que, quando perguntamos por um sonho para a comunidade, frequentemente as respostas são lamentos: "ah...o problema aqui é o esgoto", "estamos perdendo as crianças para o tráfico", "aqui falta tudo" e por aí vai.

Nós ouvimos atentamente a tudo, mas precisamos voltar a insistir: E se fosse possível, qual sonho você gostaria de ver realizado em sua comunidade? Com um pouco de paciência, delicadeza e persistência, as respostas começam a surgir. Desde as coisas mais concretas como uma área de esportes e lazer, iluminação, um posto de saúde, uma creche, até conceitos mais amplos como um futuro melhor para as crianças, mais saúde e segurança.

Acreditamos que o sonho seja o melhor impulso para a mudança. Para isso, é importante ir além da prática comum de identificar problemas. Precisamos de uma visão bela para perseguir. O convite para consertar algo ou resolver um problema costuma não ser muito atrativo para a maioria das pessoas. Para as transformações que sonhamos, vamos precisar de todas elas. O horror e a miséria mobilizam a curto prazo, na urgência. Ninguém aguenta muito tempo na urgência e o caminho para realizar nossos mais belos sonhos demanda tempo e persistência. O sonho, a possibilidade de realizar algo incrível, de viver uma aventura heroica, é o que nos dá energia e motivação para engajar por um longo período.

Então, após ouvir uma boa quantidade e uma diversidade de pessoas individualmente, nós colhemos todos os sonhos e convidamos a comunidade para um grande encontro. Nesse evento, apresentamos a colheita de tudo o que ouvimos e conferimos se aquilo de fato faz sentido para as pessoas presentes. Essa reunião é muito importante, porque é quando as pessoas começam a perceber que elas têm muitas visões comuns para o futuro da comunidade. Isso gera união e traz mais confiança de que, de repente, aquilo pode ser possível, pois já não estamos a sós.

Cabe esclarecer que esse processo de mobilização e escuta normalmente é realizado por um grupo de quinze a vinte pessoas que se espalham pela comunidade orientadas pelo passo a passo das práticas da filosofia Elos, isso equivale dizer que, em quatro dias, conseguimos contatar entre 150 e trezentas pessoas, dependendo da densidade populacional da comunidade. Mobilizar esse número de pessoas em quatro dias é o que quero dizer com boa quantidade. Ainda que, às vezes, em bairros com menor densidade, em uma região rural por exemplo, juntar cinquenta pessoas pode ser muito significativo. O que mais importa para nós é a diversidade, precisamos reunir mulheres, homens, jovens, crianças, religiões diversas etc. Essa diversidade é o que traz legitimidade ao processo.

Com a união em torno de sonhos compartilhados, partimos para o que chamamos de prática do *cuidado*. Trata-se de desenvolver um conjunto de estratégias que possam levar à realização dos sonhos. O primeiro passo é escolher junto com a comunidade por onde começar, cuidando da representatividade desse caminho. Quanto mais representativo for em termos de conciliar a diversidade de visões, mais força ele terá.

Então, se o sonho é um futuro saudável e próspero para as crianças, por onde queremos começar? Este primeiro passo precisa ser uma intervenção física. A construção de algo que possa envolver muita gente, que seja útil e que dure por um tempo como um símbolo do poder da união da comunidade. Pode ser uma horta comunitária, uma creche, um parque. Cada comunidade terá a sua própria resposta. O que sabemos por observação de recorrência é que praticamente cem por cento das comunidades onde atuamos respondem que querem começar com alguma ação de cuidado à infância.

É fundamental o envolvimento das pessoas na construção das estratégias para realizar seus sonhos. Isso gera apropriação, corresponsabilidade e efetividade a longo prazo. As ideias delas carregam a sabedoria local e são aquelas que elas dão conta de realizar. Por isso, acreditamos que são as únicas de fato viáveis.

Na prática, uma vez que o primeiro passo está escolhido – nesse momento também já discutimos disponibilidade de locais na comunidade para construir o sonho – passamos para o projeto. Isso se faz com o uso de maquetes como instrumento de projeto. Normalmente cerca de quatro maquetes são confeccionadas como recurso para incluir o maior número de contribuições possíveis. No instante seguinte, as diferentes propostas são apresentadas em plenária para todo o público e iniciamos um trabalho de conciliação em busca de chegarmos a uma proposta que represente o melhor de tudo o que foi produzido. Apenas facilitamos esse processo que, de fato, é liderado pelas pessoas da comunidade.

Com a maquete final aprovada pela plenária, resta apenas falar das estratégias de viabilização do projeto. Isso começa com elencar os recursos e talentos que estão disponíveis na comunidade. Parte dessa informação nós já havíamos levantado antes, mas, nesse momento, com toda empolgação diante do projeto, sempre surgem novas ofertas e ideias de como podemos mobilizar mais pessoas e recursos.

No intervalo de um a cinco dias depois, mergulhamos na prática do *milagre*. É quando colocamos a mão na massa, cooperando para tornar real o que sonhamos juntos. Poderíamos apenas chamar de mutirão, mas aqui a ação do coletivo está fortalecida por suas melhores qualidades e recursos, confiantes pelos laços afetivos que os unem e motivados por seus sonhos comuns. Por isso, o resultado sempre tende a ser algo além do que imaginamos possível.

Temos feito mutirões com duração de um a cinco dias contínuos. É o suficiente para construir uma praça, uma horta ou mesmo um galpão que pode vir a ser uma creche ou um centro comunitário. Pode ser difícil imaginar isso acontecendo se você nunca viu com os seus próprios olhos, mas o que acontece é que criamos uma energia de jogo, de desafio e o objetivo é tão nobre que o empenho das pessoas de fato leva à realização de coisas extraordinárias.

Crianças e comunidade do Jardim Real, em Cubatão, SP, celebrando a maquete da praça que projetaram juntas em atividade do curso Guerreiros Sem Armas, do Instituto Elos

Crianças do Jardim Real, em Cubatão, SP, brincando em praça que projetaram e que foi construída em mutirão pela comunidade em conjunto com participantes do curso Guerreiros Sem Armas, do Instituto Elos

Promover resultados a curto prazo desmonta a crença de que não é possível e de que não vale a pena se esforçar porque não vai dar em nada. Aprendemos que dois dias de trabalho comunitário mão na massa fortalecem muito mais as relações comunitárias e de parceria do que um ano inteiro de reuniões. O fato das pessoas realizarem algo com suas próprias mãos e seus próprios recursos aumenta as chances de que elas zelem pelo que foi construído.

Por fim, se um milagre foi realizado, a próxima prática é quase óbvia: é a *celebração*. Que, na realidade, apesar de quase óbvia, precisou que nosso amigo Kaká Werá – a quem já citei aqui – nos explicasse sua importância para que, de fato, instituíssemos essa prática como parte da nossa filosofia.

Acontece que, como estamos em busca de um fortalecimento de vínculos que levem à união comunitária, celebrar tem um poder muito grande na manutenção dessa união. É quando podemos nos olhar, nos abraçar e dizer: cada um de nós foi importante e todo mundo junto fez esse sonho acontecer. É, também, como um reconhecimento, uma recompensa imediata ao fim da jornada que alimenta nossa disposição para continuar. É quando a experiência vivida ganha ainda mais sentido, porque alimenta a celebração da vida. Nós nos engajamos menos pela razão e mais pela emoção. Pela razão nós fazemos a nossa parte, mas isso não é suficiente.

No Brasil, acho que temos muitas referências do que pode ser uma boa celebração. Nós nos inspiramos nas festas comunitárias. Cada família traz uma oferta, juntamos um grupo para cozinhar para toda a comunidade, convidamos talentos musicais locais. Agora, o mais importante que precisamos garantir é que façamos uma roda onde cada pessoa possa ser reconhecida na sua contribuição para a conquista coletiva. Normalmente, fazemos isso reconhecendo as frentes de trabalho. Por exemplo, reconhecemos as pessoas que se dedicaram às tarefas de carpintaria, as que se dedicaram à jardinagem, as que se dedicaram à pintura etc.

Esse momento se encerra com o convite para o próximo passo: a prática da *re-evolução*. Esse é um convite para evoluirmos na jornada impulsionando a realização de novos sonhos. Após a descoberta de tanto potencial de realização e do prazer de empreender sonhos coletivamente, o desejo de continuar e expandir para saltos maiores é inevitável. Só precisamos dar um apoio a mais para que a comunidade de fato se engaje na continuidade.

A *re-evolução* inicia-se em uma nova reunião comunitária onde revisitamos tudo o que conquistamos até ali e olhamos para os sonhos que ainda temos para o futuro. A pergunta orientadora é: se foi possível fazer tudo o que fizemos em uma ou duas semanas – esse é o nosso prazo máximo para uma primeira conquista comunitária – o que queremos realizar no próximo mês? E nos próximos três meses? E nos próximos seis meses?

Com isso, as pessoas da comunidade se dividem por interesses em torno das propostas e cada grupo desenha um pequeno plano de ação com metas, estratégias, prazos e responsáveis. A partir daí, estabelece-se uma rotina de reuniões comunitárias para o acompanhamento do que foi planejado.

O sucesso dessa continuidade depende de diversos fatores, sabemos que conflitos e desentendimentos são a causa mais frequente para a desmobilização. Ainda assim, temos registros de comunidades que seguem mobilizadas após vinte anos e, claro, outras cuja mobilização se desfez seis meses depois. Infelizmente, não dispomos de recursos que nos permitam manter um acompanhamento das comunidades a longo prazo, mas sabemos que o projeto tem o potencial de influenciar positivamente a continuidade.

O EXEMPLO DA VILA GILDA

Para entender mais concretamente onde esse processo pode nos levar, gostaríamos de compartilhar a história da nossa experiência com a comunidade do Dique da Vila Gilda, em Santos, litoral de São Paulo.

Em 1999, a comunidade do Dique da Vila Gilda sonhava com um futuro melhor para suas crianças e escolheu começar com uma creche. Seguindo nossa premissa de mobilizar o potencial local, a primeira creche foi construída em cinco dias usando os mesmos materiais e técnicas construtivas já tradicionais na comunidade, que era toda construída em palafitas.

Com isso, uma associação comunitária foi criada para gerenciar a creche, estabeleceram-se parcerias com o governo local, organizações sociais e empresas para viabilizar salários das professoras, alimentação das crianças, manutenção do espaço etc.

Um ano depois, aquela creche estava plenamente ocupada com turmas cheias de manhã e à tarde, alfabetização de adultos à noite, assistência médica aos sábados e cinema aos domingos. Daí surgiu o plano de construção de uma nova creche ampliada, agora com o dobro de vagas.

Com o apoio de uma série de pessoas que doaram recursos financeiros, serviços profissionais, algumas empresas locais, a prefeitura e muito empenho e união da comunidade, a nova creche foi construída durante três meses de mutirões comunitários. Conquistaram ainda um terreno para a sua construção, o que viabilizou um espaço para uma horta.

Dez anos depois, a mesma comunidade conquistou um centro cultural. Dessa vez, um empreendimento muito maior, viabilizado com o apoio do Ministério da Cultura do governo brasileiro.

A história da Vila Gilda exemplifica bem o que buscamos com essa filosofia. Iniciamos fortalecendo vínculos entre as pessoas e com muito diálogo, construindo um sonho de futuro compartilhado. Com isso, a transformação começa a partir da mobilização do potencial já existente. Com a primeira realização conquistada, a confiança e a coragem crescem, a união aumenta e, então, a comunidade pode dar saltos maiores mobilizando outros recursos que antes não acessava. Com isso, muitas transformações são possíveis em diversas comunidades. Nos últimos vinte anos, vimos surgir hortas comunitárias, escolas, brinquedotecas, praças, padarias e até um empreendimento de habitação social, tudo protagonizado pelas comunidades. Na comunidade Caminho da União, foi construída uma horta comunitária; na Guiné Bissau, uma escola; e na comunidade Paquetá, uma padaria comunitária e um projeto de habitação.

Ainda assim, a condição de vulnerabilidade social e econômica da maioria das comunidades onde atuamos torna a mobilização a longo prazo um desafio heroico. Quando imaginamos que as pessoas precisam trabalhar, vivem em casas precárias, expostas a violências de todos os tipos, muitas vezes com dificuldades até mesmo para alimentar sua família e, ainda assim, encontram tempo e energia para se dedicarem voluntariamente a causas

Creche da Tia Nilda, na comunidade do Dique da Vila Gilda, em Santos, SP. Construída em mutirão de cinco dias durante atividades do programa Guerreiros Sem Armas do Instituto Elos, em 1999

Nova creche da Tia Nilda, na comunidade do Dique da Vila Gilda, em Santos, SP. Construída em mutirão pelas famílias das crianças, equipe e parceiros do Instituto Elos no ano 2000

comunitárias, isso é extraordinário. Todo o contexto atua fortemente para que isso não ocorra.

Tudo isso nos leva a pensar que as soluções precisam ser integradas. Não salvaremos a infância se não salvarmos as famílias e todo o entorno socioeconômico, cultural e espacial onde as crianças se desenvolvem. Daí o que fazemos tem um grande valor como prova do que é possível realizar. Se um grupo de jovens com pouquíssimos recursos junto de comunidades extremamente vulneráveis conseguem fazer o que já fizemos, o que seria possível se esse conhecimento estivesse na academia? Se esse tipo de prática estivesse na gestão pública?

Tudo o que criamos no Instituto Elos se construiu às margens da academia e mesmo dos governos e instituições públicas de onde se espera vir esse tipo de solução. Realizamos muito e avançamos muito, no entanto, para realmente falarmos de transformação da cultura de planejamento urbano e desenvolvimento social, precisamos do engajamento de toda sociedade. Assim, teremos mais chances de ver uma mudança estrutural na forma como as coisas são feitas.

Como engajar a academia, a gestão pública e o mundo corporativo na construção de bairros e cidades que cuidem dos seres humanos desde antes deles nascerem é uma questão que vale a pena ser explorada. O que sabemos é que é possível.

RESULTADOS

Como resultado desse processo, aumentamos a autoestima das pessoas por meio do aprendizado prático e da descoberta de potenciais em si mesmas e em sua comunidade, gerando um ciclo de troca positivo que favorece a mobilização em torno de propósitos comuns. Estabelecemos dinâmicas de cooperação e inclusão onde antes havia medo e preconceito. Isso contribui para a redução da tensão e do desconforto social, favorecendo um ambiente mais saudável e seguro para todos e especialmente para a infância.

Sede do Instituto Arte no Dique, um centro de arte e cultura da comunidade do Dique da Vila Gilda inaugurado em 2013, sonhado pela comunidade e construído em terreno vizinho à primeira creche, com recursos do programa Espaços Mais Cultura do Ministério da Cultura

Promovemos uma experiência viva de educação social, onde homens, mulheres, jovens, crianças e idosos discutem suas ideias e sonhos, elaboram projetos conjuntamente, criam estratégias de viabilização e ainda colocam a mão na massa para concretizar a transformação que se está buscando. Com isso, criamos abertura para o diálogo e o estabelecimento de relações de afeto e confiança que são o alicerce para o desenvolvimento social de base comunitária.

Em nossa experiência, as soluções que mais funcionam e tendem a durar são aquelas que são construídas junto com as pessoas, incorporando a sabedoria que elas já têm. Não precisamos e nem devemos nos limitar a isso, mas ignorar ou subestimar esse saber é um erro que contribui para a opressão social e que atrasa a concretização do desenvolvimento que perseguimos.

NOTAS

1. VAN LENGEN, Johan. *Manual do arquiteto descalço*.
2. GALEANO, Eduardo. *As palavras andantes*, p. 310.

A criança na cidade

As experiências do Centro de Criação de Imagem Popular no Morro dos Macacos e em Manguinhos, Rio de Janeiro

CLAUDIUS CECCON

ENQUANTO ESCREVO, o mundo inicia a travessia de uma crise inédita de saúde pública, que também deveria representar uma oportunidade para repensar os valores que têm norteado a caminhada até agora. É preciso mudar de rumo, desacelerar, decrescer e colocar o futuro das crianças em primeiro lugar.

Este artigo apresenta duas experiências realizadas pelo Centro de Criação de Imagem Popular – Cecip, em duas favelas do Rio de Janeiro, no Morro dos Macacos e em Manguinhos, onde a criança e o seu bem-estar estão no centro das atenções.

Na primeira experiência, contamos a criação de uma metodologia inovadora, que apostou na participação das crianças na elaboração das regras estabelecidas no Centro Cultural da Criança. Na segunda experiência, em Manguinhos, tratava-se de mobilizar a comunidade e as crianças para exercerem o direito de brincar na rua.

Seus objetivos, aparentemente opostos, são complementares. O Centro Cultural da Criança implicava que as crianças só estão realmente protegidas dentro de um espaço quando, além de sua segurança física, lhes são garantidas segurança afetiva, emocional e oportunidades para desenvolver sua autonomia e seu potencial de criar, inventar e redescobrir um mundo. Já em Manguinhos, estava implícita a ideia de que não apenas os espaços

A equipe da TV Maxambomba entrevista os moradores de Rancho Fundo, Nova Iguaçu, RJ. A TV Maxambomba, que atuou na Baixada Fluminense nos anos 1990, foi uma iniciativa pioneira em comunicação popular, que buscava ampliar a voz, a visão, a cultura e a experiência das pessoas que até hoje são praticamente invisíveis na mídia

que acolhem e abrigam as crianças (casas das famílias, escolas e equipamentos culturais) devem ser seguros e educativos, mas as ruas, avenidas e praças que elas frequentam também deveriam lhes oferecer segurança e aprendizagens de convivência com os outros e com o ambiente.

As duas experiências têm ligações metodológicas comuns baseando-se no pressuposto de que crianças pequenas são sujeitos de direitos, capazes de expressar ideias, percepções e visões que enriquecem as do mundo adulto. Também coincidem ao mostrar que podem ganhar escala e ser transformadas em políticas públicas.

Abrir espaços para a participação da população em todos os projetos que afetam sua qualidade de vida deve tornar-se a prioridade máxima de governantes para enfrentar a onda de autoritarismo que se abate sobre parte dos países. Quanto mais participação, mais discussão, mais enriquecido e completo será o plano elaborado para cada intervenção urbana, e melhor corresponderá às reais necessidades locais. A escuta atenta e a colaboração entre todos são essenciais e, quando dizemos todos, aqui estão incluídas principalmente as crianças.

O Cecip nasceu em 1986, quando o Brasil recém havia saído de 21 anos de ditadura. Naquele momento, discutíamos a eleição de uma Assembleia Nacional Constituinte, cuja missão era criar as novas regras do jogo democrático. Queríamos juntar experiências e saberes para contribuir no processo de redemocratização do país. Queríamos fazer chegar à população informações sobre seus direitos, negados durante a ditadura.[1]

Nosso desejo era contribuir para que a eleição tivesse a mais ampla participação popular. Havia, em nosso grupo, profissionais que desejavam experimentar um uso mais democrático da imagem. Como o monopólio da televisão parecia uma barreira intransponível, nossa aposta para chegar ao público que desejávamos foi trabalhar com meios alternativos de comunicação: o vídeo em comunicação popular.

O COMEÇO DE UMA HISTÓRIA

O projeto Vídeo Popular, como o chamamos na época, virou realidade com o apoio da Novib, uma agência holandesa de desenvolvimento, que forneceu recursos para a compra do equipamento. Começamos a trabalhar com uma equipe formada por professores, estudantes de cinema e voluntários. Fomos procurados por uma coligação de movimentos, engajada em sensibilizar grupos e sindicatos para eleger representantes comprometidos com as causas populares. Era urgente produzir um instrumento que a ajudasse a discutir as questões que julgava ser importantes e, naquele momento, o vídeo lhes parecia ter a magia de transformar esse desejo em realidade.

Constituinte, as novas regras do jogo[2] foi o primeiro resultado desse projeto. Com um roteiro bem-humorado, as eleições eram comparadas a uma final de campeonato entre um time da várzea, popular, e outro, de cartolas. O juiz comprado, o goleiro expulso ao defender as cobranças anteriores de um pênalti inexistente. Esse pênalti cobrado pelo presidente do clube dos cartolas contra o gol vazio era uma metáfora da realidade que todos conheciam muito bem. No final da história, tudo era um sonho do personagem, que cochilou vendo a televisão e foi acordado pela mulher, chamando-o para participar de uma reunião sobre a Assembleia Constituinte. O vídeo foi exibido em reuniões de sindicatos e grupos alternativos, causando discussões acaloradas sobre o que era necessário fazer para estabelecer novas regras, justas, democráticas, para valer, na nova constituição. Aquele vídeo cumpriu seu papel e nos animou a prosseguir.

Criamos a TV Maxambomba, *A TV do povo de Nova Iguaçu*, exibindo – nos municípios da Baixada Fluminense – programas realizados com a participação dos moradores. Ao cair da noite, em praças dos bairros, as sessões projetavam num telão instalado em cima de uma kombi os programas para duzentas, trezentas pessoas, às vezes mais, uma pequena multidão de adultos, adolescentes, crianças, pais e avós, que deixavam suas casas na hora da novela para vir à praça e assistir o que não passava em nenhum canal: seus personagens, suas iniciativas, suas manifestações culturais, sua própria realidade. Ao final, quem quisesse comentar o que havia visto, lhe era dada a palavra e sua imagem era projetada no telão. Essa escuta, essa interatividade foi sendo aperfeiçoada como uma metodologia do Cecip. Além dos programas exibidos nas praças, trabalhamos com grupos locais, capacitando associações de moradores, movimentos negros, de mulheres, de adolescentes, a usar uma nova linguagem para defender suas prioridades.

O Cecip foi convidado a atuar em escolas e aprendemos que exibir um vídeo para trinta ou quarenta adolescentes, sobre assuntos de seu interesse, era uma experiência muito diferente das exibições nas praças. As perguntas após cada exibição necessitavam de respostas adequadas, sobretudo em temas como gravidez na adolescência, crescimento, Aids ou drogas. Não bastava exibi-los, era preciso discutir seus conteúdos. Isso nos levou a produzir kits educativos, vídeos acompanhados de manuais ou cartilhas. Era preciso também capacitar professores e professoras para usá-los em salas de aula. Outros temas viraram kits educativos, como racismo, direitos de crianças e adolescentes, prevenção em saúde, cultura de paz, violência doméstica, conflitos na escola ou crítica da mídia.

Ao cair da noite, os vídeos da TV Maxambomba atraíam os moradores dos bairros de Nova Iguaçu, que deixavam de assistir a novela na TV de casa e enchiam as praças para participar da projeção sobre temas do seu cotidiano e, ao final, com a câmera aberta, discutir seus conteúdos

PROJETO CENTRO CULTURAL DA CRIANÇA – CCCRIA: UMA EXPERIÊNCIA NO MORRO DOS MACACOS

O complexo do Morro dos Macacos tem aproximadamente dezessete mil moradores. É uma comunidade antiga, marcada pela falta de serviços públicos de qualidade e pela violência, tanto dos policiais, quanto dos traficantes.

Mas há movimentos comunitários que se dedicam a uma cultura de paz como o Centro Comunitário Lídia dos Santos – Ceaca-Vila, criado por Ana Marcondes. Suas atividades foram iniciadas em 1978, criando a creche Patinho Feliz, para atender à demanda das mães que precisavam trabalhar e não tinham com quem deixar seus filhos.

Durante o período em que trabalhamos em um projeto de capacitação de educadores da creche, discutimos com a Ana Marcondes o que poderia ser feito para solucionar o problema das crianças que tinham apenas quatro horas nas pré-escolas municipais e, fora da escola, ficavam nas ruas, correndo risco de vida a cada tiroteio que acontecia com frequência. A ideia foi criar um espaço para as crianças frequentarem quando não estivessem na escola. A equipe de educação infantil do Cecip sugeriu a criação de um centro cultural para crianças de até dez anos.

Toda a comunidade foi envolvida na definição do espaço. Adolescentes foram recrutados para fazer uma pesquisa com as crianças sobre o que entendiam como centro cultural e como gostariam que fosse o de sua comunidade. Esses desejos guiaram o programa que definiu as linhas do Centro Cultural da Criança.

O centro cultural foi planejado para se instalar no segundo andar da creche Patinho Feliz. Mas nosso projeto incluía também obras na creche, melhorando o fluxo dos percursos usados pelas crianças, além de uma área coberta e do aumento da área externa para as crianças pequenas brincarem.

As crianças passaram a ter acesso a bens culturais que normalmente lhes são negados, como a sala de computadores, a biblioteca, a brinquedoteca, a sala de artes, a sala de música e o ginásio coberto para atividades de expressão de corpo e movimento, onde as assembleias também aconteciam. A capacidade do centro permite atender diariamente 200 crianças, em dois turnos.

O projeto arquitetônico, o cálculo das estruturas, a construção, o cuidado em todos os detalhes foram fruto de parcerias entre arquitetos, engenheiros e moradores, numa troca de saberes muito rica. A relação entre os operários e o mestre de obras, moradores do lugar, contratados para fazer seu trabalho, e o arquiteto e os engenheiros, voluntários, era respeitosa, cada um contribuindo com sua experiência e seus saberes. Quando foi inaugurado, ouvimos uma criança dizer para outra: “Foi meu pai que construiu isso!”

UMA METODOLOGIA EM CONSTRUÇÃO

Enquanto a obra progredia, construía-se também uma metodologia inovadora. O Centro Cultural da Criança (agora chamado de CCCRIA) foi projetado para ser um lugar onde as crianças viveriam uma experiência

O Programa Criança Pequena em Foco realizou uma experiência, fornecendo a crianças de quatro e cinco anos uma câmera descartável para que registrassem o que havia de bom e de errado no caminho entre sua casa e a creche. O olhar das crianças surpreendeu a todos nós

de protagonismo infantil – seriam livres para escolher aonde ir, o que fazer e quanto tempo dedicar a cada atividade, de forma autônoma e responsável. A base desse trabalho era o entendimento da criança como um ser que produz cultura e merece ser respeitado como sujeito de direitos. Entre os princípios estabelecidos na gestação do CCCRIA, estava o protagonismo, isto é, "acreditar na capacidade que todos possuem de agir e tomar decisões, expressando a própria autonomia".[3] Este conceito de autonomia se alinha com a definição que os autores Constance Kamii, Faye Clark e Ann Dominick atribuem a Piaget: "autonomia é a habilidade de pensar por si mesmo e decidir o que é certo e o que é errado no âmbito moral, e o que é falso ou verdadeiro no âmbito intelectual, considerando todos os fatores relevantes, independente de recompensas ou punições".[4]

Os princípios do CCCRIA eram o direito de brincar e a consciência de sua cidadania. Cidadania, neste conceito, é a ideia de que vivemos em sociedade, o que exige de cada um o conhecimento de seus direitos, assim como o respeito ao outro e aos direitos desse outro. Estes conceitos foram esmiuçados pela equipe de educação infantil do Cecip e traduzidos em práticas e rotinas com a equipe de educadores.

As normas do centro foram estabelecidas com as crianças, depois de terem sido discutidas e reformuladas com elas até o ponto em que elas as consideraram justas. No centro cultural, as crianças têm autonomia para entrar nas salas na hora em que quiserem, desde que haja lugar. Para saber isso, há nas portas uma janelinha que permite à criança ver a atividade que está sendo desenvolvida. Em cada porta, estão penduradas plaquinhas correspondentes ao número de vagas naquele momento. As crianças sabem que, ao entrar, devem pegar a plaquinha e colocar dentro de uma cestinha. Ao sair, recolocam sua plaquinha na porta. Se, ao chegar, não houver plaquinha na porta, isso significa que a sala está cheia. Essa estratégia ajuda a criança a exercer sua autonomia de forma organizada. Em algumas salas, onde as atividades, por sua natureza, implicam um determinado tempo – como as de inglês e de informática – as crianças sabem que além do número de vagas, há uma hora para entrar. Desde cedo elas se organizam para frequentá-las, programando seus outros interesses ao redor desses horários. Podem também resolver sair daquela sala e ir a outro lugar, para beber água ou ir ao banheiro, sem ter que pedir permissão.

Seguindo os ensinamentos de Constance Kamii, o centro cultural busca trabalhar a autonomia moral e intelectual da criança, ou seja, desenvolver a capacidade de pensar sobre situações, ter independência nas escolhas, considerando o que é justo, verdadeiro e ético – e agir de acordo, assim como refletir sobre suas consequências.

É ao brincar que as crianças aprendem a ser solidárias, parceiras, amigas, a ter prazer de ficar juntas. O educador de cada sala propõe sempre uma atividade, mas a criança tem a liberdade de participar ou não. Na sala de artes, por exemplo, algumas crianças podem estar fazendo uma atividade com a educadora, enquanto outras fazem massinha, ou desenham. Na sala da brinquedoteca, além de muitos jogos e bonecas, há um canto

As crianças da Escola Municipal Professora Maria de Cerqueira e Silva foram estimuladas pela facilitadora Mariana Koury a fazer um diagnóstico dos problemas do território em que viviam e propor soluções. Foram ouvidas, e os técnicos da Prefeitura ficaram admirados com as sugestões sobre onde deveriam ser colocadas placas de redução de velocidade e faixas de pedestres, além de pedir a inclusão de mais áreas de lazer e calçadas mais largas e seguras

com fantasias, com as quais as crianças podem transformar-se em todo tipo de personagens. Colocam panos entre as estantes e o ambiente vira uma tenda, uma casa, um castelo. Na biblioteca, as crianças não apenas leem livros, mas há contação das histórias e encenação de peças que as crianças são estimuladas a criar.

O espaço dá liberdade para outras iniciativas das crianças. Uma turminha formou um grupo de rap chamado Grupo da Pimenta. Usavam a biblioteca para ensaiar seus raps, cujas letras falavam de meio ambiente e dos direitos das crianças, para depois apresentá-los à comunidade. As crianças também conquistaram outro espaço, o externo, que teve de ser ampliado. Ali acontecem, numa área de 60 metros quadrados, jogos de futebol, de pular corda, pique-parede, bambolê e brincadeira de elástico. Há também gritaria, corre-corre, gargalhadas, bagunça, atropelos, conflitos e brigas? Acontecem; mas há uma maneira de trabalhar esses conflitos. É o aprendizado de ouvir as crianças nas suas reivindicações, conversar, entender, dialogar e refazer, se necessário, o que estava combinado, sempre visando a uma convivência solidária, com normas que fazem sentido para elas.

Assim como a escola, o lar e a rua, o centro cultural também tem suas normas, que não são tão diferentes das regras de outros espaços. Na fala das crianças, "pode brincar, conversar, ser amigo, ser unido, correr, desenhar, mexer no computador, aprender a falar inglês, ler livros, brincar de futebol, de queimado". O que não pode é "brigar, xingar, falar palavrão, bater, morder, fazer bagunça nas salas, jogar papel higiênico no vaso". A diferença entre este e outros espaços que as crianças frequentam é que ali as regras foram criadas com elas, com as palavras delas, bem concretas. As regras são muitas vezes retomadas, relembradas, reeditadas, para que continuem a fazer sentido para todos. Através de desenhos, colagens, cartazes, as normas se fazem presentes nas falas e nas paredes do centro cultural, e são mencionadas em conversas coletivas e individuais.

Imersas numa cultura onde o mais forte sempre manda – seja na escola, em casa ou na comunidade – as crianças vivenciam no CCCRIA uma nova lógica: fazer porque é certo, porque é justo, porque é o combinado, e não por medo de uma punição. As opiniões dos pequenos de quatro anos são tão consideradas quanto as dos mais velhos. Por sua parte, os adultos também precisam agir coerentemente com uma lógica da qual estão constantemente em processo de se apropriar. Isso significa questionar, o tempo todo, suas práticas, refletir sobre suas ações. Nestas reflexões, feitas mensalmente nas reuniões de atualização da equipe, há espaço para a dúvida, para o relato de experiências, para pensar juntos e chegar coletivamente a soluções.

Não faltam desafios para a gestão de uma iniciativa tão inovadora. Selecionamos alguns deles como material para debate e reflexão.

1. DESAFIO INSTITUCIONAL: SUSTENTABILIDADE COM QUALIDADE

A sustentabilidade é um desafio constante. O centro cultural existe graças a parcerias financeiras que não são inesgotáveis. Entre outras iniciativas, inscrevemos o CCCRIA no programa de incentivo do Ministério da Cultura, o Ponto de Cultura. A conquista deste título garantia não apenas recursos

O Centro Cultural da Criança, com sua torre e ponte de acesso, fazia as crianças fantasiarem que era um castelo de contos de fadas. O Castelo das Crianças Cidadãs recebia 200 crianças, entre quatro e dez anos, no contra-turno dos horários da escola, com atividades que lhes proporcionavam bens culturais aos quais normalmente não teriam acesso

diretamente para o centro cultural, mas também a possibilidade de fazer parte de uma rede e a oportunidade de trocar informações com outras experiências.

Outro tipo de sustentabilidade a garantir é a metodológica. A metodologia do centro foi, em grande parte, construída e implementada pelo Cecip, baseada em experiências anteriores e em estudos e pesquisas sobre o que queríamos realizar. As diretrizes pedagógicas fazem a diferença. A publicação do livro *Centro Cultural da Criança: o castelo das crianças cidadãs*[5] pelo Cecip e pela Imprensa Oficial de São Paulo, Selo Imprensa Social, em 2009, foi importante para consolidar a experiência e registrar a metodologia. Mas é sempre um desafio mantê-las vivas na prática.

2. DESAFIO PARA O EDUCADOR

Como proporcionar uma experiência de autonomia, quando só se conhece a heteronomia? Constance Kamii coloca esse desafio como o caminho de uma vida inteira.[6] A equipe do Cecip e os demais educadores e educadoras do CCCRIA eram dinamizadores, problematizadores ou facilitadores de aprendizagens múltiplas e ricas. Profissionais cujo papel era ouvir com amorosidade, como diria Paulo Freire, ajudando a organizar a participação das crianças na avaliação de situações e na tomada de decisões. O processo podia por vezes ser frustrante, embora em sua maioria elas e eles tenham declarado haver crescido pessoal e profissionalmente, afirmando nunca terem sido tão desafiados e recompensados no trabalho.

3. DESAFIOS PARA A CRIANÇA: TRANSITAR ENTRE AS REGRAS DOS VÁRIOS ESPAÇOS

A criança, em casa ou na escola, convive com regras que ela não criou, às quais deve obedecer sem pensar ou questionar, e com consequências que variam de uma simples bronca a violências verbais e até corporais. No CCCRIA, a experiência era outra. Muitas regras aprendidas em outros espaços também se aplicavam lá, só que não eram impostas. Da mesma forma, a possibilidade de ir e vir e a confiança que os adultos depositam na capacidade da criança de fazer boas escolhas reforçam nelas um sentimento de autonomia e de competência.

Na escola, entretanto, a criança precisava obedecer às regras já criadas – que por vezes não faziam sentido para ela, nem nunca foram questionadas sequer pelos adultos que as impunham, o que gerava um conflito cognitivo. Conscientes disso, nosso desafio foi envolver mais a escola e a família, quebrando a desconfiança do que é trazido de fora, entendendo que a criança autônoma aprende melhor, convive melhor e é mais feliz.

4. APRENDER A PARTICIPAR E A EXPRESSAR SEUS DESEJOS DE FORMA ORGANIZADA

O centro cultural é baseado na ideia da participação das crianças nas decisões que as afetam diretamente. Mostrar-lhes que são ouvidas e

As regras que eram respeitadas no Centro Cultural da Criança foram discutidas e estabelecidas com a intensa participação das crianças – e é por causa desse protagonismo que eram obedecidas e respeitadas por todos. "O que pode e o que não pode, o que está certo e o que está errado" escritos por elas em pequenos cartazes, estavam por toda parte, lembrando regras que, eventualmente, poderiam mudar

levadas a sério é um desafio. Ajudá-las a se organizar, sendo crianças tão pequenas, dcmanda tempo e paciência.

No princípio, as crianças participavam de assembleias gerais, onde eram discutidas as regras e as questões que as estavam incomodando. Mais tarde, descobrimos que elas gostam de abaixo-assinados.

Um exemplo aconteceu na época de férias escolares. Duas crianças decidiram que queriam uma colônia de férias no centro cultural. A dupla se dirigiu à coordenação reivindicando o seu desejo, mas a coordenação questionou a legitimidade – a ideia era só deles ou todo mundo queria isso? Rapidamente, os dois se organizaram, foram de sala em sala expondo seu projeto, e o grupo foi crescendo. As ideias foram se aperfeiçoando, até que as crianças fizeram uma lista de tarefas e trouxeram a proposta de uma colônia, toda planejada, para a coordenação. O evento acabou acontecendo exatamente como elas haviam planejado.

Na sala do Pequeno Cidadão Digital, a mais procurada, as crianças eram introduzidas ao mundo que revolucionou a vida de todos nós. Havia doze computadores, onde 24 crianças, a cada vez, tinham toda a atenção de dois professores locais, treinados pela Future Kids em programas especialmente destinados a crianças

O diálogo, a liberdade de expressão, o estímulo à participação e o respeito da opinião de cada um fazem parte do processo de amadurecimento das crianças. Constituem uma escola de cidadania, uma experiência que, acreditamos, levarão pelo resto de suas vidas.

Se o CCCRIA se transformasse em política pública, com sua metodologia integrada no sistema de ensino fundamental e estudada, pesquisada, aprimorada e difundida pela academia, na formação de novos educadores, o que aconteceria, dentro de um prazo médio, com as gerações que seriam formadas principalmente nas favelas e nos bairros periféricos?

O Centro Cultural da Criança continua a funcionar no Morro dos Macacos, de maneira autônoma, mais de uma década depois que o Cecip se retirou. Embora muito do que contamos neste relato faz parte

Além da Sala do Pequeno Cidadão Digital, o Centro Cultural da Criança tinha outros espaços onde as crianças podiam estar, como a brinquedoteca, a biblioteca e a sala de artes, na qual tinham materiais para desenhar ou esculpir, abrindo espaço para exercerem toda a sua criatividade

de diretrizes pactuadas durante o período inicial, e que a realidade deve ter trazido mudanças, as notícias que recebemos é que o essencial, a confiança nas crianças, foi mantido.

PROJETO CRIANÇA PEQUENA EM FOCO EM MANGUINHOS

Neste projeto procuramos atingir um objetivo complementar com a ajuda da comunidade de Manguinhos: garantir às crianças o direito de brincar livremente no seu espaço, a rua.

A formulação de políticas públicas de forma participativa, levando em consideração desejos e necessidades daqueles que serão atingidos por elas, é amplo consenso no meio acadêmico e nas organizações da sociedade civil. Mas, em geral, os eleitos resistem a essa participação. Se existe essa cultura política em relação a cidadãos adultos, o que pensar da participação de crianças?

Na contramão dessa afirmativa, a experiência do Cecip é que a participação das crianças, desde a fase de diagnóstico dos problemas até a formulação do projeto e o acompanhamento de sua implementação, confere legitimidade ao que o poder público fará. Uma criança que vê suas ideias aceitas e discutidas com seriedade e que pode acompanhar sua realização, vive uma experiência extremamente significativa, que a influencia por toda vida.

Como qualquer outro indivíduo, a criança é produtora de conhecimentos, vivenciando o território onde mora e se desenvolvendo em íntima relação com sua coletividade, com a capacidade de refletir, de opinar e de participar das decisões que afetam sua vida. Todo processo de mudança envolve etapas de escuta, de negociação, de reflexão e de proposições que serão compartilhadas com adultos. Participar é estar envolvido em diálogos. As metodologias que têm por objeto a participação das crianças devem incluí-las em todas as etapas, deixando sempre claro que adultos e crianças desempenham papéis distintos, mas não menos importantes.

Se as crianças são apenas informadas do que se pretende fazer em nome delas, isso não pode ser chamado de participação, como bem definiu Roger Hart.[7] Para que haja verdadeira participação, é preciso ter o consentimento delas, escutar o que dizem e procurar estabelecer um clima de confiança em que discussão, reflexão e proposições sejam compartilhadas entre elas e os adultos. Também é preciso compreender os contextos em que vivem – familiar, institucional, comunitário – ao mesmo tempo em que é importante entender como é sua relação com os adultos com os quais interagem.

Desde 2011, o projeto Criança Pequena em Foco, com o apoio da fundação holandesa Bernard van Leer, propôs-se a sensibilizar o poder público sobre a participação das crianças no planejamento urbano. O projeto realizado em Manguinhos, que começou em 2015, tinha o objetivo de oferecer uma metodologia ao poder público.

Nosso projeto foi dividido em três etapas – escuta, negociação e implementação – com constante sistematização ao longo do processo e posterior avaliação. As características dessa metodologia são a participação efetiva das crianças no modo como acontece a coleta de informações, como são construídas as soluções e como são implementadas.

Localizado na Zona Norte do Rio de Janeiro, Manguinhos possui mais de quarenta mil habitantes, que vivem numa área de cerca de 535 mil metros quadrados. Esta comunidade ostenta o pouco invejável sétimo pior Índice de Desenvolvimento Humano – IDH do município.

Manguinhos é cortada pelo Rio Faria Timbó e pelo canal do Cunha, por onde escoam lixo e esgoto não tratado. A falta de espaços de lazer, além da distância das praias da Zona Sul, faz com que jovens e crianças de Manguinhos se banhem nessas águas extremamente poluídas. Para completar o quadro, a região é controlada por uma facção do tráfico de drogas, o que torna Manguinhos alvo de eventuais confrontos entre policiais e traficantes.

A primeira etapa do projeto foi conhecer as pessoas do lugar e sermos conhecidos pelos moradores e pelas lideranças locais. Em reuniões com moradores articuladores sociais do território, apresentamos o projeto, pedindo sugestões e críticas. Esse primeiro contato nos abriu espaço para realizar uma pesquisa sobre infância e circulação em Manguinhos, fase que chamamos de diagnóstico (escuta).

Foram elaborados roteiros de entrevistas para cada categoria. O primeiro buscava dados sobre experiência orgânica, e era formado por grupos capazes de fornecer diagnósticos de vivência direta e cotidiana dos problemas, como crianças, pais, diretores de escolas e líderes comunitários. Um outro roteiro era de experiência técnica, para fornecer diagnósticos pautados por um conjunto de saberes especializados nas áreas de saúde, trânsito e sociologia urbana. Finalmente, levantamos a ocorrência, com detalhes, de dados pré-hospitalares e georreferenciados.

Pelo caráter do projeto, a perspectiva metodológica da pesquisa previa a escuta de crianças sobre a questão do trânsito, para fornecer subsídios na construção do diagnóstico. A equipe realizou, durante um mês, oficinas com uma turma do primeiro ano do ensino fundamental, com idades entre seis e sete anos, da escola local. O objetivo era ouvir o que as crianças identificam como problemas no seu trajeto casa-escola-casa. Usamos, mais uma vez, o registro fotográfico pelas crianças. Além disso, foram realizadas atividades artísticas, brincadeiras e rodas de conversa. Um trabalho de relatoria registrou as falas das crianças e os acontecimentos importantes em sala de aula e na escola.

O passo seguinte foi apresentar os resultados da pesquisa[8] aos moradores da região numa reunião. Os principais pontos destacados pelos adultos e pelas crianças foram apresentados de forma combinada com dados coletados em órgãos públicos.

O primeiro dado da pesquisa confirmou as consequências negativas de realizar qualquer intervenção urbana sem a participação dos moradores. Grandes obras haviam sido feitas no território, como uma custosa elevação da linha férrea, com a promessa de criação de parques e playgrounds na área liberada. Era uma promessa anunciada sem qualquer consulta à população que não se cumpriu. O que aconteceu foi um aumento do fluxo de carros pelo território, o que, agravado pela ausência de sinalização adequada, aumentou os riscos corridos pelos pedestres, especialmente pelas crianças.

O segundo dado revelou que as crianças que participaram da pesquisa demonstraram ter um olhar sensível que captou a complexidade das questões que envolvem a livre mobilidade, como o lixo na calçada, a falta de calçadas ou sua má conservação. Suas observações aprofundaram de tal forma o tema do trânsito, que o debate fez com que todos se conscientizassem de que o pedestre é o protagonista.

Juntando as informações trazidas pelas crianças e pelos adultos, chegamos aos principais problemas de mobilidade na região: motos em alta velocidade, falta de calçadas, lixo na rua, falta de espaços públicos de lazer, consequências da construção da nova avenida, com o aumento do tráfego de veículos e a sinalização insuficiente.

A equipe, sabendo quão complexas são as soluções para alguns desses problemas, de responsabilidade do poder público, decidiu trabalhar no que era possível ser resolvido, pelo menos parcialmente, pelos moradores, escolhendo debruçar-se sobre três questões: a sinalização das novas avenidas, a coleta de lixo e a falta de espaços de lazer.

A segunda fase da metodologia (negociação) era o momento de tomada de decisões. A equipe desenvolveu métodos para construir um plano de ação do qual participariam diferentes públicos. Com adultos e adolescentes, utilizamos um mapa ampliado da região, com adesivos que demarcavam os pontos críticos em que os três problemas mais apareciam. A comunidade foi desafiada a pronunciar-se sobre o que poderiam fazer, por iniciativa própria, para solucionar aqueles problemas, e indicar o que é responsabilidade do poder público.

Com as crianças, desenvolvemos um jogo de tabuleiro, onde estavam assinalados locais de referência – a escola, a biblioteca, a pracinha, a quadra de futebol, a lojinha de doces – cujo percurso era feito a partir do jogo de dados. Cada jogador devia passar em pelo menos três desses pontos e, em cada um, havia um desafio: a criança devia propor uma solução e um responsável para os problemas. O jogo foi utilizado com diversos grupos e as sugestões foram complementadas com as dos adultos e dos jovens. O resultado desse processo contribuiu para a estruturação do plano de ação, no qual todos se sentiam contemplados.

A partir desse plano de ação, foi encaminhada a demanda de sinais de trânsito à Companhia de Engenharia de Tráfego – CET-RIO, que a atendeu. Foram instaladas novas placas de sinalização de Cuidado, Escola! e um novo sinal luminoso na avenida. Essa vitória animou a comunidade. Também levamos as reivindicações dos moradores à Companhia Municipal de Limpeza Urbana – COMLURB, que respondeu à solicitação instalando novas lixeiras nos locais que foram indicados por crianças e adultos.

Nosso papel, ao trabalhar com a comunidade e suas lideranças, foi de discreta articulação, recolhendo e sistematizando as informações, derivadas da discussão de problemas do cotidiano dos moradores. Para eles e para as crianças que participaram do processo, foi importante mostrar que uma demanda organizada tem mais chances de ser atendida quando apresentada ao poder público.

A partir do momento em que havíamos conseguido conquistas em dois pontos de nosso plano, era a hora de desenvolver a reforma da pracinha do Mandela.

A pracinha tem formato triangular, com cerca de 200 metros quadrados. Como fica a cerca de dois metros abaixo do nível do encontro de duas ruas, uma escada faz a ligação com a rua superior, enquanto sua base fica no nível inferior da rua. Construída em cimento, estava sem pintura e era dividida em três áreas: numa das pontas, a única parte com chão de terra, havia um balanço quebrado, um trepa-trepa e dois aparelhos de musculação. Na parte central, ocupando a maior área, havia uma piscina quebrada e vazia, um pequeno banheiro desativado, mesas de cimento e dois quiosques, um com telhas quebradas e o outro sem o telhado. A terceira parte tinha bancos dispostos em anfiteatro, com um pequeno palco de cimento e um quiosque desativado. Apesar de precária, a pracinha do Mandela era um dos poucos espaços de lazer das crianças, mesmo que quase sempre ocupada por jovens conversando nas mesas de cimento. Quando fazia calor, algumas crianças pegavam uma mangueira do lava-jato em frente e brincavam de tomar banho e se refrescar. Como a pracinha fica no caminho da principal escola da região, nos horários de entrada e saída, meninas e meninos aproveitavam a passagem para brincar.

Procuramos engajar diversos atores da comunidade no processo. Nosso desejo era que a reforma da praça fosse uma realização da comunidade. Isso foi importante para a apropriação do projeto pelos líderes locais, estreitando sua relação com a equipe do Cecip.

Para levantar os recursos e realizar o que estava sendo proposto, lançamos uma campanha de financiamento coletivo, que teve intensa divulgação graças a um vídeo feito pelos moradores de Manguinhos. Com o apoio de 73 pessoas, arrecadamos R$ 9.010. Esses recursos foram utilizados para reparos estruturais, como o conserto das telhas do quiosque, a compra de materiais de pintura, o conserto do banheiro público, a instalação de bancos e mesas de cimento e para remunerar a mão de obra de pedreiros da comunidade.

Situação anterior da pracinha do Mandela, onde o abandono, depredação e descarte de lixo tornavam o local inóspito para a recreação da comunidade

Uma parceria com a ONG Atados fez com que a reforma da pracinha entrasse na programação do Dia das Boas Ações, um movimento global que visa a despertar nas pessoas o engajamento em causas sociais. Os moradores viram nesse episódio que a solidariedade desinteressada não tem fronteiras. Também houve uma parceria com a COMLURB, em especial com o projeto Rio Novo Olhar, que resultou na limpeza do espaço, capinação do mato, doação e plantio de mudas, restauração e pintura de brinquedos, instalação de lixeiras e limpeza do piso. Essa parceria abriu portas para realizar futuras ações em conjunto, mostrando ao poder público e à comunidade que a metodologia funciona e que as reivindicações organizadas têm mais possibilidades de serem atendidas.

Dentro desse processo, escutar o que as crianças queriam era o ponto mais importante. Para isso, foram realizadas oficinas com a turma de primeiro ano do ensino fundamental, divididas em dois grupos com aproximadamente quinze crianças. No primeiro grupo, cada uma recebeu uma foto ampliada de uma área da praça, para colar papéis coloridos nas imagens, indicando o que faltava na foto. No segundo, as crianças receberam folhas em branco, contendo apenas a silhueta de uma criança em posição de movimento. Elas deveriam desenhar brinquedos no entorno dessa imagem, representando o que desejavam que houvesse na praça.

Perguntamos a cada criança por que havia feito o desenho que estava na sua folha e, a partir das respostas, conversamos sobre o que seria possível fazer. Um dos desejos, antes mesmo de começarem a desenhar, era a reconstrução da piscina. Esse foi o primeiro ponto de negociação: teríamos de informá-las de que não era possível atender ao seu desejo porque não é permitido, por lei, haver uma piscina em espaço público sem a presença de um salva vidas e de uma cerca para impedir a entrada fora do horário de funcionamento. Enquanto elas absorviam a notícia, perguntamos o que mais gostavam de fazer numa piscina. Responderam que era brincar com água e se refrescar em dias quentes. Quando as desafiamos a pensar em como resolver o problema sem a piscina, elas sugeriram um banho de mangueira e de chuveiro. Nossa arquiteta comprometeu-se a batalhar para instalar um chuveiro na praça.

UM DIA PARTICULAR

O dia do mutirão, que celebrava as últimas operações da reforma da pracinha, estava marcado para 9 de abril de 2017, domingo de ramos. Fomos aconselhados a comunicar previamente o evento à direção da Unidade de Polícia Pacificadora – UPP, com sede em Manguinhos, fornecendo as informações sobre o que estava programado com as crianças e com a presença de visitantes. O coroamento da festa seria a feijoada na quadra da comunidade, com doações dos mercados do entorno da praça. Também fazia parte do planejamento pintar o chão e os muros, colocar as plantas em vasos, plantar mudas, fazer estêncil com frases das crianças e inaugurar uma moto feita de pneus, um dos brinquedos mais desejados pelas crianças.

A pracinha do Mandela foi transformada pela capacidade de organização dos moradores e a participação das crianças, que conseguiram envolver vários órgãos do poder público. O lixo foi retirado, os brinquedos consertados, novas árvores plantadas e finalizada com a decoração dos desenhos criados pela comunidade

Chegamos ao local e, ainda arrumando os materiais, ajudados pelas crianças que enchiam a praça, apareceram policiais do Batalhão de Operações Policiais Especiais – Bope, vestindo uniformes negros de combate, usando máscaras ninja e portando metralhadoras. Sem qualquer sinal, instalou-se um intenso tiroteio. Uma moradora em frente à pracinha abriu sua casa e nos convidou a nos abrigar. Entramos e todos – crianças e adultos – se deitaram no chão. Durante três infinitas horas, ficamos separados do matraquear das metralhadoras apenas pela cortina da janela. As crianças, amontoadas, ficaram concentradas na televisão, onde passava um desenho animado sem som. De repente, o ruído infernal cessou e um pesado silêncio se fez. Pouco a pouco, começamos a ouvir vozes dos moradores, que saíam de suas casas.

Havia muitas telhas novas destruídas, buracos de balas nos muros de cimento recém pintados, rombos nas paredes das casas. Desde aquele abril de 2017, os níveis de violência em Manguinhos aumentaram. A ida da equipe passou a depender de telefonemas com as lideranças locais, mas o agravamento da situação nos obrigou a suspender as visitas. Passamos a marcar reuniões com as lideranças fora de Manguinhos e, com isso, não foi possível concluir o processo de reforma da pracinha do Mandela como havíamos previsto em nosso projeto.

Porém, a comunidade havia se apropriado do projeto e assumiu a liderança. Usando os materiais que haviam sido adquiridos, pintaram e grafitaram a praça, levaram mudas para plantar e passaram a cuidar com zelo do espaço que haviam conquistado. As falas dos moradores, recolhidas no processo de avaliação externa, demonstram que o melhor resultado obtido com essa ação não foi apenas a praça finalizada, mas o engajamento comunitário, fundamental para a continuidade e a manutenção de qualquer projeto, seja do poder público ou da sociedade civil: "Não é trabalho de instituição, é nosso. O pessoal abraçou tanto a reforma da pracinha que começamos a marcar as coisas a partir dela, virou um ponto de referência para toda a comunidade". "Na reforma da pracinha, conseguimos aproximar os moradores, as crianças participaram efetivamente e as lideranças comunitárias também. A mobilização fica, mas não foi tão efetiva por causa do tiroteio".

As oficinas realizadas com as crianças ao longo do Projeto Criança Pequena em Foco mostraram que elas têm uma visão abrangente sobre o lugar onde moram, abordando problemas que às vezes não foram identificados pelos adultos. Esta é uma razão a mais para que as vivências específicas e singulares das crianças sejam consideradas no planejamento urbano.

Apesar do contexto de violência que impossibilitou finalizar a ação como havíamos planejado, os resultados, no médio e longo prazos, são positivos. O engajamento comunitário, o sentido de pertencimento que floresceu em crianças e adultos, o orgulho pelo lugar onde moram, o cuidado com o coletivo e a ressignificação de um espaço mostraram que a experiência veio para ficar. É importante notar que a metodologia deste projeto inclui uma articulação entre as crianças, os moradores, suas lideranças e o poder público. A relação com os diversos órgãos foi uma relação republicana, cidadã, de respeito mútuo. Essa experiência de relação horizontal é significativa e deve ser preservada em futuras iniciativas.

CONSIDERAÇÕES FINAIS

A escuta de crianças em projetos que influenciam suas vidas, além de ser um direito, aumenta sua autoestima, fortalece o processo que as torna cidadãs e aumenta o senso de pertencimento à comunidade. Sua participação na tomada de decisão contribui para a qualidade dos projetos que são pensados para elas. Escutá-las exige um novo olhar e sensibilidade por parte dos adultos, que devem considerar suas opiniões, hipóteses, soluções e reflexões como elementos a serem incorporados às pautas das políticas públicas. Isso abre um precedente no mundo dos adultos, distinto do modelo atual. As crianças precisam ser vistas como sujeitos atuantes, com ideias e necessidades que devem receber atenção do poder público. Ainda que as questões apresentadas pelas crianças não possam ser incorporadas de imediato ou não possam ser totalmente viabilizadas, elas permitem que sua participação em uma ação pública valorize seu saber e as estimule a mobilizar ações no seu entorno.

O trabalho das organizações da sociedade civil não quer substituir o que o poder público tem, por dever, de fornecer à população, especialmente em matéria de saúde e educação. Elas desempenham um importante papel de guardiãs e de fiscalizadoras do poder público nos campos dos direitos de cidadania e ambientais. Nesse sentido, seus projetos abrem espaço para experiências inovadoras que, uma vez testadas em situações concretas e bem-sucedidas, abrem a possibilidade de se tornar políticas públicas.

Em um projeto social, a relação entre a organização da sociedade civil e a comunidade onde ele se realiza é delicada. Precisa de tempo para ser estabelecida com base em mútua confiança. É preciso ter em mente que há uma desigualdade entre os dois polos dessa relação, e devemos estar conscientes para poder criar os laços que permitirão estabelecer parcerias.

As melhores intenções de quem chega a uma comunidade não são uma garantia de que essa relação se estabeleça. É preciso ter autêntica empatia, franca escuta, sabendo que o processo para merecer a confiança da comunidade depende de pequenos detalhes que acontecem no cotidiano. A tradução das demandas da população passa por considerações técnicas de viabilidade, antes de poder transformar-se em realidade. Essas relações serão testadas todo o tempo e serão mais profundas quanto melhor esse papel for transparentemente negociado na prática.

A aliança entre comunidade e as organizações da sociedade civil é uma relação de tomada de consciência do que a comunidade pode fazer, de seu senso crítico, da autonomia de seu pensamento em relação ao que é melhor para ela. Não poucas vezes, as cobranças se concentram no poder público, na sua incapacidade de agir, ou na forma com que projetos externos são impostos à população sem qualquer consulta. O poder público deve participar das ações que querem melhorar a vida das pessoas. A relação entre um projeto desejado pela comunidade e os meios que o poder público dispõe para realizá-lo pode depender de uma articulação e da pressão que as organizações da sociedade civil, os coletivos, as associações de moradores e as redes comunitárias devem fazer. Nessa articulação, as organizações e as comunidades falam juntas.

As pesquisas sobre a realidade do local são imprescindíveis. Elas podem aprimorar o plano inicial ou apontar caminhos diversos em relação ao que se queria fazer no início. À medida em que a comunidade participa das pesquisas e é informada de suas descobertas, o projeto vai ganhando adesões, e progressivamente estabelecem-se os vínculos, transformando-o em um projeto comum.

Na situação que estamos vivendo hoje, de sistemática destruição de conquistas que considerávamos definitivas, devemos ter confiança na extraordinária diversidade de iniciativas que a sociedade civil continua a produzir. O problema inadiável será eliminar o vergonhoso fosso que separa os setores mais privilegiados dos 95% restantes da população, um fosso alimentado pelas consequências históricas de um racismo, de cuja abrangência a população brasileira começa a tomar consciência.

A pandemia de Covid-19 que experimentamos em 2020 (e que, no momento em que escrevemos, não tem data certa para terminar), coloca a nu essas diferenças. É urgente interferir no tecido urbano para que todos tenham acesso aos serviços indispensáveis, para que a cidade seja mais amigável com seus moradores e, especialmente, com as crianças.

Para arquitetas, arquitetos, urbanistas e profissionais de diferentes áreas do conhecimento, esse desafio é real e urgente. As favelas e as periferias não são não-cidade e seus moradores não são não-cidadãos.

Nos projetos que descrevemos, o grande desafio é sensibilizar o poder público, os tomadores de decisão, os técnicos, os engenheiros, os arquitetos e os planejadores urbanos, entre outros profissionais, sobre a importância das mudanças que devem urgentemente ocorrer, sabendo que a participação infantil no planejamento urbano é indispensável.

Afinal, uma cidade boa para as crianças é boa para todo mundo.

NOTAS

NA. A redação deste artigo baseou-se em textos de Claudia Ceccon, sobre o Centro Cultural da Criança, e de Mariana Koury Pinheiro e Raquel Ribeiro, entitulado "Vamos ouvir as crianças?", apresentado no I Encuentro de Innovación Urbana Ciudadana, em Valparaiso, Chile, em nov. 2017.

1. O grupo que se reuniu para fundar o Cecip era formado por pessoas que aderiram à ideia, entre outros, Paulo Freire, Eduardo Coutinho, Ana Maria Machado, Breno Kuperman, Chico Alencar, Ennio Candotti e Washington Novaes. Ao longo de mais de trinta anos, outras pessoas juntaram-se a nós, com importantes contribuições que fizeram do Cecip um repositório de experiências e metodologias significativas.
2. CECCON, Claudius. Constituinte: as novas regras do jogo.
3. KAMII, Constance; CLARK, Faye B.; DOMINICK, Ann. *The six national goals: a road to disappointment*, p. 673.
4. Idem, ibidem, p. 673.
5. *Centro Cultural da Criança: o castelo das crianças cidadãs.*
6. KAMII, Constance; CLARK, Faye B.; DOMINICK, Ann. Op. cit., p. 672-677
7. HART, Roger A. *Children's participation: from tokenism to citizenship.*
8. *Projeto Criança Pequena em Foco. Infância e trânsito em Manguinhos: relatório final.*

INTERMEZZO: ENSAIO FOTOGRÁFICO

Registro das comunidades estudadas

RODRIGO MINDLIN LOEB

Salsaretti

CASA DOS
ÓCULOS
emme

A experiência de estar em lugares distintos, distantes, diversos, sujeitos a vulnerabilidades múltiplas e ainda assim refúgio de tanta gente, é transformadora e capaz de constituir empatia, vínculo e compreensão do momento extremo que vivemos.

Em um Brasil que, segundo pesquisa publicada recentemente pela Fundação João Pinheiro, tem um déficit habitacional de 5,8 milhões de moradias, 3.035 milhões de casas desocupadas por conta do valor alto do aluguel e 24,8 milhões de moradias com algum tipo de inadequação, como vivem estes quase 100 milhões de pessoas (considerando 3 habitantes por moradia), em sua grande parte mulheres e crianças?

Como enfrentam desafio tão cruel de não ter acesso a um teto, um bairro digno? Como enfrentam a fome e a violência cotidianas?

Compreender que transformar esta realidade em direção à equidade, em defesa da vida, é responsabilidade coletiva e compartilhada, ao mesmo tempo que reconhecer a força de quem vive nestas condições, a resiliência e a capacidade de encontrar soluções e até beleza em meio a tanta privação e precariedade, indicam caminhos possíveis de construção de alternativas sistêmicas, locais e transformadoras.

Estes registros, recortes do olhar e do sentir os lugares, as pessoas, as mulheres e as crianças, expressam este desejo de mudança, como urgência no presente. Sem esse desejo transformado em prática, qual o sentido de nossa existência, de nossos saberes?

SONHAR O NÃO CONHECIDO

4

Sonhos infantis

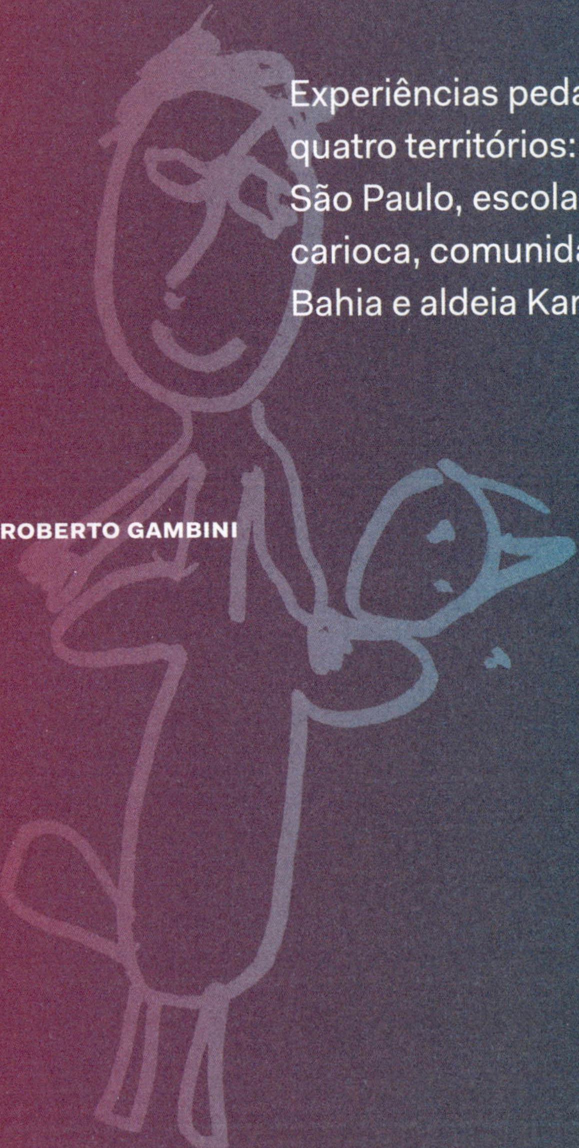

Experiências pedagógicas em quatro territórios: escola privada de São Paulo, escola pública de favela carioca, comunidade multiétnica na Bahia e aldeia Kamaiurá no Xingu

ROBERTO GAMBINI

A EDUCAÇÃO E OS SONHOS

NOSSO TEMA É A EDUCAÇÃO E O SONHO. Ora, sonho e educação sempre estiveram separados, vistos como províncias estrangeiras. A psicopedagoga Alicia Fernandez[1] observa que no *Vocabulário da psicanálise* de Jean Laplanche e Jean-Bertrand Pontalis[2] não figura a palavra inteligência, assim como para muitos teóricos esta não é associada a inconsciente. Se ocorrer algum salto no campo da educação, este virá da capacidade de abrirmos a percepção para as experiências de psicoterapia e de refletir sobre a articulação entre educação e os processos que ocorrem no inconsciente.

O ponto dessa ideia é que o inconsciente cria predisposição para o aprendizado. Indo além, o inconsciente abre ou fecha o próprio acesso à experiência da vida. O aprendizado, um dos aspectos fundamentais da experiência humana, depende de uma porta aberta no inconsciente para que possa ocorrer de maneira efetiva. No trabalho analítico, esse fenômeno pode ser claramente percebido: o tema ou o símbolo trazido por um sonho imediatamente ilumina e motiva uma conversa genuína entre terapeuta e paciente.

A observação desse fato permite-nos postular que a matriz do conhecimento se localiza além dos limites do ego consciente. Seria um desafio para a pedagogia contemporânea refletir sobre essas possibilidades: além dos conteúdos curriculares oficiais, os educadores poderiam trazer às aulas os temas que aparecem nos sonhos – se a criança sonha com determinado assunto, ela está pronta para discuti-lo. Algo assim nunca foi pensado. É uma utopia pedagógica, mas nada impede de pensar hipoteticamente e de imaginar os possíveis efeitos dessa prática: a educação deixaria de ser meramente um canal de transmissão de informações, passando a ser um processo que favorece a individuação do ser humano, atuando positivamente sobre a formação da sensibilidade, do imaginário, da dimensão poética e da criatividade.

Uma educação primordialmente voltada para formar cidadãos adaptados é uma fórmula que já se esgotou. Buscamos instituições que formem, além de cidadãos, indivíduos capazes de estabelecer uma conexão mais profunda entre a dimensão racional e a não racional, entre pensamento e sentimento, que se lance uma ponte reunindo dois mundos cindidos pela ininterrupta evolução da racionalidade a partir do século 16. Nossa cultura e nossa humanidade, no decorrer da história moderna, acabaram polarizadas: razão e desrazão, consciente e inconsciente, corpo e espírito, normal e anormal. A lista é longa. A cisão persiste porque ainda vivemos esses polos como entidades antitéticas, separadas. Vislumbremos uma educação que ouça o não-racional, que o valorize e estimule.

Na visão exposta por Carl Jung em sua obra, o inconsciente é uma matriz antiquíssima da qual emerge, no lento curso de um tempo medido em milênios, um produto revolucionariamente novo chamado consciência. Segundo essa concepção, além de pessoal, o inconsciente se configura como um substrato coletivo, anterior e subjacente às variações culturais. Essa camada primordial da psique contém estruturas, formas e predisposições que atravessam as épocas e o espírito do tempo. Para nomear essas formas-pensamento Jung cunhou o termo *arquétipo*. Ora, dizia Jung, sendo o inconsciente tão mais antigo do que a consciência, não poderia ser ele o depositário de alguma sabedoria que porventura emergisse através da linguagem que lhe é peculiar, ou seja, os símbolos, as fantasias, a arte, o devaneio e os sonhos?

Em sua autobiografia, Jung relata um sonho do qual extraiu seu aprendizado da estrutura da psique,[3] segundo seu entender, em flagrante discordância com Sigmund Freud.[4] O sonho de Jung se passa em uma casa burguesa. Jung percorre a casa e na cozinha encontra uma escada que desce até o porão, uma espécie de adega, na qual encontra outra escada, desta vez mais tosca, que conduzia a um nível ainda mais profundo, uma zona escura e sombria, com o ar rarefeito, recoberta de abóbadas de tijolo cheia de cacos de cerâmica espalhados pelo chão. Nesse local, ele vê um alçapão com uma argola para levantá-lo, quando se depara com outra escada, desta vez escavada na terra. Com uma lanterna, desce pelos degraus irregulares e no fundo encontra dois esqueletos.

Este sonho é a pedra de escândalo da ruptura entre Freud e Jung, porque o mestre vienense interpretou o final do sonho como um desejo de morte por parte de Jung. Este não aceitou a interpretação freudiana e passou a expor sua visão da psique como sendo uma superposição de camadas, tal como se observa nos cortes geológicos ou nos níveis da casa de seu sonho. A consciência do ego corresponderia à sala, enquanto os aspectos menos integrados da consciência, a que denominou sombra, corresponderiam em parte à cozinha ou ao porão. O inconsciente pessoal, e aí não há discrepâncias com a visão freudiana, abrigaria os componentes inaceitáveis pela consciência devido à sua incompatibilidade. Mais abaixo, porém, haveria outro, e depois outro, e ainda outro nível inexplorado, sem que se possa saber onde se localiza o fundo de tudo – que os arqueólogos denominam de rocha-mãe, sobre a qual depositam-se os sedimentos dos séculos – além do qual talvez não haveria mais psique como fenômeno isolado.

Inconsciente, lembremo-nos, significa o não-conhecido. Na verdade, nesta nossa época, quanto mais sabemos, mais reconhecemos que estamos mergulhados no desconhecido. Não deixa de ser um positivo ato de conhecimento reconhecer o enorme poder que o não conhecido, o não nomeado, o não mapeado e não classificado exerce sobre nosso corpo, nossa psique, sobre a atmosfera, a cidade, a política, a cultura, a educação, as ideias, o planeta.

Em 1997, ao final de uma palestra que dei na escola Lourenço Castanho, sugeri às diretoras um experimento inovador na educação infantil.[5] A ideia seria criar uma ponte entre educação e o inconsciente com uma nova prática: o compartilhamento, pelas crianças, de seus sonhos, uma vez por semana, na sala de aula. A diretoria aceitou a proposta para o ciclo infantil (cerca de trezentas crianças de dois a seis anos). Esse experimento, desde então e até o presente, tem revelado uma dimensão do mundo interno das crianças que nunca foi conhecida nem levada em conta pelos educadores, tampouco pelas teorias pedagógicas vigentes. Treinei as professoras para que não fizessem interpretação dos sonhos, que os anotassem exatamente como foram contados e que solicitassem que, no verso da página, as crianças desenhassem o sonho. Acompanhei por alguns anos o trabalho, observamos em conjunto os efeitos dessa atividade tão simples, desde a elevação do grau de prontidão para o aprendizado até a ampliação do ângulo de visão das professoras sobre a realidade subjetiva dos alunos.

Até o presente, mais de 25 mil sonhos foram compartilhados e coletados, o que nos permite dizer que temos uma ideia dos temas e situações que aparecem nos sonhos dessa amostra de crianças brancas, pertencentes à alta classe média paulistana, beneficiadas por condições de vida privilegiadas. Seus sonhos apresentam uma estreita correlação com a classe social a que pertencem, o que contradiz a tradição junguiana de considerar os sonhos como um produto da psique não influenciado pela estrutura de classe. Esse achado ficou mais evidenciado a partir da coleta de sonhos infantis em outros segmentos socioculturais, como veremos adiante.

O material coletado nessa escola já foi publicado em detalhes,[6] e a iniciativa vem sendo reproduzida na Itália e na Colômbia sob orientação da colega Eva Pattis.[7]

As atividades tinham que obedecer às regras da metodologia de pesquisa: observa-se, anota-se, repete-se a observação, elaboram-se hipóteses, reformulam-se conforme os dados, colhe-se e classifica-se o material e só depois é que se pode começar a teorizar sobre os dados.

A ideia era que cada educadora agisse segundo lhe parecesse mais indicado. Não obstante, surgiu insegurança por parte das educadoras, porque pensavam que havia uma exigência para desempenhar tarefas para as quais não estavam habilitadas, porque imaginavam que iriam enfrentar longos treinamentos ou porque teriam que agir como psicoterapeutas. Ora, sonhos não são monopólio de ninguém. Os analistas os acolhem como instrumento de trabalho, mas não são detentores de exclusividade de seu uso. Artistas e poetas sempre usaram sonhos em suas obras e não há por que pensar que um educador não possa usá-los para fins pedagógicos. Mas fica a pergunta: como será esse uso?

Se a primeira ansiedade foi a das professoras, assim que começou a experiência houve um susto geral ao revelar-se que as crianças sonham com monstros, tubarões, facas, sangue, morte, abismos, bruxas e ladrões, além de temas mais leves e coloridos. Evidenciava-se que aqueles que educam desconhecem o mundo onírico dos educandos, assim como ocorre com a maioria dos progenitores. Quem de fato está interessado em perguntar, ouvir e anotar sonhos, senão alguns terapeutas em seus consultórios? Porém, à medida que o experimento avançava e era supervisionado, criou-se certa familiaridade com as imagens que surgiam e as educadoras, cada uma a seu modo, começaram a perceber ou intuir o que poderiam fazer com aquele material e o que acontecia na sala de aula a partir dessa nova rotina.

Ouvi de uma colega, arte-educadora lacaniana, que essa experiência poderia permitir às professoras observar as crianças a partir de um outro lugar, uma vez que costumeiramente o fazem segundo um ângulo fixo. Já há nesse aspecto um significativo ganho educacional, na medida em que as professoras passam a conhecer mais uma dimensão das crianças. A mera narrativa de sonhos traz associações e informações factuais relativas a mortes e nascimentos na família, separações, assaltos, desempregos, mudanças de endereço, novas aquisições, a entrada em cena de padrastos e madrastas, animais de estimação, doenças, viagens, brigas e babás. O primeiro resultado prático dessa experiência é que ela capacita as professoras a saírem de um lugar patriarcalmente outorgado por ideias antigas do que deve ser deve ser a educação. Assim, a educadora passa a ocupar outra posição não patriarcal, antes, mercurial, que lhe permite lidar com o visível e com o não visível, com o que a criança aparenta e com o que ela pode intuir que está por trás da aparência. Só aí temos um ganho para a capacidade de educar.

Ao lado disso, criaram-se vínculos afetivos. Segundo as professoras, as crianças ficaram mais próximas. Algumas chamam seus sonhos de segredo, cuja revelação produz novos vínculos de cumplicidade. Há um outro aspecto na atividade: a criança é quem toma a palavra na sala de aula, e vê a professora anotar o que está dizendo, o que é o contrário do que viveram os que escreveram ditados durante a alfabetização. Quem dita o sonho é a criança e quem escreve é sua professora. Essa reversão de papéis cria um sentimento de valorização, já que a educadora, que recebe tantas projeções de autoridade e sabedoria, dá importância ao relato de um sonho e os anota nos exatos termos em que foi enunciado.

Ao ser convidada a falar uma língua nova, a que melhor descreve seu mundo imaginário, e perceber a atenção que desperta na professora e nos colegas, tem lugar outro fenômeno: a interação intersubjetiva. O compartilhamento de sonhos promove o aprendizado do respeito pela fala do colega narrador, porque depois vai ser a vez deste e daquele. Além disso, a sociabilidade passa a ser incentivada pela energia que emana dos sonhos, em sua capacidade de expandir a imaginação conjunta.

Novos protagonismos foram observados. Crianças introvertidas têm mais dificuldade de falar em público do que as extrovertidas, mas em certo momento uma dessas crianças sempre silenciosas anuncia que vai contar seu sonho. Nesse instante, aquele que passava por desinteressante transforma-se em protagonista. Essa experiência permite que uma criança entre em contato consciente com outro lado de sua personalidade, que talvez nunca havia vivenciado, porque só naquele instante privilegiado ela se apoderou da palavra legítima.

Um menino que ainda não completara quatro anos encontrava-se em um estado regressivo, demasiadamente infantilizado devido ao modo pelo qual era tratado pela família. Passou a destacar-se quando começou a contar seus sonhos, que se sucediam como em um filme de aventuras em capítulos. O garoto começou a desenhar como nunca antes, não se contentando com uma simples folha – ele queria uma folha inteira de papel pardo para desenhar à vontade e ocupar um enorme espaço. Esse menino estava com o desenvolvimento preso. A partir do momento em que começou a relatar seus sonhos, surge uma saga que retrata o nascimento do comportamento heroico em sua psique. Sua postura na classe e sua imagem perante os colegas se alteraram completamente.

Quando examinamos os efeitos do experimento sobre as crianças, notamos que umas começam a participar do imaginário de outras, especialmente as de três e quatro anos. Metaforicamente, é como se possuíssem uma antena tão sensível e de tão largo espectro que as imagens passam diretamente da tela mental de um para os demais, como se dissessem: "Você sonhou? Eu também sonhei! O teu sonho é também o meu sonho. Vou entrar nele e brincar junto". As crianças estão mergulhadas e congregadas em um grande sonho que acaba sendo um fator de identificação, reconhecimento mútuo e socialização. Em uma reflexão posterior, percebemos que trabalhar com sonhos é o melhor alimento para validar o imaginário.

Surge, inevitavelmente, a pergunta: até que ponto o imaginário faz parte da educação? Em que medida aprender é apenas um ato racional de memorização ou é preciso também imaginar? Como pode uma criança entender a cena da chegada dos navegantes no litoral da Bahia se não tiver a capacidade de compor um cenário mental correspondente, em que possa ver com o olhar interior o monte Pascoal à distância, as caravelas aportando, seus tripulantes ávidos por riquezas, e o primeiro contato com os indígenas curiosos na praia? Como tornar visível a carta de Pero Vaz de Caminha sem uma representação viva, subjetiva e pessoal dessa cena? A percepção de imagens internas, no processo evolutivo de nossa espécie, marca o surgimento da cultura, como atestam as pinturas rupestres. Assim como é imperativo poder imaginar cenas históricas para entender seu sentido, o desenvolvimento da mente requer que abstrações adquiram algum tipo de representação subjetiva. Uma bem orientada ativação do imaginário auxilia o processo de aprendizado que se alimente da imaginação e da fantasia para se transformar em pensamento e reflexão.

O custo da experiência que serve de base a estas ponderações é zero. Não é preciso investir nada, porque as professoras e os alunos estão lá, assim como o papel sulfite e os lápis de cor. O treinamento das professoras é simplíssimo, e por alguns anos acompanhamos seu trabalho.

O que são os sonhos?

"É o pensamento que a gente tem quando está dormindo. Sonhar é melhor do que inventar uma história. Os sonhos vêm da imaginação. Não quero que meus pais conheçam meus sonhos", diz Carol. "A gente sonha porque quando a gente está dormindo a gente pode pensar muito tempo numa coisa e depois sonhar isso. O sonho vem da cabeça. É legal desenhar o sonho. Gostaria que meus pais conhecessem meus sonhos", diz Felipe. "É muito legal sonhar porque a gente tem emoção por causa de sonhar. É legal contar o sonho porque alguém pode dizer que sonhou o meu sonho. Quando a gente produz na nossa cabeça a gente sonha. É melhor contar o sonho do que desenhar", diz Beto.

As crianças tomaram a palavra e não me parece necessário acrescentar nada. Algumas têm apenas três anos, mas já fazem ideia do que seja um sonho. Procurei organizar os primeiros sonhos colhidos em categorias temáticas.

O primeiro conjunto foi agrupado sob o tema da *família* e a *casa*. O sonho inicial é de um menino do maternal, que explica seu desenho: "À direita é o meu cachorro, a outra é minha mãe e na barriga dela sou eu pequenininho. Ela estava tomando sol e tomando suco. Eu sonhei que eu estava na barriga da mamãe quando eu era nenê". Neste sonho, o menino começa a pensar de onde veio, a investigar sua origem, declarando, porque isso já está na sua consciência, que já esteve na barriga da mãe. Não sabemos se ele tem ideia como saiu de lá ou como entrou. Aí temos um exemplo do processo de formação da consciência, a busca de uma resposta para o mistério do começo da vida. Essa elaboração é natural nas crianças, corresponde ao princípio do pensamento organizado e lógico, que brota do inconsciente para ser assimilado pela consciência. O importante é a possibilidade de colocar a questão diante da professora e dos colegas, legitimando-se o tema, que passa a fazer parte de uma pauta de discussões.

À direita, é o meu cachorro, a outra é minha mãe e na barriga dela sou eu pequenininho. Ela estava tomando sol e tomando suco. Eu sonhei que estava na barriga da mamãe quando eu era nenê

Uma menina de quatro anos sonhou que era uma flor. O pai era um girassol e a mãe, uma margarida. Estavam no mesmo jardim, mas cortaram o caule de seus pais. Se quisermos seguir um rumo indagativo, poderíamos investigar se algo ocorreu com os pais da menina. Mas há outro caminho: a menina fez um desenho cheio de vitalidade, em que um fato psíquico poderia estar representado, pois o sonho diminuiu a importância dos pais e aumentou a sua, enfatizando seu crescimento em curso. Isso faz parte da estruturação do ego sem o impacto poderoso demais da imagem parental.

Outro sonho, de uma menina: "Eu sonhei que estava no mar e tinha uma baleia que ficou minha amiga. Só que ela levou um tiro. Eu estava com meu pai e a amiga dele". Os pais estão se separando e o pai já tem uma namorada. No desenho que fez, pode-se ver a baleia, depois uma figurinha, um casal e outra figura de chapéu, atirando com uma arma –

seria o pai atirando na baleia? Mas há corações, céu... Pode-se até pensar: seria essa baleia que levou um tiro uma alusão à mãe? Pode ser que sim, pode ser quer não, e não foi isso que foi pedido às professoras. Parece-me que o desenho cheio de cores indica que a menina acomodou o trauma da separação dos pais. Em um sonho subsequente aparece uma galinha botando muitos ovos, enquanto ela nadava em uma piscina. A cena é representada novamente em um desenho cheio de cores. A galinha talvez se refira à mãe, e os ovos a algo que nasce, como se o sonho sugerisse que, apesar da separação dos pais, a mãe está bem, a vida continua e há novas possibilidades. Parece que o inconsciente da menina está cuidando de seu equilíbrio psíquico.

Mais um para fechar a série, desta vez de um menino: "Eu sonhei que minha mãe estava no prédio e jogou uma aranha pela janela". O desenho representa exatamente essa cena, que sugere a hipótese, se tomarmos a aranha como um símbolo de fantasia noturna negativa, de que essa mãe, em uma atitude positiva, ajuda o filho a livrar-se de alguns medos. Pode não ser exatamente isso. Mas o que importa é que o menino contou, desenhou, compartilhou seu sonho, e dessa forma se livra da aranha, seja ela o que for, o que não deixa de ser um avanço em seu crescimento.

Algumas professoras prestaram especial atenção a séries de sonhos em que um mesmo tema reaparece – no caso, a figura paterna. Isso permitiu que se observasse o caráter premonitório de alguns sonhos quando, com sua percepção inconsciente, as crianças captam um problema no ambiente familiar, que afeta e virá a afetar ainda mais suas vidas. Um menino, por exemplo, relatou: "Sonhei que meu pai estava nadando, aí tinha um tubarão com controle remoto e eu fui desligar o tubarão para ele não morder a bunda do meu pai". Algum tempo depois: "Sonhei que meu pai morreu e daí eu e minha mãe salvamos ele". Outro: "Sonhei que minha mãe não conseguia enxergar nada". Em seguida: "Sonhei que meu pai ficou doente". A professora redobrou a atenção. Os sonhos prosseguiram: "Encontrei um fantasma que era feio. Ele queria enfiar uma faca na testa". A professora notou que os sonhos prosseguiram nessa linha durante um ano. Nesse momento foi comunicado à escola que o pai do

Eu sonhei que minha mãe estava no prédio e jogou uma aranha pela janela

aluno teve um enfarto. Não há como ignorar ou negar o fato de que seus sonhos sugeriam um grave risco ameaçando o pai, a falta de percepção da mãe e sua impotência para deter um processo patogênico em curso.

Há outro caso semelhante, sonhos coletados durante um ano em torno da figura do pai ameaçado. Um aluno sonha que está em um planeta vermelho cheio de robôs do mal, onde havia um gato ferido. Em seguida, "um vampiro queria pegar meu pai". E outro: "O Drácula queria chupar o sangue do meu pai e transformou minha mãe num zumbi". Na sequência: "Sonhei que estava vendo filme de terror e apareceu um monstro, e eu chamei meu pai. Ele matou o monstro, mas nasceram mais cinco cabeças no mesmo monstro". Outro: "Eu sonhei que estava pescando, mas em vez de pescar um peixe peguei um polvo. O polvo enforcou meu pai e eu". E o último: "Eu sonhei que estava com meu pai e o gorila quase comeu a gente. Chegou o sol e ele foi para a água". A professora acompanha essa sequência e, por fim, fica sabendo que o pai está desempregado há um ano. A angústia de um pai desempregado, que contamina e afeta a família e o filho, é representada nesses sonhos antes que o problema pudesse ser tratado de modo objetivo e consciente. O pai desempregado, meses depois, também acabou tendo um enfarto.

Passemos agora ao outro conjunto, composto de sonhos que se referem à *escola*. O relato é de uma criança saindo da primeira infância: "Eu sonhei que estava na escola e tinha na prateleira da sala da tia um bebê de verdade. Aí a Luiza gritou comigo dizendo que eu não podia levar o bebê porque o bebê era dela. Aí eu deixei o bebê na prateleira e não levei para casa. Aí eu acordei". Esse sonho nos leva a crer que o convívio escolar promove o crescimento da menina, pois ela deixa para trás o bebê, sua primeiríssima infância. Um sonho como esse serve de parâmetro para uma avaliação sobre o desenvolvimento da aluna, ao lado de indicadores de outra ordem. A novidade é que, neste caso, estará sendo levado em conta um indicador interno.

Outro relato: "Eu sonhei com um alienígena e aí eu estava na escola e apareceu um disco voador e eu lutei com eles. Eu era o único esperto o bastante para lutar com eles. Daí eu acordei". Esse menino está se vendo como um herói na escola porque sabe atacar o inimigo e é o mais esperto. Além disso, tem a chance de usar a palavra alienígena, que já consta de seu vocabulário e parece ter prazer de poder exibir essa proeza, alinhada com seu sonho. Fica sugerida a constituição em andamento de um ego autoconfiante, moldado pelo arquétipo do herói, e de uma atitude afirmativa do garoto em meio aos colegas. Pode-se ver na cena onírica uma ponta de superioridade ou inflação, que não deve ser encarada isoladamente. Seria difícil imaginar esse menino como alguém tímido e inseguro. Aqui desponta um líder.

Agora o sonho de uma menina, que aponta para algo inesperado nesse tipo de escola: "eu sonhei que cortei o dedo aqui na escola com gilete. Eu gosto dos sonhos que eu tenho, mas não de pavor. Trocaram o tanque de areia e em vez de ser retângulo, era oval. E a gente não sabia que tinha furinhos no tanque. A Vivi e a Juli cortaram os dedos no furinho e eu não vi o sangue". Esse sonho presta-se a uma autoavaliação da escola, pois nele está expressa a percepção da sombra da instituição por parte da criança, algo que dificilmente seria por ela enunciado. A menina, em seu sonho, se dá conta de que algo oculto no ambiente escolar lhe causa um ferimento no dedo, e às suas duas colegas, sem braços no desenho. Ela mesma não aparece, apenas seu braço esguio e sua mão saindo da areia do tanque, circundado por formas pontiagudas que sugerem facas. A areia parece revolta. À esquerda ela desenhou três lâminas de gilete, e à direita cinco braços e mãos (e não apenas dedos) amputados e fincados na areia. Esse tema aparece com frequência nos contos de fada, como em João e Maria, que devem mostrar os dedos à bruxa para que ela saiba se as crianças estão gordas o bastante para serem comidas. No conto "A moça sem mãos", dos irmãos Grimm, é o pai, como dívida ao diabo, que corta as mãos da filha. A Bela Adormecida e todo o reino caem num sono de cem anos após ela ferir o dedo no fuso com que fiava. Na simbologia comparada, encontramos histórias de ferimento ou amputação de mãos e dedos que apontam para uma diminuição de força, de castração de potência, de perda da capacidade de fazer e agir. Em uma sala de aula, uma crítica pode cortar como uma lâmina, anulando a espontaneidade ou a vontade de participar. Além disso, os dedos são fundamentais para a caligrafia e aptidões manuais. Apontei essa questão para as diretoras e professoras, ponderando que quando o lado negativo ou, como diria Jung, a sombra da escola aparece representada em sonhos, é preciso detectar que situação está sendo representada, para que se promovam as necessárias correções. A inovação neste caso é que a autocrítica da escola não decorreria de uma avaliação tradicional, mas a partir das críticas feitas pelo inconsciente das crianças.

Consideremos agora alguns sonhos que abordam o tema do crescimento. Um menino de quatro anos: "Desci sozinho do apartamento e chamei meu amigo e daí eu nadei sozinho porque meu amigo não quis ir". O amigo não comparece e o sonhador percebe suas aptidões aparecendo. Imagine como ele se sentirá ao contar para o grupo esse episódio. Durante uma atividade de matemática, uma professora anotou que uma aluna espontaneamente se aproximou e comunicou-lhe o desejo de contar um sonho naquele momento: "Eu sonhei que estava dentro de uma mochila, daí coloquei a cabeça pra fora, pedi socorro, mas não adiantou porque minha mãe estava dormindo". O desenho impressiona: a filha espremida e presa dentro da mochila e a mãe adormecida e presa dentro de um quadrado duas vezes cruzado. Não sendo terapeuta, não era função da professora interpretar nada, mas é difícil não sentir uma certa preocupação diante dessa cena. As educadoras foram orientadas a observar de perto os alunos em cujos sonhos aparecem mães que não atendem, não cuidam, não percebem o que ocorre com os filhos. Estar presa dentro de uma mochila sugere que a menina se sente oprimida, sem movimento, talvez com alguma dificuldade na escola. Ela pediu para contar o sonho, mesmo não sendo o momento adequado. Está pedindo algum socorro que não sabe verbalizar.

Agora temos um desenho duplo. A parte superior ilustra o seguinte: "Eu sonhei que tinha um monstro no terraço, mas só que ele estava fantasiado. Ele não era um fantasma de verdade, era uma pessoa. Eu fui ver no terraço e era uma pessoa com máscara". Aqui temos outro aspecto do crescimento: a distinção entre o verdadeiro e o aparente. É fantasma ou máscara? Este sonho sintetiza a dinâmica do processo de lidar com o medo, ou seja, perder o medo é descobrir que se teme algo que na realidade é uma máscara, uma aparência, um fantasma. O sonho intriga o sonhador com a ambiguidade do ser ou não ser, o que indica que o garoto já tem condições de compreender o problema do medo. O desenho abaixo: "Um dia eu sonhei que tinha um monstro no meu terraço – começa igual – e ele não estava fantasiado, era um monstro de verdade. Estava de noite, eu não estava sonhando e fui para o quarto da minha mãe". Vemos conjuntamente o medo e o destemor. Na segunda situação, o medo é real e adequado. Discriminar e crescer não são tarefas simples.

Outra situação interessante: o menino sonhou que brigou com a família, abriu a porta do armário e resolveu que ia dormir lá dentro, mas decidiu que ia dormir na sala. Em seguida desceu e foi dormir na guarita do prédio e quando acordou deu um grito, mudou para a sala do prédio e lá montou uma cabana com todas as suas malas. "Viva, viva!", exclamou, acabando porém no hospital porque sua cabeça estava sangrando por ter dormido na madeira, sobre um parafuso. Como estava sozinho, foi pegar dinheiro no banco, 93 dólares. E aí foi para a casa do avô, que lhe perguntou onde estavam os pais. Ele respondeu que havia brigado com eles, e o avô o repreendeu. O garoto quer ser autossuficiente, dispensa os pais, monta sua cabana, porém ela é precária e ele machuca a cabeça. O sonho abarca a história inteira de sua rebelião, e ao contá-lo talvez tenha percebido que exagerou na ousadia. A repreensão veio de seu interior. O sonho propicia um autoexame e aí se encontra o crescimento.

Uma garota de cinco anos retratou-se com um grande sorriso, feliz, com mãos e pés que mais parecem flores. Isso porque, no sonho, ia sozinha à loja de brinquedos. Todas as prateleiras, à esquerda, estão cheias de brinquedos vermelhos, que ela podia pegar com suas mãos de flor. Aqui temos uma indicação de que para esta menina há um caminho aberto: ela tem prazer no que faz e se orgulha da coragem com que busca os objetos de seu desejo. Não precisa da mãe para conseguir o que a deixa feliz.

Para terminar essa divisão temática, outro exemplo da atividade autorreguladora da psique infantil, onde o desenho é a caligrafia: "Eu estava dirigindo e daí eu não sabia brecar e então eu bati o carro e eu morri". À esquerda estão o breque e a embreagem (segundo ele explicou à professora) e no centro, o acelerador, em escala um pouco maior. Qual é o problema desse menino de três anos? Ele segue avante com seus impulsos, mas não sabe parar, até que encontra um obstáculo que o limita e detém. Aquela parte dele, desenfreada, deve morrer para que ele aprenda a se controlar. Mas isso não será um treino comportamental, é a voz do sonho que nos informa que está ativado um mecanismo de autolimitação.

A *bruxa*. Examinemos agora três sonhos, todos contados por meninas, a primeira com seis anos: "Um dia fui dormir e apareceu uma bruxa e ela cortou a minha mãozinha". Em seu desenho não aparece a mão amputada, mas o estranho instrumento, em três escalas crescentes, com o qual a bruxa decepa mãos. Já vimos antes o tema dos dedos feridos por uma gilete oculta; aqui o agente agressor aparece por inteiro. Em lugar da mão, aparecem manchas de sangue dispostas em prateleiras. Esta menina, através do que vê seu sonho, está tentando compreender o poder que tem a mãe negativa de cortar suas ações. Está juntando evidências das vezes em que foi atingida. Podemos presumir que, a partir do momento em que começa a estudar e amplificar a arma usada contra ela, esteja tentando descobrir como desarmar sua antagonista. A educadora foi informada, para sua grande surpresa, que ela poderia estar desempenhando o papel de bruxa, que nada mais é que sua sombra profissional, o que demandava extrema atenção de sua parte.

Paralelamente a um sonho anteriormente comentado, no qual um menino tenta distinguir um monstro verdadeiro de um falso, uma menina de seis anos tem a mesma experiência: "Eu sonhei que eu assistia televisão e tinha um filme de bruxa e aí tinha um cara com a cabeça torta. E aí ele e a bruxa saíram da parede e eu tomei um susto". Ela desenhou a tela da televisão exibindo a cara da bruxa, os dois personagens saindo da parede em sua direção e retratou-se sem braços, aplastada em uma poltrona. Os personagens terríveis estão entrando em seu mundo tridimensional. O confronto é inevitável, mas o medo a torna impotente. A situação é distinta da de sua colega, que examina o instrumento que a bruxa usa para decepar mãos. Ela ainda não está pronta para enfrentar uma situação emocional negativa em que se sente impotente.

A terceira menina, de cinco anos e meio, assim se exprime: "Eu estava dormindo na minha cama e daí veio uma bruxa e me amarrou na cadeira e ia me cozinhar no caldeirão, e aí meu pai veio me salvar e ele me levou para casa e aí eu acordei". Desenhou a cena no momento precedente à entrada do pai, quando estava em casa a sós com a bruxa. Teoricamente, pode-se dizer que o pai pode desempenhar um papel decisivo, nesta relação bruxa-menina, se esta não possuir recursos próprios. Estar amarrada em uma cadeira faz pensar em imobilização, o que muitas vezes é causado pelo *animus* negativo da mãe, caso os filhos não comam direito ou não façam suas lições. Trabalhando clinicamente com adultos é comum perceber as marcas deixadas por certas punições sofridas na infância, que acabam tolhendo a espontaneidade, a expansão, as iniciativas.

O tema agora são os *animais*. O sonho de um menino de três anos: "Eu sonhei com um tubarão, eu estava fugindo e ele me mordeu, mas eu dei um chute nele". Aí está o herói, como já vimos anteriormente. E paralelamente,

Eu sonhei que estava preso enrolado na minhoca e daí ela me prendeu

um garoto da mesma idade conta: "Eu sonhei que estava preso enrolado na minhoca e daí ela me prendeu". E nos faz ver como estava completamente imobilizado – apenas a cabeça tinha ficado fora. Como notamos nos três casos das meninas que tinham que enfrentar a bruxa, agora vemos um garoto que tenta escapar do ataque de um tubarão, mas confronta o animal, enquanto o outro não consegue impedir que um grande verme o paralise. Mesmo com a mesma idade, a configuração dos egos é distinta. Quando entrei em contato com esses sonhos, pensei em uma ponte entre este experimento e a vivência proporcionada pela arte terapia. Se esses dois alunos, assim como aquelas que tentavam lidar com o medo que sentiam da bruxa, pudessem representar o tubarão e a enorme minhoca pela pintura em grandes superfícies, com modelagem em argila ou pudessem interagir com essas criaturas em uma oficina de dança ou teatro, emoções genuínas teriam sem dúvida se manifestado, em decorrência da conexão com o material inconsciente.

Uma menina de seis anos sonhou que a mãe estava grávida, "mas o menino era um hipopótamo. Daí eu estava pondo uma saia, mas do lado de dentro ela estava cheia de formigas. Eu não sabia se devia cortar o cabelo ou não". No desenho, a mãe não aparece, apenas ela com sua saia simbólica e o hipopótamo. O bebê é diminuto, quase não se vê, pois ela o via como um estranho animal, ou seja, não pertencente à sua espécie. Dificilmente uma criança que aguarda o nascimento de um irmão ou irmã consegue exprimir em palavras todos os sutis desdobramentos dessa situação, dos quais a escola não dá conta, uma situação que desconforta, irrita, dá coceira. O futuro rival não deve ser humano! O sonho diz muito mais do que diria um ego bem-educado, razão pela qual deve certamente ser ouvido.

Foi observado que um bom número de meninos – muito mais do que meninas – relatam sonhos nos quais representam o papel de *heróis*, uma experiência interior que corresponde à configuração de um ego funcional, em prontidão, que tornará os meninos capazes de enfrentar circunstâncias novas no ambiente. Se os sonhos exprimem esse desenvolvimento, não faz sentido defender um estilo de educação que reprima a sensibilidade e a imaginação, e que ameace certas dimensões indispensáveis para a formação do complexo do ego.

Eis um exemplo no sonho de um menino de cinco anos: "Eu era o Superman e atacava os monstros". Em seu sonho, ele havia tirado de combate o primeiro monstro de uma fila, mas ainda escrevia ao contrário a letra "R" de seu nome, Pedro. Algumas semanas depois, ele teve outro sonho, e dessa vez escreveu corretamente seu nome, com um "R" claro e firme. A superação desse pequeno desafio provavelmente correspondeu a um esforço coroado de sucesso, como aparece em seu sonho seguinte: "Eu virei um jogador de basquete e chamei o Spaceman e o Pernalonga para jogarem no meu time. Lá *tinha* cem monstros. O Perna jogou a bola na cabeça do monstro e ela foi parar na cesta. Daí os monstros morreram e nós vencemos". É preciso ter regras para combater os monstros, é possível vencer a partida, tudo é uma questão de inteligência e de equipe. Há muitos sonhos desse tipo, e todos seguem basicamente a mesma estrutura dramática.

Certos sonhos caracterizam-se mais por evocar *estados de alma* do que por seguir um enredo dramático. Isso em nada lhes tira a importância, pelo contrário, já que são os formadores da capacidade de discriminar sentimentos e emoções. Relato de um garoto de três anos: "Esse é o desenho de um sonho que está guardado. Esse desenho tinha três cores", uma garatuja em verde, vermelho e preto. Outro: "Eu sonhei que sou uma fada"; ou então, "Sonhei que estava num show de televisão e o sonho se realizou". E ainda: "Sonhei que estava tão feliz". Um menino de quase quatro anos relatou: "Sonhei que era um anjo que estava no céu. Depois virei de cabeça para baixo e acabou o sonho". Atualmente, se conhecem depoimentos impressionantes de crianças sobre o *nascimento*, a *natureza da alma*, sua *origem* e sua *relação com Deus*.[8] Interessante notar que, nesse sonho, o menino pode vivenciar sua dimensão de anjo, mas a vida na Terra o chama de volta. O equilíbrio entre as duas realidades é obra do inconsciente, de onde esse sonho emana.

As crianças que participaram desse projeto puderem ter experiências emocionais profundas que dificilmente poderiam ser comunicadas aos pais por meio de explicações. Um breve sonho de uma menina de cinco anos exprime esse fato: "Sonhei que meu coração partiu". Essa menina já passou por três professoras, que juntaram os desenhos de seus sonhos em um grande painel, onde aparece tudo o que se desenvolveu depois do coração partido. Não é preciso treinamento especializado para perceber que esse sonho é um pedido de escuta e de contato, pois refere-se a questões existenciais que surpreenderiam aos educadores em suas convicções correntes sobre o que se passa na mente de uma criança. Tomemos outro sonho da mesma garota: "Sonhei que estava no mar, aí eu me perdi, afundei e morri. Daí eu ressuscitei e fui morrendo e ressuscitando, morrendo e ressuscitando. Daí teve uma hora que eu morri, mas meu pai veio perto de mim, ele me ressuscitou e ele me matou com uma faca". Aqui nota-se outro nível de profundidade. Parece inacreditável que uma criança da pré-escola possa elaborar no inconsciente a questão da morte, da continuação da vida e do renascimento (temas arquetípicos dogmatizados pela maioria das religiões) como um fenômeno de natureza psicológica, no qual crescimento implica em uma série de mortes do ego infantil. Sendo o pai o causador dessa sequência, podemos ver o princípio paterno regendo essa dinâmica: o reconhecimento das regras que regem o funcionamento da vida em sociedade. Por uma questão de método, não excluímos a possibilidade de o sonho se referir a uma problemática pessoal entre pai e filha, mas o propósito do experimento era não atribuir à professora qualquer tentativa nessa direção, que foge à sua formação, mas identificar uma área na qual ela pudesse se relacionar com o sonho sob o prisma do processo educativo e de melhor conhecimento do mundo subjetivo das crianças.

Termino esta parte do artigo com o mais inesperado dos sonhos, narrado por um menino de seis anos: "Sonhei com uma luz e fui seguindo. Cheguei num tipo de tenda e lá encontrei Deus. Imagina que Deus me deu a mão, mas eu não pude ver o rosto dele. Podia ser que não fosse ele". A representação gráfica desse sonho foi feita com dois corações metade verdes e metade azuis, e de uma forma abstrata em vermelho com uma espécie de mão. A escola não segue uma orientação religiosa, mas este menino está sonhando com a questão central da teologia ocidental: é possível ver o rosto de Deus, ou tudo não passa de uma sugestão? Na dimensão inconsciente, aquela não controlada pelas intenções do ego, esse menino viveu uma experiência impressionante, um encontro com o sagrado porque seguiu uma luz. A dúvida quanto à veracidade da experiência está no centro de nossa cultura e não é um problema pessoal do garoto. O importante é que esse evento psíquico foi documentado. Ele falou, alguém ouviu, a memória reteve.

Como fazemos para saber se, de fato, estivemos na tenda de Deus no deserto? Talvez seja invenção, talvez seja verdade. Como saberemos? O jornalista John Freeman, da BBC de Londres, entrevistava Jung na sua casa em Küsnacht, em 1957, quando lhe perguntou: "Doutor Jung, o senhor acredita em Deus?", este lhe respondeu: "Acreditar? Eu não preciso acreditar. Eu sei!"[9] A psique deste menino trabalha a mesma questão que ocupou Jung durante toda a sua vida, e desenhou o homem e Deus como duas entidades separadas, ou duas cores no interior do mesmo coração: o azul, que remete aos céus, à dimensão espiritual e transcendente, e o verde, que evoca o aspecto concreto da natureza e do homem. O garoto sonhou com a conjunção dos opostos tão desejada pela alquimia, e seu desenho diz que é no coração que essas duas dimensões se encontram.

Há em Carapicuíba, SP, a escola Casa Redonda, fundada e dirigida pela educadora Maria Amélia Pinho Pereira, conhecida por Peo.[10] Seu projeto

Sonhei com uma luz e fui seguindo. Cheguei num tipo de tenda e lá encontrei Deus. Imagina que Deus me deu a mão mas eu não pude ver o rosto dele. Podia ser que não fosse ele

pedagógico caracteriza-se por trilhar caminhos pouco percorridos pelas instituições tradicionais de ensino, para promover o desenvolvimento da sensibilidade de crianças da primeira infância. Dela, ouvi o relato de que, quando as crianças encontram um passarinho morto no terreno arborizado da escola, são feitas altas discussões sobre a reencarnação da ave e o que vai acontecer com seu corpo, alma e espírito. Sem a interferência de um adulto, as crianças elaboram a questão de vida pós-morte, um tema não ventilado nas escolas, mas que emerge espontaneamente por corresponder a um arquétipo do inconsciente coletivo.

Material novo não cessa de aparecer, desafiando-nos a compreendê-lo e classificá-lo. Merece atenção o fato de que as educadoras encontraram sua maneira de trabalhar com os sonhos pedagogicamente. Perceberam que sonhos e desenhos têm estilo próprio. Quando se acompanha uma série, é possível perceber o ponto em que surge algo estranho. Dessas observações, resultou a ideia de repassar a pasta individual dos sonhos de cada aluno pela professora do pré à da primeira série. Dessa forma, ao lado de um relatório sobre o aprendizado, a educadora que termina seu trabalho com uma turma tem uma conversa com a colega da série subsequente sobre as características dos sonhos de cada aluno, material que é incorporado aos tradicionais apontamentos e avaliações propriamente pedagógicas.

Hoje essas professoras não têm mais medo do inconsciente dos alunos, pois aprenderam que podem lidar com esses relatos, imagens e emoções, reconhecendo que constituem uma dimensão vital dos alunos e que estão capacitadas a organizar o relato grupal, a valorizar essa experiência, a registrar observações com critério e a dar continuidade a essa fascinante pesquisa que não sabemos até onde vai nos levar e que possíveis consequências pode gerar.

DO OUTRO LADO: A EXPERIÊNCIA EM UMA ESCOLA NA COMUNIDADE DO JACAREZINHO, NO RIO DE JANEIRO

Em 2006, julguei oportuno e necessário repetir o experimento com crianças que vivem no polo oposto do espectro social. A pergunta que me fazia era se os sonhos de crianças e pré-adolescentes que viviam em um ambiente vulnerável e violento apresentariam temas e imagens análogos aos da amostra anterior, na qual o tema da violência correspondia a menos de 1% do total de sonhos. O local escolhido, no Rio de Janeiro, foi a favela do Jacarezinho.[11]

A direção da escola aceitou minha proposta e no primeiro dia treinei cerca de vinte professoras. A primeira proposta era tentar fazer os alunos, de seis a nove anos, um tanto agitados, relaxarem de um modo simples e imediato, por exemplo deitando-se e ouvindo música. Algum tempo depois, recebi pelo correio um pesado pacote contendo cerca de quatrocentos sonhos. Estudei-os por um bom tempo, até conseguir uma visão de conjunto e uma compreensão de sua temática e de seu estilo peculiar. Passei em seguida a organizar o material, separando conjuntos de sonhos que versavam sobre o mesmo tema, como havia feito com os sonhos de crianças da escola Lourenço Castanho. Minha surpresa foi grande. Cerca de cem sonhos, ou seja, um quarto da amostra, tinham por tema a violência, e outros 25% referiam-se à degradação do meio ambiente. Novamente, deparava-me com evidências empíricas que apontavam para uma direção contrária àquela que não leva em conta a relação entre o inconsciente, seja pessoal ou grupal, e a estrutura social.

Dois sonhos, em especial, destacaram-se do conjunto que tematizava a *violência*, o que me levou, na segunda visita à comunidade, a investigar quem teve aqueles sonhos que atraíram minha atenção. Nesses dois casos, que não se enquadram na regra geral adotada no experimento, pareceu-me necessário obter dados biográficos. Vale a pena mencionar a reação de uma funcionária que conhecia bem os alunos. Quando lhe perguntei quem eram essas crianças, ela ficou surpresa e me perguntou se eu tinha uma bola de cristal: "Dentre todos os alunos, o senhor separou os sonhos das duas únicas crianças cujos pais são chefes rivais do tráfico na comunidade. Uma é uma garota adolescente, e o outro, um menino de nove anos".

Pensando por um instante nessa curta troca de palavras, podemos admitir dois achados. Se pudermos contar com amostras razoáveis de sonhos infantis em qualquer escola localizada em áreas afetadas por violência, tráfico de drogas, pobreza, destruição ecológica, degradação urbana etc., será possível identificar as crianças que sofrem o maior impacto dessas forças disruptivas sobre sua psique. Será igualmente possível destacar aqueles que mais correm o risco e a tentação de aceitar perigosas propostas de prestar serviços em troca de bons pagamentos. Os sonhos desses jovens poderão indicar, às vezes com muita clareza, o pano de fundo psicológico que conduz a essa escolha de caminho existencial.

Apresento a seguir um breve relato de alguns sonhos, nos quais prevalece o tema da violência. "Eu sonhei que mataram meu tio e eu estava com ele". Outro: "Enquanto eu morria, levantei da cama e gritei 'pai, mãe', mas ninguém respondeu". No desenho que acompanha esse texto aparecem várias pessoas sendo baleadas, e uma tênue linha marcando o curso de um projétil prestes a atingir o corpo do garoto e matá-lo. Este sonho é feito de dois momentos acelerados de tempo que lhe permitem, em uma fração de segundo, pedir uma ajuda que não lhe é dada. Essa cena deve representar um estado interior ao qual as crianças dessa comunidade tiveram de se adaptar: o medo constante de que podem morrer a qualquer momento, como um acontecimento banal e cotidiano. É o caso de pensar no grau de atenção possível a um aluno que ouve explicações sobre um exercício de matemática abrigando esse pavor no fundo da mente. E talvez, por desconhecer esse estado subjetivo revelado por mais de cem sonhos, os educadores queixam-se da falta de atenção dos alunos e aplicam medidas disciplinares. É de se perguntar se a realidade das ruas não contamina o interior da sala de aula, como faz com as crianças.

Os dois sonhos seguintes são mínimos, e mesmo assim capazes de expressar a falta de proteção que pode ocorrer caso alguém da escola seja atingido por uma bala perdida. Este é o sonho: "Socorro!! Socorro!! Socorro!!" O outro: "Eu sonhei que eu estava morto". No desenho que fez, o garoto está deitado no chão, rodeado por um grupo passivo de adultos olhando para ele.

Convém lembrar que esses alunos têm de seis a nove anos. No material que segue notam-se informações sobre a origem dessas imagens oníricas tão frequentes. Um garoto assim relatou: "Eu sonhei que estava voltando da capoeira, a polícia estava atrás de mim, mas eu era inocente". O mais terrível trauma ocorre, seja em sonhos ou na realidade, quando uma criança inocente é morta. Outro fator de risco, que certamente confunde a compreensão das regras que regem a vida em sociedade, é a contradição que permeia a distinção infantil entre o certo e o errado decorrente da atitude ambígua e muitas vezes criminosa da força policial. Os alunos temiam a polícia e seu camburão negro ostentando o emblema de uma caveira ainda mais do que temiam os traficantes que os abordavam para aliciá-los.

Vemos que os sonhos nos indicam o rumo que nossa reflexão deve seguir para compreender o quão difícil é para essas crianças desenvolver um sistema de valores que lhes permita discriminar e escolher qual atitude tomar e quando dizer sim ou não. A mente torna-se confusa e contraditória. Um sonho expressa essa contradição: "Estava dando um passeio com minha mãe, veio a polícia e atirou em nós dois".

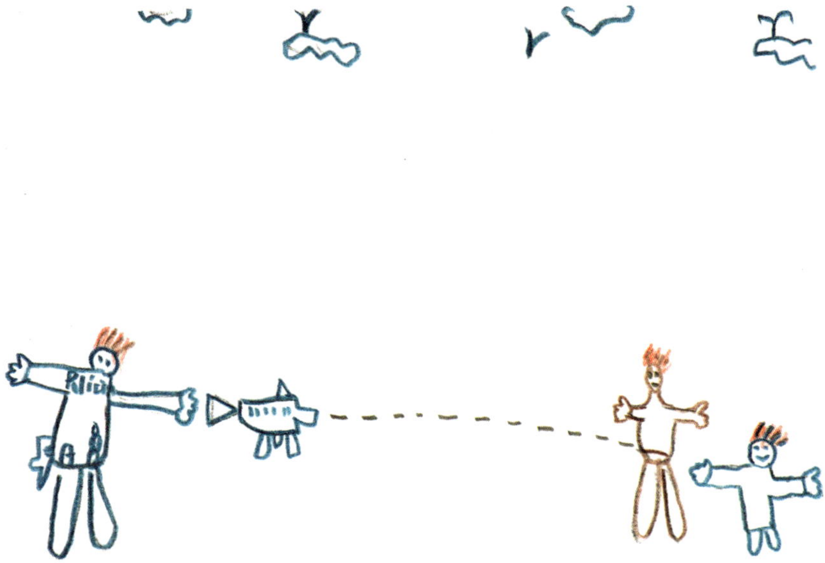

Sonhei que mataram meu tio e eu estava com ele

Eu sonhei que estava voltando da capoeira, a polícia estava
atrás de mim, mas eu era inocente

O sonho seguinte elabora essa situação em termos mais precisos, referindo-se a relações lucrativas, mas perigosas, com traficantes: "Tive esse sonho duas vezes. Eu aceitei uma mala de um estranho e os caras vieram atrás de mim. Eles atiraram várias vezes e eu morri". Essa é a mala usada para transportar cocaína, que aparece em vários sonhos. Foi esse o sonho que chamou minha atenção quando comecei a examinar o material. O pai do garoto que teve esse sonho é, na hierarquia do tráfico, o segundo chefe na linha de comando. Nos sonhos de outros alunos, a cena de aceitação ou recusa aparece configurada de outra forma: eles são assassinados se recusarem levar a mala. Esse é o momento crucial em que é preciso saber dizer sim ou não, mas nenhuma das respostas assegurará uma certeza de segurança, visto que a morte pode ocorrer em ambas as situações.

Até mesmo a presença de uma mãe preocupada com o filho, em um sonho ou na vida real, dando bons conselhos, é inútil. Um garoto relatou: "Eu sonhei que um homem queria me dar uma maleta. Minha mãe falou para eu não aceitar, mas eu aceitei. Aí a polícia me prendeu e me matou". Em alguns sonhos é a polícia que atira, em outros são os traficantes. As mães (os pais não aparecem nenhuma vez exercendo esse papel) não influenciam no desfecho.

Esse material nos permite traçar a possível origem do futuro comportamento delinquente de alguns desses jovens, moradores de um ambiente carregado de violência e criminalidade, debatendo-se com a dificuldade psicológica de discriminar valores positivos e negativos. O breve sonho que segue, contado por um menino, aponta para a mesma direção: "Sonhei que eu estava numa floresta derrubando árvores". No desenho que fez, ele segura um motosserra. Aqui temos possíveis futuras escolhas, feitas quando faltam valores éticos. A derrubada ilegal de árvores é uma atividade escolhida por jovens que aceitam trabalhar para empregadores que lucram com a devastação florestal como alternativa a participar do tráfico. Esse garoto sonha com o lado delinquente que um dia se manifestará nele, pois sua energia já está voltada para essa direção. O aspecto destrutivo da energia psíquica ocupa um espaço enorme no mundo interior desses adolescentes, a tal ponto que outros arquétipos da alma raramente poderão ser ativados.

Tive esse sonho duas vezes. Eu aceitei uma mala de um estranho e os caras vieram atrás de mim. Eles atiraram várias vezes e eu morri

Examinemos o outro sonho que chamou minha atenção. A jovem que teve esse sonho é filha do chefão do tráfico nessa comunidade: "Sonhei que meus pais estavam brigando e minha mãe pulou da janela". Comparei esse sonho com outro coletado na escola paulista, de extrato social afluente. Ambos tematizam o tema da janela do prédio, com surpreendente semelhança estrutural. No segundo caso, um aluno sonhou que sua mãe atirava uma aranha pela janela. Aqui, ao que nos parece, há um fator positivo ao desenvolvimento da criança, que o auxilia a livrar-se de medos noturnos simbolizados pela aranha. Quanto à jovem do Jacarezinho, seus medos não são noturnos, mas ligados à integridade física de sua mãe, incapaz de protegê-la, cometendo o suicídio em seu sonho. Seu pai, essa foi a informação dada, tem quatro mulheres. Ele é o homem mais poderoso da região, temido por todos, inclusive por seus rivais, sendo o responsável pelos acordos com a força policial e pela negociação de propinas. A mãe da aluna é mais velha do que as outras mulheres, sente-se rejeitada, vai frequentemente à escola para queixar-se de enxaquecas e de sua situação doméstica.

Paralelamente ao tema da violência, observei que em igual proporção muitos sonhos retratavam a *degradação do meio ambiente*, em um alinhamento sincrônico ao da publicação de um relatório sobre mudança climática feito pelo Painel Intergovernamental de Mudanças Climáticas – IPCC, formado por um time internacional de 2.500 cientistas.[12] A publicação mostrou que, até 2.100, a temperatura da Terra pode esquentar três graus e que "o aquecimento atual não é parte do ciclo natural do planeta, mas consequência de um estilo de vida iniciado na Revolução Industrial [...], dependência de combustíveis fósseis para gerar energia, em especial petróleo e carvão, e desmatamento em larga escala".[13]

Diante dessa impressionante sincronia, parece-me que essas crianças, que vivem sob constante ameaça, produziram em seus sonhos o mesmo diagnóstico. Sempre procurando observar em que nível se dá a conexão entre sonhos e estrutura social, aqui admito a hipótese de que as crianças que sofrem psicologicamente, em consequência da crescente devastação do meio ambiente em que vivem, estão profundamente conectadas com o sofrimento da terra. Creio que uma das funções do inconsciente, a de prenunciar iminentes perigos, manifesta-se pelo canal de feridas análogas.

O que apareceu em minha pesquisa foi uma série de imagens assustadoras. "Eu sonhei com um bicho estranho na água". Não se trata de um peixe, mas de uma figura híbrida, parte peixe, parte pernas que caminham sobre a água. Animais aquáticos costumam aparecer nos sonhos de crianças indígenas, que vivem em meio à natureza, como veremos a seguir. No presente caso, tanto o sentido quanto o contexto são de ordem diversa, e tal ser mítico parece prenunciar novas mitologias associadas à questão ambiental, como esta – que lembra um ser alienígena ou uma bizarra mutação darwiniana. Parece-me que esses sonhos evidenciam a intrusão psicológica de conteúdos estranhos e desconhecidos no mundo interior dessas crianças tão vulneráveis.

"Eu sonhei que minha casa estava virando um mar". No desenho desse menino há uma baleia azul, um grande peixe amarelo (talvez um tubarão), duas arraias e alguns peixes miúdos. E lá está ele em sua nova casa submersa – mas não há traço algum daquilo que caracteriza uma casa. Um

Sonhei que meus pais estavam brigando e minha mãe pulou da janela

lar precisa de um chão, portas, teto e janelas, calor humano, segurança e proteção, um pai, uma mãe. Quando esta se transforma em uma imensidão aquática, habitada por predadores, a criação cultural do que seja uma casa desaparece, surgindo em seu lugar uma metamorfose difícil de conceituar.

Agora o sonho de uma garota de dez anos: “Eu estava passeando com minha família e de repente tudo desapareceu e virou um deserto. Acordei apavorada”. Se nos sonhos anteriores o inconsciente está sintonizado com o aquecimento global, a elevação do nível dos mares e a acidificação de suas águas, aqui vem representada a ameaça de desertificação de terras férteis necessárias para a produção de alimentos. A imagem composta por essa menina é de abandono, desorientação e do desafio de viver em uma terra devastada. Comparemos com a situação dramática sonhada por um colega: “Eu sonhei que o sol desapareceu e eu fui procurá-lo porque já eram dez horas. Depois de algum tempo, eu o encontrei”. Se o sol não aparece como é esperado e sempre foi, o que está acontecendo com o tempo e com as leis que regem nosso sistema solar? E com a aterrorizante cena sonhada por outro aluno: “Eu estava nadando no mar e começou a

Eu sonhei com um bicho estranho na água

Eu sonhei que minha casa estava virando o mar

Eu sonhei que o sol desapareceu e eu fui procurá-lo porque já eram 10 horas. Depois de algum tempo, eu o encontrei

Eu estava nadando no mar quando começou a ventar. O vento vinha do sol. Uma bruxa me disse que ia me levar com ela. Apareceu um redemoinho no mar, eu desmaiei e caí nele

Eu sonhei que morava no alto de uma montanha cheia de árvores e flores

ventar. O vento vinha do sol. Uma bruxa me disse que ia me levar com ela. Apareceu um redemoinho no mar, eu desmaiei e caí nele". A bruxa pode ser entendida como o lado terrível da natureza alterada; o vento que vem do sol consta de antigas mitologias, enquanto o redemoinho é tanto a desorientação quanto a força que puxa para a morte. Mas os sonhos também podem apontar para a possibilidade de uma vida melhor para essa menina moradora da comunidade carioca do Jacarezinho: "Eu sonhei que morava no alto de uma montanha cheia de árvores e flores". Pelo menos um sopro de esperança.

OS SONHOS EM UM GRUPO DIVERSO: INDÍGENAS, AFRODESCENDENTES E BRANCOS

Esta amostra vem de Porto Seguro, Bahia, onde os índios pataxó têm vivido desde o século 16. O meu contato foi possível graças à minha amizade com

Iani Petrovitch, que fundou uma agência não-governamental chamada Instituto das Tribos Jovens. Seu objetivo é trabalhar com os jovens descendentes do povo pataxó para que não esqueçam suas identidades e tradições.[14]

Os jovens que têm frequentado os encontros promovidos por essa organização aprendem a cantar na língua pataxó e a dançar como faziam os antigos. Também participam de workshops para manter vivas as habilidades de tecer, produzir colares de miçangas, realizar a pintura corporal e trabalho com argila. Esses jovens poderiam morar em qualquer cidade do litoral e serem vistos como cidadãos urbanos, e não indígenas, pois sua aparência é muito moderna, seu português é fluente e eles frequentam escolas; muitos trabalham em escritórios, no comércio, em estabelecimentos turísticos ou em empregos que exigem conhecimento de informática. Portanto, para eles, o que a iniciativa proporciona é a reabilitação de uma identidade perdida que ainda pode tornar-se a predominante. Mas, em algumas ocasiões, tive a impressão de que esses jovens tinham duas personas e poderiam escolher qual delas seria mais adequada em uma dada situação ou então que eles tinham aprendido como personificar um pataxó. Talvez o processo de estabelecer um novo contato com velhas raízes seja muito mais complexo e intrincado do que se costuma acreditar.

Em 2010, fiz a proposta de que um grupo multicultural passasse uma manhã comigo à sombra de uma mangueira em uma das reservas indígenas. Alguns funcionários da organização também participaram, assim como afro-brasileiros que se tornaram aliados dos pataxós em atos de luta por direitos civis. Após ter ouvido quinze sonhos, percebi que tomava forma uma espécie de mosaico, um campo simbólico comum, pois havia conexões entre temas oníricos, como a imagem ou o símbolo de algo novo que emergia de matéria deteriorada nos sonhos de um jovem pataxó e de um educador branco. Esse fenômeno de interconexão temática já foi observado em experiências de compartilhamento de sonhos em diversos países onde atuam terapeutas junguianos.

Mencionarei brevemente alguns sonhos e passarei em seguida a um sonho importante relatado por um jovem pataxó. Iani Petrovitch teve um sonho no qual o seu conflito atual era exposto pela imagem de uma noiva de cabeça para baixo apoiando suas mãos no chão. Em particular, ela me contou que não consegue trabalhar na presente estrutura institucional, sempre tentando obter algum auxílio de agentes governamentais, dispendendo energia com infindáveis relatórios técnicos por eles exigidos e sendo forçada a limitar o alcance de seus projetos. Uma mulher pataxó já idosa sonhou que sua filha, que hoje faz parte de uma igreja pentecostal, a havia abandonado e não queria ouvir mais o que a mãe tinha a lhe dizer. Dirigindo-se ao grupo, ela disse que a filha achava um engano insistir nessa insensatez de uma identidade indígena, propondo que a mãe também entrasse para essa igreja. No sonho, diz à filha que pretende continuar no lugar que lhe pertence.

Um dos educadores que trabalha na área de preservação cultural sonhou que devia entrar no mar, mas estava angustiado e com muito medo. Ele relatou que esse tema era recorrente e, quando membros do grupo perguntaram do que é que ele tinha medo, ele disse que tinha medo da espiritualidade. Conversando com ele em particular, ele me disse que sabia da importância da religião indígena, mas que a cura xamânica era muito assustadora e, no entanto, em seu trabalho ele precisava teorizar a respeito da pajelança e defender essa prática em workshops com jovens pataxó. Essa era a origem de sua angústia.

Dentre os quinze sonhos relatados, um se destacava. Esse sonho aborda diretamente o núcleo simbólico e a dificuldade psicológica de retomar uma identidade cultural perdida como uma experiência interior e estruturante, e não apenas como a construção de uma segunda persona. O rapaz que relatou seu sonho tem cerca de 20 anos, é bilíngue e muito articulado. Em seu sonho, ele e dois companheiros deviam ir ao aeroporto. Alguns homens brancos lhe ofereceram carona, mas ele recusou, dizendo que ele e seus companheiros preferiam ir a pé. Caminhando pela estrada, eles precisaram subir uma ladeira enlameada. Água límpida escorria pela ladeira. Nessa subida ele viu um buraco no chão cheio de água e ajoelhou na terra para olhar lá dentro. No fundo ele percebeu um velho pote de cerâmica Pataxó. Ele pegou uma vara para tirar o pote e os brancos novamente apareceram, gritando que ele devia largar aquilo, pois eles tinham pressa de ir ao aeroporto.

Nessa cena, podemos discernir que no inconsciente foi constelada a possibilidade de estabelecer um contato com a velha alma indígena. Mas uma tendência contrária e conflituosa também se acha ativada. Talvez isso representasse uma resistência por parte do componente branco da psique pataxó, ou seja, sua dimensão adaptada, que certamente é útil para a sobrevivência, aceitação, adaptação, respeito, assimilação, oportunidade de conseguir emprego e assim por diante. Ir ao aeroporto e voar a outro lugar é um claro contraste com o ato de ajoelhar-se na terra e encontrar algo submerso em um buraco no chão. A esse respeito poderíamos considerar que apenas uma pequena parcela da sociedade nacional compreende e apoia a corajosa busca por parte de um grupo de jovens pataxó para serem aceitos e respeitados pelo que são, e em primeiro lugar por eles mesmo. A maior parte de nossa sociedade preferiria que as populações indígenas desaparecessem e que suas terras fossem liberadas para venda. Seria um engano ingênuo imaginar que a consciência coletiva brasileira adota uma perspectiva histórica e ética correta pela qual seria possível compreender o dilema indígena. Portanto, esse sonho poderia estar indicando a existência de duas forças adversas, a reconexão identitária, uma delas no mundo interior dos pataxós, e a outra oriunda da realidade social em que vivemos.

Perguntei a um jovem se havia panelas de barro em sua casa. Ele respondeu que não, que nem sua mãe nem sua avó cozinhavam nessas panelas tradicionais. Mas será que elas seriam capazes de fazer uma, caso desejassem? Não, ele respondeu, elas não tinham aprendido a fazer panelas de barro. Ele então disse que tinha visto uma velha panela desse tipo quando um parente estava cavando um buraco no quintal para fixar uma estaca de madeira. A panela estava quebrada e eles colaram as peças para consertá-la. Nesse momento, seu avô disse: “Se essa panela estava aqui embaixo da terra é porque havia índios vivendo aqui no passado”.

No grupo que se sentava sob a mangueira surgiu então o tema do trabalho arqueológico, e eu sugeri ao educador que os jovens indígenas poderiam consultar livros nos quais há fotos de panelas indígenas brasileiras, com a identificação do local de origem e a datação. O rapaz que relatou o sonho disse que ele gostaria de estudar arqueologia e que seria bom se eles pudessem fazer um workshop. Se eles encontrassem uma senhora que ainda se lembrasse como os pataxós faziam panelas no passado, eles poderiam fazer de novo. Agora o sonho se esclarece, não sendo necessário introjetar nenhum conteúdo extemporâneo; o sonho diz que o cerne de uma identidade perdida ainda está vivo e se oculta nas profundidades da psique indígena (o buraco cheio de água). A principal tarefa é trazer de volta à consciência o que já nela esteve e não está tão longe assim do alcance e da superfície. Mas é preciso ajoelhar-se diante da alma ancestral enterrada, valorizando-a pelo que ela é. Essa velha panela de barro é um símbolo perfeito para tudo o que foi perdido e deve ser reconquistado. Essa panela é o graal indígena. É o vaso alquímico para o renascimento da cultura pataxó.

Assim como em outros países de passado colonial, algo muito precioso historicamente foi destituído de valor: a alma ancestral, que é a base de nossa psicologia coletiva. Eu adotei a expressão "patrimônio de sensibilidade", que me foi apresentada em uma conversa com Adélia Bezerra de Meneses, para designar um processo de elaboração anímica que teve início há mais de 30 mil anos, como indicam as pesquisas arqueológicas e as pinturas rupestres. Os habitantes aborígenes das Américas desenvolveram a consciência da existência de imagens interiores que, por sua vez, adquire visibilidade em incisões e pinturas na pedra. A criação de mitos, religião, rituais, beleza, cultura, sociedade é antiquíssima. É uma das polaridades da alma brasileira, claramente ameaçada se a encararmos como atraso, retrocesso e irracionalidade.

Os psicoterapeutas, os educadores, os cientistas sociais, os pensadores e os artistas que se sentem comprometidos com valores humanos podem atuar como defensores desse patrimônio de sensibilidade, como aqueles que dão ouvido a narrativas silenciadas, testemunhando sonhos que conectam o que era e o que pode vir a ser. A preservação da diversidade cultural está na contramão da tendência a uma homogeneidade niveladora de diferenças.

Os kamaiurá vivem na vasta região hoje denominada Parque Indígena do Xingu, ao lado de vários outros povos originários, e muito de sua cultura ancestral ainda está preservada, em que pese a política anti-indigenista que ameaça a manutenção de direitos fundamentais garantidos pela nossa Constituição.

O pajé Takumã, recentemente falecido, concedeu-me permissão para pesquisar os sonhos das crianças da aldeia graças à apresentação feita por minha grande amiga e antropóloga Carmen Junqueira.[15] Visitei duas vezes a aldeia, em 2006 e em 2008, expliquei-lhe meu projeto e obtive sua anuência, lembrando sempre que os pajés são tradicionalmente intérpretes de sonhos. As crianças, cerca de vinte, foram por ele orientadas a se reunirem comigo na construção que serve de escola, para que contassem seus sonhos. Seu professor, um rapaz bilíngue, serviu de intérprete. Todos receberam papel e material de desenho. Takumã estava interessado em saber com que sonhavam as crianças, pois a antiga prática de consultá-lo para saber o que significavam os sonhos já vinha progressivamente sendo abandonada. Ao final de cada dia de pesquisa, eu lhe contava alguns dos sonhos, mas ele nunca expressou o que estes lhe revelavam, assim como nunca perguntou a minha interpretação. Sua ajuda foi, no entanto, fundamental em dois sonhos que eu era incapaz de compreender, uma vez que se referiam a elementos míticos de sua cultura.

Foram coletados 55 sonhos. Os temas contrastavam com os das escutas anteriores. Aqui, havia cenas em que crianças pequenas rapidamente aprendiam a desempenhar tarefas dos adultos ou enfrentavam destemidamente os perigos da floresta sem a proteção dos mais velhos. As narrativas oníricas, sem exceção, referem-se ao espaço geográfico da aldeia, da floresta ao redor e da grande lagoa Ipavu. Nenhuma criança sonhou que estava em outro lugar. Todos os sonhos apresentam um claro desfecho, neles não aparecem figuras humanas assustadoras e, o que é mais notável e psicologicamente significativo: as figuras parentais estão ausentes.

Um menino de cerca de seis anos conta seu sonho: "Fui até a casa no mato e vi um porco. Flechei ele, ele morreu, daí abri ele com uma faca, assei e todos comeram". Nota-se, no desenho, dois momentos sequenciais, aquele em que o menino flecha o porco e o seguinte, quando lhe abre o ventre com a faca. Nessa idade, o menino evidentemente não é capaz de fazer tudo isso, mas logo estará participando dessas façanhas. Meninas e meninos desenvolvem-se cedo e adquirem autonomia precoce por uma questão de sobrevivência. Logo após a primeira menstruação as meninas já podem casar e ser mães. Amadurecer psicologicamente não é algo digno de nota, mas um fato esperado pela cultura. Portanto, o menino sonha hoje vendo-se já no amanhã, crescido e corajoso, e nisso não há traço de arrogância. Trata-se apenas de um autorretrato.

Em paralelo, uma menina conta: "Fui até a roça para pegar mandioca, enchi a bacia, pus na cabeça e quando voltava pra casa caí num buraco e quebrei a perna". Ela é ainda pequena para dar cabo de tal situação, porém encara o acidente sozinha, sem chorar ou gritar chamando a mãe; o sonho termina com uma perna quebrada, tida como algo que simplesmente às vezes acontece. Um menino, beirando os cinco anos, contou: "Fui pescar, peguei bastante peixe. Levei pra casa, assei e dei pra mãe, pro irmão, e todos comeram". A cena em que uma criança dá de comer aos adultos é relevante tanto no sonho, como indicador de crescimento, quanto na vida real, pois marca o início da independência e da cooperação. Alguém capaz de alimentar os demais é visto como um membro valoroso da tribo e provedor, ou provedora, da continuidade da vida compartilhada.

As crianças sonham com a vida do dia a dia e com o que por lá existe, o que indica um alto grau de adaptação às condições atuais de vida. Examinemos a seguir o desenho detalhado da aldeia feito por uma menina que sonhou que dançava feliz no pátio central. Uma das figuras leva uma criança menor ao colo. Esse breve sonho não tem nada de banal, pois indica o quão psicologicamente saudável é amar o lugar a que se pertence, e ser capaz de expressar em público esse sentimento. Essa menina pediu ao intérprete que me dissesse que ela é feliz. Outro sonho parecido, de outra garota: "Peguei uma mexerica e fui comer embaixo da macaúba".

Já os três sonhos seguintes são feitos de outra matéria. O primeiro foi contado pelo menino que de imediato quis contar: "Fui de canoa até bem longe para pescar na lagoa e então apareceu o bicho da água. Ele veio atrás de mim. Fui remando até a beira, desci e fui correndo para casa". Os três momentos estão representados no desenho: ele no centro da aldeia, depois caminhando até a beira da lagoa, e sendo perseguido pelos bichos da água. Pedi ao intérprete que lhe perguntasse que animais eram esses e ele respondeu que eram porcos da água. Dei-me conta de imediato que esse era um motivo mítico que eu ignorava. O tema da pesca precoce está presente em outros sonhos da amostra, mas não com a aparição agressiva de seres mitológicos.

Pedi ajuda ao pajé. Ele ouviu meu relato e imediatamente declarou: "Isso é muito perigoso. O menino não pode remar até tão longe na lagoa. O que ele fez está errado". Ele continuou: "Perto da margem todos podem nadar, tomar banho, lavar roupa, brincar, pescar, mas lá na frente é onde moram os espíritos de alguns animais. Aqui na lagoa há três aldeias embaixo da água, uma do porco selvagem (cateto), outra da onça e outra do tatu".[16] Pedi que me contasse como são essas aldeias, e soube que nelas há casas, redes, fogo, e todas são habitadas. Quis saber se para ele esses animais são reais, e ele explicou: "Para os outros eles aparecem como animais, menos para o pajé. O que vejo é o espírito. Esses espíritos ficam bravos quando alguém chega perto do lugar deles. A gente tem que respeitar as leis da natureza, não é?"

O menino, no sonho, transgrediu um tabu mítico. Buscando entender esse sonho e o seguinte formulei a hipótese de que as histórias míticas contadas pelo pajé estão perdendo seu antigo poder de alimentar e organizar a imaginação e o sentido das vivências face à imediata fascinação das narrativas da publicidade, que passam a ser a nova matriz de conteúdos e interconexões no mundo imaginal – as crianças, tão logo escurece, juntam-se para acompanhar pela TV, com muito interesse, anúncios de motos, celulares, xampus e perfumes, roupas esportivas, cervejas. Essa é a origem das lacunas nas narrativas míticas, e o perigo é o ataque às raízes da imaginação mítica desse povo, e de todos os demais pelo nosso país.

O sonho seguinte, de um menino com aparentes seis ou sete anos, é também indicador de um emergente processo de ameaça à continuidade cultural dos kamaiurá: "Eu sonhei que de noite eu acordava e saía da casa para fazer xixi. Aí eu olhei para o céu e vi o eclipse da lua". Mais uma vez recorri a Takumã. O que eu sabia, porque também dormia em minha rede na maloca, é que à noite não devemos nos afastar muito dela para não correr o risco de sermos pegos por um mamaé (espírito perigoso). Estaria também esta inocente cena expressando outra lacuna no aprendizado das antigas histórias?

O pajé ficou tão preocupado com este sonho como havia estado com o anterior: "É muito perigoso olhar para a lua durante um eclipse. A lua não está muito alta no céu, está bem perto de nós. O menino não podia fazer aquilo", foi o que disse, visivelmente preocupado. Explicou que o eclipse indicava que a lua estava menstruada, e que, se o sangue pingasse na pele, esta ficaria manchada. Aqui temos uma segunda transgressão de um tabu mítico.

A reação do pajé foi dizer o quanto ele deveria insistir para que as crianças se interessassem por conhecer os mitos que ele e os outros mais velhos sabiam contar. Assim como me ocorreu durante a pesquisa na comunidade do Jacarezinho – a hipótese de que as crianças não privilegiadas estão conectadas pelas misteriosas vias do inconsciente coletivo ao sofrimento da Terra – neste caso conjecturei que os sonhos infantis podem ser indicadores de profundos e perigosos processos que ameaçam a sobrevivência das culturas brasileiras originárias ou, como costumo dizer, de nossa alma ancestral. Mitos não podem ser deletados, nem ignorados. São eles a força que unifica e que pode ajudar nossas populações indígenas a resistirem ao assalto ganancioso de nossa sociedade inclusiva por suas terras, cabeceiras de rios, florestas e riquezas minerais.

Outro sonho, também contado por um menino, oferece uma boa base de comparação: "Sonhei que havia um animal atrás da casa. Aí eu desmaiei. Não era um animal de verdade, mas o espírito de uma pessoa que morreu". Neste caso, não há inocência, nem transgressão, pois é o próprio mito vivo no inconsciente grupal que explica ao garoto o que se passou no sonho. Takumã expressou um certo alívio ao ouvi-lo.

O último sonho que chamou nossa atenção nos leva a outra ordem de ponderações. A menina que o relatou é graciosa e delicada, quase púbere.

Fui pescar de canoa na lagoa e então apareceu o bicho d'água. Ele veio atrás de mim. Fui remando até a beira, desci e fui correndo pra casa

Eu estava chupando cana embaixo da antena parabólica. A antena caiu em cima de mim, apareceu uma cobra e picou meu pé

Em suas palavras: "Eu estava chupando cana embaixo da antena parabólica. A antena caiu em cima de mim, apareceu uma cobra que me picou no pé". Esta antena, alguns anos atrás, havia sido instalada atrás da casa do pajé como parte de um conjunto de presentes enviados em recompensa à permissão obtida pela rede Globo para filmar o ritual do kuarup, negociado nesses termos para homenagear o falecimento de seu presidente. Foram também enviados à aldeia um gerador de energia, um aparelho de TV, um caminhão, um ou dois tratores, uma voadeira, além da construção de banheiros com caixas-d'água. A antena parabólica pode ser encarada como um cavalo de Tróia que traz o inimigo escondido no ventre. A imagem de uma cobra mordendo o pé da garota aparece em vários temas míticos, sejam gregos ou indígenas. A serpente aqui simboliza o perigo representado pela tecnologia, que ameaça a sustentação das identidades aborígenes na trama de memórias e imaginações que lhe serve de raiz. O que esse sonho pretende tornar consciente, assim nos parece, é o perigoso vírus que nossa sociedade inocula na base de apoio (o pé) desses povos formadores do Brasil.

NOTAS

NA. Minha gratidão aos amigos que tornaram essa pesquisa possível: Eda Canepa e Jeanete De Vivo, diretoras da escola Lourenço Castanho; Joyce Capelli, diretora do escritório brasileiro da organização International Medicine, que me apresentou a uma escola na comunidade do Jacarezinho no Rio de Janeiro; à antropóloga Carmen Junqueira, professora emérita da Universidade Católica de São Paulo, que me apresentou à comunidade kamaiurá no Parque Indígena do Xingu; à Iani Petrovitch, diretora do Instituto Tribos Jovens, que me convidou a trabalhar com os Pataxó; Eva Pattis, colega junguiana da Itália, que sugeriu este estudo para publicação na revista *Spring – A Journal of Archetype and Culture*, v. 88, 2012, p. 163-182.

NE. Todos os desenhos deste capítulo são reproduções, feitas pelo autor, dos originais.

1. Cf. FERNÁNDEZ, Alicia. *A inteligência aprisionada. Abordagem psicopedagógica clínica da criança e sua família*, p. 67.
2. LAPLANCHE, Jean; PONTALIS, Jean-Bertrand Lefebvre. *Vocabulário da psicanálise*.
3. JUNG, Carl Gustav. *Memórias, sonhos, reflexões*.
4. Ver GAMBINI, Roberto. *A voz e o tempo: reflexões para jovens terapeutas*.

5. A experiência começou após uma palestra aos pais feita por Roberto Gambini, a convite das diretoras Jeannette De Vivo e Eda Canepa, para abordar questões de disciplina dos alunos. Na palestra, propôs algo pioneiro para entender o que poderia explicar a indisciplina, ao invés de apenas adotar medidas punitivas. O compartilhamento dos sonhos pelas crianças em sala de aula, com a produção de desenhos, foi feito de 1997 a 2010. Roberto Gambini fazia supervisão periódica da prática, para garantir o rigor na obtenção do material, e as professoras analisavam os desenhos com sua bagagem pedagógica.

6. GAMBINI, Roberto. (Por) uma educação com alma.

7. ZOJA, Eva Pattis; LITURRI, Liliana. *Il mio nottario. L'ora dei sogni in classe.*

8. O livro *Vengo del sol*, do menino Flavio M. Cabobianco, é um detalhado relato de suas intuições espirituais sobre a origem da vida. Ver também entrevistas suas no YouTube.

9. FREEMAN, John (1959). Face to Face – Professor Jung. Tradução livre do autor. A entrevista está disponível também no Youtube.

10. PEREIRA, Maria Amélia Pinho. *Casa Redonda: uma experiência em educação.*

11. Essa iniciativa foi possível graças ao contato feito pela colega Joyce Capelli, então diretora do Brazilian Office of International Medicine, que acompanhava na escola um projeto de educação sanitária por ela anteriormente implantado.

12. AMORIM, Cristina; NETTO, Andrei. Efeitos do aquecimento da Terra são irreversíveis nos próximos 100 anos.

13. Idem, ibidem.

14. Iani Petrovitch, do Instituto das Tribos Jovens, chamou Roberto Gambini para fazer algumas palestras com os participantes da organização. A experiência aqui relatada foi resultado de uma oficina de um dia com um grupo multicultural, incluindo pataxós e afro-brasileiros.

15. Ver JUNQUEIRA, Carmen. *Os índios de Ipavu.*

16. Ver o livro escrito pelos índios do Xingu: TRONCARELLI, Maria Cristina; WÜRKER, Estela; KAHN, Marina; GAUDITANO, Camila (Org.). *Livro das águas.*

Bibliografia

LIVROS, ARTIGOS, TESES, DISSERTAÇÕES E MONOGRAFIAS

ALBERTI, Leon Battista. *De re aedificatoria*. Oviedo, Edición facsímil, 1975.

ALLEN, Heather; PEREYA, Leda; SAGARIS, Lake; CADENAS, Galo. *Ella se mueve segura – she moves safely. A study on women's and public transport in three Latin American cities*. Londres, FIA Foundation/Banco de Desarrollo de América Latina, 2017 <https://bit.ly/3bh512Y>.

ANTONUCCI, Denise; GOBBI, Leonardo. Expansão urbana e assentamentos precários: Jardim Piratininga, São Paulo. *Revista de morfologia urbana*, v. 6, n. 1, Porto, dez. 2018, p. 17-31 <https://bit.ly/3aA2hw5>.

ANTONUCCI, Denise; GOBBI, Leonardo. Jardim Piratininga, São Paulo: urbanização possível. In *Anais do III Urbfavelas – Seminário Nacional sobre Urbanização de Favelas*. Salvador, UCSAL, 2018 <https://bit.ly/2YTXXSR>.

ARIÈS, Philippe. *História social da criança e da família*. Porto Alegre, Artmed, 1986.

ARUP; THE LEGO FOUNDATION. *Reclaiming play in cities report: the real play coalition approach*. Londres, Real Play Coalistion, 2020 <https://bit.ly/2M9fCU8>.

AUBERT, Salomé; BARNES, Joel D.; ABDETA, Chalchisa; NADER, Patrick Abi; et al. Global matrix 3.0 physical activity report card grades for children and youth: results and analysis from 49 countries. *Journal of Physical Activity and Health*, n. 15, Champaign, nov. 2018, p. 251-273 <https://bit.ly/3pz0Cwc>.

AVANCI, Joviana; ASSIS, Simone; OLIVEIRA, Raquel; PIRES, Thiago. Quando a convivência com a violência aproxima a criança do comportamento depressivo. *Ciência & Saúde Coletiva*, v. 14, n. 2, Rio de Janeiro, mar./abr. 2009, p. 383-394 <https://bit.ly/2YFjGXO>.

BALL, David; GILL, Tim; SPIEGAL, Bernard. *Managing risk in play provision: implementation guide*. 2a edição. Londres, National Children's Bureau, 2012 <https://bit.ly/2ZuqbEg>.

BARTLETT, Sheridan. Children's experience of the physical environment in poor urban settlements and the implications for policy, planning and practice. *Environment and Urbanization*, v. 11, n. 2, Londres, out. 1999, p. 63-74 <https://bit.ly/3ttd18j>.

BAUMAN, Zygmunt. *Modernidade líquida*. São Paulo, Zahar, 2001.

BENEVOLO, Leonardo. *A história da cidade*. São Paulo, Perspectiva, 2011.

BONDÍA, Jorge Larrosa. Notas sobre a experiência e o saber de experiência. *Revista Brasileira de Educação*, n. 19, Belo Horizonte, jan./fev./mar./abr. 2002, p. 20-28 <https://bit.ly/3kBGTV4>.

BORBA, Angela Meyer. O brincar como um modo de ser e estar no mundo. In BEAUCHAMP, Jeanete; PAGEL, Sandra Denise; NASCIMENTO, Aricélia Ribeiro do (Orgs.). *Ensino fundamental de nove anos: orientações para a inclusão da criança de seis anos de idade*. Brasília, Ministério da Educação/Secretaria de Educação Básica, 2007, p. 33-45 <https://bit.ly/2NWY1iC>.

BORGOGNI, Antonio; FARINELLA, Romeo. *Le Città Attive. Percorsi pubblici nel corpo urbano*. Milão, Franco Angeli, 2017.

BRETTAS, Nayanna. *Cidade que brinca*. São Paulo, Paulus, 2017.

BROUGÈRE, Gilles. *Brinquedo e cultura*. São Paulo, Cortez, 1995.

BROWN, Stuart. *Play: how it shapes the brain, opens the imagination, and invigorates the soul*. Nova York, Penguin Group, 2009.

BRUSSONI, Mariana; GIBBONS, Rebecca; GRAY, Casey; et al. What is the relationship between risky outdoor play and health in children? A systematic review. *International Journal of Environmental Research and Public Health*, v. 12, n. 6, Basel, jun. 2015, p. 6423-6454 <https://bit.ly/3qyuSZn>.

BURDETTE, Hillary L.; WHITAKER Robert C.; DANIELS, Stephen R. Parental report of outdoor playtime as a measure of physical activity in preschool-aged children. *Archives of Pediatrics & Adolescent Medicine*, v. 158, n. 4, Chicago, abr. 2004, p. 353-357 <https://bit.ly/2ZH2kkz>.

CABOBIANCO, Flavio M. Capobianco. *Vengo del sol*. Buenos Aires, Manrique Zago, 1991.

CALDAS, Sérgio Túlio. *Com os pés na África*. São Paulo, Moderna, 2016.

CALDEIRA, Teresa Pires do Rio. *Cidade de muros: crime, segregação e cidadania em São Paulo*. São Paulo, Editora 34, 2000.

CARNEIRO, Maria Angela Barbato; DODGE, Janine. *A descoberta do brincar*. São Paulo, Boa Companhia, 2007.

Carta das cidades educadoras. Barcelona, Associação Internacional de Cidades Educadoras, 2013 <https://bit.ly/3dKBfFL>.

CARVALHO, Levindo Diniz. Infância, brincadeira e cultura. In *31a Reunião Anual da Anped*. Caxambu, Anped, 2008 <https://bit.ly/3qTBGB4>.

CASAS, Marina; ESPINOSA, Cindy; LARA, Carlos. Gender determinants in urban mobility policies in Latin America. *FAL Bulletin*, v. 371, n. 3, Nova York, out. 2019 <https://bit.ly/3rxgfGo>.

CASTRO, Lucia Rabello de. *A aventura urbana: crianças e jovens no Rio de Janeiro*. Rio de Janeiro, Sete Letras/Faperj, 2004.

CAVALCANTE, Murilo (Org.). As *lições de Bogotá e Medellín: do caos à referência mundial*. Recife, INTG, 2013.

Cenário da infância e adolescência no Brasil. São Paulo, Fundação Abrinq, 2018 <https://bit.ly/3aKBTRy>.

CENTER ON THE DEVELOPING CHILD. *From best practices to breakthrough impacts: a science-based approach to building a more promising future for young children and families*. Cambridge, Harvard University, 2016 < https://bit.ly/2SEtska>.

Centro Cultural da Criança: o castelo das crianças cidadãs. São Paulo/Rio de Janeiro, Imprensa Oficial/Cecip, 2009 <https://bit.ly/3tkQOZ6>.

CHRISTENSEN, Pia; O'BRIEN, Margaret. Children in the city: introducing new perspectives. In CHRISTENSEN, Pia; O'BRIEN, Margaret (Org.). *Children in the city: home, neighborhood and community*. Londres/Nova York, Routledge Falmer, 2003, p. 1-12.

CHRISTENSEN, Pia; PROUT, Alan. Working with ethical symmetry in social research with children. *Childhood*, v. 9, n. 4, Londres, nov. 2002, p. 477-497 <https://bit.ly/39ICvq8>.

CLELAND, Verity; CRAWFORD, David; BAUR, Louise A.; HUME, Clare; TIMPERIO, Anna; SALMON, Jo. A Prospective examination of children's time spent outdoors, objectively measured physical activity and overweight. *International journal of obesity*, v. 32, n. 11, Londres, out. 2008, p. 1685-1693 <https://go.nature.com/2NloSVJ>.

COHEN, Steven D. *Three principles to improve outcomes for children and families*. Cambridge, Center on the Developing Child at Harvard, 2017 <https://bit.ly/3k2qYpv>.

COMITÊ CIENTÍFICO DO NÚCLEO CIÊNCIA PELA INFÂNCIA. *Estudo I: o impacto do desenvolvimento na primeira infância sobre a aprendizagem*. São Paulo, NCPI, 2014 <https://bit.ly/3dDUWPf>.

COMITÊ CIENTÍFICO DO NÚCLEO CIÊNCIA PELA INFÂNCIA. *Estudo II: importância dos vínculos familiares na primeira infância*. São Paulo, NCPI, 2016 <https://bit.ly/37ANXTX>.

COMUNICAÇÃO INSTITUCIONAL DA AVANTE (Org.). *Políticas de segurança pública e repercussões sobre a infância de comunidades urbanas de baixa renda: sensação de segurança e expectativas sobre as estratégias em curso. Relatório de pesquisa*. Salvador, Avante/Fundação Bernard van Leer/Ufba/Programa Integrado Comunidade, Família e Saúde, 2014 <https://bit.ly/3si98Bz>.

COMUNICAÇÃO INSTITUCIONAL DA AVANTE; INSTITUTO DE SAÚDE COLETIVA. Relatos de crianças entre 10 a 12 anos coletados durante oficinas lúdicas no bairro do Calabar por ocasião da pesquisa "Políticas de segurança pública e repercussões sobre a infância de comunidades urbanas de baixa renda: sensação de segurança e expectativas sobre as estratégias em curso". Salvador, Avante/Ufba, 2014.

Convention on the rights of the Child. Adopted and opened for signature, ratification and accession by General Assembly Resolution 44/25 of 20 november 1989: entry into force 2 September 1990, in accordance with article 49. Nova York, UN General Assembly, 1990 <https://bit.ly/3dqWiwL>.

CORSINO, Patrícia. Pensando a infância e o direito de brincar. *Salto para o Futuro*, ano 18, n. 7 (Jogos, brinquedos e brincadeiras: desafios e descobertas), Rio de Janeiro, mai. 2008, p. 12-24 <https://bit.ly/2NtKsr8>.

COSCO, Nilda; MOORE, Robin. Our neighbourhood is like that! In CHAWLA, Louise (Org.). *Growing up in an urbanizing world*. Londres/Nova York, Earthscan/Unesco, 2002, p. 35-56.

CRENSHAW, Kimberlé. Documento para o encontro de especialistas em aspectos da discriminação racial relativos ao gênero. *Estudos Feministas*, v. 10, n 1, Florianópolis, jan./jun. 2002, p. 171-188 <https://bit.ly/3sRUqBI>.

DEBORD, Guy. Teoria da deriva. Tradução Carlos Roberto Monteiro de Andrade. Óculum, Campinas, n. 4, 1993, p. 26-29.

DEL PRIORE, Mary. *História das crianças no Brasil*. São Paulo, Contexto, 1991.

DELGADO, Ana Cristina Coll; MÜLLER, Fernanda. Em busca de metodologias investigativas com as crianças e suas culturas. *Cadernos de pesquisa*, v. 35, n. 125, São Paulo, mai./ago. 2005, p. 161-179 <https://bit.ly/36D8yGd>.

DESGUALDO, Paula. O perigo da obesidade infantil no Brasil e quais suas principais causas. *Veja Saúde*, São Paulo, 29 set. 2019 <https://bit.ly/2ZrfDWV>.

DEWEY, John. *Vida e educação*. Tradução Anísio Teixeira. 6a edição. São Paulo, Melhoramentos, 1967.

DOWDNEY, Luke. *As crianças do tráfico. Um estudo de caso de crianças em violência armada organizada no Rio de Janeiro*. Rio de Janeiro, Sete Letras, 2003 <https://bit.ly/2YDQwPW>.

EDNIR, Madza; KOURY, Mariana; RIBEIRO, Raquel. *Crianças e seus caminhos*. Rio de Janeiro, Cecip, 2017 <https://bit.ly/3tpRvk6>.

EDWARDS, Carolyn; GANDINI, Lella; FORMAN, George. *As cem linguagens da criança. A abordagem de Reggio Emilia na educação da primeira infância*. Porto Alegre, Penso, 2015.

FALÚ, Ana. Violencia y discriminaciones en las ciudades. In FALÚ, Ana (Org.). *Mujeres en la ciudad. De violencias y derechos*. Santiago do Chile, Red Mujer y Hábitat de América Latina y Sur/Red Mujer y Hábitat de América Latina, 2009, p. 15-37 <https://bit.ly/2OzrrDE>.

FARIA, Ana Beatriz Goulart de. *Territórios educativos para a educação integral*. Brasília, Secretaria de Educação Básica, 2014 <https://bit.ly/3qQTlcR>.

FENSTER, Tovi. El derecho a la ciudad y la vida cotidiana basada en el género. In SUGRANYES, Ana; MATHIVET, Charlotte (Org.). *Ciudades para tod@s: por el derecho a la ciudad, propuestas y experiencias*. Santiago do Chile, Habitat International Coalition, 2011, p. 65-80 <https://bit.ly/3v38E4x>.

FERNÁNDEZ, Alicia. *A inteligência aprisionada. Abordagem psicopedagógica clínica da criança e sua família*. Porto Alegre, Artmed, 1991.

FLICK, Uwe; RÖHNSCH, Gundula. Episodic and expert interviews beyond academy. In DENZIN, Norman K.; GIARDINA, Michael D. (Org.). *Qualitative inquiry outside the academy*. Nova York, Routledge, 2014, p. 181-196.

FORTUNA, Tânia. A *formação lúdica docente e a universidade, contribuições da ludobiografia e hermenêutica filosófica*. Orientadora Merion Campos Bordas. Tese de Doutorado. Porto Alegre, UFRGS, 2011.

FOLLET, Micheal. *Creating excellence in primary school playtimes: how to make 20% of the school day 100% better*. Londres, Jessica Kingsley, 2017.

FRANCIS, Mark. Urban open spaces. In ZUBE, Ervin H.; MOORE, Gary T. (Org.). *Advances in environment, behaviour and design – volume 1*. Nova York, Springer/ Environmental Design Research Association, 1987, p. 71-106.

FRANCO, Fernando de Mello. Contrários e complementares. In ROSA, Marcos Leite (Org.). *Microplanejamento. Práticas urbanas criativas*. São Paulo, Editora de Cultura, 2011, p. 134-147.

FREIRE, Paulo. *Pedagogia do oprimido*. São Paulo, Paz e Terra, 2012.

FREIRE, Paulo. *Política e educação*. São Paulo, Cortez, 1995.

FREEMAN, John (1959). Face to Face – Professor Jung. In MCGUIRE, William; CARRINGTON HULL, Richard Francis. *C. G. Jung: entrevistas e encontros*. São Paulo, Cultrix, 1977, p. 372-375.

FRIEDMANN, Adriana. *A vez e a voz das crianças: escutas antropológicas e poéticas das infâncias*. São Paulo, Panda Educação, 2020.

FRIEDMANN, Adriana. *Vozes da infância brasileira*. São Paulo, Panda Educação, 2015 <https://bit.ly/36Ftoou>.

FRÖEBEL, Friedrich. *Da educación del hombre*. Madri, Daniel Jorro, 1913.

FUKUOKA, Masanobu. *Sembrando en el desierto: semillas para la regeneración del planeta*. Murcia, Cauac, 2016.

GADOTTI, Moacir. *Pedagogia da terra*. São Paulo, Peirópolis, 2000.

GAITÁN, Angel. Protagonismo infantil. In VERAZZI, Bernadette Abegglen; BENES, Roberto (Orgs.). *La Participación de niños y adolescentes en el contexto de la Convención sobre los Derechos del Niño: Visiones y Perspectivas*. Florença, Unicef, 1999, p. 85-104 <https://bit.ly/2P0g3kr>.

GALEANO, Eduardo. A função da arte. In GALEANO, Eduardo. *O livro dos abraços*. Porto Alegre, L&PM, 1991.

GALEANO, Eduardo. *Amares*. Porto Alegre, L&PM, 2019.

GALEANO, Eduardo. *As palavras andantes*. 4ª edição. Tradução Eric Nepomuceno. Porto Alegre, L&PM, 1994.

GALEANO, Eduardo. El derecho de soñar. *El País*, Madri, 25 dez. 1996 <https://bit.ly/2YDIyGi>.

GALEANO, Eduardo. *Las palabras andantes?* Madri, Siglo XXI, 1994.

GAMBINI, Roberto. *A voz e o tempo: reflexões para jovens terapeutas*. São Paulo, Ateliê Editorial, 2008.

GAMBINI, Roberto. Restituire l'anima all'educazione. In GAMBINI, Roberto. *Anima e cultura. L'isteria e l'anima in Bollas e Jung*. Bergamo, Moretti & Vitali, 2007, p. 117-146.

GARCÍA, Jorge Luis; HECKMAN, James J.; LEAF, Duncan Ermini; PRADOS, María José. The life-cycle benefits of an influential early childhood program. *NBER Working Paper*, n. 22993, Cambridge, dez. 2016 <https://bit.ly/3sgNCxd>.

GEHL, Jan. *Cidades para as pessoas*. São Paulo, Perspectiva, 2013.

GILL, Tim. *No fear growing up in a risk averse society*. Londres, Calouste Gulbenkian Foundation, 2007 <https://bit.ly/2NIhK5p>.

GOLDHAGEN, Sarah Williams. *Welcome to our world: how the built environment shapes our lives*. Nova York, Harper Collins Publishers, 2017.

GOMES, Ana Maria Rabelo; GOUVÊA, Maria Cristina Soares de. A criança e a cidade: entre a sedução e o perigo. In DEBORTOLI, José Alfredo Oliveira; MARTINS, Maria de Fátima Almeida; MARTINS, Sérgio (Org.). *Infâncias na metrópole*. Belo Horizonte, Editora UFMG, 2008, p. 47-70.

GONÇALVES, Maria Flora (Org.). *O novo Brasil urbano: impasses, dilemas, perspectivas*. Porto Alegre, Mercado Aberto, 1995.

GONZÁLEZ, Silvia A.; BARNES, Joel D.; NADER, Patrick Abi; et al. Report card grades on the physical activity of children and youth from 10 countries with high human development index: Global Matrix 3.0. *Journal of Physical Activity and Health*, n. 15, v. 2, Champaign, nov. 2018, p. 284-297 <https://bit.ly/3udCGCn>.

GRANADA, Isabel; et al. *El porqué de la relación entre género y transporte*. Washington, BID, 2016 <https://bit.ly/3bt4afP>.

GRAY, Casey; GIBBONS, Rebecca; LAROUCHE, Richard; SANDSETER, Ellen B.H.; et al. What is the relationship between outdoor time and physical activity, sedentary behaviour, and physical fitness in children? A systematic review. *International Journal of Environmental Research and Public Health*, v. 12, n. 6, Basel, jun. 2015, p. 6455-6474 <https://bit.ly/3dDNSjZ>.

GRAY, Peter. *Free to learn: why unleashing the instinct to play will make our children happier, more self-reliant, and better students for life*. Nova York, Basic Books, 2013.

GRIGSBY-TOUSSAINT, Diana S.; CHI, Sang-Hyun; FIESE, Barbara H. Where they live, how they play: neighborhood greenness and outdoor physical activity among preschoolers. *International Journal of Health Geographics*, v. 10, n. 66, Londres, dez. 2011 <https://bit.ly/3bm1bVh>.

GUIMARÃES, Iara Vieira; LOPES, Jader Janer Moreira. As experiências espaciais das crianças no espaço urbano. *Educar em revista*, v. 35, n. 73, Curitiba, jan./fev. 2019, p. 307-325 <https://bit.ly/3cphGjU>.

GUTIÉRREZ, Blanca Valdivia; et al. *Entornos habitables: auditoría de seguridad urbana con perspectiva de género en la vivienda y el entorno*. Barcelona, Collectiu Punt 6, 2017 <https://bit.ly/2O78jwX>.

HART, Roger A. *Children's participation: from tokenism to citizenship.* Florência, Unicef, 1992 <https://bit.ly/3eC9C1Y>.

HART, Roger A. *Children's participation: the theory and practice of involving young citizens in community development and environmental care.* Londres/Nova York, Routledge/Unicef, 1997.

HARVEY, David. A liberdade da cidade. *Urbânia*, n. 3, São Paulo, abri. 2008.

HARVEY, David. *Ciudades rebeldes. Del derecho a la ciudad a la revolución urbana.* Madri, Akal, 2013.

HERRINGTON, Susan; BRUSSONI, Mariana. Beyond physical activity: the importance of play and nature-based play spaces for children's health and development. *Current Obesity Reports*, v. 4, n. 4, Nova York, set. 2015, p. 477-483 <https://bit.ly/3bjIoK1>.

HILLMAN, James. *Cidade & alma.* São Paulo, Studio Nobel, 1993.

HILLMAN, James. *O código do ser. Uma busca do caráter e da vocação pessoal.* São Paulo, Objetiva, 1997.

Histórias do CCCria, Centro Cultural da Criança: autonomia, alegria e participação infantil. Rio de Janeiro, Cecip, 2011 <https://bit.ly/3vubIXK>.

HORTÉLIO, Lydia. A importância do brincar: depoimento a Ramona Rodrigues. Campo Grande, 13 jun. 2018. Disponível in <https://bit.ly/2ZHKOS4>.

JACOBS, Jane. *Morte e vida de grandes cidades.* São Paulo, Martins Fontes, 2011.

JIRÓN, Paola; GÓMEZ, Javiera. Interdependencia, cuidado y género desde las estrategias de movilidad en la ciudad de Santiago. *Tempo Social*, v. 30, n. 2, São Paulo, mai./ago. 2018, p. 55-72 <https://bit.ly/3eoLlfB>.

JIRÓN, Paola; IMILÁN, Walter. Moviendo los estudios urbanos. La movilidad como objeto de estudio o como enfoque para comprender la ciudad contemporánea. *Quid*, v. 16, n. 10, dez. 2018/mai. 2019, p.17-36 <https://bit.ly/2OfV519>.

JIRÓN, Paola; MANSILLA, Pablo. Atravesando la espesura de la ciudad: vida cotidiana y barreras de accesibilidad de los habitantes de la periferia urbana de Santiago de Chile. *Revista de Geografía Norte Grande*, n. 56, Santiago, dez. 2013 <https://bit.ly/3t46b7Y>.

JUNG, Carl Gustav. *Memórias, sonhos, reflexões.* Rio de Janeiro, Nova Fronteira, 2016.

JUNQUEIRA, Alice; NUNES, Ana Carolina; SABINO, Leticia Leda. ¿Cómo observar y evaluar el espacio público con las mujeres para contribuir con la construcción de ciudades seguras y sostenibles? *URBS Revista de Estudios Urbanos y Ciencias Sociales*, v. 9, n. 1, Almería, jul. 2019, p. 73-92 <https://bit.ly/3e9picR>.

JUNQUEIRA, Carmen. *Os índios de Ipavu.* São Paulo, Ática, 1979.

KAMII, Constance; CLARK, Faye B.; DOMINICK, Ann. The six national goals: a road to disappointment. *The Phi Delta Kappan*, v. 75, n. 9, Arlington, mai. 1994, p. 672-677.

KANDINSKY, Wassily. *Punto y Línea sobre el Plano. Contribución al análisis de los elementos pictóricos.* Barcelona, Labor, 1993.

KIMBRO, Rachel Tolbert; BROOKS-GUNN, Jeanne; MCLANAHAN, Sara. Young children in urban areas: links among neighborhood characteristics, weight status, outdoor play and television watching. *Social Science & Medicine*, v. 72, n. 5, Amsterdã, mar. 2011, p. 668-676.

KLUG, Letícia; AMANAJÁS, Roberta. Direito à cidade, cidades para todos e estrutura sociocultural urbana. In COSTA, Marco Aurélio; THADEU, Marcos; FAVARÃO, Cesar B. (Org.). *A nova agenda urbana e o Brasil: insumos para sua construção e desafios a sua implementação*. Brasília, Ipea, 2018, p. 29-44 <https://bit.ly/2NRfMZK>.

KOHARA, Luiz Tokuzi. *Relação entre as condições da moradia e o desempenho escolar: estudo com crianças residentes em cortiços*. Orientadora Maria Ruth Sampaio Amaral. Tese de doutorado. São Paulo, FAU USP, 2009 <https://bit.ly/3veprBS>.

KUHN, Peter. Thematic drawing and focused, episodic interview upon the drawing – a method in order to approach to the children's point of view on movement, play and sports at school. *Forum: Qualitative Social Research*, v. 4, n. 1, Berlim, jan. 2003 <https://bit.ly/36AXHNO>.

LAPLANCHE, Jean; PONTALIS, Jean-Bertrand Lefebvre. *Vocabulário da psicanálise. São Paulo, Martins Fontes, 2016.*

LASKY, Julie. *Design and social impact: a cross-sectoral agenda for design education, research, and practice*. Nova York, Smithsonian Cooper Hewitt, National Design Museum, 2010.

LA TAILLE, Yves de; OLIVEIRA, Marta Kohl de; DANTAS, Heloysa. *Piaget, Vigotski, Wallon: teorias psicogenéticas em discussão*. São Paulo, Summus, 2019.

LEITE, Carlos; AWAD, Juliana di Cesare Marques. *Cidades sustentáveis, cidades inteligentes: desenvolvimento sustentável num planeta urbano*. Porto Alegre, Bookman, 2012.

LESTER, Stuart; RUSSELL, Wendy. *Play for Change. Play, policy and practice: a review of contemporary perspectives*. Londres, National Children's Bureau, 2008.

LISPECTOR, Clarice. *A descoberta do mundo*. 2a edição. Rio de Janeiro, Nova Fronteira, 1984.

LOUV, Richard. *Last Child in the woods: saving our childrem from nature-deficit disorder*. Nova York, Algonquin Books, 2008.

LYNCH, Kevin. *A imagem da cidade*. Lisboa, Edições 70, 1996.

MACHADO DA SILVA, Luiz Antonio. *Vida sob cerco: violência e rotina nas favelas do Rio de Janeiro*. Rio de Janeiro, Nova Fronteira, 2008.

MAGNANI, Claudia Muniz Moreira. *Lixo e deslizamento: um estudo de caso no Morro dos Macacos / Rio de Janeiro, Brasil*. Orientadora Débora Cynamon Kligerman. Dissertação de mestrado. Rio de Janeiro, Fundação Oswaldo Cruz, 2007.

MALAGUZZI, Lóris A. Acchiapanza de Francesco. In TONUCCI, Francesco. *Frato: 40 anos com olhos de criança*. Porto Alegre, ArtMed, 2008.

MAXWELL, Clerk. *a treatise on electricity and magnetism*. Oxford, Clarendon, 1892.

MARTINHO, Joana Isabel Pereira. *O espaço para a criança na cidade – um estudo crítico a partir da experiência de Aldo van Eyck*. Orientador Marco Ginoulhiac. Dissertação de mestrado. Porto, Faculdade de Arquitectura da Universidade do Porto, 2014 <https://bit.ly/3aS8m8r>.

MEDEIROS FILHO, Barnabé. *Bairro-escola: uma nova geografia do aprendizado*. São Paulo, Tempo D'Imagem, 2005 <https://bit.ly/2MKYGKf>.

MEIRELLES, Zilah Vieira; GOMEZ, Carlos Minayo. Rompendo com a criminalidade: saída de jovens do tráfico de drogas em favelas na cidade do Rio de Janeiro. *Ciência e Saúde Coletiva*, v. 14, n. 5, Rio de Janeiro, nov./dez. 2009, p. 1797-1805 <https://bit.ly/39E3rHN>.

MICHAUD, Anne. *Guide des formatrices et formateurs. Pour un environnement urbain sécuritaire*. Montreal, Comité D'Action Femmes et Sécurité Urbaine/Femmes et Ville, 2004 <https://bit.ly/3v8F2CL>.

MONTANER, Jose Maria; MUXÍ, Zaida. *Arquitetura e política: ensaios para mundos alternativos*. São Paulo, Gustavo Gili, 2014.

MOORE, Gary T. Estudos de comportamento ambiental. In SNYDER, James C.; CATANESE, Anthony. *Introdução à arquitetura*. Rio de Janeiro, Campus, 1984, p. 65-86.

Mortes de crianças e adolescentes de até 14 anos caem 1,93% no país. *Criança Segura Brasil*, 11 jul. 2019 <http://bit.ly/3kWPTln>.

MOUETTE, Dominique; AIDAR, Tirza; WAISMAM, Jaime. Avaliação dos impactos do tráfego na mobilidade da população infantil através da análise de correspondência múltipla. *Transportes*, v. 8, n. 1, São Paulo, mai. 2000, p. 56-87 <https://bit.ly/3txDIse>.

MOUETTE, Dominique. *Os pedestres e o efeito barreira*. Orientador Jaime Waismam. Tese de doutorado. São Paulo, Poli USP, 1998.

MÜLLER, Fernanda; NUNES, Brasilmar Ferreira. Infância e cidade: um campo de estudo em desenvolvimento. *Educação & Sociedade*, v. 35, n. 128, Campinas, 2014, p. 659-674 <https://bit.ly/3j8IBDD>.

MÜLLER, Fernanda. *Retratos da infância na cidade de Porto Alegre*. Orientadora Carmem Maria Craidy. Tese de doutorado. Porto Alegre, Faced UFRGS, 2007 <https://bit.ly/3aONTQE>.

OLIVEIRA, Fabiana de. Reflexões a respeito de uma experiência de participação infantil no Brasil envolvendo os espaços urbanos e a perspectiva das crianças. *Revista Portuguesa de Educação*, v. 30, n. 1, Braga, jun. 2017, p. 157-179 <https://bit.ly/3ctZLu2>.

PALLASMAA, Juhani. *The eyes of the skin: architecture and the senses*. Chichester, Wiley-Academy, 2005.

PÁNEK, Jiří. From mental maps to GeoParticipation. *The Cartographic Journal*, v. 53, n. 4, Londres, out. 2016, p. 300-307 <https://bit.ly/30meSyb>.

PANERAI, Philippe. *Análise urbana*. Brasília, Editora UnB, 2006.

PEREIRA, Maria Amélia Pinho. *Casa Redonda: uma experiência em educação*. São Paulo, Livre, 2013.

PÉREZ, Beatriz Corsino; PÓVOA, Juliana; MONTEIRO Renata; RABELLO, Lucia de Castro. Cidadania e participação social: um estudo com crianças no Rio de Janeiro. *Psicologia & Sociedade*, v. 20, n. 2, mai./ago. 2008, p. 181-191 <https://bit.ly/2OO7ZTO>.

Pesquisa origem e destino. São Paulo, Companhia do Metropolitano de São Paulo, 2007 <https://bit.ly/2PJU8yy>.

PONCIANO, Levino. *Bairros paulistanos de A a Z*. São Paulo, Senac, 2001.

PORTO, Cristina Laclette. Brincadeira ou atividade lúdica. *Salto para o Futuro*, ano 18, n. 7 (Jogos, brinquedos e brincadeiras: desafios e descobertas), Rio de Janeiro, mai. 2008, p. 33-47 <https://bit.ly/2NtKsr8>.

POWELL, Mary Ann; TAYLOR, Nicola; FITZGERALD, Robyn; GRAHAM, Ann; ANDERSON, Donnah. *Ethical research involving children*. Florença, Unicef Office of Research, 2013 <https://bit.ly/36BA3zN>.

Primeiríssima infância: creche. Necessidades e interesses de famílias e crianças. São Paulo, Fundação Maria Cecília Souto Vidigal, 2017 <https://bit.ly/3qQnJUK>.

Projeto Criança Pequena em Foco. Infância e trânsito em Manguinhos: relatório final. Rio de Janeiro, Cecip/Criança Pequena em Foco, 2015 <https://bit.ly/3cELXVL>.

QUINTÁNS, Irene. *Estudo sobre os caminhos escolares do Jardim Ângela*. São Paulo, Instituto Cidade em Movimento, 2015 <https://bit.ly/3rIbXvY>.

RAMOS, Silvia. Violência e polícia: três décadas de políticas de segurança no Rio de Janeiro. *Boletim segurança e cidadania*, n. 21, Rio de Janeiro, mar. 2016 <https://bit.ly/2Q94w32>.

Relatório de pesquisa: o impacto sobre a primeira infância das políticas de segurança pública e iniciativas em comunidades urbanas de baixa renda. Rio de Janeiro, Cecip/Unirio/Avante, 2010 <https://bit.ly/3cB3Cpg>.

RENTZOU, Konstantina; IONESCU, Mihaela; ZIMMERLI, Philine; BOCA, Cristiana. Intersectoral coordination in early childhood systems: the Primokiz approach. *Early childhood matters*, n. 128 (Advances in Early Childhood Development), Haia, 2019, p. 63-67 <https://bit.ly/2NyqvPN>.

ROLNIK, Raquel. Exclusão territorial e violência. O caso do Estado de São Paulo. *Cadernos de textos*, v. 2, Belo Horizonte, ago. 2000, p. 173-196 <https://bit.ly/3aEm2Tg>.

ROLNIK, Raquel. *O que é cidade*. Coleção Primeiros Passos. São Paulo, Brasiliense, 1995.

ROSENTHAL, Gabriele. *Pesquisa social interpretativa: uma introdução*. 5a edição. Porto Alegre, Editora PUC-RS, 2014.

SABINO, Leticia Leda (Org.). Índice técnico de caminhabilidade sensível a gênero. Curitiba, SampaPé, 2019 <https://bit.ly/3sVg87G>.

SALINGAROS, Nikos Angelos. Theory of the urban web. *Journal of Urban Design*, v. 3, n. 1, Londres, jan./abr. 1998, p. 53-71.

SANDSETER, Ellen Beate Hansen; KLEPPE, Rasmus. Outdoor risky play. In *Encyclopedia on Early Childhood Development*. Montreal, Centre of Excellence for Early Childhood Development, 2019 <https://bit.ly/3axFrq5>.

SANTOS, Milton. Território e dinheiro. *GEOgraphia*, v. 1, n. 1, Niterói, set. 1999 <http://bit.ly/3slZMF2>.

SARMENTO, Manuel Jacinto. Infância e cidade: restrições e possibilidades. *Educação*, v. 41, n. 2, Porto Alegre, mai./ago. 2018, p. 232-240 <https://bit.ly/2NyuOKW>.

SAWAYA, Ana Lydia; ALBUQUERQUE, Maria Paula de; DOMENE, Semiramis Martins Álvares. Violência em favelas e saúde. *Estudos avançados*, v. 32, n. 93, São Paulo, mai./ago. 2018, p. 243-250 <https://bit.ly/2YEgouU>.

SAWAYA, Sandra Maria. A infância na pobreza urbana: linguagem oral e a escrita da história pelas crianças. *Psicologia USP*, v. 12, n. 1, São Paulo, jan. 2001, p. 153-178 <https://bit.ly/3cLMD3w>.

SCHÜTZ, Alfred. *A construção significativa do mundo social. Uma introdução à sociologia compreensiva*. Petrópolis, Vozes, 2018.

SCHÜTZ, Alfred. *Collected papers I. The problem of social reality*. Haia, Martinus Nijhoff, 1962.

SCHÜTZE, Fritz. Biographieforschung und narratives interview. *Neue Praxis*, v. 13, n. 3, Bielefeld, 1983, p. 283-293 <https://bit.ly/2LdpH1R>.

SILVA, Celia Regina da. Rua de mão dupla: o espaço da criança na cidade como questão de gênero. In *Anais do Seminário Internacional Fazendo Gênero, 11º & 13º Women's Worlds Congress*. Florianópolis, 2017 <https://bit.ly/3tchXNR>.

SILVA, Luiz Antonio Machado da; LEITE, Márcia Pereira. Violência, crime e polícia: o que os favelados dizem quando falam desses temas? *Sociedade e estado*, v. 22, n. 3, Brasília, set./dez. 2007, p. 545-591 <https://bit.ly/36ymi5e>.

SIMONE, Liliana de. Mujeres y ciudades. Urbanismo género-consciente, espacio público y aportes para la ciudad inclusiva desde un enfoque de derechos. In RIFFO, Javiera Aarce (Org.). *El estado y las mujeres: el complejo camino hacia una necesaria transformación de las instituciones*. Santiago do Chile, Ril, 2018, p. 229-250.

SMITHSON, Alison. *Team 10 primer*. Cambridge, The MIT Press, 1974.

SUAREZ, Mireya; BANDEIRA, Lourdes. A politização da violência contra a mulher e o fortalecimento da cidadania. In BRUSCHINI, Cristina; UNBEHAUM, Sandra G. (Org.). Gênero, democracia e sociedade brasileira. São Paulo, Editora 34/Fundação Carlos Chagas, 2002, p. 295-320.

SVAB, Haydée. *Evolução dos padrões de deslocamento na Região Metropolitana de São Paulo: a necessidade de uma análise de gênero.* Orientador Orlando Strambi. Dissertação de mestrado. São Paulo, Poli USP, 2016 <https://bit.ly/2OgVnEO>.

TEDESCO, Juan Carlos. Francesco Tonucci: coerência entre pensamento e ação. In TONUCCI, Francesco. *Frato: 40 anos com olhos de criança*. Porto Alegre, ArtMed, 2008, p. 23-24.

TODOROV, Tzvetan. *Teoría de la literatura de los formalistas rusos por Jakobson, Tinianov, Eichenbaum, Brik, Shklovski, Vinogradov, Tomashevski, Propp*. Madri, Siglo XXI, 1978.

TONKISS, Fran. *Space, the city and social theory. Social relations and urban forms*. Oxford, Polity Press, 2005.

TONUCCI, Francesco. Hay que cuidar el niño que fuimos y no perder esa mirada. *BBVA Aprendemos juntos*, 5 set. 2018 <https://bit.ly/3pWtHBW>.

TONUCCI, Francesco. *La ciudad de los niños*. Madri, Fundación Germán Sánchez Ruipérez, 1997.

TONUCCI, Francesco. Los niños y las niñas piensan de otra manera. *Unter Central*, 17 out. 2018 <https://bit.ly/3ssen1B>.

TONUCCI, Francesco. Prefácio. In BRETTAS, Nayanna. *Cidade que brinca*. São Paulo, Paulus, 2017, p. 11-17.

TRONCARELLI, Maria Cristina; WÜRKER, Estela; KAHN, Marina; GAUDITANO, Camila (Org.). *Livro das águas*. São Paulo, Instituto Socioambiental, 2002 <https://bit.ly/3fAXMUG>.

VALENTINE, Gill; MCKENDRICK, John. Children's outdoor play: exploring parental concerns about children's safety and the changing nature of childhood. *Geoforum*, v. 28, n. 2, Amsterdã, mai. 1997, p. 219-235.

VAN EYCK, Aldo (1962). *Collected articles and other writings: 1947-1998*. Coleção Writings, volume 2. Amsterdã, Sun, 2008.

VAN EYCK, Aldo (1962). *The child, the city and the artist: an essay on architecture. The in-between realm*. Coleção Writings, volume 1. Amsterdã, Sun, 2008.

VAN LENGEN, Johan. *Manual do arquiteto descalço*. 2a edição. Porto Alegre, Bookman, 2020.

Visível e invisível: a vitimização de mulheres no Brasil. São, Paulo, Fórum Brasileiro de Segurança Pública/Datafolha, 2017 <https://bit.ly/3ejFWq8>.

VÖLTER, Bettina; ROSENTHAL, Gabriele. Diskursanalysen. In ROSENTHAL, Gabriele (Org.). *Interpretative sozialforschung, eine einführung*. Weinheim/Munique, Juventa Verlag, 2008.

WARD, Colin. *The child in the city*. Nova York, Pantheon Books, 1978.

WAGNER, Helmut R. *Textos escolhidos de Alfred Schütz. Fenomenologia e relações sociais*. Rio de Janeiro, Zahar, 1979 <https://bit.ly/2YCwjtx>.

WENETZ, Ileana. As crianças ausentes na rua e nas praças. Etnografia dos espaços vazios. *Civitas*, v. 13, n. 2, Porto Alegre, mai./ago. 2013, p. 346-363 <https://bit.ly/37tvMyX>.

WHITEBREAD, David; BASILIO, Marisol; KUVALJA, Martina; VERMA, Mohini. *The importance of play: a report on the value of children's play with a series of policy recommendations*. Bruxelas, Toy Industries of Europe, 2012 <https://bit.ly/3jZk3xj>.

WHITZMAN, Carolyn. Women's safety and everyday mobility. In WHITZMAN, Carolyn; et al (Org.). *Building inclusive cities. Women's safety and the right to the city.* Oxônia/ Nova York, Routledge, 2013, p. 35-52.

WHYTE, William H. The design of spaces. In WHYTE, William H. *City: Rediscovering the center*. Nova York, Anchor, 1988, p. 103-131.

WOMEN IN CITIES INTERNATIONAL. *Women's safety audits. What works and where?* Nova York, UN-Habitat, 2009 <https://bit.ly/3chKPot>.

WOODHEAD, Martin; BOLTON, Laura; FEATHERSTONE, Imogen; ROBERTSON, Penny. *Early childhood development: delivering intersectoral policies, programmes and services in low resource settings.* Oxford, Heart, 2014 <https://bit.ly/37EZbGK>.

YOGMAN, Michael; GARNER, Andrew; HUTCHINSON, Jeffrey; HIRSH-PASEK, Kathy; GOLINKOFF, Roberta Michnick; COMMITTEE ON PSYCHOSOCIAL ASPECTS OF CHILD AND FAMILY HEALTH; COUNCIL ON COMMUNICATIONS AND MEDIA. The power of play: a pediatric role in enhancing development in young children. *Pediatrics*, v. 142, n. 3, Itasca, set. 2018 <https://bit.ly/3ayyMfr>.

ZOJA, Eva Pattis; LITURRI, Liliana. *Il mio nottario. L'ora dei sogni in classe.* Bergamo, Moretti & Vitali, 2015.

DOCUMENTOS OFICIAIS

BRASIL (Presidência da República). *Base Nacional Comum Curricular: educação é a base.* Brasília, Ministério da Educação, 2017 <https://bit.ly/2OTchl8>.

BRASIL (Presidência da República). Decreto n. 99.710, de 21 de novembro de 1990. Promulga a Convenção sobre os Direitos da Criança <https://bit.ly/37Hm24s>.

BRASIL (Presidência da República). Lei n. 13.257, de 8 de março de 2016. Dispõe sobre as políticas públicas para a primeira infância e altera a Lei n. 8.069, de 13 de julho de 1990 (Estatuto da Criança e do Adolescente), o Decreto-Lei n. 3.689, de 3 de outubro de 1941 (Código de Processo Penal), a Consolidação das Leis do Trabalho (CLT), aprovada pelo Decreto-Lei n. 5.452, de 1º de maio de 1943, a Lei n. 11.770, de 9 de setembro de 2008, e a Lei n. 12.662, de 5 de junho de 2012 <https://bit.ly/3urig8Q>.

BRASIL (Presidência da República). Lei n. 8.069, de 13 de julho de 1990. Dispõe sobre o Estatuto da Criança e do Adolescente e dá outras providências <https://bit.ly/3ujF7mV>.

BRASIL (Presidência da República). Lei n. 9.394, de 20 de dezembro de 1996. Estabelece as diretrizes e bases da educação nacional <https://bit.ly/3qQS2dZ>.

BRASIL. *Diretrizes curriculares nacionais para a educação infantil.* Brasília, Ministério da Educação/Secretaria de Educação Básica, 2010 <https://bit.ly/3dF7iH6>.

BRASIL. *Relatório do 2º ciclo de monitoramento das metas do Plano Nacional de Educação.* Brasília, Inep, 2018 <https://bit.ly/37FDB4E>.

Censo demográfico: universo – indicadores sociais municipais. Mauá, IBGE, 2010 <https://bit.ly/3unVr67>.

General Comment n. 17 on the right of the child to rest, leisure, play, recreational activities, cultural life and the arts (art. 31). Nova York, UN Committee on the Rights of the Child (CRC), 2013 <https://bit.ly/3scxqo1>.

IBGEeduca. Perfil das crianças do Brasil. Brasília, IBGE/Pesquisa Nacional por Amostra de Domicílios Contínua, 2018 <https://bit.ly/3qaSxy4>.

ORGANIZAÇÃO DAS NAÇÕES UNIDAS. *Nova agenda urbana*. Nova York, Secretariado da Habitat III, 2017 <https://bit.ly/2OMdC4Z>.

ORGANIZAÇÃO PAN-AMERICANA DA SAÚDE. *Inspire. Sete estratégias para por fim à violência contra crianças*. Washington, Opas, 2017 <https://bit.ly/2PglvQF>.

Plano Nacional pela Primeira Infância 2010-2022 / 2020-2030. 2ª edição revista e atualizada. Brasília, RNPI/ANDI, 2020 <https://bit.ly/3iZ45To>.

Revision of world urbanization prospects. ONU, 2018 <https://bit.ly/38m1vT6>.

SÃO PAULO (Município). Caderno de propostas dos planos regionais das subprefeituras. Quadro analítico Penha. São Paulo, dez. 2016 <https://bit.ly/39PGYaB>.

SÃO PAULO (Município). *Currículo da cidade: ensino fundamental. Geografia*. São Paulo, Secretaria Municipal de Educação, 2017.

SÃO PAULO (Município). Diagnóstico de M'boi Mirim. São Paulo, Secretaria de Coordenação das Subprefeituras, 2008 <https://bit.ly/3bI8YxO>.

SÃO PAULO (Município). Jardim Ângela, segundo unidades de informações territorializadas. São Paulo, Emplasa, 2008.

ARTIGOS E INFORMAÇÕES EM JORNAIS E WEBSITES

AMORIM, Cristina; NETTO, Andrei. Efeitos do aquecimento da Terra são irreversíveis nos próximos 100 anos. *O Estado de S. Paulo*, Caderno Vida&, São Paulo, 3 fev. 2007, p. A25.

Aprender com 7 experiências fundamentais. *Laboratório de Educação* <https://bit.ly/3upBDiJ>.

Antwerp's play space web: smart, child-friendly neighbourhood planning in action. *Rethinking Childhood*, 7 mar. 2018 <https://bit.ly/3b6vFf4>.

ARACENA, Jara Vicente.; GOMES, Kamila; CAFFARO, Alice Junqueira Terra; NUNES, Ana Carolina Almeida Santos; SABINO, Leticia Leda. Análises, resultados e recomendações: Mulheres Caminhantes! Auditoria de segurança de gênero e caminhabilidade Terminal Santana. Disponível in <https://bit.ly/3uW6HXF>.

ASSIS DE CARVALHO, Edgard. Desafios da complexidade à comunidade aprendente. *Comunidade de Aprendizagem do Mapa da Infância Brasileira*, São Paulo, 2015 <https://bit.ly/3oFOzNi>.

Bom Jesus 10 mil árvores. *TV Mirante*, São Luis, 17 dez. 2014 <https://bit.ly/3oKiO5P>.

COSTA, Natacha. É hora de territorializar a escolar pública brasileira. *Centro de Referências em Educação Integral*, São Paulo, out. 2020 <http://bit.ly/3dJzYPe>.

Dados revisados do déficit habitacional e inadequação de moradias nortearão políticas públicas. Ministério do Desenvolvimento Regional, 4 mar. 2021 <https://bit.ly/3Cgysxd>.

Estação Subúrbio retoma atividades na Ocupação. *Avante*, 2020 <https://bit.ly/3dDIAXh>.

FREEMAN, John. Carl Jung: Face to face. Zurique, 1959 < https://bit.ly/3hHOzg4>.

FUNDAÇÃO BERNARD VAN LEER. Desafio Urban 95: ideias vencedoras que melhoram as cidades para as crianças pequenas e para todas as outras pessoas. 2 de agosto de 2017 <https://bit.ly/3yTpXao>.

FUNDAÇÃO BERNARD VAN LEER. Urban 95 challenge <https://bit.ly/3vE9PHC>.

GAMBINI, Roberto. (Por) uma educação com alma. Palestra realizada no encontro inaugural dos Fóruns da Aliança pela Infância. São Paulo, MASP, 15 mar. 2008 <https://bit.ly/2ShakbW>.

GERHARDT, Genifer; EXPINHO, Tiago. *Caminhando com Tim Tim*. [Vídeo] <https://bit.ly/3uzN329>.

HABITAT-UNI. Gender-Hub <https://bit.ly/3yZGBVR>.

IAP2. Spectrum of public participation <https://bit.ly/3qkzAJw>.

ÍNDICE PAULISTA DA PRIMEIRA INFÂNCIA <www.ippih.seade.gov.br>.

INSTITUTO ELOS <https://bit.ly/2NuaRoG>.

INSTITUTO TOMIE OHTAKE. A quadra da escola é de quem quiser! EMEI Afonso Sardinha <https://bit.ly/37JyqRm>.

INSTITUTO TOMIE OHTAKE. Prêmio Territórios <https://bit.ly/2ZNGITW>.

Mapa da Desigualdade 2017. *Rede Nossa São Paulo* <https://bit.ly/3euL9LW>.

Mapa da Desigualdade 2019. *Rede Nossa São Paulo* <https://bit.ly/3bSd7yc>.

FILME

The Voices of Children. Filme documentário, 24 min. Brasil, Comova, 2017. Direção de Gustavo Amora. Produção de Ellen Hall, Gustavo Amora, Angela Fowler, Vashima Goyal, Sam Hall, Ana Oliva Marcilio, Maria Thereza Marcilio e John Nimmo. Apoio World Forum Foundation <https://bit.ly/3jp7tyy>.

Biografias

ADRIANA FRIEDMANN é especialista, docente, palestrante e pesquisadora em temáticas da infância, pesquisas com crianças e linguagens expressivas. Consultora nacional e internacional de organizações não governamentais, fundações, secretarias, escolas e faculdades. Coordena cursos livres e de pós-graduação. Criadora e coordenadora do Núcleo de Estudos e Pesquisas em Simbolismo, Infância e Desenvolvimento – NEPSID, do Mapa da Infância Brasileira e do Mapa do Brincar. Pedagoga pela FE USP, mestra em educação pela Unicamp e doutora em antropologia pela PUC-SP. Autora de livros e capítulo de livro na área, dentre eles: *A vez e a voz das crianças*, *Linguagens e culturas infantis*, *O desenvolvimento da criança através do brincar*, *A arte de brincar* e "O olhar antropológico por dentro da infância: adentrando nas casinhas das crianças".

ALICE JUNQUEIRA TERRA CAFFARO é consultora em desenvolvimento social e pesquisadora do Núcleo de Estudos do Futuro da PUC-SP. Possui graduação em comunicação social, pós-graduação em globalização e cultura e mestrado em análise sistêmica social.

ANA BEATRIZ GOULART DE FARIA é arquiteta pela FAU USP e mestre pela UFRJ. É fundadora do Centro de Referências em Educação Integral e membro da Fábrica-Escola de Humanidades. Com Rodrigo Mindlin Loeb, é representante do Brasil no grupo Arquitetura e Infância da União Internacional de Arquitetos – UIA Children.

ANA CAROLINA ALMEIDA SANTOS NUNES é mestre em políticas públicas pela UFABC, doutoranda em administração pública e governo pela EAESP FGV. É pesquisadora, comunicadora e ativista nas áreas de gênero e mobilidade urbana.

ANA GABRIELA GODINHO LIMA é arquiteta pela FAU USP, mestre em estruturas ambientais urbanas, pela mesma instituição, e doutora pela FE USP. Possui pós-doutorado pela School of Creative Arts da University of Hertfordshire. Atualmente, é professora na graduação e pós-graduação da FAU Mackenzie. Entre 2014 e 2019, com Luz Paz Agras e Emma Lopes Bahut, foi editora da *Revista de Investigación y Arquitectura Contemporánea,* publicada pela Escola Técnica Superior da Universidade de Coruña. Com Rodrigo Mindlin Loeb, coordenou a pesquisa "Cidade, gênero e Infância", no âmbito do Termo de Cooperação Técnica celebrado entre a Universidade Presbiteriana Mackenzie e o Instituto Brasiliana, contando com financiamento da Fundação Bernard van Leer. Editora temática do periódico *Cadernos de Pós-Graduação em Arquitetura e Urbanismo*, ligado ao Programa de Pós-Graduação da FAU Mackenzie.

ANA OLIVA MARCILIO é formada em psicologia pela Ufba e mestre em educação e justiça social pelo Institute of Education da University College of London. É associada da Avante Educação e Mobilização Social, onde integra a diretoria executiva, e conselheira da diretoria executiva da World Forum Foundation, onde também coordena o grupo de trabalho Children's Right. Integrou a equipe de desenvolvimento do documentário *The Voices of Children* e é autora do livro *Brincar para quê?*

BARBARA BONETTO é artista, farmacêutica e bioquímica pela FCF USP e mestre em saúde pública pela Southern Illinois University. Integra o Instituto Courb, onde atua com políticas públicas urbanas e facilitação de processos colaborativos. É pesquisadora no Laboratório de Investigações – Labinur da FEC Unicamp.

BEATRIZ CARDOSO é pedagoga e doutora em educação pela USP, fellow do programa *Advanced Leadership Initiative* da Universidade de Harvard (2013) e presidente do Laboratório de Educação.

CELINA DE PINHO BARROSO é arquiteta e urbanista, doutoranda no Programa de Pós-Graduação em Planejamento Urbano UFRGS.

CLAUDIA VIDIGAL é psicóloga e mestre em psicologia social pela PUC-SP. Atua na promoção e defesa dos direitos de crianças e adolescentes a partir de organizações da sociedade civil. É fundadora do Instituto Fazendo História e, atualmente, representa a Fundação Bernard van Leer no Brasil, a partir da qual lidera a iniciativa Urban 95.

CLAUDIUS CECCON é arquiteto, designer gráfico e chargista, com pós-graduação em planejamento urbano pela Universidade de Roma e pelo Bowcentrum, em Rotterdam. É diretor do Centro de Criação de Imagem Popular – Cecip e autor de diversos livros, dentre eles *Claudius*, uma seleção de obra gráfica publicada nos principais jornais do país e que recebeu o primeiro lugar na categoria Ilustração e o terceiro lugar na categoria Capa, do Prêmio Jabuti 2015.

DANIELA GETLINGER é arquiteta e urbanista pela FAU Mackenzie (1993), mestre (2013) e doutora (2021) pela mesma instituição. Possui pós-graduação M.Arch. pela Ucla. É professora assistente e pesquisadora na FAU Mackenzie, onde também é pesquisadora dos grupos de pesquisa "Instrumentos Urbanos Inovadores e Urbanismo Social" e "Cidade, gênero e infância", no âmbito do Termo de Cooperação Técnica celebrado entre a Universidade Presbiteriana Mackenzie e o Instituto Brasiliana, contando com financiamento da Fundação Bernard van Leer.

HERMÍLIO SANTOS é sociólogo, doutor em ciência política pela Universidade Livre de Berlim, com pós-doutorado em sociologia pela Universidade de Göttingen. É professor do Programa de Pós-Graduação em Ciências Sociais da PUC-RS, coordenador do Centro de Análise Econômicas e Sociais da PUC-RS.

ISABEL SANTANA GERVITZ é psicóloga pela PUC-SP, psicanalista pelo Centro de Estudos Psicanalíticos de São Paulo e coordenadora da frente de mobilização do projeto Toda Criança Pode Aprender.

JANINE DODGE é diretora e ex-presidente da IPA Brasil. É coautora do livro *A descoberta do brincar* e organizadora do livro *Guardiões do brincar: guia prático para promover o brincar em família e na comunidade*. Foi diretora do Instituto Unilever no Brasil e atuou por mais de vinte anos como executiva e diretora em grandes multinacionais no Brasil e no exterior. Formada em relações internacionais pela Universidade de Toronto, possui MBA e é mestre em coaching integral. É mãe orgulhosa de Luc, Sabrina e Alec.

JULIANA DI CESARE MARQUES AWAD é arquiteta e urbanista e doutora FAU USP, com estágio de pesquisa no Departamento de Estudos Urbanos e Planejamento do MIT, em Boston. É coautora dos livros *Cidades sustentáveis, cidades inteligentes* e *Comunidades planejadas* e cofundadora das Cidadeiras, vencedor do Prêmio IAB 75 anos na categoria Ativismo Urbano.

JULIO LUIZ VIEIRA é arquiteto e urbanista pela FAU Mackenzie (1987), mestre pela mesma instituição (2003) e doutor pela FAU USP (2015). É professor assistente e pesquisador na FAU Mackenzie, onde integra o grupo de pesquisa "Arquitetura, Processo de Projeto e Análise Digital", que investiga os princípios operativos da prática de projeto na arquitetura contemporânea.

LETICIA LEDA SABINO é administradora de empresas pela EAESP FGV e mestre em design urbano e planejamento de cidades pela University College of London. É diretora-presidente do SampaPé! E cofundadora da Rede Latino-americana por Cidades Caminháveis e da Associação pela Mobilidade a Pé em São Paulo – Cidadeapé.

MARIA DE FÁTIMA ARANHA TOTTI é psicóloga e educadora infantil com pós-graduação em educação lúdica pelo Instituto Vera Cruz e cofundadora das Cidadeiras.

MARIA THEREZA MARCILIO é licenciada em pedagogia pela Ufba e mestre em educação pela Escola de Educação da Universidade de Harvard. Entre 2011 e 2012, foi coordenadora da secretaria executiva da Rede Nacional Primeira Infância. É presidente e associada fundadora da Avante Educação e Mobilização Social, coordena a regional da América Latina da World Forum Foundation e é membro da Academia Baiana de Educação e da Academia Baiana de Ciências.

MARIANA MORAIS é arquiteta e urbanista pela UFSC e especialista em sociologia pela Escola de Sociologia e Política de São Paulo. É pesquisadora pela Fundação Alexandre von Humboldt e cofundadora do Instituto Courb.

MARILENA FLORES MARTINS é assistente social pela PUC-SP e pós-graduada em animação sociocultural. Especializada pela Associação Latino-Americana de Análise Transacional e especializada em iniciação musical pelo Conservatório Musical Souza Lima. Com atuação profissional em saúde mental por 27 anos, foi secretária adjunta da Secretaria Estadual da Assistência e Desenvolvimento Social de São Paulo em 2002. É fundadora e ex-presidente da ONG Promove Ação Sócio-Cultural e fundadora da IPA Brasil. Membro honorária vitalícia da IPA Internacional. Consultora e palestrante na área do brincar e do desenvolvimento infantil, é autora dos livros *Guia brincar é preciso!*; *Cidadania é preciso!*; *Gigi e sua tesoura mágica* e *Vem brincar!*

NATACHA COSTA é diretora geral da Associação Cidade Escola Aprendiz e participa da construção das agendas de educação integral, inovação na educação e exclusão escolar no país, atuando em conselhos e comitês relacionados a esses temas. É membro do Conselho Estratégico Universidade-Sociedade da Unifesp, do Comitê Nacional para a Busca Ativa Escolar do Fundo das Nações Unidas para a Infância – Unicef, do Movimento de Inovação na Educação e do Conselho Consultivo do Núcleo de Projeto. É pesquisadora do grupo de pesquisa "Cidade, gênero e infância", no âmbito do Termo de Cooperação Técnica celebrado entre a Universidade Presbiteriana Mackenzie e o Instituto Brasiliana, e compõe o conselho consultivo do programa Escolas 2030 no Brasil.

NICOLE PAULET PIEDRA é graduada em ciências sociais pela Universidade de Harvard, mestre em educação pela Faculdade de Educação de Harvard e diretora de conteúdo do Laboratório de Educação.

PAULO ROBERTO MAGALHÃES é docente da Secretaria Municipal de Educação de São Paulo, licenciado em geografia pela Unisantos. Formado em ciências sociais pela Unesp. É especialista pela mesma universidade na área de Educação e Desenvolvimento no Brasil e América Latina. Mestre em arquitetura e urbanismo pela PUC Campinas, é pedagogo e habilitado em administração e supervisão escolar.

PRISCILA SUSIN é psicóloga, mestre e doutora em ciências sociais e pesquisadora pela PUC-RS.

ROBERTO GAMBINI é terapeuta junguiano há mais de quarenta anos, conferencista e ensaísta. É formado em ciências sociais pela USP e mestre pela Universidade de Chicago. Lecionou ciência política na Unicamp na década de 1970 e, posteriormente, formou-se em psicologia analítica no Instituto Carl Gustav Jung de Zurique. É membro da Sociedade Suíça e da Sociedade Internacional de Psicologia Analítica. Autor de diversos livros, dentre eles *A voz e o tempo – Reflexões para jovens terapeutas*, primeiro lugar na categoria Educação, Psicologia e Psicanálise do Prêmio Jabuti 2009.

RODRIGO MINDLIN LOEB é arquiteto e urbanista pela FAU USP e mestre em energia e meio ambiente pela Architectural Association School of Architecture de Londres. Com Eduardo de Almeida, é autor do projeto da Biblioteca Brasiliana USP, vencedora do Prêmio APCA 2013 na categoria Melhor Obra. Membro do GT Cidade,

Infâncias e Juventudes do IAB-SP e do GT Infâncias e Juventudes do IAB Brasil que integra a Comissão de Política Urbana e representante na União Internacional de Arquitetos no grupo de trabalho Arquitetura e Infância. Com Ana Gabriela Godinho Lima, coordena a pesquisa "Cidade, gênero e infancia", no âmbito do Termo de Cooperação Técnica celebrado entre a Universidade Presbiteriana Mackenzie e o Instituto Brasiliana, contando com financiamento da Fundação Bernard van Leer. É professor na FAU Mackenzie e diretor do Instituto Brasiliana, pelo qual é membro do Grupo Diretivo da Rede Nacional da Primeira Infância. Coordenador Executivo da Brigada pela Vida de São Paulo.

RODRIGO RUBIDO ALONSO é arquiteto e urbanista formado pela Unisantos e cofundador do Instituto Elos.

SANDRA GONZÁLEZ ÁLVAREZ é arquiteta pela Escola Técnica Superior de Arquitetura de La Corunha e doutoranda na Universidade de La Corunha e FAU Mackenzie. É criadora e diretora do projeto A Vila do Amanhã (www.aviladomaña.com). Bolsista Iberoamericana de Pesquisa do Banco Santander entre 2017-2018. É autora e editora de múltiplas publicações e premiada em concursos de âmbito nacional e internacional.

TIÃO ROCHA é antropólogo e educador pela PUC-MG, pela UnB e pelo Museu Nacional. É presidente do Centro Popular de Cultura e Desenvolvimento – CPCD.

URSULA TRONCOSO é arquiteta e urbanista, com pós-graduação pela Universidade Politécnica da Catalunha. É coordenadora de educação urbana do Instituto A Cidade Precisa de Você e desenvolve o projeto Cidade para Crianças. Colaborou para com diversas iniciativas dentro do tema cidade e infância junto ao Instituto Tellus, Instituto Alana, Inciti e IAB-SP como urbanista especialista em políticas públicas inclusivas e participação infantil. É consultora da Fundação Bernard van Leer.

VERA LION é socióloga, mestra e doutora em serviço social pela PUC-SP, e coordenadora do Instituto Brasileiro de Estudos e Apoio Comunitário – Ibeac.

VITAL DIDONET é professor, bacharel e licenciado em filosofia e em pedagogia, mestre em educação pela UnB. É membro fundador da Rede Nacional Primeira Infância – RNPI, dentro da qual coordenou a elaboração do Plano Nacional pela Primeira Infância (2010-2022) e sua revisão e atualização em 2019-2020; e é responsável pela atualização, pesquisa, consultoria técnica e textos da segunda edição do *Guia para elaboração dos planos municipais pela primeira infância*, que orienta os municípios a construírem seus planos decenais para o atendimento dos direitos da criança de zero a seis anos. Assessorou o autor e o relator do projeto de lei nº 6.998/2013, que resultou na lei nº 13.257/2016, conhecida como Marco Legal da Primeira Infância. Foi vice-presidente da Organização Mundial para a Educação Pré-Escolar – Omep, coordenador de educação pré-escolar do Ministério da Educação e consultor legislativo da Câmara dos Deputados.

ACERVO

Acervo Avante – p. 195, 202 (Ismael Silva), 205, 207 (Ana Oliva Marcilio), 208 (acima, Ismael Silva), 208 (abaixo, Ana Oliva Marcilio), 216 (acima, Camila Souza), 216 (abaixo, Ana Oliva Marcilio)
Acervo Cecip – p. 347, 349, 351, 352, 353, 359 (Gagui Silva), 361
Acervo Cecip | Projeto "Criança Pequena em Foco" – p. 345
Acervo Cecip | Tv Maxambomba – p. 340, 343
Acervo Fluxo Imagens – p. 315 (Marcelino De Melo Gadi)
Acervo Instituto Elos – p. 331 (Isabela Senatore), 335 (Rubén Urbieta), 337 (Joana França)
Acervo IPA Brasil – p. 151 (André Monteiro), 154 (Acima, André Monteiro), 157 (André Monteiro)
Acervo Laboratório De Educação – p. 175, 181, 183, 186, 187
Acervo Pesquisa "Infância e Violência: Cotidiano de Crianças Pequenas em Favelas do Rio de Janeiro, Recife e São Paulo" – p. 87, 88, 89, 93, 95, 96
Acervo Projeto Mulheres Caminhantes! – p. 269 (Leticia Sabino), 276, 278

FOTÓGRAFO

Adam Junqueira Rocha – p. 154 (abaixo)
André Monteiro – p. 162
Bárbara Bonetto – p. 307, 309, 311, 317
Beatriz Cunha – p. 237 (acima), 238, 239
Cleomar da Silva Moreira – p. 275 (abaixo)
Daniela Getlinger – p. 115, 118
Danilo Jesus Pereira – p. 68
Janine Dodge – p. 152
Juliana Marques – p. 229, 230, 232
Leonardo Gobbi – p. 111, 116, 121 (abaixo), 122
Leticia Sabino – p. 304
Maria Regina Marques – p. 234, 235, 237 (abaixo)
Nina Cecchini – p. 72 (abaixo)
Patrícia França – p. 270, 275 (acima), 275 (meio)
Rodrigo Mindlin Loeb | ensaio fotográfico – p. 369, 370, 371, 372, 373, 374, 375, 376, 377, 378, 379, 380, 381, 382, 383, 384
Sandra González Álvarez – p. 249, 250, 251, 252, 253, 254, 255, 256, 257
Thorsten Bareuther | Unsplash – p. 100
Tiago Reivax – p. 289, 290, 294
Ursula Troncoso – p. 130, 133, 143
Valdirene Rocha – p. 71, 72 (acima), 74

MAPA

Ateliê Navio – p. 128, 138, 139, 140
Daniela Getlinger – p. 121 (acima)
Ingrid Bisterzo – p. 107, 112

DESENHO

Roberto Gambini | redesenhos baseados nos desenhos desenvolvidos por crianças durante as experiências pedagógicas – p. 397, 399, 405, 409, 413, 415, 417, 418, 419, 420, 429

ILUSTRAÇÃO

Ilustrações desenvolvidas a partir dos desenhos realizados em oficina com as crianças Dandara e Gael Teles, Isadora Nunes, Max von Randow e Vinícius Couto – p. 1, 2-3, 4-5, 6-7, 8-9, 10-11, 12, 15, 16, 26, 36, 42, 47, 48-49, 50, 62, 80, 104, 126, 148, 170, 192, 220, 242, 262, 284, 302, 320, 338, 366-367, 388, 432, 448

AGRADECIMENTOS

Adriana Friedmann, Aline Nassaralla Regino, Ana Estela Haddad, Ana Maria Wilheim, Ana Paula Calvo, Andrelissa Ruiz, Angélica Aparecida Tanus Benatti Alvim, Ardan Kockelkoren, Beatriz Goulart de Faria, Carmen Silva, Carol La Terza, Celso Sampaio, Ciro Biderman, Claudia Acosta, Claudia Vidigal, Débora Sanches, Denise Antonucci, Eduardo Schwarz Chakora, Fernanda Rezende Vidigal, Ivo Pons, José Luiz Adeve, Juliana Bertolini, Leonardo Yanez, Lucas Fehr, Marília Aldgheri do Val, Mauro Claro, Miriam Pragita, Natacha Costa, Og Doria, Susan Melsop, Terciane Alves, Valter de Almeida Costa, Vital Didonet

Amaras, Escritureiros, Mães Mobilizadoras e Sementeiras de Direitos (Coletivos de Parelheiros), Centro Popular de Cultura e Desenvolvimento (CPCD), Colegiado do Plano de Bairro do Jardim Lapenna, Fundação Tide Setúbal, Instituto Brasileiro de Estudos e Apoio Comunitário (Ibeac), Oratório São Domingos (Favela do Moinho), Rede Nacional da Primeira Infância, Instituto de Arquitetos do Brasil – Diretório Nacional (IAB/DN), Instituto de Arquitetos do Brasil – Departamento de São Paulo (IAB/SP), Comissão de Política Urbana do Instituto de Arquitetos do Brasil – Diretório Nacional

CIDADE, GÊNERO, INFÂNCIA

ORGANIZAÇÃO
Rodrigo Mindlin Loeb e Ana Gabriela Godinho Lima

COORDENAÇÃO EDITORIAL
Abilio Guerra, Fernanda Critelli, Silvana Romano Santos (Romano Guerra) e Bianca Antunes (Pistache)

TRATAMENTO DE IMAGENS
Nelson Kon

PREPARAÇÃO DE TEXTO
Bianca Antunes

REVISÃO DE TEXTO
Noemi Zein Telles

PROJETO GRÁFICO E DIAGRAMAÇÃO
Alles Blau | Elisa von Randow e Yasmin Dejean

IMPRESSÃO
Ipsis

CONVÊNIO
Termo de Cooperação Técnica celebrado entre a Universidade Presbiteriana Mackenzie e o Instituto Brasiliana, contando com financiamento da Fundação Bernard van Leer

ÓRGÃOS DE FOMENTO
Capes Programa de Excelência Proex (processo n. 0425/2021) e Capes Print (processo n. 88881.310250/2018-01), Programa de Pós-Graduação da Faculdade de Arquitetura e Urbanismo da Universidade Presbiteriana Mackenzie

PATROCÍNIO
Fundação Bernard van Leer | Urban 95
Instituto Cidades Sustentáveis

EDIÇÃO
Romano Guerra Editora
Pistache Editorial

REALIZAÇÃO
Instituto Brasiliana

Romano Guerra Editora
Rua General Jardim 645 conj. 31 – Vila Buarque
01223-011 São Paulo SP Brasil
Tel: (11) 3255-9535
rg@romanoguerra.com.br
www.romanoguerra.com.br

Pistache Editorial
contato@pistacheeditorial.com.br
www.pistacheeditorial.com.br

Printed in Brazil 2021
Foi feito o depósito legal

Cidade, gênero e infância – organizadores: Rodrigo Mindlin Loeb e Ana Gabriela Godinho Lima; ensaio fotográfico Rodrigo Mindlin Loeb. São Paulo: Romano Guerra: Pistache Editorial: Instituto Brasiliana, 2021.

456 p., Il.

Bibliografia. Biografias.

ISBN: 978-65-87205-02-1 (Romano Guerra)

1. Espaço urbano – Infância 2. Relações de gênero - Infância 3. Educação – Crianças 4. Vida urbana (Qualidade) I. Loeb, Rodrigo Mindlin II. Lima, Ana Gabriela Godinho

CDD – 711.5

Ficha catalográfica elaborada pela bibliotecária Dina Elisabete Uliana CRB/8-3760